U0142036

英文形似字群

ENGLISH SIMILAR WORDS

朱培庚編輯

文史哲出版社
The Liberal Arts Press

國家圖書館出版品預行編目資料

英文形似字群=English Similar Words / 朱培庚編輯
. -- 初版. -- 臺北市 :文史哲, 民 89
　　面 ；　公分
　　ISBN 957-549-334-6 (平裝)

1.英國語言 - 詞彙

805.12　　　　　　　　　　　　　　　　89018572

英 文 形 似 字 群

ENGLISH SIMILAR WORDS

編 輯 者：朱　　　　培　　　　　　庚
出 版 者：文　史　哲　出　版　社
登記證字號：行政院新聞局版臺業字五三三七號
發 行 人：彭　　　　正　　　　　　雄
發 行 所：文　史　哲　出　版　社
印 刷 者：文　史　哲　出　版　社
　　　　　臺北市羅斯福路一段七十二巷四號
　　　　　郵政劃撥帳號：一六一八〇一七五
　　　　　電話886-2-23511028・傳眞886-2-23965656

實價新臺幣四〇〇元

中 華 民 國 八 十 九 年 十 二 月 初 版

英 文 形 似 字 群
English Similar Words

◇「形似字」，是指兩個（或多個）英文單字（words）裡，它們的字母數（letters）相等，其中卻有一個字母不同，外形看來十分相似，這就是「形似字」（similair words）：

例(1)**B－406** business　　（商務）—busyness　（忙碌）

例(2)**C－231** complement（補充）—compliment（恭維）

例(3)**D－231** draught　　（選拔）—drought　　（乾旱）

◇本書只收集僅一個字母不同的字（即只一個字母改變）爲限（這類字已經不少了）。兩個以上字母改變的字太多，未予收集：

例(4)**B－174** bill（帳單）,dill（蒔蘿）,fill（使滿）,
gill（魚鰓）,hill（小山）,kill（殺害）,
mill（磨坊）,nill（不願）,pill（藥丸）,
rill（小河）,sill（基石）,till（直到）,
vill（市鎮）,will（意願）,yill（麥酒）

◇但有的英文字（words）中，會有重複相同的字母（letters）。如果這些相同的字母都同時一齊變換，這類字也予收集：

例(5)**F－262** fully（完全地）,funny（有趣的）,
furry（毛皮製的）,fussy（愛挑剔的）,
fuzzy（絨毛似的）—以上是兩個相同的字母一齊交換。

例(6)**D‐7** daddy（爹地）,mammy（媽咪）,nanny（奶媽）,
　　　　pappy（漿糊狀的）,sassy（無禮的）,
　　　　tatty（簡陋的）—以上是三個相同的
　　　　字母一齊變換。

◇字母數相同，因變換字的位置而另成新字，也予收集：
　　例(7)**L‐39** lament（哀悼）,mantel（壁爐架）,
　　　　　mantle（斗篷）,mental（心理的）

◇本書將同一類的形似字，集合在一起，作為字群（group），按
　序編號（group number），以利區別：
　　例(8)**B‐110** bear dear fear gear hear near pear rear sear tear
　　　　　　wear year—第一個字母變換的字群。
　　例(9)**S‐97**　scout shout snout spout stout—第二個字母變換的
　　　　　　字群。
　　例(10)**W‐1**　wabble waddle waffle waggle wattle—第三四兩個
　　　　　　相同的字母一齊變換的字群。
　　例(11)**T‐208** tod toe tog tom ton too top tor tot tow toy—末尾
　　　　　　一個字母變換的字群。

◇本書依每一字群中第一字的字母順序（alphabetical order），採
　字典形式，依序編排，使眉目清楚，便於索檢。

◇本書具有多識生字、避免錯誤、增廣字彙、分辨拼寫之功。但編
　集粗疏，錯漏敬請指正。

—— **A** ——

A－1　aba　aga　aha　ala　ana
毛織物　將軍　嗳呀　翼翅　語錄

A－2　abase　abash　abask
降低　　使羞恥　向日

A－3　abb　add　all　ass
經線　增加　全部　驢子

A－4　abb　ebb　add　odd　all　ill　Ann　inn
經線　退潮　增加　奇數的　全部　生病的　女子名　小客棧

A－5　abet　bate　beat　beta
敦唆　減少　打　貝塔

A－6　abide　amide　aside　abode　anode　above
居住　氨基　在側邊　居住　陽極　在上

A－7　ability　agility
能力　輕快

A－8　abject　object　abjection　objection
卑賤的　反對　落魄　　異議

A－9　aboard　abroad
在船上　在國外

A－10　abode　adobe
居住　泥磚

A－11　abort　amort　aport　sport　short　snort
使流產　無生氣　在左舷　運動　短的　馬嘶

A－12　accent　ascent　assent　assert　assort
重音　上升　同意　主張　分類

A－13　access　assess
接近　估價

A－14　acclamation　acclimation
喝采　　　服水土

A－15　ace　age　ale　ane　ape　are　ate　ave　awe　axe　aye
么點　年歲　麥酒　一個　猿　是　吃　歡迎　敬畏　斧　時常

A－16　acerbate　acervate
使酸苦　堆集的

A－17　acid　amid　maid　arid　raid　avid
酸的　在中間　少女　乾燥的　突擊　貪圖的

A－18　acme　came　mace
頂點　來　鎚矛

A－19　acre　care　race
英畝　小心　賽跑

A－20　act　aft　ait　alt　ant　apt　art
行為　在船尾　小島　中高音　螞蟻　合適　藝術

A-21	ad 廣告	ah 啊哈	ai 樹獺	am 是	an 一個	as 如	at 在	ax 斧	ay 唉

A-22　adapt 使適合　adept 內行　adopt 過繼

A-23　add 增加　odd 奇數　adder 加算器　udder 乳房

A-24　address 住址　aggress 侵略

A-25　adit 通路　edit 校正　tide 潮　diet 飲食　tied 結

A-26　advice 忠告　advise 忠告

A-27　aeon 世代　neon 氖氣　peon 散工　pone 玉米麵包

A-28　aery 空想的　very 非常　yare 迅速的　year 年

A-29　affect 影響　effect 效果

A-31　affluence 富裕　effluence 流出物　affluent 暢流的　effluent 流出的

A-32　aft 在船尾　eft 小蜥蜴　oft 常常　fat 胖　fit 合適

A-33　age 年紀　ago 以前　ego 自我　egg 蛋

A-34　ah 呀　eh 呃　oh 啊　ha 哈　he 他　ho 嗬

A-35　aha 啊哈　oho 哦荷

A-36　ai 樹獺　di 音樂的音節　hi 嗨　mi 第三音　oi 啊哎　pi 圓周率　si 第七音　ti 第七音

A-37　aid 幫助　ail 生病　aim 瞄準　air 空氣　ait 小島

A-38　aid 幫助　bid 出價　did 做　fid 尖針　hid 藏匿　kid 小孩　lid 蓋子　mid 中間　rid 免除　yid 猶太人

A-39　aide 副官　bide 居住　hide 藏匿　ride 乘騎　side 邊　tide 潮流　wide 寬

A-40　ail 生病　all 全部　awl 鑽子

A-41　ail 生病　mil 密爾　nil 無　oil 石油　til 胡麻

A-42　aim 瞄準　dim 暗淡　him 他　rim 邊緣　vim 精力

A

A - 43	air 空氣	fir 樅樹	sir 先生	ria 海灣	rif 裁減人員					

A - 44   airman   firman
             航空員   聖旨

A - 45   ait   bit   cit   fit   hit   kit   lit   nit   pit   sit   tit
             小島   小量   商人   適合   打   一組   亮光   幼蟲   凹處   坐   山雀
             wit
             理智

A - 46   alder   elder   older
             赤楊   年長的   較老的

A - 47   alike   aline   alive   alikeness   aliveness
             相似地   排成直線   活的   相似   活躍

A - 48   alive   olive
             活的   橄欖

A - 49   all   ell   ill
             全部   厄爾   生病

A - 50   allay   alley   alloy
             鎮靜   小徑   合金

A - 51   allay   array   assay   allayer   assayer
             鎮靜   排列   試驗   和緩者   試金者

A - 52   allot   allow   alloy
             分配   允許   合金

A - 53   allover   overall
             全面的   外衣

A - 54   allusion   illusion   allusive   illusive
             暗示   幻想   暗指的   空幻的

A - 55   ally   illy
             同盟國   惡劣地

A - 56   aloud   cloud
             高聲地   雲

A - 57   alow   blow   flow   glow   plow   slow   bowl   fowl   sowl
             向下   吹   流   白熱   耕   緩慢   碗   家禽   虐待

A - 58   altar   alter
             祭壇   改變

A - 59   altercation   alternation
             口角   交替

A - 60   altitude   attitude
             高度   態度

A - 61   amber   ember   umber
             琥珀   餘燼   赭土

A - 62   amen   mane   name   mean
             阿門   馬鬃   名字   意謂

A－63　amend　emend
　　　　改良　　校正

A－64　amid　maid
　　　　在中間　少女

A－65　amp　imp　ump
　　　　安培　子孫　裁判

A－66　ample　maple　apple　apply　amply
　　　　廣大的　楓樹　蘋果　適用　充足地

A－67　amused　medusa
　　　　娛樂　　水母

A－68　an　en　in　on　un
　　　　一個　半方　在內　在上　人

A－69　ana　and　ane　ani　ant　any　dan　nae　tan　nay
　　　　語錄　和　一個　杜鵑鳥　螞蟻　任何　小浮標　不　晒黑　否

A－70　and　end
　　　　和　結束

A－71　anergy　energy
　　　　能力缺失　能源

A－72　anew　knew
　　　　重新　知道

A－73　angel　anger　angle　ankle　range
　　　　天使　發怒　角度　足踝　排列

A－74　ant　tan
　　　　螞蟻　晒黑

A－75　ape　pea
　　　　猿　碗豆

A－76　appose　oppose　apposition　opposition
　　　　並列　反對　並列　反對

A－77　appressed　oppressed
　　　　緊貼的　壓抑的

A－78　apt　pat　tap
　　　　合適的　輕的　輕拍

A－79　aptitude　attitude　altitude　latitude
　　　　合宜　態度　高度　緯度

A－80　arbor　ardor　armor
　　　　喬木　熱心　盔甲

A－81　arc　ark　arm　are　aye　eye　eve　ere　err　erg　era
　　　　弓形　方舟　手臂　是　時常　眼睛　前夕　以前　錯誤　歐格　時代
　　　　ear　eat　eke　ewe
　　　　耳　吃　補充　牝羊

A－82　archil　orchil
　　　　染料　染料

A

A - 83	are 是	ere 以前	ire 忿怒	ore 礦石			
A - 84	argal 因此	argil 陶土	argol 酒石	argon 氬氣	argot 暗語		
A - 85	aright 正確地	bright 光明的	fright 驚恐	wright 製作者			
A - 86	arise 升起	prise 獎品	arose 升起	brose 麥粉湯	prose 散文		
A - 87	arose 升起	brose 麥粉湯	erose 不平坦的	frose 凍結的	prose 散文		
A - 88	around 周圍	ground 地面					
A - 89	arouse 喚醒	grouse 松雞					
A - 90	arow 一列	brow 眉毛	crow 雞鳴	frow 婦人	grow 生長	prow 船首	trow 相信
A - 91	arrant 極惡的	errant 漂泊的					
A - 92	arrest 逮捕	attest 證明					
A - 93	arris 外角	orris 鳶尾					
A - 94	arse 臀部	ears 耳朵	rase 忘卻	sear 枯萎			
A - 95	art 藝術	rat 鼠	tar 焦油				
A - 96	as 如	is 是	os 骨	us 我們			
A - 97	ash 灰	ask 問	asp 毒蛇	ass 驢			
A - 98	asperate 使粗糙	aspirate 送氣音	inspiration 靈感	respiration 呼吸			
A - 99	assay 試驗	essay 論文					
A - 100	assuage 緩和	sausage 香腸					
A - 101	aster 柴菀	ester 酯					
A - 102	at 在	it 它	ti 第七音	ta 多謝			
A - 103	ate 吃	eat 吃	tea 茶	eta 希臘第七字母			

A-104	atom 原子	moat 壕溝					
A-105	atone 補償	stone 石	atony 無力	stony 多石的			
A-106	atop 在上面	stop 停止					
A-107	atrip 起錨	strip 長條					
A-108	attic 閣樓	tacit 無言的					
A-109	auction 拍賣	ruction 鼓噪	suction 吸入				
A-110	aught 無物	ought 應當					
A-111	aulic 宮廷的	auric 含金的					
A-112	aunt 伯母	bunt 牴觸	dunt 重擊	hunt 打獵	punt 小船	runt 矮人	
A-113	aural 聽覺的	jural 法律的	mural 壁飾	moral 品行	rural 鄉村的	sural 牛腿的	
A-114	aurify 鍍以金	purify 使潔淨					
A-115	aurist 耳科醫生	jurist 法律學者	purist 好修辭者				
A-116	autism 孤獨癖	mutism 不言症					
A-117	ave 再見	eve 前夕	I've 我有				
A-118	aver 主張	rave 叫喊	vera 很				
A-119	aver 主張	over 在上	ever 曾經	even 甚至	neve 萬年雪		
A-120	average 平均	overage 超齡的					
A-121	avert 避開	evert 外翻	overt 公開的				
A-122	avoid 取消	ovoid 卵形物					
A-123	awag 搖擺	away 離去	awny 有芒的	awry 歪曲	sway 擺動	wany 減少的	wary 小心	wavy 波動
A-124	aware 知道的	sware 發誓	sawer 鋸匠				

A - 125	awe 畏懼	ewe 牝羊	owe 欠債	woe 悲哀	own 自己	owl 梟鳥	awl 鑽子		
A - 126	awn 芒	wan 蒼白	naw 不						
A - 127	awny 芒的	wany 減少的	yawn 打呵欠	awry 歪曲	wary 小心				
A - 128	ax 斧	ox 公牛							
A - 129	axil 枝腋	axis 軸	axes 斧						
A - 130	ay 唉	by 經	my 我的						
A - 131	aye 是	bye 次要	bey 省長	dye 染色	eye 眼睛	rye 裸麥	wye Y字	wey 重量	yew 水松	yea 是

—— B ——

B - 1	ba 神靈	ha 哈	la 哪	ma 媽	pa 爸					
B - 2	baa 羊叫	bad 壞的	bag 袋	bah 呸	bai 黃霧	bam 欺騙	ban 禁止	bar 棒	bat 蝙蝠	bay 海灣
B - 3	baba 酒餅	babe 女孩	babu 先生	baby 嬰兒						
B - 4	babble 空談	bibble 飲酒	bubble 泡泡							
B - 5	babble 空談	cabble 切短	dabble 濺濕	gabble 饒舌	rabble 暴民	wabble 動搖				
B - 6	babel 混亂	label 標籤								
B - 7	bach 獨身	each 每一	mach 馬赫值	tach 帶扣						
B - 8	back 後面	beck 點頭	bock 啤酒	buck 公鹿						
B - 9	back 後面	cack 軟鞋	hack 切割	jack 男子	lack 缺乏	pack 包裝	rack 架	sack 袋	tack 圖釘	wack 怪事
	zack 硬幣									
B - 10	backer 支持者	lacker 塗漆	packer 包裝者	racker 拷刑者	sacker 劫掠者					
B - 11	bad 壞的	bed 床	bid 出價	bod 人	bud 蓓蕾					
B - 12	bad 壞的	cad 鄙漢	dad 爹	fad 時尚	gad 剌棍	had 有	lad 男孩	mad 瘋	pad 墊子	sad 愁	tad 小孩

wad
小塊

B－13　baddie　buddie　caddie　laddie
　　　　壞人　　同伴　　球僮　　小哥

B－14　baddish　caddish　faddish　laddish　maddish　saddish
　　　　稍壞的　　下賤的　　流行的　　年青的　　微狂的　　稍悲的

B－15　baddy　biddy　buddy
　　　　壞人　　小雞　　夥伴

B－16　baddy　caddy　daddy　faddy　paddy　waddy
　　　　壞人　　茶筒　　爹爹　　流行　　米谷　　棍棒

B－17　bade　fade　jade　lade　made　wade
　　　　出價　　褪色　玉　　載運　　製作　　涉過

B－18　badge　cadge
　　　　徽章　　叫賣

B－19　baff　daff　gaff　raff　waff　yaff
　　　　打　　愚行　魚叉　大批　孤單　吠

B－20　baffle　raffle　waffle
　　　　挫折　　碎屑　　蛋餅

B－21　baffy　daffy　taffy
　　　　木棒　　傻的　　阿諛

B－22　bag　beg　big　bog　bug
　　　　袋　乞討　大　沼澤　甲蟲

B－23　bag　dag　fag　gag　hag　jag　lag　mag　nag　rag　sag
　　　　袋　匕首　苦工　塞口　女巫　醉酒　落後　多言　小馬　破布　下降
　　　　tag　wag　zag
　　　　附箋　搖擺　急轉

B－24　baggy　jaggy　naggy
　　　　似袋的　鋸齒狀　小馬

B－25　bail　fail　hail　jail　mail　nail　pail　rail　sail　tail　vail
　　　　委託　失敗　歡呼　監獄　郵件　釘子　提桶　鐵軌　航行　尾巴　脫帽
　　　　wail
　　　　痛哭

B－26　bailer　failer　jailer　mailer　nailer　sailer　wailer
　　　　委託者　失敗者　獄吏　郵寄者　製釘者　帆船　哭泣者

B－27　bailor　jailor　sailor　tailor
　　　　委託人　獄吏　水手　裁縫

B－28　bait　gait　wait　baiter　gaiter　waiter
　　　　餌　步態　等候　虐待者　綁腿　侍者

B－29　bake　cake　fake　hake　jack　lake　make　rake　sake　take
　　　　烘　餅　作偽　鱈魚　滿意　湖　做　耙子　原因　拿
　　　　wake
　　　　喚醒

B－30　bakery　fakery
　　　　麵包店　欺詐

B-31	balance 平均	valance 掛布	valence 原子價						
B-32	bale 打包	dale 山谷	gale 大風	hale 強壯	male 男的	pale 蒼白	rale 肺鳴	sale 賣	tale 故事	vale 傷痕
B-33	balk 阻礙	calk 填隙	talk 談話	walk 走					
B-34	ball 球	bell 鈴	bill 帳單	boll 莢殼	bull 公牛				
B-35	ball 球	call 呼喚	fall 落下	gall 大膽	hall 廳	mall 木槌	pall 帷幕	tall 高	wall 牆
B-36	ballet 芭蕾	billet 住宿	bullet 子彈	ballot 選票					
B-37	ballet 芭蕾	gallet 碎石	mallet 木槌	pallet 草床	sallet 頭盔	wallet 皮夾			
B-38	bally 很	belly 腹	billy 棒	bully 欺凌					
B-39	bally 很	dally 嬉戲	pally 親密	rally 復元	sally 突擊	tally 計算	wally 華服		
B-40	balm 香油	calm 平靜	malm 堊土	palm 手掌					
B-41	bam 欺騙	cam 凸輪	dam 水壩	gam 腿	ham 火腿	jam 擠	lam 責打	mam 媽	ram 撞	yam 山芋
B-42	ban 禁止	can 能	dan 浮標	fan 扇	Han 漢人	man 男人	pan 鍋	ran 跑	tan 晒黑	van 貨車	wan 蒼白
B-43	banc 審判	band 樂隊	bane 大患	bang 重打	bank 銀行	bant 減胖			
B-44	band 樂隊	bend 使曲	bind 綁	bond 束縛	bund 堤岸				
B-45	band 樂隊	hand 手	land 土地	rand 邊界	sand 沙	wand 棒			
B-46	bandit 強盜	pandit 學者							
B-47	bandy 交換	candy 糖果	dandy 極好的	handy 手熟的	pandy 打手心	randy 大吵	sandy 沙質的		
B-48	bane 大患	cane 杖	Dane 丹麥人	fane 寺院	lane 巷	mane 鬃	pane 玻璃片	sane 清楚	vane 風旗
	wane 減弱								
B-49	bang 重打	fang 尖牙	gang 群	hang 掛	pang 劇痛	rang 響	sang 唱	tang 氣味	vang 船索
	yang 雁叫								

B-50	banger 大吵	danger 危險	ganger 工頭	hanger 吊架	manger 馬槽	ranger 徘徊者		
B-51	bangle 手鐲	dangle 搖擺	fangle 新款	jangle 雜聲	mangle 撕裂	tangle 纏結	wangle 狡詐	
B-52	banish 放逐	Danish 丹麥語	vanish 消失					
B-53	bank 銀行	dank 潮濕	hank 一捲	lank 瘦的	rank 階級	sank 沉	tank 坦克	yank 急拉
B-54	banker 銀行家	canker 潰瘍	hanker 渴望	tanker 油船				
B-55	banner 旗幟	canner 裝罐者	fanner 扇風者	manner 態度	tanner 製革匠	vanner 運貨人		
B-56	bant 減胖	cant 黑話	can't 不能	pant 喘息	rant 咆哮	want 要		
B-57	banter 嘲弄	canter 緩弛	ranter 說大話者	wanter 貧乏者				
B-58	bar 棒	car 車	ear 耳	far 遠	jar 瓶	lar 家神	mar 損傷	oar 槳
	par 同等	tar 焦油	war 戰爭					
B-59	barb 芒刺	bard 詩人	bare 赤裸	bark 吠	barm 酵	barn 谷倉		
B-60	barber 理髮師	harber 港						
B-61	bard 詩人	card 名片	hard 硬	lard 豬油	nard 甘松	pard 同伴	sard 石髓	ward 病房
	yard 碼							
B-62	bare 赤裸	bear 負荷						
B-63	bare 赤裸	care 關心	dare 敢	fare 車費	hare 兔	mare 母馬	pare 削皮	rare 半熟
	tare 甚多	ware 器物	yare 靈活					
B-64	bared 赤裸	bread 麵包	beard 鬍鬚					
B-65	barge 駁船	large 大的	marge 邊緣	targe 盾				
B-66	barish 部份裸露	garish 華麗的	marish 沼澤	parish 教區				
B-67	bark 吠	dark 黑暗	hark 聽	lark 雲雀	mark 記號	nark 線民	park 公園	sark 襯衣
B-68	barley 大麥	parley 談判						
B-69	barn 谷倉	darn 縫補	earn 賺	tarn 小湖	warn 警告	yarn 絨線		

B

B – 70	barrier 碉堡	carrier 航空母艦	farrier 蹄鐵匠	harrier 獵狗	marrier 結婚者				
B – 71	barrow 手車	borrow 借入	burrow 地洞						
B – 72	barrow 手車	farrow 產小豬	harrow 耙	marrow 骨髓	narrow 窄的	yarrow 蓍草			
B – 73	barter 交易	carter 馬車夫	darter 投擲者	garter 襪帶					
B – 74	barton 交易	carton 紙板							
B – 75	basal 基本的	nasal 鼻音							
B – 76	base 基礎	bash 重擊	bask 晒	bass 低音	bast 韌皮				
B – 77	base 基礎	case 箱	ease 容易	lase 發光	rase 抹去	vase 花瓶			
B – 78	basement 地下室	casement 箱盒							
B – 79	bash 重擊	cash 現金	dash 少許	fash 困惱	gash 割痕	hash 混雜	lash 鞭撻	mash 搗碎	pash 打碎
	rash 輕率	sash 窗框	wash 洗						
B – 80	basis 基本	oasis 沃地							
B – 81	bask 取暖	cask 桶	mask 面具	task 工作					
B – 82	basket 籃	casket 珠寶箱	gasket 填襯物						
B – 83	bass 低音	lass 少女	mass 彌撒	pass 通過	sass 頂嘴	tass 小酒杯			
B – 84	bast 韌皮	cast 拋	east 東方	fast 快	hast 有	last 最後	mast 桅	oast 乾窯	past 以往	vast 廣大
	wast 是								
B – 85	bastard 私生子	dastard 膽小鬼							
B – 86	baste 脂油	caste 地位	haste 匆忙	paste 漿糊	taste 滋味	waste 浪費			
B – 87	baster 塗脂者	caster 投手	Easter 復活節	faster 較快的	laster 楦者	master 主人	paster 粘貼者		
	taster 嚐味者	waster 浪子							

B－88　bat　cat　eat　fat　gat　hat　mat　oat　pat　rat　sat　tat
棒　貓　吃　胖　槍　帽　纏　麥　拍　鼠　坐　擊
vat　xat
桶　柱

B－89　batch　catch　hatch　latch　match　natch　patch　ratch
一批　捉　孵　門閂　火柴　當然　補丁　棘輪
watch
錶

B－90　bate　date　fate　gate　hate　late　mate　pate　rate　sate
減少　日期　命運　門　恨　遲　伙伴　頭頂　比率　使飽

B－91　bath　hath　lath　math　oath　path　rath
洗浴　有　板條　數學　發誓　小徑　古塚

B－92　bathos　pathos
突降法　悲哀

B－93　batten　fatten　ratten
窄板　使胖　搗蛋

B－94　batter　hatter　latter　matter　natter　patter　ratter　tatter
重擊　帽商　後者　事件　抱怨　淅瀝　捕鼠者　破布
yatter
閒談

B－95　battle　cattle　rattle　tattle　wattle
戰爭　牲口　嘎聲　聊天　枝條

B－96　batty　catty　fatty　natty　patty　ratty　tatty
瘋的　斤　胖子　乾淨的　小餅　老鼠似的　簡陋的

B－97　bawdry　tawdry
淫行　俗麗的

B－98　bawl　wawl　pawl　pawn　dawn　fawn　lawn　sawn　yawn
大叫　痛哭　掣子　典當　破曉　奉承　草地　鋸　呵欠
yawl
小船

B－99　bay　bey　bye　boy　buy
海灣　尊稱　副的　男孩　買

B－100　bay　cay　day　fay　gay　hay　jay　lay　may　nay　pay
海灣　沙洲　日　仙　快樂　乾草　鳥　放　許可　而且　付
ray　say　way
射線　說　路

B－101　be　he　me　re　we　ye
是　他　我　又　我們　你

B－102　beach　beech　belch　bench
海灘　櫸　打嗝　長凳

B－103　beach　leach　peach　reach　teach
海灘　過濾　桃　到　教

B－104　beacon　deacon
燈檯　執事

B

B-105	bead 唸珠	beak 鳥嘴	beam 梁	bean 豆	bear 熊	beat 打	beau 情郎			
B-106	bead 唸珠	dead 死	head 頭	lead 鉛	mead 酒	read 唸				
B-107	beak 鳥嘴	leak 漏	peak 山頂	teak 柚木	weak 弱					
B-108	beam 梁	ream 令	seam 縫	team 組						
B-109	bean 豆	dean 院長	jean 褲	lean 瘦	mean 意謂	pean 凱歌	wean 斷	yean 產		
B-110	bear 熊	dear 親的	fear 怕	gear 齒輪	hear 聽	near 近	pear 梨	rear 後	sear 枯	tear 淚
	wear 穿	year 年								
B-111	beast 獸	feast 祝典	least 至少	yeast 酵母						
B-112	beat 打	abet 教唆	bate 壓制	beta 貝塔						
B-113	beat 打	feat 功績	heat 熱	meat 肉	neat 整潔	peat 泥煤	seat 座	teat 奶頭		
B-114	beck 點頭	deck 甲板	geck 卑人	heck 地獄	keck 想吐	neck 頸	peck 啄食	reck 相干	teck 偵探	
B-115	beckon 點頭	reckon 計算								
B-116	bed 床	bee 蜂	beg 乞	bel 裴耳	ben 客室	bet 打賭	bey 尊稱			
B-117	bed 床	fed 飼	he'd 他有	led 領導	red 紅	ted 攤晒	wed 婚	zed z字		
B-118	bee 蜂	dee D字	fee 費	gee 噫	jee 嘻	lee 背風	nee 娘家姓	pee 尿	ree 篩	see 看	tee 球戲
	vee V字	wee 微	zee Z字							
B-119	beef 牛肉	been 是	beep 嗶嗶	beer 啤酒	beet 甜菜					
B-120	beef 牛肉	keef 麻藥	reef 暗礁							
B-121	been 是	keen 銳的	peen 尖的	seen 看	teen 十多歲	ween 以爲				
B-122	beep 嗶嗶	deep 深	jeep 吉甫	keep 保留	neep 蘿蔔	peep 窺	seep 滲漏	veep 副總統	weep 哭	
B-123	beer 啤酒	deer 鹿	jeer 嘲弄	leer 媚眼	peer 匹敵	seer 先知	veer 改向			

B－124　beet　feet　meet
　　　　甜菜　足　　遇見

B－125　beg　keg　leg　peg　teg　jeg
　　　　乞　桶　　腿　釘　　小羊　鋸齒形的缺刻

B－126　belay　delay　relay
　　　　繫繩　　延遲　　交替

B－127　belief　relief　believe　relieve
　　　　信念　　解除　　相信　　減輕

B－128　bell　cell　dell　fell　hell　jell　mell　sell　tell　well　yell
　　　　鈴　細胞　小谷　倒　地獄　冷凍　干預　賣　告訴　井　喊

B－129　bellow　fellow　yellow　mellow　mallow　hallow　hollow
　　　　吼叫　　像伙　　黃色　　熟　　　錦葵　　崇拜　　中空
　　　　follow
　　　　跟著

B－130　belly　felly　jelly　kelly　　nelly　telly
　　　　腹　　輪圈　果凍　男人硬帽　海燕　（英）電視

B－131　below　elbow　bowel
　　　　在下　　肘　　　腸

B－132　belt　celt　felt　gelt　Kelt　melt　pelt　welt
　　　　皮帶　石斧　感覺　錢　塞特人　溶　　投　傷痕

B－133　ben　den　fen　hen　ken　men　pen　sen　ten　wen　yen
　　　　客室　窟　沼　雞　知　人　筆　錢　十　疣　元
　　　　zen
　　　　禪宗

B－134　bench　kench　tench　wench
　　　　長凳　　大箱　　魚　　少女

B－135　bend　fend　lend　mend　pend　rend　send　tend　vend
　　　　使曲　抵擋　借　　修補　吊著　撕　　送　致使　賣
　　　　wend
　　　　行

B－136　bender　vender　　vendee　vendor
　　　　佝僂人　自動售賣機　買主　　賣主

B－137　bent　cent　dent　gent　hent　lent　pent　rent　sent　tent
　　　　彎曲　一分　凹　　紳士　抓　借　關閉　租用　送　帳蓬
　　　　vent　went
　　　　小孔　去

B－138　berm　germ　perm　term
　　　　岸徑　胚芽　電燙髮　術語

B－139　berry　burry　burro
　　　　漿果　有瘤的　驢

B－140　berry　derry　ferry　herry　jerry　merry　perry　serry
　　　　漿果　民謠　渡船　掠奪　氈帽　快樂　梨酒　密集
　　　　terry
　　　　絨縫

B

B-141	beside 在旁	reside 居住							

B-142	best 最佳	gest 冒險	hest 命令	jest 笑話	lest 因恐	nest 巢	pest 害蟲	rest 休息	test 試驗	vest 背心

west zest
西方 風味

B-143	bet 打賭	get 獲得	jet 噴射	let 讓	met 遇	net 網	pet 寵物	ret 變軟	set 一組	vet 治療	wet 濕

yet
尚未

B-144	beta 希臘第二字母	feta 乳酪	geta 木屐	seta 剛毛	zeta 希臘第六字母

B-145	better 轉好	fetter 腳械	getter 毒餌	letter 信件	netter 網球員	setter 安放者	tetter 皮疹

B-146	better 轉好	bitter 苦的	butter 奶油	batter 打碎

B-147	bevel 斜角	kevel 繩栓	level 平的	revel 狂喜	elver 小鱔	lever 槓桿	fever 發熱	never 永不	sever 切斷

B-148	beverage 飲料	leverage 槓桿作用

B-149	bevy 鳥群	levy 徵稅

B-150	bey 尊稱	dey 首長	fey 狂的	gey 相當	hey 喂	key 鑰匙	ley 草坪	wey 重量

B-151	bib 圍巾	dib 垂釣	fib 小謊	gib 凹楔	jib 角帆	nib 喙	rib 肋骨	sib 血親

B-152	bib 圍巾	did 做	gig 小艇	pip 種子	sis 姊妹	tit 小雀

B-153	bibber 酒鬼	dibber 尖鑽	fibber 說謊者	gibber 喋喋

B-154	bibble 常飲酒	diddle 哄騙	giggle 傻笑	tittle 微量

B-155	bibble 常飲酒	dibble 小鍬	kibble 壓碎	nibble 輕咬

B-156	Bible 聖經	title 題目

B-157	bice 灰藍	dice 骰子	lice 蝨	mice 鼠	nice 好的	pice 銅幣	rice 米	sice 馬夫	vice 惡行

B-158	bicker 爭論	dicker 討價	kicker 踢人的馬	picker 扒手	ticker 錶	wicker 柳條

B-159	bid 出價	big 大	bin 倉	bit 小量

B－160	bid 出價	did 做	fid 尖針	hid 匿	kid 小孩	lid 蓋子	mid 中間	rid 免除	aid 幫助

| B－161 | bidden
出價 | hidden
躲藏 | midden
垃圾堆 | ridden
騎 |

| B－162 | bidder
投標人 | kidder
騙人者 |

| B－163 | biddy
小雞 | giddy
頭暈 | kiddy
小孩 | middy
學生 |

| B－164 | bide
居住 | hide
藏匿 | ride
乘坐 | side
邊 | tide
潮流 | wide
寬的 | aide
副官 |

| B－165 | bield
遮掩 | field
田野 | wield
使用 | yield
產生 |

| B－166 | bier
棺架 | pier
碼頭 | tier
一層 |

| B－167 | biff
打 | miff
生氣 | tiff
小吵 | tiffin
午餐 | biffin
蘋果 |

| B－168 | big
大 | dig
挖 | fig
少許 | gig
小艇 | jig
舞 | pig
豬 | rig
裝束 | wig
假髮 |

| B－169 | biggin
帽 | piggin
長柄杓 |

| B－170 | bight
彎曲 | dight
準備 | eight
八 | fight
打仗 | hight
高 | lihgt
光 | might
強權 | night
夜 | right
對的 |
| | sight
視力 | tight
緊 | wight
人 |

| B－171 | bike
單車 | dike
堤 | hike
遠足 | kike
猶太人 | like
如 | mike
怠工 | Nike
勝利女神 | pike
矛 | tike
劣犬 |

| B－172 | bile
膽汁 | file
卷宗 | mile
哩 | pile
一堆 | rile
惹怒 | tile
瓦 | vile
壞的 | wile
詭計 |

| B－173 | bilk
賴帳 | milk
牛奶 | silk
絲 |

| B－174 | bill
帳單 | dill
時蘿 | fill
裝滿 | gill
魚鰓 | hill
小山 | kill
殺害 | lill
垂下 | mill
磨坊 | nill
不願 | pill
藥丸 | rill
小河 |
| | sill
基石 | till
直到 | vill
市鎮 | will
意願 | yill
麥酒 |

| B－175 | billet
住宿 | fillet
髮帶 | millet
粟 | rillet
小溪 | willet
鷸鳥 |

| B－176 | billiard
撞球 | milliard
十億（英） |

| B－177 | billion
十億 | million
百萬 | zillion
無量數 | bullion
金塊 | mullion
豎框 |

| B－178 | billow
巨浪 | pillow
枕頭 | willow
柳樹 |

B – 179	billy 警棍	dilly 水仙	filly 小馬	gilly 貨車	hilly 多山的	silly 傻的			
B – 180	bin 倉	din 喧	fin 鰭	gin 酒	pin 針	sin 罪	tin 錫	win 勝	
B – 181	bind 綁	find 尋	hind 在後	kind 種類	mind 心意	rind 果皮	wind 風		
B – 182	binder 綁者	cinder 餘燼	finder 尋獲者	hinder 後面的	minder 照料者	tinder 火種	winder 捲的人		
B – 183	bine 藤	dine 用餐	fine 好的	kine 牛	line 線	mine 我的	nine 九	pine 松木	sine 正弦
	tine 叉齒	vine 藤蔓	wine 酒						
B – 184	bing 一堆	ding 叮噹	king 國王	ling 石南	Ming 明代	ping 呯呯	ring 鈴	sing 唱	ting 玎玲
	wing 翅	zing 活力							
B – 185	binge 狂飲	dinge 昏暗	hinge 鉸鏈	pinge 埋怨	singe 燙焦	tinge 染色			
B – 186	bingle 安打	dingle 小峽谷	jingle 叮噹	mingle 相混	single 單獨	tingle 刺痛			
B – 187	bingo 賓果	dingo 野犬	jingo 一定	lingo 術語	pingo 土丘				
B – 188	bird 鳥	gird 圍繞	birl 迴轉	girl 女孩	tirl 旋轉。				
B – 189	birth 分娩	girth 周圍	mirth 歡笑						
B – 190	bise 寒風	mise 協定	rise 增高	vise 老虎鉗	wise 聰明				
B – 191	bisk 濃湯	disk 唱片	fisk 國庫	risk 危險					
B – 192	bister 褐色	mister 先生	sister 姊妹						
B – 193	bit 小量	cit 商人	fit 適合	hit 打	kit 一組	lit 亮光	nit 幼蟲	pit 凹處	sit 坐
	tit 山雀	wit 理智	ait 小島						
B – 194	bit 小量	bot 幼蟲	but 但	bat 蝙蝠	bet 打賭				
B – 195	bitch 母狗	ditch 溝渠	fitch 臭貓	hitch 跛行	pitch 頂點	witch 女巫	aitch H音		
B – 196	bite 咬	cite 引述	kite 風箏	mite 少許	rite 典禮	site 場所			

B – 197　bitt　mitt　bitten　kitten　mitten
　　　　　錨柱　手　咬　　小貓　　手套

B – 198　bitter　fitter　hitter　jitter　litter　sitter　titter
　　　　　苦的　裝配者　打擊者　緊張　垃圾　坐者　竊笑

B – 199　blab　slab　scab　stab
　　　　　洩漏　濃的　痂　刺穿

B – 200　black　clack　flack　　plack　slack
　　　　　黑的　畢剝聲　高射砲火　錢幣　鬆弛的

B – 201　blade　glade　blaze　glaze
　　　　　葉片　空地　閃光　光滑

B – 202　blain　plain　slain
　　　　　膿胞　平的　殺死

B – 203　blame　flame　frame
　　　　　責備　火焰　框架

B – 204　blanch　branch　brunch　blench　clench　clinch　flench
　　　　　漂白　分枝　早午合餐　變白　緊握　擁抱　剝皮
　　　　　flinch
　　　　　畏縮

B – 205　bland　blend　blind　blond
　　　　　溫和的　混合　盲人　金髮

B – 206　bland　gland　grand　brand　brant　grant
　　　　　溫和的　腺　偉大的　商標　黑雁　許可

B – 207　blank　clank　flank　plank　slank
　　　　　空的　尖聲　側面　厚板　潛逃

B – 208　blare　flare　glare
　　　　　喧叫　閃耀　強光

B – 209　blatter　clatter　flatter　platter
　　　　　喋喋　嘈雜　諂媚　大淺盤

B – 210　bleach　breach　breech　preach　breath　wreath　breathe
　　　　　使白　破壞　屁股　傳教　呼吸　花圈　呼吸
　　　　　wreathe
　　　　　圍住

B – 211　blear　clear　bleat　cleat
　　　　　朦朧　清澈　羊叫　栓緊

B – 212　bleb　bled　blet　blew
　　　　　疱疹　流血　腐爛　吹

B – 213　bled　fled　sled
　　　　　流血　逃走　雪橇

B – 214　bleed　blood　flood　floor　bloom　gloom　bloop　sloop
　　　　　出血　血液　洪水　地板　開花　幽暗　錯誤　帆船
　　　　　cloop　cloot
　　　　　砰聲　偶蹄

B

B – 215	blight 枯萎	bright 亮的	fright 恐怖	flight 航程	plight 情況	slight 輕微	
B – 216	blink 眨眼	clink 叮噹	plink 響聲	slink 潛逃			
B – 217	blip 光點	clip 夾子	flip 輕彈	slip 滑跌			
B – 218	bloat 膨脹	float 漂浮	gloat 觀望				
B – 219	blob 一滴	glob 水珠	slob 懶鬼	slop 濺潑	flop 鼓翼	plop 噗通	clop 蹄聲
B – 220	block 一塊	clock 鐘	flock 羊群				
B – 221	blot 污點	clot 凝固	plot 陰謀	slot 狹孔			
B – 222	blow 吹	flow 流	glow 白熱	plow 耕	slow 慢	alow 向下	
B – 223	blub 哭	club 俱樂部	slub 初紡	slubber 弄污	clubber 俱樂部會員	blubber 哭泣	
B – 224	blue 藍色	clue 線圈	flue 絨毛	glue 膠	slue 斜向		
B – 225	bluff 絕壁	fluff 軟毛					
B – 226	blunder 謬誤	plunder 奪取					
B – 227	blurry 模糊的	flurry 疾風					
B – 228	blush 臉紅	flush 流	plush 絲絨	slush 雪泥			
B – 229	bluster 狂吹	cluster 束串	fluster 使緊張				
B – 230	boa 蟒蛇	goa 羚羊	moa 恐鳥	zoa 動物			
B – 231	boar 公豬	roar 吼	soar 高飛				
B – 232	board 木板	hoard 聚藏	broad 廣大的				
B – 233	boast 誇言	coast 海岸	roast 烤	toast 吐司麵包			
B – 234	boat 船	bolt 螺桿	boot 長靴	bort 鑽	bott 馬蠅之幼蟲	bout 一次	
B – 235	boat 船	coat 外衣	goat 山羊	moat 壕溝			

B - 236	bob	cob	fob	gob	hob	job	lob	mob	nob	rob	sob
	剪短	鵝	袋	塊	架	工作	傻人	暴徒	頭	搶劫	啜泣

B - 237	bobble	cobble	gobble	hobble	nobble	wobble
	蕩漾	圓石	大吃	跛行	收買	擺動

B - 238	bobby	cobby	hobby	lobby	nobby	sobby
	警察	小馬	嗜好	走廊	華麗	哭

B - 239	bock	cock	dock	hock	jock	lock	mock	nock	pock
	啤酒	公雞	碼頭	典當	騎師	鎖	嘲弄	凹槽	痘疱
	rock	sock
	岩石	短襪

B - 240	bode	code	lode	mode	node	rode
	預兆	電碼	礦脈	方式	結	騎

B - 241	boff	doff	toff
	大笑	脫去	紳士

B - 242	bog	cog	dog	fog	hog	jog	log	nog	tog	wog
	沼澤	齒輪	狗	霧	豬	慢步	木頭	木釘	衣服	黑人

B - 243	bogey	fogey
	妖怪	頑固人

B - 244	boggle	goggle	joggle	toggle
	畏縮	靜目	輕推	套環

B - 245	boggy	doggy	foggy	soggy
	沼澤的	狗的	多霧的	濕的

B - 246	boil	coil	foil	moil	noil	roil	soil	toil
	煮沸	線圈	阻止	勞動	梳屑	攪濁	土壤	苦工

B - 247	bold	cold	fold	gold	hold	mold	sold	told	wold
	勇敢	冷	摺起	金	握	做模	賣	告訴	山地

B - 248	bole	cole	dole	hole	mole	pole	role	sole	vole
	樹幹	油菜	施捨	洞	痣	柱	角色	獨的	野鼠

B - 249	boll	doll	loll	poll	roll	toll
	莢殼	洋囡囡	伸舌	投票	滾動	通行稅

B - 250	bollard	pollard
	繫船柱	無頂樹

B - 251	bolo	kolo	polo	solo
	大刀	單舞	馬球戲	獨奏

B - 252	bolster	holster	lobster	mobster	monster
	長枕	手槍皮套	龍蝦	暴徒	怪物

B - 253	bolt	colt	dolt	holt	jolt	molt	volt
	螺桿	小馬	傻瓜	林丘	顛簸	換毛	伏特

B - 254	bolter	colter	jolter
	篩子	犁刀	搖動者

B - 255	bomb	comb	tomb	womb
	炸彈	梳子	墳墓	子宮

B - 256　bomber　comber　somber
　　　　　轟炸機　梳刷機　陰沉的

B - 257　bon　con　don　eon　non　son　ton　won
　　　　　好的　研讀　紳士　永世　不　子　噸　勝

B - 258　bond　fond　pond
　　　　　束縛　尋找　小池

B - 259　bone　cone　done　gone　hone　lone　none　pone
　　　　　骨　圓錐　做　去　磨石　孤寂　毫無　切牌
　　　　　tone　zone
　　　　　音調　區域

B - 260　bong　gong　hong　long　song　tong
　　　　　鐘聲　鑼　商行　長　歌　黨

B - 261　bonnet　sonnet
　　　　　軟帽　十四行詩

B - 262　bony　cony　pony　tony
　　　　　多骨的　家兔　小馬　時髦的

B - 263　boo　goo　moo　too　woo　zoo
　　　　　噓聲　粘膠　牛鳴　也　求婚　動物園

B - 264　boob　book　boom　boon　boor　boot
　　　　　笨伯　書　繁榮　恩賜　鄉人　長靴

B - 265　boob　noon　poop　toot
　　　　　笨伯　中午　船板　號角

B - 266　boodle　doodle　hoodle　noodle　poodle
　　　　　人群　亂塗　彈珠　麵條　獅子狗

B - 267　book　cook　hook　kook　look　nook　rook　took　zook
　　　　　書　廚司　鉤　笨蛋　看　屋隅　敲詐　拿　老妓

B - 268　bookworm　hookworm
　　　　　書呆子　鉤蟲

B - 269　boom　doom　loom　room　zoom
　　　　　繁榮　劫數　織機　房間　直升

B - 270　boon　coon　goon　loon　moon　noon　poon　soon
　　　　　恩惠　黑奴　笨人　水鳥　月亮　正午　胡桐　快
　　　　　toon　zoon
　　　　　桃木　動物

B - 271　boor　door　moor　poor
　　　　　農民　門　荒野　窮

B - 272　boorish　moorish　poorish
　　　　　鄉氣的　荒野的　有些窮的

B - 273　boost　roost
　　　　　後推　雞棚

B - 274　boot　coot　foot　hoot　loot　moot　root　soot　toot
　　　　　長靴　黑鴨　腳　梟叫　贓物　待決　根　煤灰　號角

B-275　booth　sooth　tooth
　　　　小室　　事實　　牙齒

B-276　booty　footy　　rooty　sooty　zooty
　　　　獎品　　無價值的　多根的　黑的　　過於華麗的

B-277　boozy　woozy
　　　　泥醉的　頭昏眼花的

B-278　borage　forage
　　　　琉璃苣　糧秣

B-279　bore　core　fore　gore　lore　more　pore　sore　tore
　　　　穿孔　核　　在前　血塊　知識　較多　細讀　疼痛　撕扯
　　　　wore　yore
　　　　穿戴　往昔

B-280　borrow　morrow　sorrow
　　　　借　　　次日　　悲哀

B-281　bort　fort　mort　port　sort　tort　wort
　　　　金鑽　砲台　號角　港口　品種　侵犯　植物

B-282　bosh　gosh　josh　tosh
　　　　廢話　啊　　嘲笑　胡說

B-283　boss　doss　joss　loss　moss　toss　dosser　tosser
　　　　老板　睡　　神像　喪失　苔　　投擲　飄泊者　投擲者

B-284　bot　cot　dot　got　hot　jot　lot　mot　not　pot
　　　　馬蠅　童床　點　得到　熱　少量　全部　妙句　不　　壺
　　　　rot　sot　tot　wot
　　　　枯朽　酒鬼　小孩　知道

B-285　botch　hotch　notch
　　　　補綴　不安　缺口

B-286　bote　cote　dote　mote　note　rote　tote　vote
　　　　修理　棚　　昏慣　微塵　摘記　強記　背負　投票

B-287　bother　mother　pother　tother
　　　　麻煩　　母親　　喧鬧　　另一個

B-288　bottle　cottle　mottle　pottle
　　　　瓶　　　茅舍　　斑點　　容器

B-289　bough　cough　dough　lough　rough　sough　tough
　　　　樹枝　咳嗽　金錢　海灣　粗魯　颯颯　堅韌

B-290　bought　fought　nought　sought
　　　　買　　　打　　　零　　　找

B-291　bounce　jounce　pounce
　　　　反跳　　震動　　飛撲

B-292　bound　found　hound　mound　pound　round　sound
　　　　綑紮　尋到　獵犬　土堆　磅　　圓的　聲音
　　　　wound
　　　　受傷

B

B - 293 bounty county
寬大　　郡縣

B - 294 bourn mourn
小河　　悲傷

B - 295 bourse course
證券所　課程

B - 296 bouse douse house louse mouse rouse souse touse
飲料　潑水　房屋　蝨　　鼠　　喚醒　投水　弄亂

B - 297 bout gout lout pout rout tout
一回　痛風　笨人　噘嘴　敗潰　勸誘

B - 298 bow cow how low mow now row sow tow
彎腰　母牛　怎樣　低　割草　現在　行列　母豬　拖

vow wow yow
誓約　噢　　訝

B - 299 bowel dowel nowel rowel towel vowel
腸　　暗榫　聖詩　小齒輪　毛巾　母音

B - 300 bower cower dower lower mower power rower
樹蔭　畏縮　嫁妝　低一些　割草機　力量　划船者

sower tower
播種者　塔

B - 301 bowl cowl fowl howl jowl sowl yowl
碗　　頭巾　家禽　狼吠　下顎　虐待　吼叫

B - 302 box cox fox pox sox vox
箱　　舵手　狐　水痘　襪　　聲音

B - 303 boy coy hoy joy soy toy
男孩　怕羞　喂　愉快　大豆　玩具

B - 304 brace acerb
拉緊　酸澀

B - 305 brace grace trace
大括弧　仁慈　蹤跡

B - 306 bracken blacken slacken
蕨　　變黑　　減少

B - 307 brad drab crab grab brag crag drag grad gram
無頭釘　淡褐色　蟹　搶去　誇大　危岩　拖　　畢業生　公分

gray
灰色

B - 308 braid brail brain
織　　捲起　腦

B - 309 brail frail grail trail trial
捲起　脆弱　梳鏟　蹤跡　試驗

B - 310 brain drain grain train
腦　　排水　谷粒　火車

B－311	brainy 多智的	binary 二元素的			
B－312	braise 燉，蒸	praise 誇獎			
B－313	brake 剎車	break 破裂	brace 大括弧	brave 勇敢	braze 銅製
B－314	brake 剎車	crake 秧雞	drake 公鴨		
B－315	brand 商標	brant 黑雁	grant 允諾	grand 雄偉	gland 腺	bland 和暖
B－316	brash 殘枝	crash 撞毀	trash 垃圾		
B－317	brass 黃銅	crass 笨的	grass 草	glass 玻璃	class 班級
B－318	brat 小傢伙	drat 咒罵	frat 聯誼會	prat 屁股
B－319	brave 勇敢	crave 懇求	grave 墳墓	trave 橫梁
B－320	braw 好的	craw 嗉囊	draw 拖	
B－321	brawl 吵鬧	crawl 爬行	drawl 慢腔調	trawl 拖網
B－322	brawn 肌肉	drawn 牽引	prawn 龍蝦	
B－323	bray 驢叫	dray 貨車	fray 喧吵	gray 灰色	pray 祈禱	tray 碟
B－324	braze 銅飾	craze 瘋狂	fraze 直徑	graze 吃草	glaze 光滑	blaze 火焰
B－325	breach 破裂	preach 傳教			
B－326	break 打破	creak 吱咯聲	freak 怪想	
B－327	breath 呼吸	wreath 花環	breathe 呼吸	wreathe 作花環
B－328	breed 生育	creed 信條	freed 自由的	greed 貪心	treed 種有樹木的
B－329	breeze 微風	freeze 結冰			
B－330	brew 釀造	crew 工人	drew 拉	grew 發育
B－331	bribe 賄賂	tribe 部落			

B – 332	brick 磚	crick 痙攣	prick 尖刺	trick 詭計				
B – 333	bride 新娘	gride 擦響	pride 自負					
B – 334	brief 摘要	grief 悲傷						
B – 335	brig 禁閉室	frig 冰箱	grig 快活的人	prig 小偷	trig 三角學	grip 緊握	grit 砂礫	girt 量周圍的長度
B – 336	bright 光明的	fright 恐怖	wright 製作者	aright 正確地				
B – 337	brighten 使光亮	frighten 使驚怕						
B – 338	brill 鰈魚	drill 鑽子	frill 飾邊	grill 格子架	prill 小珠	trill 顫聲		
B – 339	brim 使滿	grim 可怕	prim 拘謹的	trim 修剪				
B – 340	brine 海水	trine 三重的						
B – 341	brink 邊緣	drink 飲	prink 打扮					
B – 342	brisk 活潑	frisk 雀躍						
B – 343	bristle 豬鬃	gristle 軟骨						
B – 344	brock 獾	crock 油煙	frock 長袍					
B – 345	brood 孵卵	blood 血	brook 小河	broom 掃帚	bloom 開花	groom 馬夫	crook 彎鉤	croon 低唱
B – 346	brose 麥粉湯	prose 散文	arose 升起	erose 不平坦的	frose 凍結的			
B – 347	broth 肉湯	froth 泡沫	troth 婚約	wroth 激怒				
B – 348	broth 肉湯	throb 心跳						
B – 349	brow 眉毛	crow 烏鴉	frow 婦人	grow 生長	prow 船首	trow 相信	arow 一列	
B – 350	brown 棕色	crown 王冠	drown 溺死	frown 皺眉	grown 成長			
B – 351	browse 嚙	drowse 打瞌睡						
B – 352	bruise 打傷	cruise 航行						

B

B-353	bruit 謠傳	fruit 水果							
B-354	brunch 早午餐	crunch 咬碎							
B-355	brunt 衝擊	grunt 咕嚕							
B-356	brush 刷子	crush 壓碎							
B-357	bub 兄弟	bud 花蕾	bug 小蟲	bum 遊蕩	bun 麵包	bur 針氈	bus 公車	but 但	buy 買	buz 刺果
B-358	bub 兄弟	cub 生手	dub 綽號	fub 欺騙	hub 輪軸	nub 瘤	pub 酒店	rub 磨擦	sub 訂閱	tub 缸
B-359	bubble 泡泡	hubble 凸起	nubble 小瘤	rubble 碎石						
B-360	bubbly 起泡的	hubbly 不平的	nubbly 瘤多的	rubbly 碎石狀的						
B-361	bubby 乳房	cubby 小房間	hubby 丈夫	nubby 有瘤的	tubby 桶狀的					
B-362	buck 公羊	duck 鴨	huck 蔴布	luck 運氣	muck 使污	puck 一擊	ruck 群眾	suck 吸	tuck 捲摺	
B-363	bucker 惡馬	ducker 飼鴨人	pucker 起皺	sucker 吸盤	tucker 使疲憊					
B-364	buckle 扣子	huckle 大腿	muckle 多，大	suckle 餵奶						
B-365	bud 花蕾	cud 反芻	dud 失敗	mud 泥	pud 煉鐵					
B-366	buddle 洗礦槽	cuddle 擁抱	fuddle 泥醉	huddle 擁擠	muddle 使混亂	puddle 泥水坑	ruddle 紅土			
B-367	buddy 同志	cuddy 壁櫥	muddy 似泥的	ruddy 紅的						
B-368	budge 移動	fudge 欺騙	judge 法官	nudge 以肘輕觸						
B-369	buff 軟皮	cuff 袖口	duff 布丁	guff 胡說	huff 開罪	luff 向風	muff 做錯	puff 喘息	ruff 頸毛	tuff 凝岩
B-370	buffer 緩衝	duffer 笨人	puffer 吹噓者	suffer 遭受						
B-371	bug 小蟲	dug 掘	fug 灰塵	hug 抱住	jug 罐	lug 拖	mug 杯	pug 哈叭狗	rug 地毯	tug 拉
B-372	bugger 好色者	hugger 混亂	mugger 印度鱷魚	tugger 用力拉者						
B-373	buggy 小兒車	muggy 悶熱的								

B – 374	bugle 喇叭	bulge 凸出						
B – 375	build 建造	built 建造	guild 互助會	guilt 犯罪	quilt 被褥			
B – 376	bulk 巨量	hulk 笨人	sulk 生氣					
B – 377	bull 公牛	cull 選擇	dull 鈍的	full 滿的	gull 海鷗	hull 去殼	lull 平息	mull 思考 null 無效 pull 拉
B – 378	bullet 子彈	cullet 碎玻璃	gullet 食道	mullet 刀魚	pullet 小母雞			
B – 379	bullish 似公牛的	dullish 稍鈍的						
B – 380	bully 欺負	cully 同伴	dully 鈍的	fully 全部	gully 溪谷	sully 玷污		
B – 381	bum 遊蕩	gum 口香糖	hum 嗡嗡	mum 禁聲	rum 古怪	sum 總數	tum 撥弦聲	vum 發誓
B – 382	bump 碰撞	dump 傾倒	gump 笨伯	hump 駝峰	jump 跳	lump 小塊	mump 喃喃	pump 泵浦
	rump 臀部	sump 油槽						
B – 383	bumper 緩衝器	jumper 跳躍者	lumper 碼頭工人					
B – 384	bumpkin 鄉巴佬	pumpkin 南瓜						
B – 385	bun 甜饅頭	dun 催討	fun 樂趣	gun 槍	Hun 匈奴	nun 尼姑	pun 雙關語	run 跑 sun 太陽 tun 大桶
B – 386	buna 人造橡膠	bund 堤岸	bung 打腫	bunk 床位	bunn 小麵包	bunt 牴撞		
B – 387	bunch 束，串	hunch 直覺	lunch 午飯	munch 咀嚼	punch 拳擊			
B – 388	bung 打腫	dung 施肥	hung 弔	lung 肺	rung 響	sung 唱		
B – 389	bungle 拙作	jungle 叢林	pungle 捐錢					
B – 390	bunk 床位	dunk 浸泡	funk 恐慌	gunk 油膩物	hunk 大塊	junk 垃圾	lunk 笨伯	punk 朽木
	sunk 沉落	tunk 拍打						
B – 391	bunny 兔	funny 可笑的	gunny 粗麻布	runny 過軟的	sunny 向陽的	tunny 鮪魚		
B – 392	bunt 牴觸	dunt 重擊	hunt 打獵	punt 小船	runt 矮人	aunt 伯母		

B

B－393	bur 芒刺	cur 壞蛋	fur 毛皮	our 我們的	pur 嗚嗚聲

B－394	burgeon 發芽	surgeon 外科醫生

B－395	burl 線頭	curl 捲曲	furl 捲起	hurl 猛擲	purl 漩渦

B－396	burly 魁梧的	curly 捲曲的	hurly 喧嘩	surly 乖戾的

B－397	burnish 變光亮	furnish 供給	furbish 擦亮

B－398	burrow 地洞	furrow 車轍

B－399	burry 有瘤的	curry 咖哩醬	furry 有毛皮的	gurry 小堡	hurry 急忙

B－400	burse 獎學金	curse 降禍	nurse 護士	purse 錢袋

B－401	burst 爆炸	curst 咒罵	durst 膽敢

B－402	bury 埋葬	fury 憤怒	jury 陪審團

B－403	bus 公車	sub 代理	mus 博物館	sum 總數	pus 膿	sup 飲啜 jus 法律

B－404	bush 矮樹	busk 胸衣	buss 接吻	bust 破產	busy 忙碌

B－405	bush 矮樹	gush 湧出	hush 安靜	lush 醉漢	mush 夢話	push 推 rush 急迫

B－406	business 商務	busyness 忙碌

B－407	busk 胸衣	cusk 鱈魚	dusk 昏暗	husk 剝殼	musk 麝香	rusk 脆麵包 tusk 長牙

B－408	buss 親吻	cuss 詛咒	fuss 紛擾	muss 混亂	puss 貓 Russ 俄羅斯

B－409	bust 破產	dust 灰塵	gust 陣風	just 公平	lust 貪求	must 必須	oust 逐出 rust 鏽

B－410	bustard 鴇	custard 軟凍	mustard 芥末

B－411	buster 巨物	duster 掃灰塵者	luster 光彩	muster 集合	ouster 免職

B－412	bustle 匆忙	hustle 粗野地推	justle 撞	rustle 沙沙聲	sustle 淨重

B－413	but 但	tub 桶

B - 414　but　cut　gut　hut　jut　nut　out　put　rut　tut
　　　　　但　切　腸　小屋　突出　硬果　外面　放　轍跡　噓

B - 415　butt　mutt　putt
　　　　　煙屁股　笨蛋　輕擊

B - 416　butter　cutter　gutter　mutter　putter
　　　　　奶油　切割器　天溝　喃喃　短球棒

B - 417　buttock　futtock
　　　　　屁股　肋材

B - 418　button　mutton
　　　　　鈕扣　羊肉

B - 419　butty　nutty　putty　rutty　tutty
　　　　　工頭　漂亮的　油灰　多車轍的　不純的氧化鋅

B - 420　buzz　fuzz　muzz
　　　　　嗡嗡聲　絨毛　苦讀

B - 421　by　my　ay
　　　　　在旁　我的　唉

B - 422　bye　bey　dye　eye　rye　wye　wey　yew　yea　aye
　　　　　次要　省長　染色　眼睛　裸麥　Y字　重量　水松　是　是

B - 423　byre　eyre　gyre　lyre　pyre　tyre
　　　　　牛棚　巡迴　迴旋　七弦琴　柴堆　橡膠輪胎

―――― C ――――

C - 1　cab　cad　cam　can　cap　car　cat　caw　cay
　　　　出租車　小人　凸輪　能　便帽　車　貓　烏鴉叫　沙洲

C - 2　cab　cob　cub
　　　　出租車　硬塊　小熊

C - 3　cab　dab　gab　jab　lab　mab　nab　tab
　　　　出租車　輕拍　嘮叨　戳　實驗室　懶婦　捉住　垂片

C - 4　cabble　dabble　gabble　rabble　wabble　babble
　　　　切短　濺濕　饒舌　暴民　動搖　空談

C - 5　cabby　caddy　canny　carry　catty
　　　　出租車司機　茶筒　謹慎　攜帶　市斤

C - 6　cabby　gabby　mabby　tabby
　　　　出租車司機　饒舌　番薯酒　虎斑貓

C - 7　caber　saber　taber
　　　　棍棒　軍刀　小鼓

C - 8　cable　fable　gable　sable　table
　　　　纜索　寓言　三角牆　黑貂　桌子

C - 9　cablet　tablet　tabret
　　　　小纜索　藥片　小鼓

C - 10　cack　hack　jack　lack　pack　rack　sack　tack　wack
　　　　軟鞋　切割　男子　缺乏　包裝　架　袋　圖釘　怪事

　　　　　　zack　back
　　　　　　硬幣　後面

C-11　cackle　hackle　rackle　tackle
　　　　咯咯聲　刷梳　任性的　釣鉤

C-12　cad　dad　fad　gad　had　lad　mad　pad　sad
　　　　鄙漢　爹　時尚　刺棍　有　男孩　瘋　墊子　愁
　　　　tad　wad　bad
　　　　小孩　小塊　壞的

C-13　caddie　laddie　baddie
　　　　小廝　老友　壞人

C-14　caddish　faddish　laddish　maddish　saddish　baddish
　　　　下賤的　流行的　年青的　微狂的　稍悲的　稍壞的

C-15　caddy　daddy　faddy　paddy　waddy　baddy
　　　　茶筒　爹爹　流行　米谷　棍棒　壞人

C-16　cadge　badge
　　　　叫賣　標記

C-17　cadre　padre
　　　　幹部　神父

C-18　cage　cake　came　cane　cape　care　case　cave
　　　　鳥籠　餅　來　杖　海角　關切　事件　窟

C-19　cage　gage　mage　page　rage　sage　wage
　　　　鳥籠　抵押　魔術師　頁　憤怒　哲人　工資

C-20　cager　lager　sager　wager
　　　　球員　啤酒　較聰明的　賭注

C-21　cain　fain　gain　lain　main　pain　rain　vain　wain
　　　　田賦　樂意　獲得　躺下　主要　苦痛　雨　徒然　馬車
　　　　zain
　　　　純暗色馬

C-22　cake　fake　hake　jake　lake　make　rake　sake　take
　　　　餅　作偽　鱈魚　滿意　湖　做　耙子　原因　拿
　　　　wake　bake
　　　　喚醒　烘

C-23　calendar　calender
　　　　日曆　砑光機

C-24　calf　half
　　　　小牛　一半

C-25　caliber　caliper
　　　　口徑　兩腳規

C-26　calk　talk　walk　balk
　　　　填隙　談話　走　阻礙

C-27　call　cell　cull
　　　　呼喚　細胞　選擇

C-28　call　fall　gall　hall　mall　pall　tall　wall　ball
　　　　呼喚　落下　大膽　廳　木槌　帷幕　高　牆　球

C

C - 29　callow　fallow　hallow　mallow　sallow　tallow　wallow
　　　　不成熟的　休耕的　神聖　　錦葵　　病黃色　牛脂　　打滾

C - 30　calm　malm　palm　balm
　　　　平靜　堅土　手掌　香油

C - 31　calve　halve　salve　valve
　　　　產小牛　平分　緩和物　活瓣

C - 32　cam　dam　gam　ham　jam　lam　mam　ram　Sam
　　　　凸輪　水壩　腿　火腿　擠　責打　媽　撞　山姆
　　　　yam　bam
　　　　山芋　欺騙

C - 33　came　acme　mace
　　　　來　　頂點　鎚矛

C - 34　came　dame　fame　game　hame　lame　name　same　tame
　　　　來　　女神　名聲　遊戲　曲棒　跛的　名字　相同　馴服

C - 35　camlet　hamlet　samlet
　　　　駝毛布　小村落　幼鮭

C - 36　camp　damp　gamp　lamp　ramp　samp　tamp　vamp
　　　　露營　潮濕　大傘　燈　坡道　玉米粥　裝填　換補

C - 37　camper　damper　hamper　pamper　tamper　vamper
　　　　露營者　沮喪的事　阻礙　姑息　干預　補鞋匠

C - 38　can　dan　fan　Han　man　pan　ran　tan　van　wan　ban
　　　　能　浮標　扇　漢人　男人　鍋　跑　晒黑　貨車　蒼白　禁止

C - 39　cancer　dancer　lancer
　　　　癌症　舞蹈家　槍騎兵

C - 40　candle　dandle　handle　wandle
　　　　蠟燭　逗弄　手柄　易彎曲的

C - 41　candy　dandy　handy　pandy　randy　sandy　bandy
　　　　糖果　極好的　手熟的　打手心　大吵　沙質的　交換

C - 42　cane　Dane　fane　lane　mane　pane　sane　vane
　　　　杖　丹麥人　寺院　巷　鬃　玻璃片　清楚　風旗
　　　　wane　bane
　　　　減弱　大患

C - 43　canker　hanker　tanker　banker
　　　　弊害　切望　油輪　銀行家

C - 44　canner　fanner　manner　tanner　vanner　banner
　　　　製罐者　扇風者　態度　製革匠　運貨者　旗幟

C - 45　canny　fanny　nanny
　　　　謹慎的　屁股　奶媽

C - 46　cant　can't　pant　rant　want　bant
　　　　黑話　不能　喘息　咆哮　要　減胖

C - 47　canter　ranter　wanter　banter
　　　　緩弛　說大話　貧乏者　嘲弄

C - 48	canter 緩弛	recant 改變

C - 49	cantle 片段	mantle 斗蓬

C - 50	cany 藤製	many 許多	wany 減少	zany 可笑的

C - 51
cap　dap　gap　hap　lap　map　nap　pap　rap　sap
便帽　飛掠　缺口　運氣　重疊　地圖　小睡　軟食　敲擊　腐蝕
tap　wap　yap
輕踏　拍打　狂吠

C - 52
cape　gape　jape　nape　rape　tape
披肩　裂開　愚弄　頸背　強姦　帶子

C - 53
caper　gaper　japer　paper　taper
跳躍　打哈欠者　嘲弄者　紙　小蠟燭

C - 54
capital　Capitol
首都　美國國會大廈

C - 55
capper　dapper　lapper　sapper　tapper
帽商　整潔的　舐食者　工兵　輕敲者

C - 56
cappy　happy　pappy　sappy　yappy
似帽的　快樂　似粥的　多汁的　喜吠的

C - 57
capture　rapture　rupture
捕獲　著迷　破裂

C - 58
car　ear　far　jar　lar　mar　oar　par　tar　war　bar
車　耳　遠　瓶　家神　損傷　槳　同等　焦油　戰爭　棒

C - 59
carat　caret
克拉　漏字符號

C - 60
card　cord　curd
紙牌　繩索　凝乳

C - 61
card　care　carp　cart
紙牌　留心　找碴　馬車

C - 62
card　hard　lard　nard　pard　sard　ward　yard　bard
紙牌　硬　豬油　甘松　同伴　石髓　病房　碼　詩人

C - 63
care　race　acre
小心　賽跑　英畝

C - 64
care　cere　core　cure
小心　蠟膜　核心　治療

C - 65
care　dare　fare　hare　mare　pare　rare　tare
小心　敢　車費　兔　母馬　削皮　半熟　甚多
ware　yare　bare
器物　靈活　赤裸

C - 66
carfare　warfare
車資　交戰

C - 67 carlet varlet
   小汽車 侍從

C - 68 carol parol
   頌歌 答辯書

C - 69 carp harp warp
   找碴 彈豎琴 扭歪

C - 70 carpel cartel carvel carter carver
   心皮 卡特爾 帆船 馬車夫 雕刻師

C - 71 carriage marriage
   馬車 結婚

C - 72 carrier farrier harrier marrier barrier
   航空母艦 蹄鐵匠 獵狗 結婚者 碉堡

C - 73 carrot parrot
   紅蘿蔔 鸚鵡

C - 74 carry harry larry marry parry tarry
   攜帶 掠奪 鋤頭 結婚 擋開 滯留

C - 75 cart dart fart hart mart part tart wart
   馬車 投擲 屁 公鹿 市場 部份 酸的 疣

C - 76 carte crate caret
   菜單 箱籃 脫字符號

C - 77 carter darter garter barter
   馬車夫 投擲者 襪帶 交易

C - 78 carton barton
   紙板 交易

C - 79 cartridge partridge
   槍彈 鷓鴣

C - 80 carvel marvel
   帆船 奇蹟

C - 81 case ease lase rase vase base
   箱 容易 發光 抹去 花瓶 基礎

C - 82 casement basement
   箱盒 地下室

C - 83 cash dash fash gash hash lash mash pash rash
   現金 少許 困惱 割痕 混雜 鞭撻 搗碎 打碎 輕率
   sash wash bash
   窗框 洗 重擊

C - 84 cask mask task bask
   桶 面具 工作 取暖

C - 85 casket gasket basket
   珠寶箱 填襯物 籃

C - 86 cassock hassock
   袈裟 墊腳凳

C－87	cast 抛	east 東方	fast 快	hast 有	last 最後	mast 桅	oast 乾窯	past 以往	vast 廣大
	wast 是	bast 韌皮							

C－88　caste 地位　haste 匆忙　paste 漿糊　taste 滋味　waste 浪費　baste 脂油

C－89　caster 投手　Easter 復活節　laster 楦者　master 主人　paster 粘貼者　taster 嚐味者　waster 浪子
baster 塗脂者

C－90　cat 貓　eat 吃　fat 胖　gat 槍　hat 帽　mat 纏　oat 麥　pat 拍　rat 鼠　sat 坐　tat 擊
vat 桶　xat 柱　bat 棒

C－91　catch 捉　hatch 孵　latch 門閂　match 火柴　patch 補丁　ratch 棘輪　watch 錶　batch 一批

C－92　cater 迎合　eater 食者　later 稍後　mater 母　pater 父　rater 等級　water 水

C－93　cation 陽離子　nation 國家　ration 定量

C－94　cattle 牲口　rattle 嘎聲　tattle 聊天　wattle 枝條　battle 戰爭

C－95　catty 斤　fatty 胖子　natty 乾淨的　patty 小餅　ratty 老鼠似的　tatty 簡陋的　batty 瘋的

C－96　caught 捉　naught 無　taught 教

C－97　caul 羊膜　haul 拉　maul 虐打　saul 波羅樹　waul 痛哭

C－98　cause 原因　pause 中止

C－99　cave 窟　gave 給　have 有　lave 流動　nave 本堂　pave 舖路　rave 發狂語　save 節省　wave 波浪

C－100　caw 烏鴉叫　daw 穴鳥　haw 支吾　jaw 顎　law 法律　maw 胃　naw 不　paw 爪　raw 生的
saw 鋸　taw 石彈　yaw 偏航

C－101　cay 沙洲　day 日　fay 仙　gay 快樂　hay 乾草　jay 鳥　lay 放　may 許可　nay 而且　pay 付
ray 射線　say 說　way 路　bay 海灣

C－102　cease 停止　lease 租　tease 揶揄

C－103　ceil 裝天花板　seil 爬山繩　teil 菩提樹　veil 面紗

C-104	cell 細胞	dell 小谷	fell 倒	hell 地獄	jell 使冷凍		sell 賣	tell 告訴	well 井	yell 喊	bell 鈴

C-105	celt 石斧	felt 感覺	gelt 錢	Kelt 塞特人	melt 溶	pelt 投	welt 傷痕	belt 皮帶

C-106	cense 焚香	dense 稠密	sense 感覺	tense 時態

C-107	censer 香爐	censor 檢查員	sensor 控溫器	tensor 張肌

C-108	cent 一分	dent 凹	gent 紳士	hent 抓	lent 借	pent 關閉	rent 租用	sent 送	tent 帳蓬	vent 小孔
	went 去	bent 彎曲								

C-109	center 中心	renter 租用者	tenter 張布機

C-110	cere 薄膜	dere 悲傷的	here 這裡	mere 僅只	pere 父姓	sere 乾枯	were 是	bere 大麥

C-112	certain 確定的	pertain 關於	tertain 隔日的

C-113	cession 讓與	session 課程

C-114	cetaceous 鯨類的	setaceous 有棘毛的

C-115	champ 大聲地嚼	clamp 夾子	cramp 扣緊

C-116	champ 大聲地嚼	chimp 黑猩猩	chomp 大聲嚼	chump 愚人

C-117	chap 發痛	chop 砍	chip 碎片	ship 船	shop 店	whop 毆擊	whip 鞭打	whap 笞責

C-118	chard 甜菜	chare 打雜	charm 魅力	chart 圖表	chary 謹慎

C-119	chard 甜菜	shard 碎片

C-120	chat 聊天	ghat 山道	that 那個	what 甚麼

C-121	chatter 喋喋	shatter 使損壞

C-122	chaw 咀嚼	chew 咀嚼	chow 中國狗	show 顯示	shew 顯示	shaw 森林	thaw 溶化	thew 肌肉
	phew 呸	whew 哎呀						

C-123	cheat 欺詐	wheat 小麥

C-124	check 檢查	chick 小雞	chock 墊木	chuck 輕捏				
C-125	cheek 頰	cleek 大鐵鉤	creek 小溪					
C-126	cheek 頰	cheep 吱吱叫	cheer 使快樂					
C-127	cheep 吱吱叫	sheep 羊						
C-128	chicken 小雞	thicken 變厚						
C-129	chief 領袖	thief 小偷						
C-130	chin 顎	shin 脛骨	thin 薄					
C-131	chine 脊骨	shine 發光	thine 你的	whine 哭訴				
C-132	chink 裂縫	think 想	thank 感謝	shank 步行				
C-133	choke 窒息	chore 家務	chose 選擇	those 那些	whose 誰的			
C-134	chop 砍	shop 店	whop 重擊					
C-135	chore 家務	shore 海岸	whore 娼妓					
C-136	cider 蘋果汁	eider 棉鳧	hider 躲避者	rider 騎馬者	wider 較寬的			
C-137	cinch 肚帶	finch 鳴禽	pinch 挾	winch 絞車				
C-138	cincture 圍繞之物	tincture 使充滿						
C-139	cinema 電影	anemic 貧血的						
C-140	cinder 餘燼	finder 尋獲者	hinder 後面的	minder 照料者	tinder 火種	winder 捲的人	binder 綁者	
C-141	cist 石棺	fist 拳頭	gist 要旨	hist 不出聲	list 名單	mist 霧		
C-142	cit 商人	fit 適合	hit 打	kit 一組	lit 亮光	nit 幼蟲	pit 凹處	sit 坐	tit 山雀	wit 理智
	ait 小島	bit 小量						
C-143	cite 引述	kite 風箏	mite 少許	rite 典禮	site 場所	bite 咬		

C-144   city   pity
城市   同情

C-145   civet   rivet
麝貓   鉚釘

C-146   clack   flack   plack   slack   black
畢剝聲   高射砲火   錢幣   鬆弛的   黑的

C-147   clad   clam   clan   clap   claw   clay   calm
穿衣   蛤   宗族   拍手   爪   粘土   平靜的

C-148   clad   glad
穿衣   高興

C-149   clam   flam   slam
蛤   詐偽   砰聲

C-150   clamp   clomp   clump
夾子   嘀嗒聲   重步而行

C-151   clan   flan   plan
宗族   餡餅   計畫

C-152   clang   slang
叮噹   俚語

C-153   clank   flank   plank   slank   blank   crank   frank   prank
咯隆聲   腰窩   厚板   潛逃   空白   曲柄   坦白的   戲謔

C-154   clap   flap   slap
拍手   飄動   摑

C-155   clash   crash   crush
撞擊   撞毀   壓碎

C-156   clash   flash   plash   slash
撞擊   閃光   拍水   砍

C-157   class   glass   grass   crass   brass
班級   玻璃   草   笨的   黃銅

C-158   classy   glassy   grassy
上等的   光滑的   有草的

C-159   clatter   flatter   platter   blatter
辟拍聲   奉承   盤   喋喋

C-160   claw   flaw   slaw
爪   缺點   捲心菜

C-161   clay   flay   play   slay
泥土   剝皮   玩   殺死

C-162   clear   blear   cleat   bleat
清澈   朦朧   栓緊   羊叫

C-163   clench   flench   flinch   clinch   blench   blanch   branch
緊握   剝皮   畏縮   擁抱   變白   漂白   分枝
brunch
早午合餐

C - 164	click 卡答聲	flick 輕擊	slick 光滑的	clicker 工頭	flicker 鼓翼	slicker 雨衣
C - 165	clime 氣候	slime 粘土				
C - 166	cling 緊粘	fling 扔	sling 投擲			
C - 167	clink 叮噹	plink 響聲	slink 潛逃	blink 眨眼		
C - 168	clip 修剪	flip 輕彈	slip 剪	blip 光點	clipper 修剪者	flipper 鰭狀肢	slipper 拖鞋
C - 169	clock 鐘	flock 羊群	block 一塊			
C - 170	clod 土塊	clog 妨礙	clop 蹄聲	clot 凝塊	cloy 過飽	
C - 171	clod 土塊	plod 吃力的走				
C - 172	clog 妨礙	flog 鞭撻	slog 猛擊			
C - 173	cloke 外衣	sloke 紫菜	bloke 鄙夫			
C - 174	cloot 偶蹄	cloop 砰聲	sloop 帆船	bloop 錯誤	bloom 開花	gloom 幽暗	blood 血液	flood 洪水	floor 地板
C - 175	clop 蹄聲	flop 跳動	plop 撲通	slop 洒潑		
C - 176	clot 凝固	plot 陰謀	slot 狹孔	blot 污點	colt 小馬	bolt 螺釘
C - 177	cloud 雲	aloud 高聲地				
C - 178	clough 狹谷	slough 泥坑				
C - 179	clout 敲打	flout 嘲弄				
C - 180	clove 劈開	glove 手套				
C - 181	cloven 粘住	sloven 疏忽的人				
C - 182	clover 苜蓿	glover 手套商	plover 短尾鳥			
C - 183	cloy 過飽	ploy 策略				

C－184	club slub blub clubber slubber blubber 俱樂部 初紡 哭 俱樂部會員 弄污 哭泣
C－185	cluck pluck 咯咯聲 摘
C－186	clue flue glue slue blue lube luce 線索 感冒 膠水 旋轉 藍色 潤滑油 大竹籤魚
C－187	clump plump slump 重步走 陡落 猛落
C－188	clung flung slung 粘著 擲 投
C－189	cluster fluster bluster 束串 使緊張 狂吹
C－190	clutch crutch crotch 抓牢 拐杖 叉狀物
C－191	clutter flutter 使散亂 擺動
C－192	coach loach poach roach coacher poacher 教練 泥鰍 偷獵 蟑螂 教練 偷獵者
C－193	coal coil cool cowl 煤 盤繞 涼爽 缽
C－194	coal coat coax 煤 外衣 誘哄
C－195	coal foal goal 煤 馬仔 目的
C－196	coarse course hoarse hearse 粗的 課程 啞聲的 柩車
C－197	coast roast toast boast 海岸 烤 吐司麵包 誇言
C－198	coat colt coot cost 外衣 小馬 黑鴨 價格
C－199	coat goat moat boat 外衣 山羊 護城壕 船
C－200	coax hoax 誘哄 玩笑
C－201	cob fob gob hob job lob mob nob rob sob bob 鵝 袋 塊 架 工作 傻人 暴徒 頭 搶劫 啜泣 剪短
C－202	cobble gobble hobble nobble wobble bobble 圓石 大吃 跛行 收買 擺動 蕩漾
C－203	cobby hobby lobby nobby sobby bobby 小馬 嗜好 走廊 華麗 哭 警察
C－204	cock dock hock jock lock mock nock pock 公雞 碼頭 典當 騎師 鎖 嘲弄 凹槽 痘疱

rock   sock   bock
岩石   短襪   啤酒

C-205 cocker   docker   locker   rocker   socker
鬥雞者   碼頭工人   鎖櫃   搖椅   足球

C-206 coco   dodo   soso   yoyo
椰子   巨鳥   尚可   旋動玩具

C-207 cod   dod   god   hod   nod   pod   rod   sod   tod   bod
鱈魚   剪毛   神   煤斗   點頭   豆莢   桿   草皮   樹叢   人

C-208 coddle   noddle   toddle   noodle
溺愛   腦袋   闊步   麵條

C-209 code   cole   come   cone   cope   core   cose   cote   cove   coze
電碼   油菜   來   圓錐   裂袋   核心   聊天   鴿棚   小海灣   閒談

C-210 code   lode   mode   node   rode   bode
電碼   礦脈   方式   結   騎   預兆

C-211 coffee   toffee   coffer   goffer
咖啡   太妃糖   珠寶箱   皺褶

C-212 cog   dog   fog   hog   jog   log   nog   tog   wog   bog
齒輪   狗   霧   豬   慢步   木頭   木釘   衣服   黑人   沼澤

C-213 coil   foil   moil   noil   roil   soil   toil   boil
線圈   阻止   勞動   梳屑   攪濁   土壤   苦工   煮沸

C-214 coin   cion   icon
硬幣   幼芽   肖像

C-215 coin   join   loin   lion   Zion
硬幣   加入   腰部   獅   天國

C-216 coke   joke   moke   poke   yoke
焦煤   玩笑   黑人   衝刺   軛

C-217 cold   fold   gold   hold   mold   sold   told   wold   bold
冷   摺起   金   握   做模   賣   告訴   山地   勇敢

C-218 cole   dole   hole   mole   pole   role   sole   vole   bole
油菜   施捨   洞   痣   柱   角色   獨的   野鼠   樹幹

C-219 collar   dollar
衣領   元

C-220 colly   dolly   folly   golly   holly   molly   tolly
牧羊犬   洋囝囝   愚行   天哪   多青   懦夫   蠟燭

C-221 colt   dolt   holt   jolt   molt   volt   bolt
小馬   傻瓜   林丘   顛簸   換毛   伏特   螺桿

C-222 colter   jolter   bolter
犁刀   搖動者   篩子

C-223 coltish   doltish
小馬似的 愚蠢的

C-224 comb   come   comp
梳子   來   免費票

C‑225	comb　tomb　womb　bomb 梳子　墳墓　子宮　炸彈
C‑226	combat　wombat 戰鬥　袋熊
C‑227	comber　somber　bomber 梳毛者　陰沉的　轟炸機
C‑228	comma　momma 逗點　媽媽
C‑229	come　dome　home　mome　nome　pome　some　tome 來　圓頂　家　笨瓜　州縣　梨果　一些　卷冊
C‑230	commuter　computer 長期車票使用人　電腦
C‑231	complaint　compliant　complement　compliment 訴苦　順從的　補足物　恭維
C‑232	con　don　eon　non　son　ton　won　bon 研讀　紳士　永世　不　子　噸　勝　好的
C‑233	concert　convert 音樂會　改變
C‑234	concession　confession 讓步　認罪
C‑235	condemn　contemn 責難　侮辱
C‑236	condole　condone　console 哀悼　寬恕　安慰
C‑237	cone　done　gone　hone　lone　none　pone　tone　zone 圓錐　做　去　磨石　孤寂　毫無　切牌　音調　區域 bone 骨
C‑238	confidant　confident 知己　確信
C‑239	confirm　conform 證實　使相似
C‑240	confuse　contuse 混淆　打傷
C‑241	congest　contest　context　content　consent　convent 擁塞　爭論　上下文　目次　同意　修道院
C‑242	conic　sonic　tonic 圓錐形　音波的　滋補品
C‑243	conk　honk　monk　tonk 頭　雁叫聲　和尚　猛打
C‑244	connect　correct　collect 連接　正確　收集

C – 245	cony 家兔	pony 小馬	tony 時髦的	bony 多骨的		

C – 246	cook 廚子	cool 涼爽	coom 煤塵	coon 黑奴	coop 籠	coot 黑鴨

C – 247	cook 廚子	hook 鉤	kook 笨蛋	look 看	nook 屋隅	rook 敲詐	took 拿	zook 老妓	book 書

C – 248 cookie 小甜餅　rookie 新兵

C – 249	cool 涼爽	fool 愚人	pool 小池	tool 工具	wool 羊毛	coolish 稍冷的	foolish 愚笨的

C – 250
coon 黑奴	goon 笨人	loon 水鳥	moon 月亮	noon 正午	poon 胡桐	soon 快	toon 桃木

zoon 動物　boon 恩惠

C – 251	coop 籠	hoop 箍環	loop 圈	cooper 桶匠	hooper 加箍人	looper 尺蠖

C – 252	coot 黑鴨	foot 腳	hoot 梟叫	loot 贓物	moot 待決	root 根	soot 煤灰	toot 號角	boot 長靴

C – 253	cop 警察	fop 花花公子	hop 獨腳跳	lop 砍去	mop 拖把	pop 砰然	sop 浸濕	top 頂	wop 南歐人

C – 254	cope 裂縫	dope 濃液	hope 希望	lope 大步行走	mope 敗興	nope 不	pope 敎皇	rope 繩	tope 狂歡

C – 255	copper 銅	hopper 獨腳跳者	popper 炒玉米鍋	topper 上層物

C – 256	coral 珊瑚	goral 斑羚	horal 一小時的	loral 知識的	moral 道德的	toral 花托的

C – 257	cord 細繩	core 核心	cork 軟木	corn 玉米

C – 258
core 核心	fore 在前	gore 血塊	lore 知識	more 較多	pore 細讀	sore 疼痛	tore 撕扯	wore 穿戴

yore 往昔　bore 穿孔

C – 259	cork 軟木	fork 叉	pork 豬肉	work 工作	york 退場

C – 260	corm 球莖	dorm 宿舍	form 表格	norm 模範	worm 蟲

C – 261	corn 玉米	horn 角	lorn 孤獨的	morn 早晨	torn 撕裂	worn 穿破	born 出生

C – 262	cornet 小喇叭	hornet 大黃蜂

C – 263	cortex 外皮	vortex 漩渦

C - 264
cose dose hose lose nose pose rose
聊天 一劑 軟管 損失 鼻 姿勢 玫瑰

C - 265
cost dost host lost most post tost
價格 助動詞 男主人 損失 最多 郵政 拋投

C - 266
coster foster poster roster zoster
小販 撫養 傳單 名單 帶

C - 267
cot dot got hot jot lot mot not pot rot
童床 點 得到 熱 少量 全部 妙句 不 壺 枯朽
sot tot wot bot
酒鬼 小孩 知道 馬蠅

C - 268
cote dote mote note rote tote vote bote
棚 昏瞆 微塵 摘記 強記 背誦 投票 修理

C - 270
cottage pottage
茅舍 肉汁

C - 271
cotter hotter jotter potter rotter totter
貧農 較熱 小筆記本 陶器匠 無用的人 搖擺

C - 272
couch pouch touch vouch
長沙發 錢袋 觸及 擔保

C - 273
cough dough lough rough sough tough bough
咳嗽 金錢 海灣 粗魯 颯颯 堅韌 樹枝

C - 274
count fount mount
數 泉 登上

C - 275
county bounty
郡 寬大

C - 276
course bourse
課程 證交所

C - 277
cove dove hove love move rove wove
小海灣 鴿子 移動 愛 動 流浪 編織

C - 278
cover hover lover mover rover
蓋 飛翔 愛人 提議者 流浪者

C - 279
cow how low mow now row sow tow vow
母牛 怎樣 低 割草 現在 行列 母豬 拖 誓約
wow yow bow
噢 訝 彎腰

C - 280
cower dower lower mower power rower sower
畏縮 嫁妝 低些 割草機 力量 划船者 播種者
tower bower
塔 涼亭

C - 281
cowl fowl howl jowl sowl yowl bowl
頭巾 家禽 狼吠 下顎 虐待 吼叫 碗

C - 282
cox fox pox vox box
舵手 狐 水痘 襪 箱

C - 283　coy　hoy　joy　soy　toy　boy
怕羞　喂　愉快　大豆　玩　男孩

C - 284　coze　doze　cozy　dozy
閒談　瞌睡　保暖套　瞌睡的

C - 285　crab　drab　brad　grab　brag　crag　drag　grad
蟹　淡褐色　無頭釘　搶去　誇大　危岩　拖　畢業生

C - 286　crack　crick　crock
裂縫　痙攣　壺

C - 287　crack　track　wrack
裂縫　痕跡　毀滅

C - 288　crackle　grackle
爆裂聲　白頭翁鳥

C - 289　craft　draft　graft　kraft
技術　氣流　接枝　牛皮紙

C - 290　crake　drake　brake
秧雞　公鴨　刹車

C - 291　cram　dram　gram　tram　tray　gray　bray　braw
塞滿　少量　克　電車　碟，盤　灰色　驢叫　好的

C - 292　cramp　crimp　crump　tramp　tromp　trump
扣緊　捲摺　重擊　踩　頓足　王牌

C - 293　crank　drank　frank　prank
曲柄　飲　坦白的　戲謔

C - 294　cranny　granny
裂縫　祖母

C - 295　crape　drape　grape　crate　frate　grate　prate
縐紗　懸掛　葡萄　箱籃　修道士　格子　空談

C - 296　crash　trash　brash
撞毀　垃圾　殘枝

C - 297　crave　grave　trave　brave　craven　graven
懇求　墳墓　橫樑　勇敢　懦夫　雕刻

C - 298　craw　draw　braw　brae　bran　brat
嗉囊　拖　好的　山坡　穀皮　乳臭小兒

C - 299　crawl　drawl　trawl　brawl
爬行　慢腔調　拖網　吵鬧

C - 300　craze　fraze　braze　graze　glaze　blaze
瘋狂　直徑　銅飾　吃草　光滑　火焰

C - 301　creak　freak　break
吱咯聲　怪想　打破

C - 302　cream　dream
奶油　夢

C - 303　crease　grease
摺痕　油脂

C - 304	creed 信條	creek 小溪	creel 魚籃	creep 爬行		
C - 305	creed 信條	freed 自由的	greed 貪心	treed 種有樹木的	breed 生育	
C - 306	cress 水芹	dress 衣服	press 壓平	tress 辮子		
C - 307	crest 冠毛	wrest 扭				
C - 308	crew 工人	drew 拉	grew 發育	brew 釀造		
C - 309	crib 小床	drib 小滴				
C - 310	cribble 粗篩	dribble 涓滴	fribble 無聊的	gribble 蝕船蟲	fribbler 不務正業者	dribbler 流口水者
C - 311	crick 痙攣	prick 尖刺	trick 詭計	brick 磚		
C - 312	cricket 蟋蟀	pricket 牡鹿				
C - 313	crime 犯罪	grime 污垢	prime 原始的	crimp 摺皺	grimp 攀登	primp 盛裝
C - 314	cringe 畏縮	fringe 流蘇				
C - 315	cringle 索圈	tringle 橫木	crinkle 波紋	wrinkle 皺紋		
C - 316	crock 油煙	frock 長袍	brock 獾			
C - 317	crook 彎鉤	brook 小河	broom 掃帚	groom 馬夫	brood 孵卵	blood 血	croon 低唱
C - 318	crop 收成	drop 滴	prop 支柱	trop 過多地		
C - 319	cross 十字架	dross 鐵渣	gross 十二打			
C - 320	crouch 蹲伏	grouch 訴苦				
C - 321	croup 馬臀	group 群組				
C - 322	crow 烏鴉	frow 婦人	grow 生長	prow 船首	trow 相信	arow 一列	brow 眉毛
C - 323	crown 王冠	drown 溺死	frown 皺眉	grown 成長	brown 棕色	
C - 323	cruel 殘忍的	gruel 麥粥				

C - 324　cruise　bruise
　　　　　航行　　打傷

C - 325　crumble　grumble
　　　　　粉碎　　　訴怨

C - 326　crump　frump　grump　trump
　　　　　重炸彈　乖戾女　慍怒　　王牌

C - 327　crunch　brunch
　　　　　咬碎　　早午餐

C - 328　crush　brush
　　　　　壓碎　　刷子

C - 329　crust　trust
　　　　　外皮　　信任

C - 330　cry　dry　fry　pry　try　wry
　　　　　哭　　乾　　炸　　槓桿　試　　歪斜

C - 331　cub　cud　cue　cup　cur　cut
　　　　　幼熊　瘤胃　髮辮　杯　　壞蛋　切

C - 332　cub　dub　fub　hub　nub　pub　rub　sub　tub　bub
　　　　　生手　綽號　欺騙　輪軸　瘤　　酒店　磨擦　訂閱　缸　　兄弟

C - 333　cubbish　rubbish　tubbish
　　　　　不懂禮的　垃圾　　桶狀的

C - 334　cubby　hubby　nubby　tubby　bubby
　　　　　小房間　丈夫　　有瘤的　桶狀的　乳房

C - 335　cube　lube　rube　tube
　　　　　立方　潤滑油　村夫　管，筒

C - 336　cud　dud　mud　pud　bud
　　　　　反芻　失敗　泥　　煉鐵　花蕾

C - 337　cuddle　fuddle　huddle　muddle　puddle　ruddle　buddle
　　　　　擁抱　　泥醉　　擁擠　　使混亂　泥水坑　紅土　　洗礦槽

C - 338　cuddy　cuffy　cully　curry　cutty
　　　　　壁櫥　黑人　　同伴　咖哩　　短的

C - 339　cuddy　muddy　ruddy　buddy
　　　　　壁櫃　似泥的　紅的　　同志

C - 340　cue　due　hue　rue　sue
　　　　　髮辮　由於　色彩　悔恨　起訴

C - 341　cuff　duff　guff　huff　luff　muff　puff　ruff　tuff　buff
　　　　　袖口　布丁　胡說　開罪　向風　做錯　喘息　頸毛　凝岩　軟皮

C - 342　cull　culm　cult
　　　　　揀出　煤屑　祭禮

C - 343　cull　dull　full　gull　hull　lull　mull　null　pull　bull
　　　　　揀出　鈍的　滿的　海鷗　去殼　平息　思考　無效　拉　　公牛

C - 344　cullet　gullet　mullet　pullet　bullet
　　　　　碎玻璃　食道　　刀魚　　小母雞　子彈

C - 345　cully　dully　fully　gully　sully　bully
同伴　鈍的　全部　溪谷　玷污　欺負

C - 346　culminate　fulminate
到頂點　爆發

C - 347　culture　vulture
文化　兀鷹

C - 348　cummer　hummer　mummer　rummer　summer
女伴　低唱者　啞劇演員　大酒杯　夏天

C - 349　cup　pup　sup　tup
杯　小狗　飲啜　公羊

C - 350　cur　fur　our　pur　bur
壞蛋　毛皮　我們的　鳴鳴聲　芒刺

C - 351　curable　durable
可醫的　牢固的

C - 352　curb　curd　cure　curl　curr　curt
控制　凝乳　治療　盤曲　鴿聲　簡短的

C - 353　curdle　hurdle
凝結　障礙物

C - 354　cure　lure　mure　pure　sure　ruse　rule
治療　誘餌　幽禁　純的　確信　策略　規則

C - 355　curer　recur
治療器　回想

C - 356　curfew　curlew
宵禁　麻鷸

C - 357　curl　furl　hurl　purl　burl
捲曲　捲起　猛擲　漩渦　線頭

C - 358　curly　hurly　surly　burly
捲曲的　喧嘩　乖戾　魁梧的

C - 359　currant　current
紅醋栗　電流

C - 360　curry　furry　gurry　hurry　burry
咖哩醬　有毛皮的　小堡　急忙　有瘤的

C - 361　curse　nurse　purse　burse
降禍　護士　錢袋　獎學金

C - 362　curst　durst　burst
咒罵　膽敢　爆炸

C - 363　curt　hurt
冷淡　傷害

C - 364　cusk　dusk　husk　musk　rusk　tusk　busk
鱈魚　昏暗　剝殼　麝香　脆麵包　長牙　胸衣

C - 365　cuss　fuss　muss　puss　Russ　buss
詛咒　紛擾　混亂　貓　俄羅斯　親吻

C - 366　custard　mustard　bustard
　　　　　軟凍　　　芥末　　　鴇

C - 367　cut　gut　hut　jut　nut　out　put　rut　tut　but
　　　　　切　　腸　　小屋　突出　硬果　外面　放　　轍跡　噓　　但是

C - 368　cutter　gutter　mutter　putter　butter
　　　　　切割器　天溝　　喃喃　　短球棒　奶油

C - 369　cutty　nutty　putty　tutty
　　　　　短的　　漂亮　　油灰　　氧化鋅

C - 370　cyme　　zyme
　　　　　聚繖花序　酵母

—— **D** ——

D - 1　dab　dad　dag　dam　dap　daw　day
　　　　輕撫　爹爹　手槍　水壩　漂跳　鴉　　一天

D - 2　dab　gab　jab　lab　　mab　nab　tab　cab
　　　　輕撫　嘮叨　戳　　實驗室　捉住　懶婦　垂片　出租車

D - 3　dabber　gabber　jabber　yabber　cabber
　　　　輕拍者　喋喋　　閒聊　　吱吱喳喳　拉車之馬

D - 4　dabble　gabble　rabble　wabble　babble　cabble
　　　　濺濕　　饒舌　　暴民　　動搖　　空談　　切短

D - 5　dace　face　lace　mace　pace　race
　　　　鰷魚　臉　　帶子　鎚矛　步伐　種族

D - 6　dad　fad　gad　had　lad　mad　pad　sad　tad　wad
　　　　爹　　時尚　刺棍　有　　男孩　瘋　　墊子　愁　　小孩　小塊
　　　　bad　cad
　　　　壞的　鄙漢

D - 7　daddy　mammy　pappy　sassy　tatty　nanny
　　　　爹爹　　媽媽　　漿糊狀的　無禮的　陋劣的　奶媽

D - 8　daff　gaff　raff　waff　yaff　baff
　　　　愚行　魚叉　大批　孤單　吠　　打

D - 9　daffy　taffy　baffy
　　　　傻的　阿諛　木棒

D - 10　daft　haft　raft　waft　hafter　rafter　wafter
　　　　癡的　刀柄　筏　　吹送　裝柄人　筏夫　　轉盤風扇

D - 11　dag　fag　gag　hag　jag　lag　mag　nag　rag　sag
　　　　匕首　苦工　塞口　女巫　醉酒　落後　多言　小馬　破布　下降
　　　　tag　wag　zag　bag
　　　　附箋　搖擺　急轉　袋

D - 12　dagger　fagger　gagger　lagger　nagger　sagger　tagger
　　　　匕首　　累極的人　笑話作家　落後者　潑婦　　火泥箱　附加物

D - 13　daily　daisy　dairy　diary　fairy　gaily　hairy　naily
　　　　每天的　雛菊　製酪廠　日記　小神仙　愉快的　多毛的　多釘的

D-14 dias said
講台 說過

D-15 dale deal lade lead
小谷 交易 裝載 鉛

D-16 dale gale hale male pale rale sale tale vale bale
山谷 大風 強壯 男的 蒼白 肺鳴 賣 故事 傷痕 打包

D-17 dally pally rally sally tally wally bally
嬉戲 親密 復元 突擊 計算 華服 很

D-18 dam gam ham jam lam mam ram yam bam cam
水壩 腿 火腿 擠 責打 媽 撞 山芋 欺騙 凸輪

D-19 dame made mead
夫人 做 蜜酒

D-20 dame fame game hame lame name same tame came
夫人 名聲 遊戲 曲棒 跛的 名字 相同 馴服 來了

D-21 damp gamp lamp ramp samp tamp vamp camp
潮濕 大傘 燈 坡道 玉米粥 裝填 換補 露營

D-22 damper hamper pamper tamper vamper camper
沮喪的事 阻礙 姑息 干預 補鞋匠 露營者

D-23 dan fan Han man pan ran tan van wan ban can
浮標 扇 漢人 男人 鍋 跑 晒黑 貨車 蒼白 禁止 能

D-24 dance dunce
跳舞 愚人

D-25 dance lance nance rance
跳舞 槍矛 女人氣的男人 一種大理石

D-26 dancer lancer cancer
舞蹈家 槍騎兵 癌症

D-27 dander gander pander wander
怒氣 雄鵝 娼主 流浪

D-28 dandle handle candle wandle
逗弄 手柄 蠟燭 易彎曲的

D-29 dandy handy pandy randy sandy bandy candy
極好的 手熟的 打手心 大吵 沙質的 交換 糖果

D-30 Dane fane lane mane pane sane vane wane
丹麥人 寺院 巷 鬃 玻璃片 清楚 風旗 減弱
bane cane
大患 杖

D-31 danger ganger hanger manger ranger banger
危險 工頭 吊架 馬槽 徘徊者 大吵

D-32 dangle fangle jangle mangle tangle wangle bangle
搖擺 新款 雜聲 撕裂 纏結 狡詐 手鐲

D-33 Danish vanish banish
丹麥語 消失 放逐

D

D－34　dank　hank　lank　rank　sank　tank　yank　bank
　　　　潮濕　一捲　瘦的　階級　沉　坦克　急拉　銀行

D－35　dap　gap　hap　lap　map　nap　pap　rap　sap　tap
　　　　飛掠　缺口　運氣　重疊　地圖　小睡　軟食　敲擊　腐蝕　輕踏
　　　　wap　yap　cap
　　　　拍打　狂吠　便帽

D－36　dapper　lapper　sapper　tapper　capper
　　　　整潔的　舐食的　工兵　輕敲者　帽商

D－37　dare　dear　read
　　　　膽敢　親愛的　讀

D－38　dare　fare　hare　mare　pare　rare　tare　ware
　　　　敢　車費　兔　母馬　削皮　半熟　甚多　器物
　　　　yare　bare　care
　　　　靈活　赤裸　小心

D－39　dark　hark　lark　mark　nark　park　sark　bark
　　　　黑暗　聽　雲雀　記號　線民　公園　襯衣　吠

D－40　darkish　larkish
　　　　略暗的　嬉戲的

D－41　darn　earn　tarn　warn　yarn　barn
　　　　縫補　賺　小湖　警告　絨線　谷倉

D－42　darner　garner　yarner
　　　　補綴者　谷倉　講故事者

D－43　dart　fart　hart　mart　part　tart　wart　cart
　　　　投擲　屁　公鹿　市場　部份　酸的　疣　馬車

D－44　darter　garter　barter　carter
　　　　投擲者　襪帶　交易　馬車夫

D－45　dash　fash　gash　hash　lash　mash　pash　rash　sash
　　　　少許　困惱　割痕　混雜　鞭撻　搗碎　打碎　輕率　窗框
　　　　wash　bash　cash
　　　　洗　重擊　現金

D－46　dasher　masher　rasher　washer
　　　　衝撞者　搗碎者　鹹肉片　洗衣機

D－47　dastard　bastard
　　　　膽小鬼　私生子

D－48　data　date　dare　dark　dart
　　　　資料　日期　膽敢　黑的　標槍

D－49　date　fate　gate　hate　late　mate　pate　rate　sate　bate
　　　　日期　命運　門　恨　遲　伙伴　頭頂　比率　使飽　減少

D－50　dative　native
　　　　與格　天然的

D－51　daughter　laughter
　　　　女兒　笑聲

D-52 daunt gaunt haunt jaunt taunt vaunt
恐嚇 瘦的 常到 遊覽 痛罵 誇大

D-53 daw haw jaw law maw naw paw raw saw taw
穴鳥 支吾 顎 法律 胃 不 爪 生的 鋸 石彈
yaw caw
偏航 沙洲

D-54 dawk gawk hawk pawk
驛遞 呆子 鷹 狡計

D-55 dawn fawn lawn pawn sawn yawn pawl yawl
破曉 奉承 草地 典當 鋸 呵欠 掣子 小船
wawl bawl
痛哭 大叫

D-56 dawn wand
破曉 棍棒

D-57 day fay gay hay jay lay may nay pay ray say
日 仙 快樂 乾草 鳥 放 許可 而且 付 射線 說
way bay cay
路 海灣 沙洲

D-58 daze faze gaze haze laze maze naze raze
迷亂 困惱 注視 煙霧 怠惰 迷惘 岬 消除

D-59 deacon beacon
執事 燈檯

D-60 dead deaf deal dean dear
死 聾的 交易 院長 親愛的

D-61 dead head lead mead read bead
死 頭 鉛 酒 讀 唸珠

D-62 deaden leaden
使鈍 鉛製的

D-63 deadlock headlock
停頓 挾著對方之頭

D-64 deal heal meal peal real seal teal veal weal zeal
交易 治愈 餐 鐘響 眞實的 印章 野鴨 小牛肉 福利 熱心

D-65 dean jean lean mean pean wean yean bean
院長 褲 瘦 意謂 凱歌 斷 產 豆

D-66 dear dare read
親愛的 膽敢 讀

D-67 dear fear gear hear near pear rear sear tear wear
親愛的 怕 齒輪 聽 近 梨 後 枯 淚 穿
year bear
年 熊

D-68 dearth thread hearth
缺乏 細線 爐

D-69 deary heary leary weary
愛人 親切的 知曉的 疲倦的

D – 70	deb 少女	neb 鳥嘴	reb 南軍士兵	web 蜘蛛網					
D – 71	debt 債	deft 熟練的	dent 凹痕						
D – 72	debut 初次登台	rebut 反駁							
D – 73	decant 傾注	recant 改變	secant 切的	decent 合宜	recent 近來的				
D – 74	deceive 欺騙	receive 收到							
D – 75	deck 甲板	dick 偵探	dock 船塢	duck 鴨					
D – 76	deck 甲板	geck 卑人	heck 地獄	keck 想吐	neck 頸	peck 啄食	reck 相干	teck 偵探	beck 點頭
D – 77	decree 法令	degree 度數							
D – 78	dedal 巧妙的	pedal 踏板	medal 獎牌	metal 金屬	modal 樣式	model 模特兒	nodal 節瘤	yodel 變嗓唱歌	
D – 79	dedicate 奉獻	delicate 美味的	medicate 以藥治療						
D – 80	deduce 推論	reduce 減少	seduce 引誘						
D – 81	dee D字	fee 費	gee 噫	jee 嘻	lee 背風	nee 娘家姓	pee 尿	ree 篩	see 看
	tee 球戲	vee V字	wee 微	zee Z字	bee 蜂				
D – 82	deed 行為	deem 認為	deep 深的	deer 鹿					
D – 83	deed 行為	feed 餵飼	heed 注意	meed 報酬	need 需要	reed 蘆葦	seed 種子	weed 雜草	
D – 84	deem 認為	seem 好像	teem 充滿						
D – 85	deep 深	jeep 吉甫	keep 保留	neep 蘿蔔	peep 窺	seep 滲漏	veep 副總統	weep 哭	beep 嗶嗶
D – 86	deer 鹿	dere 悲傷的	reed 蘆葦	rede 忠告					
D – 87	deer 鹿	jeer 嘲弄	leer 媚眼	peer 匹敵	seer 先知	veer 改向	beer 啤酒		
D – 88	defer 延期	freed 自由	refer 交付						
D – 89	deft 熟練的	heft 重量	left 左邊	reft 搶劫	weft 緯線				

D-90 deign feign reign
俯允　假裝　朝代

D-91 delay relay belay
延遲　交替　繫繩

D-92 delf pelf self
彩陶　金錢　自身

D-93 dell dill doll dull
小谷　蒔蘿　洋囡囡　愚鈍的

D-94 dell fell hell jell sell tell well yell bell cell
小谷　倒　地獄　使冷凍　賣　告訴　井　喊　鈴　細胞

D-95 delve helve
探測　斧柄

D-96 deme feme heme seme xeme
市區　妻　血紅素　碎花紋　鷗

D-97 demonstrate remonstrate
證明　抗辯

D-98 den fen hen ken men pen sen ten wen yen zen
窟　沼　雞　知　人　筆　錢　十　疣　元　禪宗
ben
客室

D-99 denial genial menial venial xenial
否認　頤的　奴僕　可原諒的　主客關係的

D-100 dense sense tense cense
稠密的　感覺　時態　焚香

D-101 density destiny
稠密　命運

D-102 dent gent hent lent pent rent sent tent vent went
凹　紳士　抓　借　關閉　租用　送　帳篷　小孔　去
bent cent
彎曲　一分

D-103 dental mental rental cental
牙齒的　心理的　出租的　一百鎊重

D-104 department deportment
部門　舉止

D-105 dependant dependent
依賴的　家眷

D-106 deport report resort retort
放逐　報告　常去　反駁

D-107 deprave deprive depravation deprivation
使腐敗　剝奪　腐敗　剝奪

D-108 derry ferry herry jerry merry perry serry terry
民謠　渡船　掠奪　氈帽　快樂　梨酒　密集　絨縫

berry
漿果

D - 109　descant　descent　descendant　descendent
　　　　　評論　　　降下　　　子孫　　　　降下的

D - 110　despond　respond
　　　　　沮喪　　　回答

D - 111　detail　retail　detain　retain
　　　　　詳情　　零售　　拘留　　保留

D - 112　deter　meter　peter
　　　　　阻止　　公尺　　漸小

D - 113　detergent　deterrent
　　　　　清潔劑　　　阻止的

D - 114　detour　devour
　　　　　迂路　　貪食

D - 115　device　devise　revise
　　　　　計畫　　思索　　校訂

D - 116　devisee　deviser　devisor　divisor
　　　　　受贈者　　設計者　　遺贈者　　除數

D - 117　devoid　devoir　devour　devout
　　　　　空的　　禮貌　　貪食　　虔敬的

D - 118　devote　demote　remote
　　　　　供奉　　使降級　　遙遠

D - 119　dew　few　hew　Jew　mew　new　pew　sew　yew
　　　　　露　少數　砍　猶太人　貓叫　新　座位　縫　水松

D - 120　dey　fey　gey　hey　key　ley　wey　bey
　　　　　首長　狂的　相當　喂　鑰匙　草坪　重量　尊稱

D - 121　dial　dual　duel　fuel　full　furl
　　　　　日規　雙的　決鬥　燃料　滿　捲起

D - 122　dial　pial　vial
　　　　　日規　軟膜　瓶

D - 123　dib　fib　gib　jib　nib　rib　sib　bib
　　　　　垂釣　小謊　凹楔　角帆　喙　肋骨　血親　圍巾

D - 124　dibber　fibber　gibber　bibber
　　　　　尖鑽　說謊者　喋喋　酒鬼

D - 125　dibble　kibble　nibble　bibble
　　　　　小鍬　壓碎　細咬　常飲酒

D - 126　dice　dike　dime　dine　dire　dive
　　　　　骰子　堤　一角　用餐　可怕的　潛水

D - 127　dice　lice　mice　nice　pice　rice　sice　vice　bice
　　　　　骰子　蝨　鼠　好的　銅幣　米　馬夫　惡行　灰藍

D - 128　dick　hick　kick　lick　nick　pick　rick　sick　tick　wick
　　　　　偵探　鄉巴佬　踢　吮　刻痕　摘　禾堆　病　嘀答　燈芯

D – 129	dicker	kicker	picker	ticker	wicker	bicker
	討價	踢人的馬	扒手	錶	柳條	爭論

D – 130	diction	fiction
	用字	小說

D – 131	did	fid	gid		hid	kid	lid	mid	rid	vid	yid
	做	尖針	羊之暈倒病		匿	小孩	蓋子	中間	免除	參看	猶太人

aid bid
幫助 出價

D – 132	diddle	fiddle	middle	piddle	riddle
	欺騙	小提琴	中間	虛度	猜中

D – 133	diddle	giggle	tittle	bibble
	欺騙	痴笑	微量	常飲酒

D – 134	didst	midst
	做	中間

D – 135	didy	sidy	tidy
	尿布	傲慢的	整潔的

D – 136	die	due	dye
	死	到期	染色

D – 137	die	fie	hie	lie	pie	tie	vie
	死	呸	疾走	說謊	派	領帶	爭

D – 138	diet	dint	dirt
	節食	費力	污髒

D – 139	dig	fig	gig	jig	pig	rig	wig	big
	挖	少許	小艇	舞	豬	裝束	假髮	大

D – 140	digest	divest
	摘要	脫除

D – 141	dight	eight	fight	hight	light	might	night	right	sight
	準備	八	打仗	高度	光	強權	夜	對的	視力

tight wight bight
緊 人 彎曲

D – 142	digress	tigress
	脫軌	母老虎

D – 143	dike	hike	kike	like	mike	pike	tike	bike
	堤	遠足	猶太人	如	怠工	矛	劣犬	單車

D – 144	dill	fill	gill	hill	kill	lill	mill	nill	pill	rill	sill
	蒔蘿	裝滿	魚鰓	小山	殺害	垂下	磨坊	不願	藥丸	小河	基石

till vill will yill bill
直到 市鎮 意願 麥酒 帳單

D – 145	dilly	filly	gilly	hilly	silly	billy
	水仙	小馬	貨車	多山的	傻的	警棍

D – 146	dim	him	rim	vim	aim
	暗淡	他	邊緣	精力	瞄準

D – 147　dimple　pimple　simple　wimple
　　　　　酒窩　　粉刺　　簡單的　包頭布

D – 148　dimply　pimply　simply
　　　　　酒窩的　多粉刺的　單純地

D – 149　din　fin　gin　pin　sin　tin　win　bin
　　　　　喧　鰭　酒　針　罪　錫　勝　倉

D – 150　dine　fine　kine　line　mine　nine　pine　sine　tine　vine
　　　　　用餐　好的　牛　線　我的　九　松木　正弦　叉齒　藤蔓
　　　　　wine　bine
　　　　　酒　　藤

D – 151　ding　king　ling　Ming　ping　ring　sing　ting　wing　zing
　　　　　叮噹　國王　石南　明代　呼呼　鈴　唱　玎玲　翅　活力
　　　　　bing
　　　　　一堆

D – 152　dinge　hinge　pinge　singe　tinge　binge
　　　　　昏暗　鉸鏈　埋怨　燙焦　染色　狂飲

D – 153　dingle　jingle　mingle　single　tingle　bingle
　　　　　叮噹　叮噹　相混　單獨　刺痛　安打

D – 154　dingo　jingo　lingo　pingo　bingo
　　　　　野犬　一定　術語　土丘　賓果

D – 155　dink　fink　gink　kink　link　mink　pink　rink　sink
　　　　　打扮　告發人　怪人　繩結　連結　貂皮　淡紅　溜冰　沉
　　　　　tink　wink
　　　　　叮叮聲　眨眼

D – 156　dinky　kinky　pinky
　　　　　小的　糾結的　窄尾船

D – 157　dinner　pinner　sinner　tinner　winner
　　　　　正餐　釘針者　罪人　錫礦工　獲勝者

D – 158　dint　hint　lint　mint　pint　tint
　　　　　凹痕　暗示　麻布　薄荷　品脫　著色

D – 159　dip　gip　hip　kip　lip　nip　pip　rip　sip　tip　zip
　　　　　浸漬　詐欺　屁股　客棧　唇　小飲　種子　撕開　呷　小費　活力

D – 160　dire　fire　hire　mire　tire　wire
　　　　　可怕的　火　租用　泥沼　輪胎　鐵絲

D – 161　discard　discord
　　　　　擲牌　　不和

D – 162　discern　rescind
　　　　　辨別　　廢止

D – 163　dish　fish　pish　wish
　　　　　碟　魚　呸　願

D – 164　disk　fisk　risk　bisk
　　　　　圓盤　國庫　危險　湯

D-165 distract district
分心　　區域

D-166 ditch fitch hitch pitch witch bitch
溝渠　臭貓　鉤住　頂點　女巫　母狗

D-167 dither either hither wither zither
顫抖　兩者　向此處　枯　　古琴

D-168 ditty kitty witty
小曲　小貓　機智的

D-169 dive five give hive jive live rive vive wive
潛水　五　給　蜂房　爵士樂　活　撕裂　萬歲　娶妻

D-170 diver fiver liver river
潛水者　五元鈔　肝　河

D-171 dizzy fizzy tizzy
昏眩　起泡沫　六辨士

D-172 do go ho no so to
做　去　啊　不　如此　去

D-173 dock hock jock lock mock nock pock rock sock
碼頭　典當　騎師　鎖　嘲弄　凹槽　痘疱　岩石　短襪
bock cock
啤酒　公雞

D-174 docket locket pocket rocket socket
摘要　小盒　衣袋　火箭　燈頭

D-175 dod god hod nod pod rod sod tod cod
剪毛　神　煤斗　點頭　豆莢　桿　草地　樹叢　鱈魚

D-176 dodder fodder
蹣跚　糧草

D-177 dodge hodge lodge wodge
閃避　農場工人　小屋　一塊

D-178 dodo soso yoyo coco
巨鳥　尚可　旋動玩具　椰子

D-179 doe foe roe toe woe
牡鹿　仇敵　魚卵　腳趾　悲哀

D-180 doff toff boff
脫去　紳士　大笑

D-181 dog god fog hog jog log nog tog wog bog cog
狗　神　霧　豬　慢步　木頭　木釘　衣服　黑人　沼澤　鈍齒

D-182 doge dole dome done dope dose dote dove doze
總督　施捨　圓屋頂　做　稠液　一劑　溺愛　鴿　打瞌睡

D-183 doggish hoggish
狗似的　似豬的

D-184 doggy foggy soggy boggy
狗的　多霧的　濕的　沼澤的

D－185	dole 施捨	hole 洞	mole 痣	pole 柱	role 角色	sole 獨的	vole 野鼠	bole 樹幹	cole 油菜
D－186	doll 洋囝囡	loll 伸舌	poll 投票	roll 滾動	toll 通行稅	boll 莢殼			
D－187	dollar 元	collar 衣領							
D－188	dolly 洋囝囡	folly 愚行	golly 天哪	holly 冬青	molly 懦夫	tolly 蠟燭	colly 牧羊犬		
D－189	dolt 傻瓜	holt 林丘	jolt 顛簸	molt 換毛	volt 伏特	bolt 螺桿	colt 小馬		
D－190	doltish 愚蠢的	coltish 小馬似的							
D－191	dome 圓頂	mode 方式							
D－192	dome 圓	home 家	mome 笨瓜	nome 州縣	pome 梨果	some 一些	tome 卷冊	come 來	
D－193	don 紳士	eon 永世	non 不	son 子	ton 噸	won 勝	bon 好的	con 研讀	
D－194	done 做完了	gone 去	hone 磨石	lone 孤寂	none 毫無	pone 切牌	tone 音調	zone 區域	
	bone 骨	cone 圓錐							
D－195	donkey 驢子	monkey 猴子							
D－196	doodle 亂塗	hoodle 彈珠	noodle 麵條	poodle 獅子狗	boodle 人群				
D－197	doom 劫數	loom 織機	room 房間	zoom 直升	boom 繁榮				
D－198	doom 命運	mood 心情	room 房室	moor 荒野	door 門	rood 十字架			
D－199	door 門	moor 荒野	poor 窮	boor 農民					
D－200	dope 濃液	hope 希望	lope 大步行走	mope 敗興	nope 不	pope 教皇	rope 繩	tope 狂歡	cope 袈裟
D－201	dopey 被麻醉的	mopey 不快樂							
D－202	dor 一種昆蟲	for 因為	nor 亦不	tor 突岩					
D－203	dorm 宿舍	form 表格	norm 模範	worm 蟲	corm 球莖				
D－204	dormant 睡眠的	mordant 諷刺的							

D-205　dormer　former
　　　　屋頂窗　以前的

D-206　dory　gory　tory
　　　　魴　血腥的　保守派

D-207　dose　hose　lose　nose　pose　rose　cose
　　　　一劑　軟管　損失　鼻　姿勢　玫瑰　聊天

D-208　doss　joss　loss　moss　toss　boss
　　　　睡　神像　喪失　苔　投擲　老板

D-209　dosser　josser　tosser
　　　　罩布　呆子　投擲者

D-210　dossil　fossil
　　　　布捲　化石

D-211　dost　host　lost　most　post　tost　cost
　　　　助動詞　男主人　損失　最多　郵政　拋投　價格

D-212　dot　got　hot　jot　lot　mot　not　pot　rot　sot　tot
　　　　點　得到　熱　少量　全部　妙句　不　壺　枯朽　酒鬼　小孩
　　　　wot　bot　cot
　　　　知道　馬蠅　童床

D-213　dote　mote　note　rote　tote　vote　bote　cote
　　　　昏瞶　微塵　摘記　強記　背負　投票　修理　棚

D-214　dough　lough　rough　sough　tough　bough　cough
　　　　金錢　海灣　粗魯　颯颯　堅韌　樹枝　咳嗽

D-215　dour　four　hour　lour　pour　sour　tour　your
　　　　冷峻的　四　小時　皺眉　傾倒　酸的　遊歷　你的

D-216　douse　house　louse　mouse　rouse　souse　touse　bouse
　　　　潑水　房屋　蝨　鼠　喚醒　投水　弄亂　飲料

D-217　dove　hove　love　move　rove　wove　cove
　　　　鴿子　移動　愛　動　流浪　編織　小海灣

D-218　dowdy　howdy　rowdy
　　　　不整潔的　你好嗎　好吵鬧的

D-219　dowel　nowel　rowel　towel　vowel　bowel
　　　　暗榫　聖詩　小齒輪　毛巾　母音　腸

D-220　dower　lower　mower　power　rower　sower　tower
　　　　嫁妝　低一些　割草機　力量　划船者　播種者　塔
　　　　bower　cower
　　　　涼亭　畏縮

D-221　doze　coze　dozy　cozy
　　　　瞌睡　閒談　瞌睡的　保暖套

D-222　drab　drag　dram　draw　dray
　　　　淡褐色　拖　英錢　拖　馬車

D-223　drab　grab　brad　brag　crab　crag　drag　grad
　　　　淡褐色　搶去　無頭釘　誇大　蟹　危岩　拖　畢業生

D - 224	draft 氣流	graft 接枝	kraft 牛皮紙	craft 技術			
D - 225	drain 排水	nadir 天底	grain 谷粒	train 火車	brain 腦		
D - 226	drake 公鴨	brake 煞車	crake 秧雞				
D - 227	dram 少量	gram 克	tram 電車	cram 塞滿			
D - 228	drank 飲	frank 坦白的	prank 戲謔	crank 曲柄	clank 咯隆聲	plank 厚板	flank 腰窩
D - 229	drape 懸掛	grape 葡萄	crape 縐紗				
D - 230	drat 咒罵	frat 聯誼會	prat 屁股	brat 小傢伙			
D - 231	draught 通風	drought 乾旱					
D - 232	draw 拖	braw 好的	craw 嗉囊	drawl 慢腔調	brawl 吵鬧	crawl 爬行	trawl 拖網
D - 233	drawn 牽引	prawn 龍蝦	brawn 肌肉				
D - 234	dray 貨車	fray 喧吵	gray 灰色	pray 祈禱	tray 碟	bray 驢叫	
D - 235	dream 夢	cream 奶油					
D - 236	dredge 撈網	drudge 作苦工	grudge 嫉妒	trudge 跋涉			
D - 237	drench 浸透	French 法國人	trench 溝渠	wrench 扳手			
D - 238	dress 衣服	press 壓平	tress 辮子	cress 水芹			
D - 239	drew 拉	grew 發育	brew 釀造	crew 工人			
D - 240	drib 小滴	crib 小床					
D - 241	dribble 涓滴	fribble 無聊的	gribble 蝕船蟲	cribble 粗篩			
D - 242	drill 鑽子	frill 飾邊	grill 格子架	prill 小珠	trill 顫聲	brill 鰈魚	
D - 243	drink 飲	prink 打扮	brink 邊緣				
D - 244	drip 水滴	grip 緊握	trip 旅行				

D

D-245	drizzle 細雨	frizzle 鬈曲	grizzle 惱怒	drizzly 細雨的	frizzly 多鬈毛	grizzly 灰色的			
D-246	droll 逗笑	troll 輪唱	drolly 幽默地	trolly 電車					
D-247	drone 雄蜂	prone 俯伏的	trone 天平秤	crone 醜老太婆					
D-248	droop 下垂	troop 軍隊							
D-249	drop 一滴	prop 支柱	trop 過多地	crop 收成					
D-250	dross 鐵渣	gross 十二打	cross 十字架						
D-251	drove 駕駛	grove 小叢林	prove 證明	trove 一批					
D-252	drown 溺死	frown 皺眉	grown 成長	brown 棕色	crown 王冠	clown 小丑	brown 膨脹的		
D-253	drowse 打瞌睡	browse 嚙							
D-254	drub 棒打	grub 挖							
D-255	drunk 縱酒	trunk 樹幹							
D-256	dry 乾	fry 剪	pry 槓桿	try 試	wry 歪斜	cry 哭			
D-257	dual 雙的	duel 決鬥	dull 愚鈍						
D-258	dub 綽號	fub 欺騙	hub 輪軸	nub 瘤	pub 酒店	rub 磨擦	sub 訂閱	tub 缸	bub 兄弟 cub 生手
D-259	duce 首領	luce 竹魚	puce 深褐色						
D-260	duck 鴨	huck 麻布	luck 運氣	muck 使活	puck 一擊	ruck 群眾	suck 吸	tuck 捲摺	buck 公羊
D-261	ducker 飼鴨人	pucker 起皺	sucker 吸盤	tucker 使疲憊	bucker 惡馬				
D-262	duckling 小鴨	suckling 吃奶的							
D-263	ducky 親愛的	lucky 幸運的	mucky 糞的						
D-264	duct 導管	duet 二重唱	dunt 重擊	dust 灰塵					
D-265	dud 失敗	mud 泥	pud 煉鐵	bud 花蕾	cud 反芻				

D - 266
dud　due　dug　dun　duo　dux　dub
失敗　由於　掘　暗褐　二重奏　第一名　磨光

D - 267
dude　nude　rude
花花公子　裸體的　粗陋的

D - 268
dudgeon　gudgeon
憤怒　白楊魚

D - 269
due　hue　rue　sue　cue
由於　色彩　悔恨　起訴　髮辮

D - 270
duel　fuel
決鬥　燃料

D - 271
duff　guff　huff　luff　muff　puff　ruff　tuff　buff　cuff
布丁　胡說　開罪　向風　做錯　喘息　頸毛　凝岩　軟皮　袖口

D - 272
duffer　puffer　suffer　buffer
笨人　吹噓者　遭受　緩衝

D - 273
dug　fug　hug　jug　lug　mug　pug　rug　tug　bug
掘　灰塵　抱住　罐　拖　杯　哈叭狗　地毯　拉　小蟲

D - 274
dull　full　gull　hull　lull　mull　null　pull　bull　cull
鈍的　滿的　海鷗　去殼　平息　思考　無效　拉　公牛　揀出

D - 275
dullish　bullish
稍鈍的　似公牛的

D - 276
dully　fully　gully　sully　bully　cully
鈍的　全部　溪谷　玷污　欺負　同伴

D - 277
dumb　numb
啞的　麻木的

D - 278
dummy　mummy　tummy　yummy
啞巴　木乃伊　肚子　悅人的

D - 279
dump　gump　hump　jump　lump　mump　pump　rump
傾倒　笨伯　駝峰　跳　小塊　嗬嗬　泵浦　臀部
sump　bump
油槽　碰

D - 280
dun　fun　gun　nun　pun　run　sun　tun　bun
催討　樂趣　槍　尼姑　雙關語言　跑　太陽　大桶　甜饅頭

D - 281
dune　June　lune　rune　tune
沙丘　六月　弓形　北歐文字　調子

D - 282
dung　hung　lung　rung　sung　bung
施肥　弔　肺　響　唱　打腫

D - 283
dunk　funk　gunk　hunk　junk　lunk　punk　sunk　tunk
浸泡　恐慌　油膩物　大塊　垃圾　笨伯　朽木　沉　拍打
bunk
床位

D - 284
dunt　hunt　punt　runt　aunt　bunt
重擊　打獵　小船　矮人　伯母　牴觸

D - 285　duper　super
　　　　　騙子　　特佳的

D - 286　durable　curable
　　　　　牢固的　　可醫的

D - 287　durst　burst　curst
　　　　　膽敢　　爆炸　　咒罵

D - 288　dusk　husk　musk　rusk　tusk　busk　cusk
　　　　　昏暗　剝殼　麝香　脆麵包　長牙　胸衣　鱈魚

D - 289　dust　gust　just　lust　must　oust　rust　bust
　　　　　灰塵　陣風　公平　貪求　必須　逐出　鏽　破產

D - 290　duster　luster　muster　ouster　buster
　　　　　掃灰塵者　光彩　集合　免職　巨物

D - 291　dwell　swell
　　　　　居住　變大

D - 292　dwindle　swindle　spindle
　　　　　縮小　　詐取　　軸

D - 293　dye　eye　rye　wye　wey　yew　yea　aye　bye　bey
　　　　　染色　眼睛　裸麥　Y字　重量　水松　是　是　次要　首長

D - 294　dying　lying　tying　vying
　　　　　將死的　說謊　結　競爭的

―――― E ――――

E - 1　each　tach　bach　mach
　　　　每一個　帶扣　獨身　馬赫值

E - 2　ear　far　jar　lar　mar　oar　par　tar　war　bar　car
　　　　耳　遠　瓶　家神　損傷　槳　同等　焦油　戰爭　棒　車

E - 3　ear　era　erg　err　ere　eke　eve　ewe　eye
　　　　耳　時代　歐格　錯誤　以前　增補　夕　牝羊　眼

E - 4　earn　near
　　　　賺　近

E - 5　earn　tarn　warn　yarn　barn　darn
　　　　賺　小湖　警告　絨線　谷倉　縫補

E - 6　ease　lase　rase　vase　base　case
　　　　容易　發光　抹去　花瓶　基礎　箱

E - 7　easel　lease
　　　　畫架　租借

E - 8　east　eats　sate　seat
　　　　東方　吃　充分滿足　位子

E - 9　east　fast　hast　last　mast　oast　past　vast　wast　bast
　　　　東方　快　有　最後　桅　乾窯　以往　廣大　是　韌皮
　　　　cast
　　　　拋

E－10	Easter	faster	laster	master	paster	taster	waster
	復活節	較快的	楦者	主人	粘貼者	嚐味者	浪子

baster　caster
塗脂者　投手

E－11　eat　tea　ate
　　　　吃　　茶　　吃

E－12　eat　fat　gat　hat　mat　oat　pat　rat　sat　tat　vat　xat
　　　　吃　胖　槍　帽　纏　麥　拍　鼠　坐　擊　桶　柱

bat　cat
棒　貓

E－13　eaten　paten
　　　　吃　　　聖餅碟

E－14　ebb　abb
　　　　退潮　經線

E－15　ebb　egg　ell　err
　　　　退潮　蛋　厄爾　錯誤

E－16　edit　adit　tide　tied　diet
　　　　校正　通路　潮　　結　　飲食

E－17　effect　affect
　　　　效果　　影響

E－18　effluent　affluent
　　　　流出的　　暢流的

E－19　eft　　　aft　　　fit　　oft　　fat
　　　　小蜥蜴　在船尾　合適　常常　胖

E－20　egg　ego　ago　age
　　　　蛋　自己　以前　年紀

E－21　eh　oh　ah
　　　　呃　啊　呀

E－22　eider　hider　rider　wider　cider
　　　　棉鳧　躲避者　騎馬者　較寬的　蘋果汁

E－23　eight　fight　hight　light　might　night　right　sight　tight
　　　　八　　打仗　高度　光　　強權　夜　　對的　視力　緊

wight　bight　dight
人　　彎曲　準備

E－24　either　hither　wither　zither　dither
　　　　兩者　向此處　枯　　古琴　顫抖

E－25　eject　elect　erect
　　　　排出　選舉　直立的

E－26　elastic　plastic
　　　　有彈性的　塑膠

E－27　elbow　below　bowel
　　　　肘　　在下　腸

E - 28	eld elf elk ell elm 老年 妖精 角鹿 厄爾 榆
E - 29	elder older alder eldest oldest 年長的 較老的 赤楊 最年長的 最老的
E - 30	elk ilk lek 角鹿 同一的 列克
E - 31	ell ill all 厄爾 病 全部
E - 32	elope slope scope 逃亡 斜坡 範圍
E - 33	else seel ease east sate easy 別的 閉目 安逸 東方 充分滿足 容易
E - 34	else lees seel 別的 庇護所 閉目
E - 35	elude exude 規避 流出
E - 36	elver revel kevel bevel level lever fever never sever 小鱔 狂喜 繩栓 斜角 平的 槓桿 發熱 永不 切斷
E - 37	ember umber amber 餘燼 赭土 琥珀
E - 38	em um am 全方 嗯 是
E - 39	emend amend 校正 改良
E - 40	emit item mite time omit 發出 項目 小蟲 時間 省略
E - 41	empire umpire 帝國 公正人
E - 42	empty umpty 空的 若干的
E - 43	en in on no un an 半方 在內 在上 不,沒有 人 一個
E - 44	enable unable 使能夠 不能的
E - 45	enactive inactive 制定法律的 不活動的
E - 46	enchain unchain 以鍊鎖住 解開鎖鍊
E - 47	end and den dan 結束 和 獸穴 捕魚小浮標
E - 48	endorse indorse 背書 背書

E

E－49	endue　ensue　endure　ensure 賦與　隨著發生　忍耐　擔保
E－50	energy　anergy 能源　能力缺失
E－51	enfold　infold　unfold 摺疊　包封　展開
E－52	engage　enrage 允諾　使怒
E－53	engraft　ingraft 接枝　接枝
E－54	engrain　ingrain　engrainedly　ingrainedly 深染　生染　深染惡習地　習染極深地
E－55	engulf　ingulf 吞入　捲入
E－56	enjoy　envoy 享受　公使
E－57	enquire　inquire　enquiry　inquiry 詢問　問候　探問　探問
E－58	enrobe　unrobe 使穿衣服　脫衣服
E－59	ensure　insure　ensurer　insurer 保證　保險　保證人　承保人
E－60	enter　inter 進入　埋葬
E－61	entrant　intrant 進入者　加入者
E－62	entrust　intrust 信任　信任
E－63	entwine　intwine　entwinement　intwinement 使纏繞　使纏繞　盤繞　盤繞
E－64	eon　ion　one 永世　離子　一個
E－65	erotic　exotic 色情的　舶來品
E－66	errant　arrant　errantly　arrantly 漂泊的　極惡的　漂泊地　極惡地
E－67	essay　assay 論文　試驗
E－68	ester　aster 酯　紫菀
E－69	etch　itch 蝕刻　發癢

E-70	ether 以太	other 另外的							
E-71	eve 前夕	ave 再見	I've 我有	vee V字型	vie 競爭				
E-72	even 甚至	ever 曾經	over 在上	aver 主張	oven 烤箱	average 平均數	overage 超過適當年齡的		
E-73	evert 外翻	avert 避開	overt 公開的						
E-74	evil 邪惡	live 住	veil 面紗	vile 下賤的					
E-75	ewe 牝羊	owe 欠	ere 以前	ore 礦石	are 是	ire 忿怒	woe 哇	wee 極小的	ree 篩	roe 魚卵
E-76	exalt 提升	exult 狂喜							
E-77	excel 勝過	expel 逐出							
E-78	except 除外	expect 期望	exsect 切去	exsert 突出	expert 專家	export 輸出			
E-79	exercise 練習	exorcise 驅邪							
E-80	expansive 寬闊的	expensive 昂貴的	extensive 廣大的						
E-81	extant 尚存的	extent 大小	extend 伸長						
E-82	eye 眼	rye 裸麥	wye Y字	wey 重量	yew 水松	yea 是	aye 是	bye 次要	dye 染色	bey 省長	dey 統治者
E-83	eyre 巡迴	gyre 迴旋	lyre 七弦琴	pyre 柴堆	tyre 橡膠胎	byre 牛棚			

—— **F** ——

F-1	fable 寓言	gable 三角牆	sable 黑貂	table 桌子	cable 纜索	
F-2	face 臉	fade 褪色	fame 名聲	fare 費用	fate 命運	
F-3	facial 面部的	racial 種族的				
F-4	faction 小黨派	paction 同意	taction 接觸	fiction 小說	diction 用字	
F-5	fad 時尚	fag 苦工	fan 扇	far 遠	fat 胖	fax 傳真
F-6	fad 時尚	gad 刺棍	had 有	lad 男孩	mad 瘋	pad 墊子	sad 愁	tad 小孩	wad （柔軟的）小塊

	bad 壞的	cad 鄙漢	dad 爹							
F-7	faddish 流行的	laddish 年青的	maddish 微狂的	saddish 稍悲的	baddish 稍壞的	caddish 下賤的				
F-8	faddy 流行	paddy 米谷	waddy 棍棒	baddy 壞人	caddy 茶筒	daddy 爹地				
F-9	fade 褪色	jade 玉	lade 載運	made 製作	wade 涉過	bade 出價				
F-10	fag 苦工	gag 塞口	hag 女巫	jag 醉酒	lag 落後	mag 多言	nag 小馬	rag 破布	sag 下降	tag 附箋

F-10 (續) zag 急轉　bag 袋　dag 匕首

F-11	fail 失敗	hail 歡呼	jail 監獄	mail 郵件	nail 釘子	pail 提桶	rail 鐵軌	sail 航行	tail 尾巴	vail 脫帽	wail 痛哭

F-11 (續) bail 委託

F-12	fain 樂意	gain 獲得	lain 躺下	main 主要	pain 苦痛	rain 雨	vain 徒然	wain 馬車	zain 純暗色馬

F-12 (續) cain 田賦

F-13	faint 無力的	feint 假裝

F-14	faint 無力的	paint 漆	saint 聖者	taint 污點

F-15	fair 公正的	hair 髮	lair 獸穴	mair 更多	pair 一雙	vair 鼠皮

F-16	fairy 小神仙	hairy 多毛的	dairy 日記

F-17	fake 作偽	hake 鱈魚	jake 滿意	lake 湖	make 做	rake 耙子	sake 原因	take 拿	wake 喚醒

F-17 (續) bake 烘　cake 餅

F-18	fakery 欺詐	bakery 麵包店

F-19	fall 落下	fell 倒	fill 使滿	full 滿的

F-20	fall 落下	gall 大膽	hall 廳	mall 木槌	pall 帷幕	tall 高	wall 牆	ball 球	call 呼喚

F-21	fallow 休耕	fellow 同伴	follow 跟隨

F-22	fallow 休耕	hallow 神聖	mallow 錦葵	sallow 病黃色	tallow 牛脂	wallow 打滾	callow 不成熟的

F-23	falter 支吾	halter 韁繩	palter 推托	salter 製鹽者

F – 24	fame 名聲	game 遊戲	hame 曲棒	lame 跛的	name 名字	same 相同	tame 馴服	came 來	dame 女神

F – 25	fan 扇	Han 漢人	man 男人	pan 鍋	ran 跑	tan 晒黑	van 貨車	wan 蒼白	ban 禁止	can 能	dan 浮標

F – 26	fane 寺院	lane 巷	mane 鬃	pane 玻璃	sane 清楚	vane 風旗	wane 減弱	bane 大患	cane 杖

Dane
丹麥人

F – 27	fang 尖牙	gang 群	hang 掛	pang 劇痛	rang 響	sang 唱	tang 氣味	vang 船索	yang 雁叫

bang
重打

F – 28	fangle 新款	jangle 雜聲	mangle 撕裂	tangle 纏結	wangle 狡詐	bangle 手鐲	dangle 搖擺

F – 29	fanny 屁股	fenny 多沼澤的	finny 有鰭的	funny 可笑的

F – 30	fanny 屁股	nanny 奶媽	canny 謹慎的

F – 31	far 遠	fir 樅	for 為	fur 毛皮

F – 32	far 遠	jar 瓶	lar 家神	mar 損傷	oar 槳	par 同等	tar 焦油	war 戰爭	bar 棒	car 車	ear 耳

F – 33	fare 費用	fear 害怕

F – 34	fare 費用	fire 火	fore 在前

F – 35	fare 車費	hare 兔	mare 母馬	pare 削皮	tare 甚多	ware 器物	yare 靈活	bare 赤裸	care 小心	dare 敢

F – 36	farrier 蹄鐵匠	harrier 獵狗	marrier 結婚者	barrier 碉堡	carrier 航空母艦

F – 37	farrow 產小豬	harrow 耗	marrow 骨髓	narrow 窄的	yarrow 蓍草	barrow 手車

F – 38	fart 屁	raft 救生艇

F – 39	fart 屁	hart 公鹿	mart 市場	part 部份	tart 酸的	wart 疣	cart 馬車	dart 投擲

F – 40	farther 更遠	further 更遠	farthermost 最遠的	furthermost 最遠的	farthest 最遠的

furthest
最遠的

F – 41	fash 困惱	gash 割痕	hash 混雜	mash 搗碎	pash 打碎	rash 輕率	sash 窗框	wash 洗	bash 重擊

cash 現金　dash 少許

F – 42	fast 快	hast 有	last 最後	mast 桅	oast 乾窯	past 以往	vast 廣大	wast 是	bast 韌皮	cast 拋

east
東方

F – 43 fasten 扣緊   hasten 催促   fastener 鈕扣   hastener 催促者

F – 44	fat 胖	gat 槍	hat 帽	mat 纏	oat 麥	pat 拍	rat 鼠	sat 坐	tat 擊	vat 桶	xat 柱	bat 棒

cat 貓   eat 吃

F – 45 fatal 命運的   natal 出生的

F – 46 fate 命運   feat 技藝   feet 腳   fete 節日

F – 47 father 父親   gather 聚集   lather 肥皂泡   rather 寧可

F – 48 fatten 使胖   ratten 搗蛋   batten 窄板

F – 49 fatty 胖子   natty 乾淨的   patty 小餅   ratty 老鼠似的   tatty 簡陋的   batty 瘋的   catty 斤

F – 50 fault 過失   vault 跳躍

F – 51 favor 恩惠   savor 味   sapor 滋味   vapor 蒸氣

F – 52 fax 傳真   lax 鬆弛   pax 聖像牌   sax 石板錘   tax 稅   wax 蠟   zax 石斧

F – 53	fay 仙	gay 快樂	hay 乾草	jay 鳥	lay 放	may 許可	nay 而且	pay 付	ray 射線	say 說	way 路

bay 海灣   cay 沙洲   day 日子

F – 54	fear 怕	gear 齒輪	hear 聽	near 近	pear 梨	rear 後	sear 枯	tear 淚	wear 穿	year 年

bear 熊   dear 親愛的

F – 55 feast 祝典   least 至少   yeast 酵母   beast 獸

F – 56 feat 功績   heat 熱   meat 肉   neat 整潔   peat 泥煤   seat 座   teat 奶頭   beat 打

F – 57 feather 羽毛   heather 石南   leather 皮革   weather 天氣

F – 58 fed 餵   fee 費   fen 沼   few 少   fez 帽

F – 59 fed 飼   he'd 他有   led 領導   red 紅   ted 攤晒   wed 婚   zed Z字   bed 床

F - 60	fee 費	gee 噫	jee 嘻	lee 背風	nee 娘家姓	pee 尿	ree 篩	see 看	tee 球戲	vee V字	wee 微
	zee Z字	bee 蜂	dee D字								

F - 61	feed 餵	fend 抵禦	feod 封地	feud 采邑

F - 62	feed 餵	feel 感覺	feet 腳

F - 63	feed 餵	heed 注意	meed 報酬	need 需要	reed 蘆葦	seed 種子	weed 雜草	deed 行為

F - 64	feel 感覺	heel 腳跟	keel 龍骨	peel 果皮	reel 紡車	seel 閉目

F - 65	feet 腳	meet 遇見	beet 甜菜

F - 66	fell 倒下	hell 地獄	jell 使冷凍	sell 賣	tell 告訴	well 井	yell 喊	bell 鈴	cell 細胞	dell 小谷

F - 67	feller 採伐者	heller 冒失鬼	seller 賣主	teller 告訴者

F - 68	fellow 傢伙	yellow 黃色	bellow 吼叫	mellow 熟	mallow 錦葵	hallow 崇拜	hollow 中空
	follow 跟著						

F - 69	felly 輪圈	jelly 果凍	kelly 男人硬帽	nelly 海燕	belly 腹	telly （英）電視

F - 70	felt 感覺	gelt 錢	kelt 塞特人	melt 溶	pelt 投	welt 傷痕	belt 皮帶	celt 石斧

F - 71	feme 妻	heme 血紅素	seme 碎花紋	xeme 鷗	deme 市區

F - 72	fen 沼	hen 雞	ken 知	men 人	pen 筆	sen 錢	ten 十	wen 疣	yen 元	zen 禪宗	ben 客室
	den 窟										

F - 73	fence 籬巴	hence 因此	pence 便士

F - 74	fend 抵擋	lend 借	mend 修補	pend 吊著	rend 撕	send 送	tend 致使	vend 賣	wend 行
	bend 使曲								

F - 75	fennel 茴香	kennel 狗舍

F - 76	ferry 渡船	herry 掠奪	jerry 氈帽	merry 快樂	perry 梨酒	serry 密集	terry 絨縫	berry 漿果
	derry 民謠							

F

F - 77	festal 節日的	vestal 守望						
F - 78	fester 生膿	jester 弄臣	pester 使煩惱					
F - 79	festive 節日的	restive 不穩的	festiveness 節日	restiveness 不安寧				
F - 80	fetal 胎兒的	metal 金屬	petal 花瓣					
F - 81	fetch 取來	ketch 雙桅船	retch 作嘔	vetch 野豌豆				
F - 82	fetter 腳械	getter 毒餌	letter 信件	netter 網球員	setter 安放者	tetter 皮疹	better 較好	
F - 83	fettle 打	kettle 鍋子	mettle 氣質	nettle 刺激	settle 住定			
F - 84	fever 發熱	lever 槓桿	never 永不	sever 切斷				
F - 85	few 少數	hew 砍	Jew 猶太人	mew 貓叫	new 新	pew 座位	sew 縫	tew 苦作	dew 露
F - 86	fey 狂的	gey 相當	hey 喂	key 鑰匙	ley 草坪	wey 重量	bey 尊稱	dey 首長
F - 87	fib 小謊	gib 凹楔	jib 角帆	nib 喙	rib 肋骨	sib 血親	bib 圍巾	dib 垂釣
F - 88	fibber 說謊者	gibber 喋喋	bibber 酒鬼	dibber 尖鑽				
F - 89	fickle 易變的	mickle 多	pickle 泡菜	sickle 鐮刀	tickle 胳肢			
F - 90	fid 尖針	hid 匿	kid 小孩	lid 蓋子	mid 中間	rid 免除	aid 幫助	bid 出價	did 做
F - 91	fiddle 小提琴	middle 中間	piddle 虛度	riddle 猜中	diddle 欺騙			
F - 92	fie 呸	hie 疾走	lie 說謊	pie 派	tie 領帶	vie 爭	die 死	
F - 93	fief 封地	lief 親愛的	life 生命	fife 橫笛				
F - 94	field 田野	wield 使用	yield 產生	bield 遮掩				
F - 95	fierce 兇惡的	pierce 刺入	tierce 順序相連的三張牌					
F - 96	fife 笛子	file 檔案	fire 火	five 五	fine 好			
F - 97	fife 笛子	life 生命	rife 流行的	wife 妻				

F - 98
fig   fin   fir   fit   fix
少許 鰭 樅 適合 使固定

F - 99
fig   gig   jig   pig   rig   wig   big   dig
少許 小艇 舞 豬 裝束 假髮 大 挖

F - 100
fight hight light might night right sight tight wight
打仗 高度 光 強權 夜 對的 視力 緊 人

bight dight eight
彎曲 準備 八

F - 101
file fill film
檔案 使滿 軟片

F - 102
file mile pile rile tile vile wile bile
卷宗 哩 一堆 惹怒 瓦 壞的 詭計 膽汁

F - 103
fill gill hill kill mill lill nill pill rill sill till
裝滿 魚鰓 小山 殺 磨坊 垂下 不願 藥丸 小河 基石 直到

vill will yill bill dill
市鎮 意願 麥酒 帳單 蒔蘿

F - 104
fillet millet rillet willet billet
髮帶 粟 小溪 鷸鳥 住宿

F - 105
filly gilly hilly silly billy dilly
小馬 貨車 多山的 傻的 警棍 水仙

F - 106
filter kilter milter
濾清 良好狀態 雄魚

F - 107
fin gin pin sin tin win bin din
鰭 酒 針 罪 錫 勝 倉 喧

F - 108
finch pinch winch cinch
鳴禽 挾 絞車 肚帶

F - 109
find fine fink
尋 好的 告發人

F - 110
find hind kind mind rind wind bind
尋 在後 種類 心 果皮 風 綁

F - 111
finder hinder minder tinder winder binder cinder
尋獲者 後面的 照料者 火種 捲的人 綁者 餘燼

F - 112
fine kine line mine nine pine sine tine vine wine
好的 牛 線 我的 九 松木 正弦 叉齒 藤蔓 酒

bine dine
藤 用餐

F - 113
finger ginger linger
手指 薑 徘徊

F - 114
fink gink kink link mink pink rink sink tink
告發人 怪人 繩結 連結 貂皮 淡紅 溜冰 沉 叮叮聲

wink dink
眨眼 打扮

F

F－115	fir 樅樹	air 空氣	mir 米爾	sir 先生						
F－116	fire 火	rife 流行的								
F－117	fire 火	hire 租用	mire 泥沼	tire 輪胎	wire 鐵絲	dire 可怕的				
F－118	firman 聖旨	airman 航空員								
F－119	fish 魚	pish 呸	wish 願	dish 圓盤						
F－120	fission 分裂	mission 任務								
F－121	fist 拳頭	gist 要旨	hist 不出聲	list 名單	mist 霧	cist 石棺				

F－122　fit 適合　hit 打　kit 一組　lit 亮光　nit 幼蟲　pit 凹處　sit 坐　tit 山雀　wit 理智　ait 小島　bit 小量
　　　　cit 商人

F－123	fitch 臭貓	hitch 鉤住	pitch 頂點	witch 女巫	aitch H形	bitch 母狗	ditch 溝渠		
F－124	fitter 裝配者	hitter 打擊者	jitter 緊張	litter 垃圾	sitter 坐者	titter 竊笑	bitter 苦的		

F－125　five 五　give 給　hive 蜂房　jive 爵士樂　live 活　rive 撕裂　vive 萬歲　wive 娶妻　dive 潛水

F－126	fiver 五元鈔	river 河	liver 肝	diver 潛水者				
F－127	fix 固定	mix 混合	nix 沒有	pix 聖餅盒	six 六			
F－128	fixture 固定物	mixture 混合物						
F－129	fizzle 嘶嘶聲	sizzle 噓噓聲	mizzle 毛毛雨					
F－130	fizzy 嘶聲的	tizzy 六便士	dizzy 頭昏的					
F－131	flag 旗	flak 砲火	flam 謊言	flap 撲動	flat 平的	flaw 缺點	flax 亞麻	flay 痛罵
F－132	flake 薄片	slake 消滅	flame 火焰	blame 責備	frame 框架			
F－133	flam 詐僞	slam 砰聲	clam 蛤					
F－134	flan 餡餅	plan 計畫	clan 宗族					

F - 135	flank 腰窩	plank 厚板	slank 潛逃	blank 空白	clank 咯隆聲		
F - 136	flap 撲動	flip 輕擊	flop 重拍				
F - 137	flap 撲動	slap 摑	clap 拍手				
F - 138	flare 閃耀	glare 強光	blare 喧叫				
F - 139	flash 閃光	plash 拍水	slash 砍	clash 撞擊			
F - 140	flat 平的	plat 小塊地	slat 條板				
F - 141	flatter 奉承	platter 盤	blatter 喋喋	clatter 辟拍聲	clatterer 辟拍者	flatterer 阿諛者	
F - 142	flaw 缺點	flew 飛	flow 流動				
F - 143	flaw 缺點	slaw 捲心菜	claw 爪				
F - 144	flay 剝皮	play 玩	slay 殺死	clay 泥土			
F - 145	flea 蚤	fled 逃走	flee 避開	flew 飛	flex 彎曲		
F - 146	flea 蚤	plea 答辯	fled 逃走	pled 辯護	sled 雪橇		
F - 147	fleam 放血針	gleam 閃光					
F - 148	fled 逃走	pled 辯護	sled 雪橇	bled 流血	fledge 養育	pledge 保證	sledge 雪車
F - 149	flee 避開	glee 歡樂	free 自由	gree 同意	tree 樹		
F - 150	flench 剝皮	flinch 畏縮	clinch 擁抱	clench 緊握	blench 退縮	blanch 漂白	branch 分枝
	brunch 早午合餐						
F - 151	flew 飛	blew 吹	clew 線圈	slew 殺死			
F - 152	flick 輕擊	slick 光滑的	click 卡答聲	clicker 工頭	flicker 鼓翼	slicker 雨衣	
F - 153	flight 航程	plight 情況	slight 輕微	blight 枯萎	bright 亮的	fright 恐怖	
F - 154	flimsy 脆弱的	slimsy 薄弱的					

F

F - 155	fling 扔　sling 投擲　cling 緊粘
F - 156	flint 火石　glint 閃光
F - 157	flip 輕彈　slip 剪　blip 光點　clip 修剪　flipper 鰭狀肢　slipper 拖鞋　clipper 修剪者
F - 158	flit 急飛　slit 裂縫
F - 159	float 漂浮　gloat 觀望　bloat 膨脹
F - 160	flock 羊群　block 一塊　clock 鐘
F - 161	flog 鞭撻　golf 高爾夫　wolf 狼　flow 流　fowl 家禽
F - 162	flog 鞭撻　slog 猛擊　clog 妨礙
F - 163	flood 洪水　floor 地板　flour 麵粉
F - 164	flop 跳動　plop 撲通　slop 洒潑　clop 蹄聲
F - 165	floss 綿絲　gloss 光澤　gross 十二打　grass 草　glass 玻璃
F - 166	flow 流　glow 白熱　plow 耕　slow 慢　alow 向下　blow 吹　bowl 碗　fowl 家禽　sowl 虐待
F - 167	flower 花　glower 怒視　blower 風箱
F - 168	flue 感冒　glue 膠水　slue 旋轉　blue 藍色　clue 線索
F - 169	fluff 軟毛　bluff 絕壁
F - 170	flume 引水溝　plume 羽毛
F - 171	flung 擲　slung 投　clung 粘著
F - 172	flunk 失敗　plunk 猛打　slunk 潛逃
F - 173	flurry 疾風　blurry 模糊的
F - 174	flush 流　plush 絲絨　slush 雪泥　blush 臉紅
F - 175	fluster 使緊張　bluster 狂吹　cluster 束串

F – 176	flutter 攤動	clutter 使散亂								
F – 177	fly 飛	ply 疊	sly 狡猾的							
F – 178	foal 馬仔	goal 目的	coal 煤							
F – 179	fob 混騙	foe 仇敵	fog 霧	fop 花花公子	for 因為	fou 笨人	fox 狐	foy 歡宴		
F – 180	fob 混騙	gob 塊	hob 架	job 工作	lob 傻人	mob 暴徒	nob 頭	rob 搶劫	sob 啜泣	bob 剪短	cob 鵝
F – 181	focal 焦點的	local 本地的	vocal 有聲的							
F – 182	focus 焦點	hocus 欺詐	locus 軌跡							
F – 183	fodder 糧草	dodder 蹣跚								
F – 184	foe 仇敵	hoe 鋤	roe 魚卵	toe 腳趾	woe 悲哀	doe 牝鹿				
F – 185	fog 霧	hog 豬	jog 慢步	log 木頭	nog 木釘	tog 衣服	wog 黑人	bog 沼澤	cog 齒輪	dog 狗
F – 186	fogey 頑固人	bogey 妖怪								
F – 187	foggy 多霧的	soggy 濕的	boggy 沼澤的	doggy 狗的						
F – 188	foil 使挫敗	fool 愚人	foul 污臭的	fowl 家禽						
F – 189	foil 使挫敗	moil 勞動	noil 梳屑	roil 攪濁	soil 土壤	toil 苦工	boil 煮沸	coil 線圈		
F – 190	foist 騙售	hoist 起卸機	joist 托樑	moist 潮濕的						
F – 191	fold 摺起	gold 金	hold 握	mold 做模	sold 賣	told 告訴	wold 山地	bold 勇敢	cold 冷	
F – 192	folder 紙夾	holder 支持物	molder 腐朽	solder 錫焊						
F – 193	folk 種族	yolk 蛋黃	fork 叉	york 退場	fore 在前	yore 往古				
F – 194	folly 愚人	golly 天哪	holly 多青	molly 懦夫	tolly 蠟燭	colly 牡羊犬	dolly 洋囝囝			
F – 195	foment 煽動	moment 片刻								
F – 196	fond 尋找	pond 小池	bond 束縛							

F

F - 197	food　fool　foot 食物　愚人　腳
F - 198	food　good　hood　mood　pood　rood　wood 食物　好　罩　心情　普特　路得　樹林
F - 199	fool　pool　tool　wool　cool 愚人　小池　工具　羊毛　涼的
F - 200	foolish　coolish 愚笨的　稍冷的
F - 201	foot　hoot　loot　moot　root　soot　toot　boot　coot 腳　梟叫　贓物　待決　根　煤灰　號角　長靴　黑鴨
F - 202	football　footfall　sootfall 足球　腳步　煤灰降落
F - 203	fop　hop　lop　mop　pop　sop　top　wop　cop 花花公子　獨腳跳　砍去　拖把　砰然　浸濕　頂　南歐人　警察
F - 204	for　nor　tor　dor 因為　亦不　突岩　一種甲蟲
F - 205	forage　borage 糧秣　琉璃苣
F - 206	forbid　morbid 禁止　病態的
F - 207	ford　fore　fork　form　fort 涉渡　在前　叉　形式　堡壘
F - 208	fore　gore　lore　more　pore　sore　tore　wore　yore　bore 在前　血塊　知識　較多　細讀　疼痛　撕扯　穿戴　往昔　穿孔 core 核
F - 209	forge　gorge　forget　gorget 熔鐵爐　咽喉　忘記　護喉甲
F - 210	fork　pork　work　york　cork 叉　豬肉　工作　退場　軟木
F - 211	form　norm　worm　dorm　corm 表格　模範　蟲　宿舍　球莖
F - 212	formal　normal　formality　normality　formalize　normalize 形式的　正常的　形式　正常　使成形　正常化
F - 213	former　dormer 以前的　屋頂窗
F - 214	fort　mort　port　sort　tort　wort　bort 砲台　號角　港口　品種　侵犯　植物　金鑽
F - 215	forth　north 向前　北方
F - 216	fortify　mortify 設防　克制

F - 217	fortress portress 要塞　　女守門人
F - 218	forty rorty 四十　愉快的
F - 219	forum jorum 法庭　大酒杯
F - 220	fought nought sought bought 打　　　零　　　找　　　買
F - 221	foul soul fowl sowl 難聞的 靈魂 家禽 拉耳朵
F - 222	found hound mound pound round sound wound 尋到　獵犬　土堆　　磅　　圓的　聲音　受傷 bound 綑紮
F - 223	fountain mountain 噴泉　　　高山
F - 224	four hour lour pour sour tour your dour 四　小時　皺眉　傾倒　酸的　遊歷　你的　冷峻的
F - 225	fowl howl jowl sowl yowl bowl cowl 家禽　狼吠　下顎　虐待　吼叫　碗　　頭巾
F - 226	fox pox vox box cox 狐　水痘　襪　箱　舵手
F - 227	fraction traction 分數　　　拖
F - 228	frail grail trail trial brail 脆弱　梳鏟　蹤跡　試驗　捲起
F - 229	France prance trance 法國　　騰躍　　恍惚
F - 230	frank prank crank drank flank plank clank blank 坦白的 戲謔 曲柄 飲 腰窩 厚板 咯隆聲 空白
F - 231	frat fret frit 兄弟會 煩惱 玻璃料
F - 232	frat prat brat drat 兄弟會 屁股 小傢伙 咒罵
F - 233	fray gray pray tray bray dray 喧吵 灰色 祈禱 碟 驢叫 貨車
F - 234	fraze graze glaze blaze braze craze 直徑 吃草 光滑 火焰 銅飾 瘋狂
F - 235	frazzle frizzle 磨損　　捲曲
F - 236	freak break creak 怪想 打破 吱咯聲

F

F-237	freed 自由的	defer 延期							
F-238	freed 自由的	greed 貪心	breed 生育	creed 信條	treed 種有樹木的				
F-239	freeze 結冰	frieze 飾帶							
F-240	freeze 結冰	breeze 微風							
F-241	French 法國人	trench 溝渠	wrench 扳手	drench 浸透					
F-242	fribble 無聊的	gribble 蝕船蟲	cribble 粗篩	dribble 涓滴	fribbler 不務正業者	dribbler 流口水者			
F-243	fright 恐怖	wright 製作者	aright 正確地	bright 光明的					
F-244	frighten 使驚怕	brighten 使光亮							
F-245	frill 飾邊	grill 格子架	prill 小珠	trill 顫聲	brill 鰈魚	drill 鑽子			
F-246	fringe 流蘇	cringe 畏縮							
F-247	frisk 雀躍	brisk 活潑							
F-248	frizzle 鬈曲	grizzle 惱怒	drizzle 細雨	frizzly 多鬈毛	grizzly 灰色的	drizzly 細雨的			
F-249	frock 長袍	brock 獾	crock 油煙						
F-250	frog 青蛙	grog 烈酒							
F-251	frow 婦人	grow 生長	prow 船首	trow 相信	arow 一列	brow 眉毛	crow 烏鴉		
F-252	frown 皺眉	grown 成長	brown 棕色	crown 王冠	drown 溺死				
F-253	fruit 水果	bruit 謠傳							
F-254	frump 乖戾女	grump 惱怒	trump 王牌	crump 重炸彈					
F-255	fry 剪	pry 槓桿	try 試	wry 歪斜	cry 哭	dry 乾			
F-256	fub 欺騙	hub 輪軸	nub 瘤	pub 酒店	rub 磨擦	sub 訂閱	tub 缸	bub 兄弟	cub 生手	dub 綽號
F-257	fuddle 泥醉	huddle 擁擠	muddle 使混亂	puddle 泥水坑	ruddle 紅土	buddle 洗礦槽	cuddle 擁抱		

F - 258	fudge 欺騙	judge 法官	nudge 以肘輕觸	budge 移動					
F - 259	fuel 燃料	duel 決鬥	fueler 加油工人	dueler 決鬥者					
F - 260	fug 灰塵	hug 抱住	jug 罐	lug 拖	mug 杯	pug 哈叭狗	rug 地毯	tug 拉	bug 小蟲	dug 掘
F - 261	full 滿	gull 海鷗	hull 去殼	lull 平息	mull 思考	null 無效	pull 拉	bull 公牛	cull 揀出	dull 鈍的
F - 262	fully 全部	funny 可笑的	furry 毛皮的	fussy 忙亂的	fuzzy 多細毛的				
F - 263	fully 全部	gully 溪谷	sully 玷污	bully 欺負	cully 同伴	dully 鈍的			
F - 264	fulminate 爆發	culminate 到頂點							
F - 265	fumble 摸索	humble 卑下	jumble 混合	mumble 咕噥	rumble 隆隆聲	tumble 跌倒			
F - 266	fun 樂趣	gun 槍	Hun 匈奴	nun 尼姑	pun 雙關語	run 跑	sun 太陽	tun 大桶	bun 甜饅頭	dun 催討
F - 267	function 功能	junction 接合處							
F - 268	funk 恐慌	gunk 油膩物	hunk 大塊	junk 垃圾	punk 朽木	sunk 沉	tunk 拍打	bunk 床位	dunk 浸泡
F - 269	funnel 漏斗	runnel 細流	tunnel 隧道						
F - 270	funny 可笑的	gunny 粗麻布	runny 過軟的	sunny 向陽的	tunny 鮪魚	bunny 兔			
F - 271	fur 毛皮	our 我們的	pur 嗚嗚聲	bur 芒刺	cur 壞蛋				
F - 272	furl 捲起	hurl 猛擲	purl 漩渦	burl 線頭	curl 捲曲				
F - 273	furnish 供給	furbish 擦亮	burnish 變光亮						
F - 274	furrow 車轍	burrow 地洞							
F - 275	furry 有毛皮的	gurry 小堡	hurry 急忙	burry 有瘤的	curry 咖哩醬	fussy 無謂忙亂的	fuzzy 多細毛的		
F - 276	fury 憤怒	jury 陪審團	bury 埋葬						
F - 277	fuse 保險絲	muse 沉思	ruse 策略						
F - 278	fuss 紛擾	muss 混亂	puss 貓	Russ 俄羅斯	buss 親吻	cuss 詛咒			

F

F - 279	fusty　musty　fustiness　mustiness 發霉的　過時的　霉味的　　過時
F - 280	futtock　buttock 肋材　　　屁股
F - 281	future　suture 將來　　縫合
F - 282	fuzz　muzz　buzz 絨毛　苦讀　嗡嗡聲
F - 283	fuzzy　　muzzy　wuzzy　wuzzle　muzzle　　　　　nuzzle 多細毛的　昏迷的　酩酊的　混合　（狗、狐）之鼻、口　用鼻掘

────── **G** ──────

G - 1	gab　gad　gag　gal　gam　gap　gas　gat　gay 多言　閒遊　塞口　女孩　群集　裂口　瓦斯　手槍　愉快的
G - 2	gab　jab　lab　mab　tab　cab　dab 嘮叨　戳　實驗室　捉住　垂片　出租車　輕拍
G - 3	gabber　jabber　yabber　dabber 喋喋　　閒聊　　吱吱喳喳　輕拍者
G - 4	gabble　rabble　wabble　babble　cabble　dabble 饒舌　　暴民　　動搖　　空談　　切短　　濺濕
G - 5	gabby　mabby　tabby　cabby 饒舌　番薯酒　虎斑貓　出租車司機
G - 6	gad　had　lad　mad　pad　sad　tad　wad　bad　cad　dad 刺棍　有　男孩　瘋　墊子　愁　小孩　小塊　壞的　鄙漢　爹 fad 時尚
G - 7	gadder　ladder　madder　sadder 遊蕩者　梯　　茜草　　較悲的
G - 8	gaff　raff　waff　yaff　baff　daff 魚叉　大批　孤單　吠　打　愚行
G - 9	gaffer　zaffer 老頭子　氧化鈷
G - 10	gag　hag　jag　lag　mag　nag　rag　sag　tag　wag　zag 塞口　女巫　醉酒　落後　多言　小馬　破布　下降　附箋　搖擺　急轉 bag　dag　fag 袋　匕首　苦工
G - 11	gage　gale　game　gate　gave　gaze 抵押物　暴風　遊戲　大門　給　注視
G - 12	gage　mage　page　rage　sage　wage　cage 抵押物　魔術師　頁　憤怒　哲人　工資　鳥籠
G - 13	gaggle　giggle　goggle　guggle 鵝群　　痴笑　　護目鏡　潺潺

G - 14　gaggle　haggle　waggle
　　　　　鵝群　　亂砍　　搖動

G - 15　gain　lain　main　pain　rain　vain　wain　zain　cain
　　　　　獲得　躺下　主要　苦痛　雨　　徒然　馬車　純暗色馬　田賦
　　　　　fain
　　　　　樂意

G - 16　gait　wait　bait　baiter　waiter　gaiter
　　　　　步態　等候　餌　　虐待者　侍者　　綁腿

G - 17　gal　lag　gam　　mag　gas　sag　gat　tag
　　　　　女孩　落後　社交訪問　閒聊　瓦斯　下陷　手槍　標籤

G - 18　gale　hale　male　pale　rale　sale　tale　vale　bale　dale
　　　　　大風　強壯　男的　蒼白　肺鳴　賣　　故事　傷痕　打包　山谷

G - 19　gall　hall　mall　pall　tall　wall　ball　call　fall
　　　　　大膽　廳　　木槌　帷幕　高　　牆　　球　　呼喚　落下

G - 20　gallet　mallet　pallet　sallet　wallet　ballet
　　　　　碎石　　木槌　　草床　　頭盔　　皮夾　　芭蕾

G - 21　galley　valley　volley
　　　　　大划船　山谷　　齊射

G - 22　gallon　gallop　wallop
　　　　　加侖　　疾馳　　奔馳

G - 23　gam　ham　jam　lam　mam　ram　yam　bam　cam　dam
　　　　　腿　火腿　擠　責打　媽　撞　山芋　欺騙　凸輪　水壩

G - 24　gamble　ramble　gambler　rambler
　　　　　賭博　　漫步　　賭徒　　漫步者

G - 25　game　mage
　　　　　遊戲　魔術師

G - 26　game　hame　lame　name　same　tame　came　dame　fame
　　　　　遊戲　曲棒　跛的　名字　相同　馴服　來　　女神　名聲

G - 27　gamma　mamma　yamma
　　　　　咖馬　　媽　　　駱馬

G - 28　gammer　hammer　mammer　rammer　yammer
　　　　　老太婆　鎚　　　口吃　　撞者　　啼哭

G - 29　gammon　mammon
　　　　　燻火腿　財富

G - 30　gamp　lamp　ramp　samp　tamp　vamp　camp　damp
　　　　　大傘　燈　　坡道　玉米粉　裝填　換補　露營　潮濕

G - 31　gander　pander　dander　wander
　　　　　雄雞　　娼主　　怒氣　　流浪

G - 32　gang　hang　pang　rang　sang　tang　vang　yang　bang
　　　　　群　　掛　　劇痛　響　　唱　　氣味　船索　雁叫　重打
　　　　　fang
　　　　　尖牙

G

| G-33 | ganger 工頭 | hanger 吊架 | manger 馬槽 | ranger 徘徊者 | banger 大吵 | danger 危險 |

G-33 ganger 工頭　hanger 吊架　manger 馬槽　ranger 徘徊者　banger 大吵　danger 危險

G-34 gantry 桶架　pantry 餐具

G-35 gap 缺口　hap 運氣　lap 重疊　map 地圖　nap 小睡　pap 軟食　rap 敲擊　sap 腐蝕　tap 輕踏　wap 拍打　yap 狂吠　cap 便帽　dap 飛掠

G-36 gape 裂開　page 頁

G-37 gape 裂開　jape 愚弄　nape 頸背　rape 強姦　tape 帶子　cape 披肩

G-38 gaper 打哈欠者　japer 嘲弄者　paper 紙　tapper 蠟燭　caper 跳躍

G-39 garble 曲解　marble 大理石　warble 嚧

G-40 garden 花園　harden 變硬　warden 看門人

G-41 garish 華麗的　marish 沼澤　parish 教區　barish 部份裸露

G-42 garner 谷倉　yarner 講故事者　darner 補綴者　darter 投擲者　garter 襪帶　parter 分離者　barter 交易　carter 馬車夫

G-43 garnish 裝飾　tarnish 晦暗　varnish 凡立水

G-44 gas 氣體　has 有　pas 上席　sas 沙士　vas 脈管　was 是

G-45 gash 割痕　hash 混雜　lash 鞭撻　mash 搗碎　pash 打碎　rash 輕率　sash 窗框　wash 洗　bash 重擊　cash 現金　dash 少許　fash 困惱

G-46 gasket 填襯物　basket 籃　casket 珠寶箱

G-47 gasp 喘氣　hasp 搭扣　rasp 粗銼刀　wasp 黃蜂

G-48 gassy 氣體的　massy 成塊的　sassy 無禮的

G-49 gat 槍　get 得到　git 走開　got 得到　gut 腸管

G-50 gat 槍　tag 簽條　get 得到　teg 兩歲的羊　git 走開　tig 輕敲　got 得　tog 衣服　gut 腸管　tug 用力拉

G - 51	gat 手槍	hat 帽	mat 纏	oat 麥	pat 拍	rat 鼠	sat 坐	tat 擊	vat 桶	xat 柱	bat 棒	cat 貓

eat 吃　fat 胖

G - 52	gate 門	hate 恨	late 遲	mate 伙伴	pate 頭頂	rate 比率	sate 使飽	bate 減少	date 日期	fate 命運

G - 53	gather 聚集	lather 肥皂泡	rather 寧可	father 父親

G - 54	gaud 飾物	gaum 塗以油	gaup 張口凝視	gaur 野牛

G - 55	gaud 飾物	laud 讚美	maud 毛毯

G - 56	gaunt 瘦的	haunt 常到	jaunt 遊覽	taunt 痛罵	vaunt 誇大	daunt 恐嚇

G - 57	gave 給	have 有	lave 流動	nave 本堂	pave 舖路	rave 發狂語	save 節省	wave 波浪	cave 窟

G - 58	gavel 小槌	navel 肚臍	ravel 拆開

G - 59	gawk 呆子	hawk 鷹	pawk 狡計	dawk 驛遞

G - 60	gawky 笨拙的	pawky 狡猾的

G - 61	gay 快樂	hay 乾草	jay 鳥	lay 放	may 許可	nay 而且	pay 付	ray 射線	say 說	way 路	bay 海灣

cay 沙洲　day 日　fay 仙

G - 62	gaze 注視	haze 煙霧	laze 怠惰	maze 迷惘	naze 岬	raze 消除	daze 迷亂	faze 困惱

G - 63	gear 齒輪	hear 聽	lear 空的	near 近	pear 梨	rear 後	sear 枯	tear 淚	wear 穿	year 年

bear 熊　dear 親愛的　fear 怕

G - 64	geck 卑人	heck 地獄	keck 想吐	neck 頸	peck 啄食	reck 相干	teck 偵探	beck 點頭	deck 甲板

G - 65	gee 噫	gel 凝膠	gem 寶石	get 得到

G - 66	gee 噫	jee 嘻	lee 背風	nee 娘家姓	pee 尿	ree 篩	see 看	tee 球戲	vee V字	wee 微	zee Z字

bee 蜂　dee d字　fee 費

G - 67	geek 怪人	keek 窺視	leek 韭	meek 溫柔的	peek 偷看	reek 煙	seek 找尋	week 星期

G - 68	geld 閹割	held 握	meld 吞沒	veld 草原	weld 焊接

G－69 gelt kelt melt pelt welt belt celt felt
錢　塞特人　溶　投　傷痕　皮帶　石斧　感覺

G－70 genial menial venial xenial denial
頤的　奴僕　可原諒的　主客關係的　否認

G－71 gent hent lent pent rent sent tent vent went bent
紳士　抓　借　關閉　租用　送　帳蓬　小孔　去　彎曲
cent dent
一分　凹

G－72 germ perm term berm
胚芽　電燙髮　術語　岸徑

G－73 germinate terminate
發芽　終止

G－74 gest hest jest lest nest pest rest test vest west
冒險　命令　笑話　因恐　巢　害蟲　休息　試驗　背心　西方
zest best
風味　最佳

G－75 gesture vesture gesturer vesturer
手勢　長衣　手勢者　管祭袍的人

G－76 get jet let met net pet ret set vet wet yet
得　噴射　讓　遇　網　寵物　變軟　一組　治療　濕　尚未
bet
打賭

G－77 getter letter netter setter tetter better fetter
毒餌　信件　網球員　安放者　皮疹　轉好　腳械

G－78 gey hey key ley wey bey dey fey
相當　喂　鑰匙　草坪　重量　尊稱　首長　狂的

G－79 ghat that what chat
山道　那個　甚麼　聊天

G－80 ghee thee
牛酪油　你

G－81 gib jib nib rib sib bib dib fib
凹楔　角帆　喙　肋骨　血親　圍巾　垂釣　小謊

G－82 gibber bibber dibber fibber
喋喋　酒鬼　尖鑽　說謊者

G－83 gibbon ribbon
長臂猿　絲帶

G－84 gibe jibe kibe
嘲弄　諷罵　凍瘡

G－85 giddy kiddy middy biddy
頭暈　小孩　學生　小雞

G－86 gift lift rift sift
禮物　升高　裂縫　篩

G - 87　gig　jig　pig　rig　wig　big　dig　fig
小艇　舞　豬　裝束　假髮　大　挖　少許

G - 88　gig　pip　sis　tit　bib　did
小艇　種子　姊妹　小雀　圍巾　做

G - 89　giggle　tittle　bibble　diddle
痴笑　一點點　常飲酒　損傷

G - 90　giggle　higgle　jiggle　niggle　wiggle
痴笑　講價　輕快移動　為小事操心　擺動

G - 91　gigot　bigot
羊腿　頑固者

G - 92　gild　mild　wild
鍍金　溫和的　野性的

G - 93　gill　hill　kill　lill　mill　nill　pill　rill　sill　till　vill
魚鰓　小山　殺害　垂下　磨坊　不願　藥丸　小河　基石　直到　村鎮
will　yill　bill　dill　fill
意願　麥酒　帳單　蒔蘿　裝滿

G - 94　gilly　hilly　silly　billy　dilly　filly
貨車　多山的　傻的　警棍　水仙　小馬

G - 95　gilt　jilt　kilt　lilt　milt　silt　tilt　wilt
金箔　遺棄　捲起　輕快　脾臟　淤泥　傾斜　枯萎

G - 96　gimp　limp　pimp　simp
花邊　跛行　鴇母　笨人

G - 97　gin　pin　sin　tin　win　bin　din　fin
酒　針　罪　錫　勝　倉　喧　鰭

G - 98　gink　kink　link　mink　pink　rink　sink　tink　wink
怪人　繩結　連結　貂皮　淡紅　溜冰　沉　叮叮聲　眨眼
dink　fink
打扮　告發人

G - 99　gip　kip　lip　nip　pip　rip　sip　tip　zip　dip
詐欺　客棧　唇　小飲　種子　撕開　呷　小費　活力　浸漬

G - 100　gird　bird　girl　birl　dirl　tirl　girt　dirt
圍繞　鳥　女孩　迴轉　振動　旋轉　束縛　污物

G - 101　girth　mirth　birth
周圍　歡笑　分娩

G - 102　gist　hist　list　mist　cist　fist
要旨　不出聲　名單　霧　石棺　拳頭

G - 103　give　hive　jive　live　rive　vive　wive　dive　five
給　蜂房　爵士樂　活　撕裂　萬歲　娶妻　潛水　五

G - 104　given　liven　riven
給　使高興　裂開

G - 105　glad　clad
高興　穿衣

G-106	glade 空地	blade 葉片	glaze 光滑	blaze 閃光				
G-107	gland 腺	bland 溫和的	grand 偉大的	brand 商標	grant 許可	brant 黑雁		
G-108	glare 強光	blare 喧叫	flare 閃耀					
G-109	glass 玻璃	class 班級	grass 草	crass 笨	brass 黃銅	frass 蛀屑		
G-110	glassy 光滑的	classy 上等的	grassy 有草的	brassy 黃銅色的				
G-111	glaze 上釉	blaze 火焰	glazer 上釉工人	blazer 燃燒物				
G-112	glee 歡樂	flee 避開	free 自由	gree 同意	tree 樹			
G-113	glide 滑動	slide 溜	glider 滑翔機	slider 溜冰者				
G-114	glim 燈	slim 細長的	glimmer 微光	slimmer 減肥者				
G-115	glint 閃光	flint 打火石						
G-116	glob 水珠	slob 懶鬼	blob 一滴					
G-117	globe 地球	glove 手套	gloze 曲解					
G-118	gloss 光澤	floss 絲絨	glossy 平滑的	flossy 絲絨的				
G-119	glove 手套	clove 丁香	glover 手套商	clover 苜蓿	plover 短尾鳥			
G-120	glow 白熱	plow 耕	slow 慢	alow 向下	blow 吹	flow 流	bowl 碗	fowl 家禽	sowl 虐待
G-121	glower 怒視	flower 花	blower 風箱					
G-122	glue 膠水	slue 旋轉	blue 藍色	clue 線索	flue 感冒			
G-123	glum 沮喪的	plum 李樹	slum 貧民區					
G-124	glut 飽食	slut 懶女人						
G-125	gnarl 木瘤	snarl 咆哮	gnarly 多瘤節的	snarly 好咆哮的				
G-126	goa 小羚羊	ago 以前	gob 塊	bog 沼澤	god 神	dog 狗	got 得	tog 上衣

G - 127	goa 羚羊	moa 恐鳥	zoa 動物	boa 蟒蛇					
G - 128	goad 刺棒	load 負荷	road 路	toad 蟾蜍	woad 菘藍				
G - 129	goal 目的	coal 煤	foal 馬仔						
G - 130	goat 山羊	toga 寬袍	yoga 瑜珈						
G - 131	goat 山羊	moat 護城壕	boat 船	coat 外衣					

G - 132	gob 塊	hob 架	job 工作	lob 傻人	mob 暴民	nob 頭	rob 搶劫	sob 啜泣	bob 剪短	cob 鵝	fob 袋

G - 133	gobble 大吃	hobble 跛行	nobble 收買	wobble 擺動	bobble 蕩漾	cobble 圓石

G - 134	god 神	hod 煤斗	nod 點頭	pod 豆莢	rod 桿	sod 草皮	tod 樹叢	bod 人	cod 鱈魚	dod 剪毛

G - 135	goffer 皺褶	coffer 珠寶箱

G - 136	goggle 睜目	joggle 輕推	toggle 套環	boggle 畏縮

G - 137	goiter 腫脹	loiter 徘徊

G - 138	gold 金	hold 握	mold 做模	sold 賣	told 告訴	wold 山地	bold 勇敢	cold 冷	fold 摺起

G - 139	golf 高爾夫	flog 打

G - 140	golf 高爾夫	wolf 狼	flow 流	fowl 家禽	golfer 打高爾夫球者	wolfer 捕狼者

G - 141	golly 天哪	holly 多青	molly 懦夫	tolly 蠟燭	colly 牡羊犬	dolly 洋囝囝	folly 愚人

G - 142	gone 去	hone 磨石	lone 孤寂	none 毫無	pone 切牌	tone 音調	zone 區域	bone 骨	cone 圓錐
	done 做								

G - 143	gong 鑼	hong 商行	long 長	song 歌	tong 黨	bong 鐘聲

G - 144	goo 粘膠	moo 牛鳴	too 也	woo 求婚	zoo 動物園	boo 噓聲

G - 145	good 好	goof 愚人	gook 土人	goon 莽漢

G - 146	good 好	hood 罩	mood 心情	pood 普特	rood 路得	wood 樹林	food 食物

G

G-147	goof 愚人	hoof 蹄	roof 屋頂	woof 緯線

G-148	goose 鵝	loose 鬆的	moose 麋

G-149　goon 笨人　loon 水鳥　moon 月亮　noon 中午　poon 胡桐　soon 快　toon 桃木　zoon 動物　boon 恩惠
coon 黑奴

G-150　gore 血塊　lore 知識　more 較多　pore 細讀　sore 疼痛　tore 撕扯　wore 穿戴　yore 往昔　bore 穿孔　core 核
fore 在前

G-151	gorge 咽喉	forge 熔鐵爐	gorget 護喉甲	forget 忘記

G-152	gorse 金雀花	horse 馬	morse 海象	worse 更壞

G-153	gory 血腥的	tory 保守派	dory 魴

G-154	gosh 啊	josh 嘲笑	tosh 胡說	bosh 廢話

G-155　got 得到　hot 熱　jot 少量　lot 全部　mot 妙句　not 不　pot 壺　rot 枯朽　sot 酒鬼　tot 小孩　wot 知道
bot 馬蠅　cot 童床　dot 點

G-156	gotten 已得到	rotten 腐敗的

G-157	gout 痛風	lout 笨人	pout 噘嘴	rout 敗潰	tout 勸誘	bout 一回

G-158　grab 搶去　brag 誇大　brad 無頭釘　drab 淡褐色　drag 拖　grad 畢業生　crab 蟹　crag 危岩　gram 公分
gray 灰色

G-159	grace 仁慈	trace 蹤跡	brace 支撐

G-160	grackle 白頭翁鳥	crackle 爆裂聲

G-161	grade 年級	grape 葡萄	grave 墳墓	graze 牧放	grace 仁慈

G-162	grade 年級	trade 貿易	tread 踐踏

G-163	graft 接枝	kraft 牛皮紙	craft 技術	draft 氣流

G-164	grail 梳銼	trail 蹤跡	trial 試驗	brail 捲起	frail 脆弱

G - 165	grain 谷粒	train 火車	brain 腦	drain 排水				
G - 166	gram 克	tram 電車	cram 塞滿	dram 少量				
G - 167	granny 祖母	cranny 裂縫						
G - 168	grape 葡萄	crape 縐紗	drape 懸掛					
G - 169	grass 草	brass 黃銅	crass 笨的	class 班級	glass 玻璃	frass 蛀屑	trass 火山上	
G - 170	grate 格子	prate 空談	crate 箱籃	frate 修道士				
G - 171	grate 格子	great 偉大的	treat 對待					
G - 172	grave 墳墓	trave 橫樑	brave 勇敢	crave 懇求	drave 駕駛			
G - 173	graven 雕刻	craven 懦夫						
G - 174	gray 灰色	pray 祈禱	tray 碟子	bray 驢叫	dray 貨車	fray 喧吵		
G - 175	graze 吃草	braze 銅飾	craze 瘋狂	fraze 直徑	glaze 光滑	blaze 火焰		
G - 176	greed 貪心	Greek 希臘人	green 綠的	greet 致敬				
G - 177	greed 貪心	breed 生育	creed 信條	freed 自由	treed 種有樹木的			
G - 178	grew 發育	brew 釀造	crew 工人	drew 拉				
G - 179	grey 灰色	prey 掠奪	trey 三點	they 他們	whey 乳漿			
G - 180	gribble 蝕船蟲	cribble 粗篩	dribble 涓滴	fribble 無聊的				
G - 181	grid 格子	girg 輕快之人	grim 爭獰	grin 露齒而笑	ring 環	grip 緊握	prig 小偷	grit 砂礫	trig 漂亮
G - 182	gride 擦響	pride 自負	bride 新娘					
G - 183	grief 悲傷	brief 摘要						
G - 184	grig 快活的人	prig 小偷	grip 緊握	grit 砂礫	trig 三角學	brig 禁閉室	firg 冰箱	
G - 185	grill 格子架	prill 小珠	trill 顫聲	brill 鰈魚	drill 鑽子	frill 飾邊		

G

G - 186	grim　prim　trim　brim 可怕　拘謹的　修剪　使滿
G - 187	grime　prime　crime　grimp　primp　crimp 污垢　原始的　犯罪　攀登　盛裝　摺皺
G - 188	grin　ring 露齒笑　環圈
G - 189	grip　trip　drip 緊握　旅行　水滴
G - 190	gripe　tripe　grapes　trapes 抓緊　內臟　葡萄　懶婦
G - 191	grist　wrist 谷粉　腕
G - 192	gristle　bristle 軟骨　豬鬃
G - 193	grog　frog 烈酒　青蛙
G - 194	groom　broom　brook　crook 馬夫　掃帚　小河　彎鉤
G - 195	grouch　crouch 訴苦　蹲伏
G - 196	ground　around 地面　周圍
G - 197	group　croup 群組　馬臀
G - 198	grouse　arouse 松雞　喚醒
G - 199	grove　prove　trove　drove 小叢林　證明　一批　駕駛
G - 200	grovel　gravel　travel 卑躬屈節　碎石　旅行
G - 201	grow　prow　trow　arow　brow　crow　frow 生長　船首　相信　一列　眉毛　烏鴉　婦人
G - 202	growl　prowl 怒吼　徘徊
G - 203	grown　brown　crown　drown　frown 成長　棕色　王冠　溺死　皺眉
G - 204	grub　drub 挖　棒打
G - 205	gruel　cruel 麥粥　殘忍的
G - 206	grudge　trudge　drudge 嫉妒　跋涉　作苦工

G - 207	grumble 訴怨	crumble 粉碎								
G - 208	grump 慍怒	trump 王牌	crump 重炸彈	frump 乖戾女						
G - 209	grunt 咕嚕	brunt 衝擊								
G - 210	guess 猜測	guest 客人	quest 探索							
G - 211	gudgeon 白楊魚	dudgeon 憤怒								
G - 212	guff 胡說	huff 開罪	luff 風向	muff 做錯	puff 端息	ruff 頸毛	tuff 凝岩	buff 軟皮	cuff 袖口	duff 布丁
G - 213	guggle 潺潺聲	juggle 把戲	muggle 大麻煙							
G - 214	guild 互助會	build 建造	guilt 犯罪	built 建造	quilt 被褥					
G - 215	gull 海鷗	hull 去殼	lull 平息	mull 思考	pull 拉	bull 公牛	cull 揀出	dull 鈍的	full 滿的	
G - 216	gullet 食道	mullet 刀魚	pullet 小母雞	bullet 子彈	cullet 碎玻璃					
G - 217	gully 溪谷	sully 玷污	bully 欺負	cully 同伴	dully 鈍的	fully 全部				
G - 218	gulp 忍氣	pulp 紙漿								
G - 219	gum 口香糖	gun 槍	gut 胃管	guy 傢伙						
G - 220	gum 口香糖	hum 嗡嗡	mum 禁聲	rum 古怪	sum 總數	tum 撥絃聲	vum 發誓	bum 遊蕩		
G - 221	gumption 才智	sumption 大前提								
G - 222	gun 槍	Hun 匈奴	nun 尼姑	pun 雙關語	run 跑	sun 太陽	tun 大桶	bun 甜饅頭	dun 催討	fun 樂趣
G - 223	gunk 油膩物	hunk 大塊	junk 垃圾	lunk 笨伯	punk 朽木	sunk 沉	tunk 拍打	bunk 床位	dunk 浸泡	
	funk 恐慌									
G - 224	gunny 粗麻布	runny 過軟的	sunny 向陽的	tunny 鮪魚	bunny 兔	funny 可笑的				
G - 225	guppy 胎生小魚	puppy 小狗								
G - 226	gurge 漩渦	purge 清除	surge 大浪							

G - 227　gush　hush　lush　mush　push　rush　bush
　　　　　湧出　安靜　醉漢　夢話　推　　急迫　矮樹

G - 228　gust　just　lust　must　oust　rust　bust　dust
　　　　　陣風　公平　貪求　必須　逐出　鏽　破產　灰塵

G - 229　gut　hut　jut　nut　out　put　rut　tut　but　cut
　　　　　腸　小屋　突出　硬果　外面　放　轍跡　噓　但　切

G - 230　gutter　mutter　putter　butter　cutter
　　　　　天溝　　嘀嘀　　短球棒　奶油　　切割器

G - 231　guzzle　muzzle　nuzzle　puzzle　wuzzle　nozzle　sozzle
　　　　　狂飲　　槍口　　用鼻掘　難題　　混合　　管嘴　　使醉

G - 232　gyre　lyre　pyre　tyre　byre　eyre
　　　　　迴旋　七絃琴　柴堆　膠胎　牛棚　巡迴

———— H ————

H - 1　ha　la　ma　pa　ba
　　　　哈　哪　媽　爸　神靈

H - 2　hack　hark　hawk
　　　　亂砍　聽　　鷹

H - 3　hack　heck　hick　hock　huck
　　　　亂砍　格子　鄉巴佬　典當　粗麻布

H - 4　hack　jack　lack　pack　rack　sack　tack　wack　zack　back
　　　　亂砍　男子　缺乏　包裝　架　　袋　　圖釘　怪事　硬幣　後面
　　　　cack
　　　　軟鞋

H - 5　hackle　rackle　tackle　cackle　cackler　hackler　tackler
　　　　刷梳　　任性的　釣鈎　　咯咯聲　呵呵笑者　梳麻者　抱球員者

H - 6　had　hag　hah　ham　Han　hap　has　hat　haw　hay
　　　　有　女巫　哈　火腿　漢朝　幸運　有　帽子　呵　乾草

H - 7　had　lad　mad　pad　sad　tad　wad　bad　cad　dad　fad
　　　　有　男孩　瘋　墊子　愁　小孩　小塊　壞的　鄙漢　爹　時尚
　　　　gad
　　　　剌棍

H - 8　haddock　paddock
　　　　鱈魚　　　小牧場

H - 9　haft　raft　waft　hafter　rafter　wafter
　　　　刀柄　筏　吹送　裝刀柄者　撐筏者　吹送的人

H - 10　haggard　laggard
　　　　　憔悴的　落後的

H - 11　haggish　naggish　waggish
　　　　　醜婆似的　挑剔的　滑稽的

H - 12　haggle　waggle　gaggle
　　　　　亂砍　搖動　鵝群

H-13	hail 雹	hall 大廳	harl 細毛	haul 拖拉						
H-14	hail 雹	jail 監獄	mail 信件	nail 釘	pail 桶	rail 鐵軌	sail 航行	tail 尾	vail 脫帽	wail 痛哭

H-14 (continued): bail 委託   fail 失敗

H-15	hair 髮	lair 獸穴	mair 更多	pair 一雙	vair 鼠皮	fair 公正的				
H-16	hairy 多毛的	dairy 日記	fairy 小神仙							
H-17	hake 鱈魚	hale 強壯	hame 曲棒	hare 野兔	hate 痛恨	have 有	haze 煙霧			
H-18	hake 鱈魚	jake 滿意	lake 湖	make 做	rake 耙子	sake 原因	take 拿	wake 喚醒	bake 烘	

H-18 (continued): cake 餅   fake 作偽

H-19	hale 強壯	heal 治癒								
H-20	hale 強壯	half 一半	halo 日暈	halt 立定						
H-21	hale 強壯	male 男的	pale 蒼白	rale 肺鳴	sale 賣	tale 故事	vale 傷痕	bale 打包	dale 山谷	gale 大風
H-22	half 一半	calf 小牛								
H-23	hall 大廳	hell 地獄	hill 小山	hull 莢						
H-24	hall 大廳	mall 木槌	pall 帷幕	tall 高	wall 牆	ball 球	call 呼喚	fall 落下	gall 大膽	
H-25	hallow 神聖	harrow 耙								
H-26	hallow 神聖	mallow 錦葵	sallow 病黃色	tallow 牛脂	wallow 打滾	callow 不成熟的	fallow 休耕的			
H-27	halt 立定	lath 條板								
H-28	halt 立定	malt 麥芽	salt 鹽							
H-29	halter 韁繩	palter 推托	salter 製鹽者	falter 支吾						
H-30	halve 平分	salve 緩和物	valve 活瓣	calve 產小牛						
H-31	ham 火腿	jam 擠	lam 責打	mam 媽	ram 撞	yam 山芋	bam 欺騙	cam 凸輪	dam 水壩	gam 腿

H

H-32	hame 曲棒	lame 跛的	name 名字	same 相同	tame 馴服	came 來	dame 女神	fame 名聲	game 遊戲

H-33	hamlet 小村落	samlet 幼鮭	camlet 駝毛布

H-34	hammer 鎚	mammer 口吃	rammer 撞者	yammer 啼哭	gammer 老太婆

H-35	hammy 有火腿味的	mammy 媽咪	sammy 美國兵	tammy 圓帽

H-36	hamper 阻礙	pamper 姑息	tamper 干預	vamper 補鞋匠	camper 露營者	damper 沮喪的事

H-37	Han 漢人	man 男人	pan 鍋	ran 跑	tan 晒黑	van 貨車	wan 蒼白	ban 禁止	can 能	dan 浮標	fan 扇

H-38	hand 手	hang 掛	hank 一捲

H-39	hand 手	land 土地	rand 邊界	sand 沙	wand 棒	band 樂隊

H-40	handle 把手	candle 蠟燭	dandle 撫弄	wandle 易彎曲的

H-41	handy 手熟的	pandy 打手心	randy 大吵	sandy 沙質的	bandy 交換	candy 糖果	dandy 極好的

H-42	hang 掛	pang 劇痛	rang 響	sang 唱	tang 氣味	vang 船索	yang 雁叫	bang 重打	fang 尖牙
	gang 群								

H-43	hanger 吊架	manger 馬槽	ranger 徘徊者	banger 大吵	danger 危險	ganger 工頭

H-44	hank 一捲	lank 瘦的	rank 階級	sank 沉	tank 坦克	yank 急拉	bank 銀行	dank 潮濕

H-45	hanker 渴望	harken 傾聽

H-46	hanker 渴望	tanker 油船	banker 銀行家	canker 潰瘍

H-47	hanky 手帕	lanky 瘦長的

H-48	hansom 兩輪小馬車	ransom 勒索金錢

H-49	hap 運氣	lap 重疊	map 地圖	nap 小睡	pap 軟食	sap 腐蝕	tap 輕踏	wap 拍打	yap 狂吠	cap 便帽	dap 飛掠
	gap 缺口									

H-50	hapless 不幸的	napless 沒有毛的	sapless 枯萎的

H – 51	happy 快樂的	pappy 似粥的	sappy 多汁的	yappy 喜吠的	cappy 似帽的				
H – 52	harber 港	barber 理髮師							
H – 53	hard 硬	lard 豬油	nard 甘松	pard 同伴	sard 石髓	ward 病房	yard 碼	bard 詩人	card 名片
H – 54	harden 變硬	warden 看門人	garden 花園						
H – 55	hare 野兔	hear 聽							
H – 56	hare 野兔	here 此處	hire 雇用						

H – 57 hare mare pare rare tare ware yare bare care dare
野兔 母馬 削皮 半熟 甚多 器物 靈活 赤裸 小心 敢
fare
車費

H – 58	hark 聽	lark 雲雀	mark 記號	nark 線民	park 公園	sark 襯衣	bark 吠	dark 黑暗	
H – 59	harp 彈豎琴	warp 扭歪	carp 找碴						
H – 60	harrier 獵狗	marrier 結婚者	barrier 碉堡	carrier 航空母艦	farrier 蹄鐵匠				
H – 61	harrow 耙	marrow 骨髓	narrow 窄的	yarrow 蓍草	barrow 手車	farrow 產小豬			
H – 62	harry 掠奪	hurry 趕快							
H – 63	harry 掠奪	larry 鋤頭	marry 結婚	parry 擋開	tarry 滯留	carry 攜帶			
H – 64	hart 公鹿	mart 市場	part 部份	tart 酸的	wart 疣	cart 馬車	dart 投擲	fart 屁	
H – 65	hartal 抵制運動	cartal 卡特爾							

H – 66 hash lash mash pash rash sash wash bash cash
混雜 鞭撻 搗碎 打碎 輕率 窗框 洗 重擊 現金
dash fash gash
少許 困惱 割痕

H – 67	hassock 墊腳凳	cassock 袈裟							
H – 68	hasp 搭扣	rasp 粗銼刀	wasp 黃蜂	gasp 喘氣					
H – 69	hast 有	last 最後	mast 桅	oast 乾窯	past 以往	vast 廣大	wast 是	bast 韌皮	cast 拋	east 東方

fast
快

H－70　haste　paste　taste　waste　baste　caste
匆忙　漿糊　滋味　浪費　脂油　地位

H－71　hasten　fasten　hastener　fastener
催促　扣緊　催促者　鈕扣

H－72　hasty　nasty　pasty　tasty　vasty
急速的　不潔的　漿糊似的　味美的　廣大的

H－73　hat　mat　oat　pat　rat　sat　tat　vat　xat　bat　cat　eat
帽　纏　麥　拍　鼠　坐　擊　桶　柱　棒　貓　吃
fat　gat
胖　槍

H－74　hate　heat
痛恨　熱

H－75　hate　late　mate　pate　rate　sate　bate　date　fate　gate
恨　遲　伙伴　頭頂　比率　使飽　減少　日期　命運　門

H－76　hatchet　latchet　ratchet
鉞　鞋帶　棘輪

H－77　hath　lath　math　oath　path　rath　bath
有　板條　數學　發誓　小徑　古冢　洗浴

H－78　hatter　latter　matter　natter　patter　ratter　tatter
帽子商　近代的　事件　埋怨　淅瀝　捕鼠者　破布
yatter　batter
喋喋不休　擊球者

H－79　haughty　naughty
高傲的　頑皮的

H－80　haul　maul　saul　waul　caul
拉　虐打　波羅樹　痛哭　羊膜

H－81　haunch　launch　paunch
腰　船下水　肚子

H－82　haunt　jaunt　taunt　vaunt　daunt　gaunt
常到　遊覽　痛罵　誇大　恐嚇　瘦的

H－83　have　lave　nave　pave　rave　save　wave　cave　gave
有　流動　本堂　舖路　發狂語　節省　波浪　窟　給

H－84　haven　raven　heaven　leaven
港　渡鳥　天堂　酵母

H－85　haw　hew　how
呵　砍　怎樣

H－86　haw　jaw　law　maw　naw　paw　raw　saw　taw　yaw
呵　顎　法律　胃　不　爪　生的　鋸　石彈　偏航
caw　daw
烏鴉叫　穴鳥

H－87　hawk　dawk　gawk　pawk
鷹　驛遞　呆子　狡計

H - 88	hawse tawse
	錨鏈孔 皮鞭

H - 89	hay hey hoy
	乾草 喂 喂

H - 90	hay jay lay may nay pay ray say way bay cay
	乾草 鳥 放 許可 而且 付給 射線 說 路 海灣 沙洲
	day fay gay
	日子 仙 快樂

H - 91	hazard mazard
	危險 頭

H - 92	haze laze maze naze raze daze faze gaze
	煙霧 怠惰 迷惘 岬 消除 迷亂 困惱 注視

H - 93	hazy lazy mazy
	煙霧 懶惰 迷惑的

H - 94	he me we ye be
	他 我 我們 你 是

H - 95	head heal heap hear heat
	頭 治癒 堆集 聽 熱

H - 96	head lead mead read bead dead
	頭 鉛 酒 讀 唸珠 死

H - 97	headlock deadlock
	挾著對方之頭 停頓

H - 98	heal meal peal real seal teal veal weal zeal deal
	治癒 餐 鐘響 眞實的 印章 野鴨 小牛肉 福利 熱心 交易

H - 99	health wealth healthy wealthy
	健康 財富 健康的 多財的

H - 100	heap leap neap reap
	堆集 跳過 小潮 收割

H - 101	hear near pear rear sear tear wear year dear fear
	聽 近 梨 後 枯 淚 穿 年 親愛的 怕

H - 102	heard beard bread bared
	聽 鬍鬚 麵包 赤裸

H - 103	hearth dearth thread
	爐 缺乏 細線

H - 104	heary leary weary deary
	親切的 知曉的 疲倦的 愛人

H - 105	heat meat neat peat seat teat beat feat
	熱 肉 整潔 泥煤 座 奶頭 打 功績

H - 106	heater reheat
	加熱器 再加熱

H - 107	heather leather weather feather
	石南 皮革 天氣 羽毛

H - 108	heave 舉起	leave 離別	reave 劫掠	weave 編織					
H - 109	heck 地獄	keck 想吐	neck 頸	peck 啄食	reck 相干	teck 偵探	beck 點頭	deck 甲板	geck 卑人
H - 110	he'd 他有	led 領導	red 紅	ted 攤晒	wed 婚	zed Z字	bed 床	fed 飼	
H - 111	hedge 籬笆	kedge 小錨	ledge 架	sedge 蘆葦	wedge 楔				
H - 112	heed 注意	meed 報酬	need 需要	reed 蘆葦	seed 種子	weed 雜草	deed 行為	feed 餵飼	
H - 113	heel 腳跟	keel 龍骨	peel 果皮	reel 紡車	seel 閉目	feel 感覺			
H - 114	heft 重量	left 左	reft 搶劫	weft 緯線	deft 熟練的				
H - 115	heigh 嗨	neigh 馬嘶聲	weigh 稱量						
H - 116	height 高度	weight 重量							
H - 117	heist 搶偷	hoist 升起							
H - 118	held 握	meld 吞沒	veld 草原	weld 焊接	geld 閹割				
H - 119	hell 地獄	jell 使冷凍	sell 賣	tell 告訴	well 井	yell 喊	bell 鈴	cell 細胞	dell 小谷	fell 跌倒了
H - 120	heller 冒失鬼	seller 賣主	teller 告訴者	feller 採伐者					
H - 121	help 幫助	kelp 海帶	yelp 叫喊						
H - 122	helve 斧柄	delve 探測							
H - 123	hem 邊緣	hen 母雞	hep 知情的	her 她的	hew 砍	hex 女巫	hey 喂		
H - 124	heme 邊緣	seme 碎花紋	xeme 鷗	deme 市區	feme 妻				
H - 125	hen 雞	ken 知	men 人	pen 筆	sen 錢	ten 十	wen 疣	yen 元	zen 禪宗	ben 客室	den 窟
	fen 沼								
H - 126	hence 因此	pence 便士	fence 籬巴						
H - 127	hent 抓	lent 借	pent 關閉	rent 租用	sent 送	tent 帳蓬	vent 小孔	went 去	bent 彎曲	cent 一分

dent gent
凹 紳士

H－128
hep pep rep yep
知情的 勇氣 浪子 是的

H－129
herb herd here hero hers
香草 成群 這裡 英雄 她的

H－130
herb kerb verb
香草 控制 動詞

H－131
here mere pere sere were bere cere dere
這裡 僅只 父姓 乾枯 是 大麥 薄膜 悲傷的

H－132
hero zero aero
英雄 零 飛行

H－133
herry jerry merry perry serry terry berry derry
掠奪 氈帽 快樂 梨酒 密集 絨縫 漿果 民謠

ferry
渡船

H－134
hest jest lest nest pest rest test vest west zest
命令 笑話 因恐 巢 害蟲 休息 試驗 背心 西方 風味

best gest
最佳 冒險

H－135
hew Jew mew new pew sew yew dew few
砍 猶太人 貓叫 新 座位 縫 水松 露 少數

H－136
hewn when sewn news
砍 何時 縫補 新聞

H－137
hex lex rex sex vex
女巫 法律 君王 性 煩惱

H－138
hey key ley wey bey dey fey gey
喂 鑰匙 草坪 重量 尊稱 首長 狂的 相當

H－139
hi mi pi si ti ai
嗨 第三音 圓周率 第七音 第七音 樹獺

H－140
hick kick lick nick pick rick sick tick wick dick
鄉巴老 踢 吮 刻痕 摘 禾堆 病 嘀答 燈蕊 偵探

H－141
hid kid lid mid rid aid bid did fid
匿 小孩 蓋子 中間 免除 幫助 出價 做 尖針

H－142
hide hike hire hive
藏匿 遠足 雇用 蜂房

H－143
hide ride side tide wide aide bide
藏匿 乘坐 邊 潮 寬 副官 居住

H－144
hidden midden ridden bidden
藏匿 垃圾堆 騎 出價

H－145
hider rider wider cider eider
躲避者 騎馬者 較寬的 蘋果汁 棉鳧

H

H-146	hie 疾走	lie 說謊	pie 派	tie 領帶	vie 爭	die 死	fie 呸			
H-147	high 高的	sigh 歎息	nigh 幾乎							
H-148	higgle 講價	jiggle 輕快移動	niggle 為小事操心	wiggle 擺動	giggle 痴笑					

H-149	hight 高度	light 光	might 強權	night 夜	right 對的	sight 視力	tight 緊	wight 人
	bight 彎曲	dight 準備	eight 八	fight 打仗				

H-150	hike 遠足	kike 猶太人	like 如	mike 怠工	pike 矛	tike 劣犬	bike 單車	dike 堤		

H-151	hill 小山	kill 殺害	lill 垂下	mill 磨坊	nill 不願	pill 藥丸	rill 小河	sill 基石	till 直到	will 意願	vill 市鎮
	yill 麥酒	bill 帳單	dill 時蘿	fill 裝滿	gill 魚鰓						

H-152	hilly 多山的	silly 傻的	billy 警棍	dilly 水仙	filly 小馬	gilly 貨車

H-153	him 他	rim 邊緣	vim 精力	aim 瞄準	dim 暗淡

H-154	hind 在後	kind 種類	mind 心	rind 果皮	wind 風	bind 綁	find 尋

H-155	hinder 後面的	minder 照料者	tinder 火種	winder 捲的人	binder 綁者	cinder 餘燼	finder 尋獲者

H-156	hinge 鉸鏈	pinge 埋怨	singe 燙焦	tinge 染色	binge 狂歡	dinge 昏暗

H-157	hinny 騾子	ninny 笨人	pinny 涎圍	tinny 錫的

H-158	hint 暗示	lint 麻布	mint 薄荷	pint 品脫	tint 著色	dint 凹痕

H-159	hip 屁股	kip 客棧	lip 唇	nip 小飲	pip 種子	rip 撕開	sip 呷	tip 小費	zip 活力	dip 浸漬	gip 詐欺

H-160	hippy 臀部大的	lippy 厚嘴唇	nippy 敏捷的	pippy 多子的	tippy 歪向一邊的	zippy 活潑的

H-161	hire 租用	mire 泥沼	tire 輪胎	wire 鐵絲	dire 可怕的	fire 火

H-162	hiss 嘶嘶聲	kiss 接吻	miss 不中	piss 尿	siss 嘶嘶

H-163	hist 不出聲	list 名單	mist 霧	cist 石棺	fist 拳頭	gist 要旨

H-164	hit 打	kit 一組	lit 亮光	MIT 麻省工院	nit 幼蟲	pit 凹處	sit 坐	tit 山雀	wit 理智	ait 小島	bit 小量

cit   fit
商人   適合

H - 165　hitch　pitch　witch　aitch　bitch　ditch　fitch
　　　　　跛行　頂點　女巫　H音　母狗　溝渠　臭貓

H - 166　hither　wither　zither　dither　either
　　　　　向此處　枯　　古琴　　顫抖　　兩者

H - 167　hitter　jitter　litter　sitter　titter　bitter　fitter
　　　　　打擊者　緊張　垃圾　坐者　竊笑　苦的　裝配者

H - 168　ho　oh
　　　　　嗬　啊

H - 169　ho　no　so　to　do　go
　　　　　嗬　不　如此　去　做　去

H - 170　hoard　board　broad
　　　　　聚藏　木板　廣大的

H - 171　hoarse　hearse　coarse　course
　　　　　啞聲的　柩車　粗的　　路程

H - 172　hoax　coax
　　　　　玩笑　誘哄

H - 173　hob　job　lob　mob　nob　rob　sob　bob　cob　fob　gob
　　　　　架　工作　傻人　暴民　頭　搶劫　啜泣　剪短　鵝　袋　塊

H - 174　hobble　nobble　wobble　bobble　cobble　gobble
　　　　　跛行　　收買　　擺動　　蕩漾　　圓石　　大吃

H - 175　hobby　lobby　nobby　sobby　bobby　cobby
　　　　　嗜好　走廊　華麗　哭　　警察　小馬

H - 176　hock　jock　lock　mock　nock　pock　rock　sock　bock
　　　　　典當　騎師　鎖　嘲弄　凹槽　痘疱　岩石　短襪　啤酒
　　　　　cock　dock
　　　　　公雞　碼頭

H - 177　hocus　locus　focus
　　　　　欺詐　軌跡　焦點

H - 178　hod　nod　pod　rod　sod　tod　bod　cod　dod　god
　　　　　煤斗　點頭　豆莢　桿　草皮　樹叢　人　鱈魚　剪毛　神

H - 179　hodden　sodden
　　　　　粗呢服　煮

H - 180　hod　hoe　hog　hop　hot　how
　　　　　煤斗　鋤　豬　獨腳跳　熱　怎樣

H - 181　hoe　foe　roe　toe　woe
　　　　　鋤　仇敵　魚卵　腳趾　悲哀

H - 182　hog　jog　log　nog　tog　wog　bog　cog　dog　fog
　　　　　豬　慢　木頭　木釘　衣服　黑人　沼澤　齒輪　狗　霧

H - 183　hoist　joist　moist　foist
　　　　　起卸機　托樑　潮濕的　騙售

H-184	hokey 假的	pokey 遲鈍的	hockey 曲棍球	jockey 賽馬騎師				

H-185	hold 握	mold 做模	sold 賣	told 告訴	wold 山地	bold 勇敢	cold 冷	fold 摺起	gold 金

H-186	holder 支持物	molder 腐朽	solder 錫焊	folder 紙夾

H-187	hole 洞	home 家	hone 磨刀石	hope 希望	hose 長統襪	host 東道主

H-188	hole 洞	mole 痣	pole 柱	role 角色	sole 獨的	vole 野鼠	bole 樹幹	cole 油菜	dole 施捨

H-189	holler 叫喊	roller 滾子	toller 收稅人

H-190	holly 冬青	molly 懦夫	tolly 蠟燭	colly 牧羊犬	dolly 洋团团	folly 愚行	golly 天哪

H-191	holster 槍皮套	bolster 長枕	lobster 龍蝦	mobster 暴徒	monster 怪物

H-192	home 家	some 一些	come 來	dome 圓頂

H-193	hone 磨石	lone 孤寂	none 毫無	pone 切牌	tone 音調	zone 區域	bone 骨	cone 圓錐	done 做了
	gone 去了								

H-194	hong 商行	long 長	song 歌	tong 黨	bong 鐘聲	gong 鑼

H-195	honk 雁叫聲	monk 和尚	tonk 猛打	conk 頭

H-196	hood 車罩	hoof 蹄	hook 掛勾	hoop 框	hoot 梟叫

H-197	hood 罩	mood 心情	pood 普特	rood 路得	wood 樹林	food 食物	good 好

H-198	hoof 蹄	roof 屋頂	woof 緯線	goof 愚人

H-199	hook 鉤	kook 笨蛋	look 看	nook 屋隅	rook 敲詐	took 拿	zook 老妓	book 書	cook 廚子

H-200	hookworm 鉤蟲	bookworm 書呆子

H-201	hoop 環	pooh 呸

H-202	hoop 箍環	loop 圈	coop 籠	cooper 桶匠	looper 尺蠖	hooper 加箍人

H-203	hop 獨腳跳	lop 砍去	mop 拖把	pop 砰然	sop 浸濕	top 頂	wop 南歐人	cop 警察	fop 花花公子

H-204	hope 希望	lope 大步行走	mope 敗興	nope 不	pope 敎皇	rope 繩	tope 狂歡	cope 袈裟	dope 濃液

H-205 hopper popper topper copper
獨腳跳者 炒玉米鍋 上層物 銅

H-206 hopple popple topple
縛足 波動 動搖

H-207 hoot loot moot root soot toot boot coot foot
梟叫 贓物 待決 根 煤灰 號角 長靴 黑鴨 腳

H-208 horal loral moral toral coral goral
一小時的 知識的 道德的 花托的 珊瑚 斑羚

H-209 horn lorn morn torn worn born corn
角 孤獨的 早晨 撕裂 穿破 出生 玉米

H-210 hornet cornet
大黃蜂 小喇叭

H-211 horrid torrid horrify torrify
可怕的 炎熱的 使恐怖 烘焙

H-212 hose shoe
長統襪 鞋

H-213 horse morse worse gorse
馬 海象 更壞 金雀花

H-214 hose lose nose pose rose dose cose
軟管 損失 鼻 姿勢 玫瑰 一劑 聊天

H-215 hosier rosier
製襪人 比玫瑰色較深的

H-216 host lost most post tost cost dost
男主人 損失 最多 郵政 拋投 價格 助動詞

H-217 hostage postage portage
人質 郵資 搬運

H-218 hot jot lot mot not pot rot sot tot wot bot
熱 少量 全部 妙句 不 壺 枯朽 酒鬼 小孩 知道 馬蠅
cot dot got
童床 點 得到

H-219 hotch notch botch
不安 缺口 補綴

H-220 hotel motel
旅館 汽車旅館

H-221 hotter jotter potter rotter totter cotter
較熱 小筆記本 陶器匠 無用的人 搖擺 貧農

H-222 hound mound pound round sound wound bound
獵犬 土堆 磅 圓的 聲音 受傷 綑紮
found
尋到

H-223	hour 小時	pour 傾倒	sour 酸的	tour 遊歷	your 你的	dour 冷峻的	four 四	lour 皺眉	
H-224	house 房屋	louse 蝨	mouse 鼠	rouse 喚醒	souse 投水	touse 弄亂	bouse 飲料	douse 潑水	
H-225	hove 移動	love 愛	move 動	rove 流浪	wove 編織	cove 小海灣	dove 鴿子		
H-226	hovel 小屋	novel 小說	navel 肚臍	ravel 拆開					
H-227	hover 飛翔	lover 愛人	mover 提議者	rover 流浪者	cover 蓋				

H-228	how 怎樣	low 低	mow 割草	now 現在	row 行列	sow 母豬	tow 拖	vow 誓約	wow 噢	yow 訝
	bow 彎腰	cow 母牛								

H-229	howdy 你好	rowdy 好吵鬧的	dowdy 不整潔的				
H-230	howl 狼吠	jowl 下顎	sowl 虐待	yowl 吼叫	bowl 碗	cowl 頭巾	fowl 家禽
H-231	hoy 喂	joy 愉快	soy 大豆	toy 玩具	boy 男孩	coy 怕羞	

H-232	hub 輪轂	nub 瘤	pub 酒店	rub 磨擦	sub 訂閱	tub 缸	bub 兄弟	cub 生手	dub 綽號	fub 欺騙
H-233	hubble 凸起	nubble 小癤	rubble 碎石	bubble 泡泡						
H-234	hubbly 不平的	nubbly 瘤多的	rubbly 碎石狀的	bubbly 起泡的						
H-235	hubby 丈夫	nubby 有瘤的	tubby 桶狀的	bubby 乳房	cubby 小房間					

H-236	huck 麻布	luck 運氣	muck 使活	puck 一擊	ruck 群衆	suck 吸	tuck 捲摺	buck 公羊	duck 鴨
H-237	huckle 大腿	muckle 多，大	suckle 餵奶	buckle 扣子					

H-238	huddle 擁擠	muddle 使混亂	puddle 泥水坑	ruddle 紅土	cuddle 撫抱	fuddle 泥醉	buddle 洗礦槽
H-239	hue 色彩	rue 悔恨	sue 起訴	cue 髮辮	due 由於		

H-240	huff 開罪	luff 向風	muff 做錯	puff 喘息	ruff 頸毛	tuff 凝岩	buff 軟皮	cuff 袖口	duff 布丁	guff 胡說
H-241	hug 抱	jug 罐	lug 拖	mug 杯	pug 哈吧狗	rug 地毯	tug 拉	bug 小蟲	dug 掘	fug 灰塵

H-242	hugger 混亂	mugger 印度鱷魚	tugger 用力拉者	bugger 好色者

H – 243	hulk 破船	hunk 一大塊	hung 掛	hunt 狩獵	sulk 生氣	bulk 巨量			
H – 244	hull 去殼	lull 平息	mull 思考	null 無效	pull 拉	bull 公牛	cull 揀出	dull 銳	full 滿	gull 海鷗
H – 246	hum 嗡嗡	mum 禁聲	rum 古怪	sum 總數	tum 撥弦聲	vum 發誓	bum 遊蕩	gum 口香糖	
H – 247	humble 卑下	jumble 混合	mumble 咕嚷	rumble 隆隆聲	tumble 跌倒	fumble 摸索			
H – 248	humid 潮濕的	tumid 腫脹的							
H – 249	hummer 低唱者	mummer 啞劇演員	rummer 大酒杯	summer 夏天	cummer 女伴				
H – 250	humor 幽默	tumor 腫脹	rumor 謠言	rumour 謠言	humour 幽默				

H – 251	hump 駝峰	jump 跳	lump 小塊	mump 喃喃	pump 泵浦	rump 臀部	sump 油槽	bump 碰
	dump 傾倒	gump 笨伯						

H – 252	Hun 匈奴	nun 尼姑	pun 雙關語	run 跑	sun 太陽	tun 大桶	bun 甜饅頭	dun 催討	fun 樂趣	gun 槍
H – 253	hunch 直覺	lunch 午飯	munch 咀嚼	punch 拳擊	bunch 束，串					
H – 254	hung 弔	lung 肺	rung 響	sung 唱	bung 打腫	dung 施肥				

H – 255	hunk 大塊	junk 垃圾	lunk 笨伯	punk 朽木	sunk 沉	tunk 拍打	bunk 床位	dunk 浸泡	funk 恐慌
	gunk 油膩物								

H – 256	hunt 狩獵	hurt 傷害	hurl 猛擲			
H – 257	hunt 打獵	punt 小船	runt 矮人	aunt 伯母	bunt 牴觸	dunt 重擊
H – 258	hurdle 障礙物	curdle 凝結				
H – 259	hurl 猛擲	purl 漩渦	burl 線頭	curl 捲曲	furl 捲起	
H – 260	hurly 喧嘩	burly 魁梧的	curly 捲曲的	surly 乖戾的		
H – 261	hurry 急忙	burry 有瘤的	curry 咖哩醬	furry 有毛皮的	gurry 小堡	
H – 262	hurt 傷害	curt 冷淡				

H

H-263	hush 安靜	lush 醉漢	mush 夢話	push 推	rush 急迫	bush 矮樹	gush 湧出

H-264	husk 剝殼	musk 麝香	rusk 脆麵包	tusk 長牙	busk 胸衣	cusk 鱈魚	dusk 昏暗

H-265 hustle 擁擠　bustle 喧鬧　justle 擁擠　rustle 沙沙聲

H-266 hut 小屋　hot 熱　hit 打　hat 帽

H-267	hut 小屋	jut 突出	nut 硬果	out 外面	put 放	rut 轍跡	tut 噓	but 但	cut 切	gut 腸

H-268 hutch 茅屋　Dutch 荷蘭語

H-269 hypo 刺激　typo 印刷工人

―――― I ――――

I-1 ice 冰　icy 冷的　ivy 常春藤

I-2 iced 含冰的　dice 骰子

I-3 icon （教會的）聖像　ikon 偶像　iron 鐵　ichor 膿水　choir （教堂中的）唱詩班

I-4 icon 肖像　cion 幼芽　coin 硬幣

I-5 idiom 成語　idiot 白痴

I-6 idle 懶的　lied 短詩　deil 惡魔　deli 熟食

I-7 if 假使　in 在內　is 是　it 牠　IQ 智商　I'm 我是　I'd 我已經

I-8 ilk 同一的　elk 大角鹿

I-9 ill 病　all 全部　ell 厄爾　illth 貧乏　thill （馬車之）轅

I-10 illusion 幻想　allusion 暗示　allusive 暗指的　illusive 空幻的

I-11 illy 惡劣的　yill 麥酒　lily 百合花　iffy 不確定的

I-12 illy 惡劣的　ally 同盟國

I-13	imbark 乘船	embark 乘船	imbed 埋入	embed 埋入	immune 免疫的	immure 監禁	impure 不潔的

I - 14	imp ump amp 子孫 裁判 安培
I - 15	impassable impassible impossible 不能通行的 不知痛的 不可能的
I - 16	in on un an en 在內 在上 人 一個 半方
I - 17	inactive enactive 不活動的 制定法律的
I - 18	inapt paint 不適當的 油漆
I - 19	inaptitude ineptitude 不適合 笨事
I - 20	incentive inventive invective 刺激的 發明的 漫罵
I - 21	incest insect 亂倫 昆蟲
I - 22	inch chin itch chit 吋 顎 痒 芽
I - 23	inconstant unconstant 易變的 易變的
I - 24	incorrupt uncorrupt 不朽的 不腐敗的
I - 25	indent intent invent invest ingest infest 成鋸齒 意思 發明 投資 吞服 蹂躪
I - 26	indiscreet indiscrete 輕率的 堅實的
I - 27	indolent insolent 怠惰的 無禮的
I - 28	indorse endorse indorsee endorsee 背書 背書 承受背書票據者 承受背書票據者
I - 29	infect inject insect infective invective 傳染 注射 昆蟲 傳染的 漫罵
I - 30	inferior interior 下等的 內部的
I - 31	infernal internal interval 地獄的 內部的 中間時間
I - 32	infield infidel 棒球內野 不信教者
I - 33	infix unfix unfit 插入 解開 不合適的
I - 34	infold enfold unfold 包封 摺疊 展開

I - 35	inform 通知	unform 使不成形		
I - 36	ingenious 智巧的	ingenuous 坦白的		
I - 37	ingraft 接枝	engraft 接枝	ingraftation 接枝	engraftation 接枝
I - 38	ingrain 生染	engrain 深染		
I - 39	ingulf 捲入	engulf 吞入		
I - 40	inhuman 無人性的	unhuman 非人類的		
I - 41	injure 傷害	insure 保險	ensure 保證	unsure 不肯定的
I - 42	ink 墨水	inn 旅館	ion 離子	
I - 43	ink 墨水	kin 親戚		
I - 44	inlet 入口	unlet 未租出的		
I - 45	inmost 在最內的	monist 一元論者		
I - 46	inquire 詢問	enquire 詢問	inquiry 質問	enquiry 查問
I - 47	inrooted 根深蒂固的	unrooted 沒有連根拔起的	unroofed 沒有屋頂的	unroof 揭去…之頂	unroot 根絕
I - 48	insert 嵌入	invert 倒轉		
I - 49	insidious 奸詐的	invidious 易於招怨的		
I - 50	insolate 晒乾	insulate 隔離	insolation 日光浴	insulation 絕緣體
I - 51	inspiration 靈感	respiration 呼吸		
I - 52	instep 足背	unstep 移去桅	unstop 拔去塞子	
I - 53	insure 保險	ensure 使安全	insurer 保證人	ensurer 被保險者
I - 54	intend 意欲	intent 專心的	indent 鋸齒狀	
I - 55	intend 意欲	tinned 罐頭的		

I – 56	intension 緊張	intention 目的							
I – 57	inter 埋葬	enter 進入	rente 歲入所得	niter 硝酸鉀					
I – 58	interject 投入	intersect 橫切							
I – 59	interrax 臨時統治者	intersex 陰陽人							
I – 60	into 進入	onto 在其上	unto 直到	undo 取銷	updo 高髻				
I – 61	intrant 加入者	entrant 進入者							
I – 62	intrust 信任	entrust 信任							
I – 63	inure 磨鍊	enure 磨鍊	urine 尿						
I – 64	inward 向內的	onward 向前的	inwards 向內的	onwards 向前的					
I – 65	ion 離子	bon 好的	con 熟讀	don 穿戴	eon 永世	son 兒子	ton 噸	won 得勝	yon 那邊
I – 66	ire 忿怒	are 是	ere 以前	ore 礦石					
I – 67	irrigate 灌溉	irritate 激怒							
I – 68	is 是	us 我們	as 如	os 骨					
I – 69	isoceraunic 等雷頻線（氣象）	isokeraunic 等雷頻線（氣象）							
I – 70	itch 痒	chit 小孩	iter 導管	rite 儀式					
I – 71	itch 痒	etch 蝕刻							
I – 72	item 項目	emit 發出	mite 小蟲	time 時間					

——— **J** ———

J – 1	jab 刺	jag 鋸齒形	jam 果醬	jar 瓶	jaw 顎	jay 鳥	
J – 2	jab 戳	lab 實驗室	mab 捉住	nab 懶婦	cab 出租車	dab 輕拍	gab 嘮叨
J – 3	jabber 閒聊	yabber 吱吱喳喳	dabber 輕拍者	gabber 喋喋			

J – 4　jabot　sabot
胸飾　木鞋

J – 5　jack　lack　pack　rack　sack　tack　wack　zack　back
男子　缺乏　包裝　架　袋　圖釘　怪事　硬幣　後面
cack　hack
軟鞋　切割

J – 6　jade　lade　made　wade　bade　fade
玉　載運　製作　涉過　出價　褪色

J – 7　jag　lag　mag　nag　rag　sag　tag　wag　zag　bag　dag
醉　落後　多言　小馬　破布　下降　附箋　搖擺　急轉　袋　匕首
fag　gag
苦工　塞口

J – 8　jaggy　naggy　baggy
鋸齒狀　小馬　似袋的

J – 9　jail　mail　nail　pail　rail　sail　tail　vail　wail　bail　fail
監獄　郵件　釘子　提桶　鐵軌　航行　尾巴　脫帽　痛哭　委託　失敗
hail
歡呼

J – 10　jailer　mailer　nailer　sailer　wailer　bailer　failer
獄吏　郵寄者　製釘者　帆船　哭泣者　委託者　失敗者

J – 11　jailor　sailor　tailor　bailor
獄吏　水手　裁縫　委託人

J – 12　jake　lake　make　rake　sake　take　wake　bake　cake
滿意　湖　做　耙子　原因　拿　醒　烘　餅
fake
作偽

J – 13　jam　lam　mam　ram　yam　bam　cam　dam　gam　ham
擠　責打　媽　撞　山芋　欺騙　凸輪　水壩　腿　火腿

J – 14　jamb　lamb
側柱　小羊

J – 15　jangle　mangle　tangle　wangle　bangle　dangle　fangle
雜聲　撕裂　纏結　狡詐　手鐲　搖擺　新款

J – 16　jape　nape　rape　tape　cape　gape
愚弄　頸背　強姦　帶子　披肩　裂開

J – 17　japer　paper　taper　caper　gaper
嘲弄者　紙　小蠟燭　跳躍　打哈欠者

J – 18　jar　lar　mar　oar　par　tar　war　bar　car　ear　far
瓶　家神　損傷　槳　同等　焦油　戰爭　棒　車　耳　遠

J – 19　jaunt　taunt　vaunt　daunt　gaunt　haunt
遊覽　痛罵　誇大　恐嚇　瘦的　常到

J – 20　javelin　ravelin
標槍　半月堡

J – 21　jaw　law　maw　naw　paw　raw　saw　taw　yaw　caw
顎　法律　胃　不　爪　生的　鋸　石彈　偏航　沙洲

daw haw
穴鳥 支吾

J－22 jay lay may nay pay ray say way bay cay day
鳥 放 許可 而且 付 射線 說 路 海灣 沙洲 日
fay gay
仙 快樂

J－23 jazy lazy mazy jazz razz
假髮 懶惰的 迷惑的 爵士樂 嘲笑

J－24 jealous zealous
嫉妒的 熱心的

J－25 jean lean mean pean wean yean bean dean
褲 瘦 意謂 凱歌 斷 產 豆 院長

J－26 jee lee nee pee ree see tee vee wee zee
嘻 背風 娘家姓 尿 篩 看 球戲 V字 微 Z字
bee dee fee gee
蜂 D字 費 噫

J－27 jeep jeer jeez
吉甫車 嘲弄 驚訝

J－28 jeep keep neep peep seep veep weep beep deep
吉甫 保留 蘿蔔 窺 滲漏 副總統 哭 嗶嗶 深

J－29 jeer leer peer seer veer beer deer
嘲弄 媚眼 匹敵 先知 改向 啤酒 鹿

J－30 jelly jemmy jimmy jerry jetty
冷凍 馬靴 橇門棒 剪布機 防波堤

J－31 jelly nelly belly felly kelly telly
果凍 海燕 腹 輪圈 男人便帽 （英）電視

J－32 jerk perk
肉乾 擺架子

J－33 jerry merry perry serry terry berry derry ferry
剪布機 快樂 梨酒 密集 絨縫 漿果 民謠 渡船
herry
掠奪

J－34 jess less mess ness
足帶 較少 食物 岬

J－35 jest just
笑話 正好

J－36 jest lest nest pest rest test vest west zest best
笑話 因恐 巢 害蟲 休息 試驗 背心 西 風味 最佳
gest hest
冒險 命令

J－37 jester pester fester nester tester wester
弄臣 使煩惱 生膿 在牧場定居的農夫 試驗者 向西移動
yester
昨日的

J－38	jet 噴射	jot 小量	jut 突出	Jew 猶太人	jow 敲鐘	jaw 顎				

| J－39 | jet
噴射 | let
讓 | met
遇 | net
網 | pet
寵物 | ret
變軟 | set
一組 | vet
治療 | wet
濕 | yet
尚未 | bet
打賭 |

get
獲得

J－40	jetty 防波隄	netty 網狀的	petty 小的

J－41	Jew 猶太人	mew 貓叫	new 新	pew 座位	sew 縫	yew 水松	dew 露	few 少數	hew 砍

J－42	jewel 寶石	newel 中柱

J－43	jib 躊躇	jig 魚鉤	job 工作	jog 輕推	joy 喜悅	jab 刺	jag 鋸齒形	jay 鳥

J－44	jib 角帆	nib 喙	rib 肋骨	sib 血親	bib 圍巾	dib 垂釣	fib 小謊	gib 凹楔

J－45	jibe 諷罵	kibe 凍瘡	gibe 嘲弄

J－46	jig 舞	pig 豬	rig 裝束	wig 假髮	big 大	dig 挖	fig 少許	gig 小艇

J－47	jiggle 搖動	joggle 輕推	juggle 把戲

J－48	jiggle 搖動	niggle 為人事操心	wiggle 擺動	giggle 痴笑	higgle 講價

J－49	jilt 遺棄	kilt 捲起	lilt 輕快	milt 脾臟	silt 淤泥	tilt 傾斜	wilt 枯萎	gilt 金箔

J－50	jingle 叮噹	mingle 相逢	single 單獨	tingle 刺痛	bingle 安打

J－51	jingo 極端愛國主義者	lingo 術語	pingo 土丘	bingo 賓果	dingo 野犬

J－52	jitter 緊張	litter 垃圾	sitter 坐者	titter 竊笑	bitter 苦的	fitter 裝配者	hitter 打擊者

J－53	jive 爵士樂	live 活	rive 撕裂	vive 萬歲	wive 娶妻	dive 潛水	five 五	give 給	hive 蜂房

| J－54 | job
工作 | lob
傻人 | mob
暴徒 | nob
頭 | rob
搶劫 | sob
啜泣 | bob
剪短 | cob
鵝 | fob
袋 | gob
塊 | hob
架 |

J－55	jock 騎馬師	lock 鎖	mock 嘲弄	nock 凹槽	pock 痘疱	rock 岩石	sock 短襪	bock 啤酒	cock 公雞

dock　hock
碼頭　典當

| J－56 | jog
慢步 | log
木頭 | nog
木釘 | tog
衣服 | wog
黑人 | bog
沼澤 | cog
齒輪 | dog
狗 | fog
霧 | hog
豬 |

J – 57	joggle	toggle	boggle	goggle				
	輕推	套環	畏縮	靜目				
J – 58	join	coin	loin	lion	Zion			
	加入	硬幣	腰部	獅	天國			
J – 59	joint	point						
	接合	點						
J – 60	joist	moist	foist	hoist				
	托樑	潮濕的	騙售	起卸機				
J – 61	joke	moke	poke	yoke	coke	joker	poker	
	玩笑	黑人	衝刺	軶	可口可樂	詼諧者	撲克牌戲	
J – 62	jollier	collier						
	使人開心者	運煤船						
J – 63	jollify	mollify						
	使高興	安慰						
J – 64	jolter	bolter	colter					
	搖動者	篩子	犁刀					
J – 65	jorum	forum						
	大酒杯	法庭						
J – 66	josh	tosh	bosh	gosh				
	嘲笑	胡說	廢話	啊				
J – 67	joss	loss	moss	toss	boss	doss	josser	tosser	dosser
	神像	喪失	苔	投擲	老板	睡	呆子	投擲者	罩布
J – 68	jostler	hostler						
	推撞者	旅館馬夫						
J – 69	jot	lot	mot	not	pot	rot	sot	tot	wot	bot	cot
	少量	全部	妙句	不	壺	枯朽	酒鬼	小孩	知道	馬蠅	童床
	dot	got	hot					
	點	得到	熱					
J – 70	jotter	potter	rotter	totter	hotter	cotter		
	小筆記本	陶器匠	無用的人	搖擺	較熱	貧農		
J – 71	jounce	pounce	bounce					
	震動	飛撲	反跳					
J – 72	journey	tourney						
	旅行	假戰						
J – 73	jowl	yowl	bowl	cowl	fowl	howl	sowl	
	顎	吼叫	碗	頭巾	家禽	狼吠	虐待	
J – 74	joy	soy	toy	boy	coy	hoy		
	愉快	大豆	玩具	男孩	怕羞	喂		
J – 75	judge	nudge	budge	fudge				
	法官	以肘輕觸	移動	欺騙				
J – 76	jug	jus	jut					
	壺	正義	突出					

J

J - 77	jug	lug	mug	pug	rug	tug	bug	dug	fug	hug
	罐	拖	杯	哈叭狗	地毯	拉	小蟲	掘	灰塵	抱

J - 78	juggle	guggle
	把戲	潺潺聲

J - 79	jumble	mumble	rumble	tumble	fumble	humble
	混合	咕噥	隆隆聲	跌倒	摸索	卑下

J - 80	jump	lump	mump	pump	rump	sump	bump	dump
	跳	小塊	喃喃	泵浦	臀部	油槽	碰	傾倒
	gump	hump						
	笨伯	駝峰						

J - 81	jumper	lumper	bumper
	跳躍者	碼頭工人	緩衝器

J - 82	junction	function
	接合	功能

J - 83	June	lune	rune	tune	dune
	六月	弓形	北歐文字	調子	沙丘

J - 84	jungle	pungle	bungle
	叢林	捐錢	拙作

J - 85	junk	lunk	punk	sunk	tunk	bunk	dunk	funk	gunk
	垃圾	笨伯	朽木	沉	拍打	床位	浸泡	恐慌	油膩物
	hunk								
	大塊								

J - 86	jural	mural	rural	sural	aural
	法律的	壁飾	品行	鄉村的	聽覺的

J - 87	jury	bury	fury
	陪審團	埋葬	憤怒

J - 88	jus	pus	mus	bus	sub	sum	sup
	法律	膿	博物館	客車	代理	總和	食晚餐

J - 89	just	lust	must	oust	rust	bust	dust	gust
	公平	貪求	必須	逐出	鏽	破產	灰塵	陣風

J - 90	justle	rustle	sustle	bustle
	撞	沙沙聲	淨重	匆忙

J - 91	jut	nut	out	put	rut	tut	but	cut	gut	hut
	突出	硬果	出	放	轍跡	噓	但是	切	腸	小屋

—— K ——

K - 1	kale	lake	leak
	青菜	湖	漏

K - 2	kea	keg	ken	key
	鸚鵡	小桶	知曉	鑰匙

K - 3	kea	lea	pea	sea	tea	yea
	鸚鵡	草原	豆	海	茶	是

K – 4	keck	neck	peck	reck	teck	beck	deck	geck	heck
	想吐	頸	啄食	相干	偵探	點頭	甲板	卑人	地獄

K – 5	kedge	ledge	sedge	wedge	hedge
	小錨	架	蘆葦	楔	籬巴

K – 6	keef	reef	beef
	麻藥	暗礁	牛肉

K – 7	keek	keel	keen	keep	peek
	窺視	龍骨	銳利的	保有	偷看

K – 8	keek	leek	meek	peek	reek	seek	week	geek
	窺視	韭	溫柔的	偷看	煙	找尋	星期	怪人

K – 9	keek	peep	sees	deed
	窺視	偷看	看	行為

K – 10	keel	leek
	龍骨	韭

K – 11	keel	peel	seel	feel	heel	reel
	龍骨	果皮	閉目	感覺	腳跟	紡車

K – 12	keen	peen	seen	teen	ween	been
	銳的	尖的	看	十多歲	以為	是

K – 13	keep	neep	peep	seep	veep	weep	beep	deep	jeep
	保留	蘿蔔	窺	滲漏	副總統	哭	嗶嗶	深	吉甫

K – 14	keg	leg	peg	teg	beg	jeg
	桶	腿	釘	小羊	乞	鋸齒形的缺刻

K – 15	kelp	yelp	help
	海帶	叫喊	幫助

K – 16	kelt	melt	pelt	welt	belt	celt	felt	gelt
	塞特人	溶	投	傷痕	皮帶	石斧	感覺	錢

K – 17	ken	men	pen	ten	wen	yen	zen	ben	den	fen	hen
	知	人	筆	十	疣	元	禪宗	客室	窟	沼	雞

K – 18	kench	tench	wench	bench
	大箱	魚	少女	長凳

K – 19	kerb	verb	herb
	控制	動詞	香草

K – 20	kevel	bevel	level	revel	elver	lever	never	sever	fever
	繩栓	斜角	平的	狂喜	小鱔	槓桿	永不	切斷	發熱

K – 21	key	ley	wey	bey	dey	fey	gey	hey
	鑰匙	草坪	重量	尊稱	首長	狂的	相當	喂

K – 22	kibble	nibble	bibble	dibble
	壓碎	輕咬	常飲酒	小鍬

K – 23	kibe	bike	gibe	jibe
	凍瘡	腳踏車	嘲弄	諷罵

K – 24	kicker	picker	ticker	wicker	bicker	dicker
	踢人的馬	扒手	錶	柳條	爭論	討價

K

K-25	kickshaw 無價值之物	rickshaw 人力車							
K-26	kid 小孩	lid 蓋子	mid 中間	rid 免除	yid 猶太人	aid 幫助	bid 出價	did 做	fid 尖釘	hid 匿
K-27	kidder 騙人者	bidder 投標人							
K-28	kiddy 小孩	middy 學生	biddy 小雞	giddy 頭暈					
K-29	kike 猶太人	like 如	mike 怠工	Nike 勝利女神	pike 矛	tike 劣犬	bike 單車	dike 堤	hike 遠足
K-30	kill 殺	kiln 窰	kilt 捲起						

K-31	kill 殺	lill 垂下	mill 磨坊	nill 不願	pill 藥丸	rill 小河	sill 基石	till 直到	vill 市鎮	will 意願	yill 麥酒
	bill 帳單	dill 蒔蘿	fill 裝滿	gill 魚鰓	hill 小山						

K-32	kiln 窰	link 連結						
K-33	kilt 捲起	lilt 輕快	milt 脾臟	silt 淤泥	tilt 傾斜	wilt 枯萎	gilt 金箔	jilt 遺棄
K-34	kind 和善	dink 衣冠楚楚的	kine 母牛	king 國王	kink 紐結	kino 樹膠		
K-35	kind 種類	mind 心	rind 果皮	wind 風	bind 綁	find 尋	hind 在後	

K-36	king 國王	ling 石南	Ming 明代	ping 呯呯	ring 鈴	sing 唱	ting 玎玲	wing 翅	bing 一堆	ding 叮噹
	zing 活力									

K-37	kinglet 小國之王	ringlet 小環	singlet 汗衫							
K-38	kiss 接吻	miss 不中	piss 尿	hiss 嘛嘛聲						

K-39	kit 一組	lit 亮光	MIT 麻省工院	nit 幼蟲	pit 凹處	sit 坐	tit 山雀	wit 理智	ait 小島	bit 小量
	cit 商人	fit 適合	hit 打							

K-40	kite 風箏	tike 無禮貌之人	mite 少許	rite 典禮	site 場所	bite 咬	cite 引述
K-41	kitten 小貓	mitten 手套	bitten 咬				
K-42	kitty 小貓	witty 機智的	ditty 小曲				

K – 43	knack 妙訣	snack 快餐					
K – 44	knead 揉捏	kneed 關節					
K – 45	knew 知道	anew 重新					
K – 46	knob 門柄	knop 圓形把手	know 知道	knot 結	tonk 猛打	knit 編織	tink 發玎玎聲
K – 47	knob 門柄	snob 勢利者					
K – 48	knot 結	snot 鼻涕	knout 鞭打	snout 大鼻子			
K – 49	know 知道	snow 雪					
K – 50	kolo 單舞	polo 馬球戲	solo 獨奏	bolo 大刀			
K – 51	kook 笨蛋	look 看	nook 屋隅	rook 敲詐	took 拿	zook 老妓	book 書　cook 廚子　hook 鉤
K – 52	kraft 牛皮紙	craft 技術	draft 氣流	graft 接枝			

───── L ─────

L – 1	la 哪	ma 媽	pa 爸	ba 神靈	ha 哈			
L – 2	lab 實驗室	lac 蟲膠	lad 男孩	lag 落後	lap 膝	lar 守護神	law 法律　lax 鬆弛的　lay 放下	
L – 3	lab 實驗室	nab 懶婦	cab 出租車	dab 輕拍	gab 嘮叨	jab 戮	mab 捉住	
L – 4	label 標籤	Mabel 女子名	babel 混亂					
L – 5	labor 勞動	tabor 小鼓						
L – 6	lace 飾帶	lade 裝載	lake 湖	lame 跛	late 遲	lave 洗濯	laze 怠惰	
L – 7	lace 帶子	mace 鎚矛	pace 步伐	race 種族	dace 鰷魚	face 臉		
L – 8	lacerate 扯碎	macerate 浸軟						
L – 9	lack 缺乏	lock 鎖	luck 運氣					
L – 10	lack 缺乏	pack 包裝	rack 架	sack 袋	tack 圖釘	wack 怪事	zack 硬幣　back 後面　cack 軟鞋	

K

	hack 切割	jack 男子							
L – 11	laconic 簡潔的	conical 圓錐的							
L – 12	lactic 乳的	tactic 戰術							
L – 13	lactose 乳糖	lactase 糖酵素	lactate 分泌奶汁						
L – 14	lacy 帶狀的	clay 泥土	acyl 醯基的						
L – 15	lad 男孩	mad 瘋	pad 墊子	sad 愁	tad 小孩	wad 小塊	bad 壞	cad 鄙漢	dad 爹	fad 時尙	gad 刺棍
	had 有									
L – 16	ladder 梯	madder 茜草	sadder 較悲的	gadder 遊蕩者					
L – 17	laddie 老友	caddie 小廝	baddie 壞人						
L – 18	lade 裝載	lead 鉛	dale 小谷	deal 交易					
L – 19	lade 載運	made 製作	wade 涉過	bade 出價	fade 褪色	jade 玉			
L – 20	lag 落後	gal 女孩							
L – 21	lag 落後	leg 腿	log 木頭	lug 用力拖					
L – 22	lag 落後	mag 多言	nag 小馬	rag 破布	sag 下降	tag 附箋	wag 搖擺	zag 急轉	bag 袋	dag 匕首	fag 苦工
	gag 塞口	jag 醉酒								
L – 23	laggard 落後的	haggard 憔悴的								
L – 24	laic 常人	laid 放下	lain 說謊	lair 臥					
L – 25	laid 放下	dial 號碼盤								
L – 26	laid 放下	maid 少女	paid 付	raid 侵略	said 說				
L – 27	lain 說謊	nail 指甲	anil 木藍						
L – 28	lain 躺下	main 主要	pain 苦痛	rain 雨	vain 徒然	wain 馬車	zain 純暗色馬		cain 田賦	fain 樂意
	gain 獲得									

L－29	lair 獸穴	liar 說謊者	lira 里拉	rail 鐵軌	rial 伊朗貨幣	aril 假種皮		
L－30	lair 獸穴	mair 更多	pair 一雙	vair 鼠皮	fair 公正的	hair 髮		
L－31	lake 湖	leak 漏	kale 蔬菜					
L－32	lake 湖	make 做	rake 耙子	sake 原因	take 拿	wake 喚醒	bake 烘	cake 餅	fake 作偽
	hake 鱈魚	jake 滿意						
L－33	lam 責打	mam 媽	ram 撞	yam 山芋	bam 欺騙	cam 凸輪	dam 水壩	gam 腿	ham 火腿	jam 擠
L－34	lama 喇嘛	lamb 小羊	lame 跛	lamp 燈				
L－35	lamb 小羊	limb 四肢						
L－36	lamb 小羊	jamb 側柱						
L－37	lame 跛足的	male 男性	meal 一餐					
L－38	lame 跛的	name 名字	same 相同	tame 馴服	came 來了	dame 女神	fame 名聲	game 遊戲	hame 曲棒
L－39	lament 哀悼	mantel 壁爐架	mental 心理的	mantle 斗蓬				
L－40	lamp 燈	palm 手掌						
L－41	lamp 燈	limp 柔軟	lump 小塊					
L－42	lamp 燈	ramp 坡道	samp 玉米粥	tamp 裝填	vamp 換補	camp 露營	damp 潮濕	gamp 大傘
L－43	lance 槍矛	nance 女人氣的男人	rance 一種大理石	dance 跳舞				
L－44	land 土地	rand 邊界	sand 沙	wand 棒	band 樂隊	hand 手		
L－45	lane 巷	lank 瘦的	land 土地	lend 借	lens 透鏡	lent 借了		
L－46	lane 巷	lean 傾斜	elan 自信					
L－47	lane 巷	mane 鬃	pane 玻璃片	sane 清楚	vane 風旗	wane 減弱	bane 大患	cane 杖	Dane 丹麥人
	fane 寺院							

L

L－48	lank	rank	sank	tank	yank	bank	dank	hank
	瘦的	階級	沉	坦克車	急拉	銀行	潮濕	一捲

L－49	lanky	hanky
	瘦長的	手帕

L－50	lap	nap	map	pap	rap	sap	tap	wap	yap	cap	dap
	重疊	小睡	地圖	軟食	敲擊	腐蝕	輕踏	拍打	狂吠	便帽	飛掠
	gap	hap
	缺口	運氣

L－51	lapel	label	libel	babel
	翻領	標簽	誹謗	混亂

L－52	lapin	plain
	兔子	平坦的

L－53	lappet	tappet	tapper
	衣衿	挺桿	輕敲者

L－54	lapse	pales	peals	pleas
	過失	椿	鐘響聲	答辯

L－55	lar	mar	oar	par	tar	war	bar	car	ear	far	jar
	家神	損傷	槳	同等	焦油	戰爭	棒	車	耳	遠	瓶

L－56	larch	March	parch
	落葉松	三月	炒，烘

L－57	lard	bard	pard	sard	ward	yard	bard	card	hard
	豬油	甘松	同伴	石髓	病房	碼	詩人	名片	硬的

L－58	lardy	tardy	hardy
	豬油的	遲延的	強壯的

L－59	large	glare	regal
	大的	強光	帝王的

L－60	large	marge	targe	barge
	大的	邊緣	看	駁船

L－61	lark	mark	nark	park	sark	bark	dark	hark
	雲雀	記號	線民	公園	襯衣	吠	黑暗	聽

L－62	larry	marry	parry	tarry	carry	harry
	鋤頭	結婚	擋開	滯留	攜帶	掠奪

L－63	lase	sale	rase	sera	vase	save	base	sabe	case	ease
	發光	出賣	抹去	血漿	花瓶	節約	基礎	了解	箱	容易

L－64	laser	reals
	雷射	西班牙幣

L－65	lash	lass	last	list
	睫毛	少女	最後的	名單

L－66	lash	mash	pash	rash	sash	bash	cash	dash	fash	gash
	鞭撻	搗碎	打碎	輕率	窗框	重擊	現金	少許	困惱	割痕
	hash
	混雜

L - 67	lass 少女	less 較少	loss 喪失

L - 68	lass 少女	mass 彌撒	pass 通過	bass 低音

L - 69　last 最後　mast 桅　oast 乾窯　past 以往　vast 廣大　wast 是　bast 韌皮　cast 拋　east 東方　fast 快
hast 有

L - 70　laster 楦者　master 主人　paster 粘貼者　taster 嘗味者　waster 浪子　baster 塗脂者　caster 投手
Easter 復活節　faster 較快的

L - 71　latch 門閂　match 火柴　natch 當然　patch 補丁　ratch 棘輪　watch 錶　batch 一批　catch 捉
hatch 孵

L - 72　latchet 鞋帶　ratchet 棘齒輪　hatchet 手斧

L - 73　late 遲　tale 故事　teal 野鴨　tael 兩

L - 74　late 遲　mate 伙伴　pate 頭頂　rate 比率　sate 使飽　bate 減少　date 日期　fate 命運　gate 門　hate 恨

L - 75　latent 潛伏的　patent 專利的

L - 76　lath 條板　halt 立定　hath 有　bath 洗澡　math 數學　oath 誓約　path 小徑　rath 古塚

L - 77　Latin 拉丁文　matin 晨禱　satin 緞

L - 78　latitude 緯度　altitude 高度　aptitude 合宜　attitude 態度

L - 79　latter 後來的　letter 信件　litter 擔架

L - 80　latter 後者　matter 事件　natter 抱怨　patter 淅瀝　ratter 捕鼠者　tatter 破布　yatter 閒談　batter 重擊
hatter 帽商

L - 81　laud 褒獎　dual 雙重的

L - 82　launch 船下水　paunch 肚子　haunch 腰

L - 83　launder 耐洗　maunder 絮聒

L - 84　lava 熔岩　lave 洗滌　laze 怠惰　lazy 懶惰的

L

L－85　lavage　ravage　savage
　　　　洗滌　　破壞　　殘忍的

L－86　lave　vale
　　　　洗滌　谷

L－87　lave　nave　pave　rave　save　wave　cave　gave　have
　　　　流動　本堂　舖路　發狂語　節省　波浪　窟　　給　　有

L－88　lavish　ravish
　　　　過度的　強奪

L－89　law　maw　naw　paw　raw　saw　taw　yaw　caw　daw
　　　　法律　胃　大　爪　生的　鋸　石彈　偏航　烏鴉叫　穴鳥
　　　　haw　jaw
　　　　支吾　顎

L－90　lawn　sawn　yawn　fawn　dawn　pawn　pawl　wawl　bawl
　　　　草地　鋸　呵欠　奉承　破曉　典當　掣子　痛哭　大叫

L－91　lawyer　sawyer
　　　　律師　　鋸木者

L－92　lax　pax　tax　wax　zax　fax　sax
　　　　鬆弛　聖像牌　稅　蠟　石斧　傳眞　石板錘

L－93　lay　may　nay　pay　ray　say　way　bay　cay　day　fay
　　　　放　許可　而且　付　射線　說　路　海灣　沙洲　日　仙
　　　　gay　hay　jay
　　　　快樂　乾草　鳥

L－94　lazy　mazy　hazy
　　　　懶惰　迷惑的　煙霧的

L－95　lea　led　lee　leg　lei　Leo　let　lex
　　　　草地　領導　庇護所　腿　花圈　獅子座　讓　法律

L－96　lea　pea　sea　tea　yea　kea
　　　　草原　豆　海　茶　是　鸚鵡

L－97　leach　peach　reach　teach　beach
　　　　過濾　桃　　到　　教　　海灘

L－98　lead　dale　deal　lade
　　　　領導　小谷　交易　裝載

L－99　lead　leaf　leak　lean　leap
　　　　領導　葉　漏　傾斜　跳過

L－100　lead　lend　lewd
　　　　領導　出借　不貞的

L－101　lead　mead　read　bead　dead　head
　　　　領導　酒　讀　唸珠　死　頭

L－102　leady　leafy　leaky　leary　leavy
　　　　鉛的　如葉的　有漏的　空的　如葉的

L－103　leady　ready　beady　heady
　　　　鉛的　預備好了　晶亮的　任性的

L – 104　leak　kale　lake
　　　　　漏　　青菜　湖

L – 105　leak　peak　teak　weak　beak
　　　　　漏　　山頂　柚木　弱　　鳥嘴

L – 106　lean　mean　pean　wean　yean　bean　dean　jean
　　　　　瘦　　意謂　凱歌　斷　　產　　豆　　院長　褲

L – 107　leap　pale　peal　plea
　　　　　跳過　蒼白的　鐘響聲　祈求

L – 108　leap　heap　reap　neap
　　　　　跳過　堆集　收割　小潮

L – 109　leary　weary　deary　heary
　　　　　知曉的　疲倦的　愛人　親切的

L – 110　lease　easel
　　　　　租借　畫架

L – 111　lease　tease　cease
　　　　　租借　挪揄　停止

L – 112　least　yeast　beast　feast
　　　　　至少　酵母　獸　　祝典

L – 113　leather　weather　feather　heather
　　　　　皮革　　天氣　　羽毛　　石南

L – 114　leave　weave　heave
　　　　　離別　編織　舉起

L – 115　led　red　ted　wed　zed　bed　fed　he'd
　　　　　領導　紅　攤晒　婚　Z字　床　飼　他有

L – 116　ledge　sedge　wedge　hedge　kedge
　　　　　架　　蘆葦　楔　　籬巴　小錨

L – 117　lee　lie　lye
　　　　　庇護所　說謊　灰汁

L – 118　lee　nee　pee　ree　see　tee　vee　wee　zee　bee　dee
　　　　　背風　娘家姓　尿　篩　看　球戲　V字　微　Z字　蜂　D字
　　　　　fee　gee　jee
　　　　　費　　噫　　嘻

L – 119　leech　beech
　　　　　水蛭　山毛欅

L – 120　leek　leer　lees　less　lest
　　　　　韭　　秋波　渣滓　較少　以免

L – 121　leek　keel
　　　　　韭　　龍骨

L – 122　leek　meek　peek　reek　seek　week　geek　keek
　　　　　韭　　溫柔的　偷看　煙　　找尋　星期　怪人　窺視

L – 123　leer　reel
　　　　　秋波　線軸

L

L－124	lees　else　seel 渣滓　別的　閉眼
L－125	left　felt　reft　weft　deft　heft 左　感覺　搶劫　緯線　熟練的　重量
L－126	leg　gel　peg　teg　beg　keg 腿　凝膠　釘　小羊　乞　桶
L－127	legal　regal 法律的　帝王的
L－128	lend　mend　pend　rend　send　tend　vend　wend　bend 借　修補　吊著　撕　送　致使　賣　行　使曲 fend 抵擋
L－129	lent　pent　rent　sent　tent　vent　went　bent　cent　dent 借　關閉　租用　送　帳蓬　小孔　去　彎曲　一分　凹 gent　hent 紳士　抓
L－130	leopard　leotard 豹　緊身褲
L－131	less　mess　ness　jess 較少　食物　岬　足帶
L－132	lessee　lesser　lessor　lesson　lessen 承租人　較少的　出租人　功課　減少
L－133	lest　nest　pest　rest　test　vest　west　zest　best　gest 因恐　巢　害蟲　休息　試驗　背心　西方　風味　最佳　冒險 hest　jest 命令　笑話
L－134	let　lit　lot 讓　點燈　全部
L－135	let　met　net　pet　ret　set　vet　wet　yet　bet　get 讓　遇　網　寵物　變軟　一組　治療　濕　尚未　打賭　獲得 jet 噴射
L－136	letter　netter　setter　tetter　better　fetter　getter 信件　網球員　安放者　皮疹　轉好　腳械　毒餌
L－137	levee　level　lever 防洪堤　水平的　槓桿
L－138	level　revel　bevel　kevel 平的　狂喜　斜角　繩栓
L－139	lever　elver　revel 槓桿　小鱔　狂喜
L－140	lever　never　sever　fever 槓桿　永不　切斷　發燒
L－141	leverage　beverage 槓桿作用　飲料

L－142　levity　lenity
　　　　　輕浮　　寬厚

L－143　levy　bevy
　　　　　徵稅　　鳥群

L－144　lex　rex　sex　vex　hex
　　　　　法律　君王　性　煩惱　女巫

L－145　liable　viable
　　　　　可能的　能生活的

L－146　ley　wey　bey　dey　fey　gey　hey　key
　　　　　草坪　重量　尊稱　首長　狂的　相當　喂　鑰匙

L－147　liberal　literal
　　　　　大方的　逐字的

L－148　lice　ceil
　　　　　蝨　　裝天花板

L－149　lice　mice　nice　rice　sice　vice　bice　dice
　　　　　蝨　　鼠　　好　　米　　馬夫　惡行　灰藍　骰子

L－150　licence　license
　　　　　執照　　執照

L－151　lick　nick　pick　rick　sick　tick　wick　dick　hick　kick
　　　　　吮　　刻痕　摘　　禾堆　病　　嘀答　燈芯　偵探　鄉巴佬　踢

L－152　lid　mid　rid　aid　bid　did　fid　hid　kid
　　　　　蓋子　中間　免除　幫助　出價　做　　尖針　匿　　小孩

L－153　lied　lief　lien　lier　lieu
　　　　　短詩　自願地　抵押權　埋伏者　代替

L－154　lied　deil　deli　idle
　　　　　短詩　惡魔　熟食　懶的

L－155　lief　life　fief　fife
　　　　　親愛的　生命　封地　橫笛

L－156　liege　siege　sieve
　　　　　君王　包圍　篩

L－157　lien　line　Nile
　　　　　扣押　線　　尼羅河

L－158　life　like　line　live　livelong　lifelong
　　　　　生命　像，似　線　生存　長久的　　終身的

L－159　life　rife　wife　fife
　　　　　生命　流行的　妻子　笛子

L－160　lift　lilt　lint　list
　　　　　舉起　輕快節拍　軟布　名單

L－161　lift　rift　sift　gift
　　　　　升高　裂縫　篩　　禮物

L－162　ligan　align
　　　　　投海之物　排列成行

L

L-163　like　mike　Nike　　pike　tike　bike　dike　hike　kike
　　　　　如　　怠工　勝利女神　矛　　劣犬　單車　堤　　遠足　猶太人

L-164　lilt　milt　silt　tilt　wilt　gilt　jilt　kilt
　　　　輕快　脾臟　淤泥　傾斜　枯萎　金箔　遺棄　捲起

L-165　lily　　oily　wily
　　　　百合花　含油的　詭計多的

L-166　lime　mile
　　　　石灰　哩

L-167　lime　limn　limp　limy
　　　　石灰　描寫　柔軟的　石灰質的

L-168　lime　mime　rime　time　dime
　　　　石灰　小丑　押韻　時間　一角硬幣

L-169　limber　timber
　　　　易屈的　木料

L-170　limp　gimp　pimp　simp
　　　　柔軟的　花邊　鴇母　笨人

L-171　line　link　linn　lint
　　　　線　連結　菩提樹　麻布

L-172　line　mine　nine　pine　sine　tine　vine　wine　bine　dine
　　　　線　我的　九　　松木　正弦　叉齒　藤蔓　酒　　藤　　用餐
　　　　fine　kine
　　　　好的　牛

L-173　ling　Ming　ping　ring　sing　ting　wing　zing　bing　king
　　　　石南　明代　砰砰　鈴　　唱　　叮鈴　翅　　活力　一堆　國王

L-174　lingo　pingo　bingo　dingo　jingo
　　　　術語　土坵　賓果　野犬　一定

L-175　link　kiln
　　　　連結　窯

L-176　link　mink　pink　rink　sink　tink　wink　dink　fink
　　　　連結　貂皮　淡紅　溜冰　沉　　叮叮聲　眨眼　打扮　告發人
　　　　gink　kink
　　　　怪人　繩結

L-177　linter　sinter　winter
　　　　除棉毛機　泉華　冬季

L-178　lion　cion　Zion　loin　coin　join　noil
　　　　獅　　幼芽　天國　腰肉　錢幣　加入　短纖維

L-179　lip　nip　pip　rip　sip　tip　zip　dip　gip　hip　kip
　　　　唇　小飲　種子　撕開　呷　小費　活力　浸漬　詐欺　屁股　客棧

L-180　lipper　nipper　ripper　sipper　tipper　zipper　dipper
　　　　海波微揚　摘取者　裂開之具　啜飲者　給小費者　拉鍊　浸漬者
　　　　kipper
　　　　鱒

L – 181　lippy　nippy　pippy　tippy　hippy　zippy
　　　　　厚嘴唇的　伶俐的　多子的　不穩的　臀部大的　活潑的

L – 182　list　silt　slit　listen　silent
　　　　　名單　泥淬　割裂　傾聽　　無聲的

L – 183　list　mist　cist　fist　gist　hist
　　　　　名單　霧　石棺　拳頭　要旨　不出聲

L – 184　lit　MIT　nit　pit　sit　tit　wit　ait　bit　cit
　　　　　亮光　麻省理工　幼蟲　凹處　坐　山雀　理智　小島　小量　商人
　　　　　fit　hit　kit
　　　　　適合　打　一組

L – 185　lithe　tithe　withe
　　　　　柔軟的　十分之一　枝條

L – 186　litter　sitter　titter　bitter　fitter　hitter　jitter
　　　　　垃圾　坐者　竊笑　苦的　裝配者　打擊者　緊張

L – 187　live　evil　veil　vile
　　　　　生存　邪惡的　面紗　惡劣的

L – 188　live　rive　vive　wive　dive　five　give　hive　jive
　　　　　活　撕裂　萬歲　娶妻　潛水　五　給　蜂房　爵士樂

L – 189　liven　riven　diven　given
　　　　　使高興　裂開　潛水　給

L – 190　liver　diver　fiver　river
　　　　　肝　潛水者　五元鈔　河

L – 191　livid　vivid
　　　　　鉛色的　活潑的

L – 192　lizard　vizard　wizard
　　　　　壁虎　面具　男巫

L – 193　loach　poach　roach　coach
　　　　　泥鰍　偷獵　蟑螂　教練

L – 194　load　loaf　loam　loan
　　　　　負荷　一塊　沃土　借款

L – 195　load　road　toad　woad　goad
　　　　　負荷　路　蟾蜍　菘藍　刺棒

L – 196　loan　moan　roan
　　　　　借款　呻吟聲　羊皮

L – 197　lob　log　lop　lot　low
　　　　　笨重　木頭　修剪　許多　低的

L – 198　lob　mob　nob　rob　sob　bob　cob　fob　gob　hob　job
　　　　　傻人　暴徒　頭　搶劫　啜泣　剪短　鵝　袋　塊　架　工作

L – 199　lobar　labor
　　　　　肺葉的　勞工

L – 200　lobby　loppy　lorry
　　　　　走廊　下垂的　平台車

L

L－201　lobby　nobby　sobby　bobby　cobby　hobby
　　　　走廊　　華麗　　哭　　警察　　小馬　　嗜好

L－202　lobe　bole
　　　　瓣　　樹幹

L－203　lobe　robe　tobe
　　　　瓣　　寬袍　未來的

L－204　lobster　mobster　monster　bolster　holster
　　　　龍蝦　　暴徒　　怪物　　長枕　　皮槍套

L－205　location　vocation　vacation
　　　　位置　　神命　　假期

L－206　loch　loci　lock　loco
　　　　湖　　軌跡　鎖　　瘋草症

L－207　lock　mock　nock　pock　rock　sock　bock　cock　dock
　　　　鎖　　嘲弄　凹槽　痘疱　岩石　短襪　啤酒　公雞　碼頭
　　　　hock　jock
　　　　典當　騎師

L－208　loco　toco　toko
　　　　瘋草症　體罰　體罰

L－209　lode　dole
　　　　礦脈　施捨

L－210　lode　love　loge　lobe
　　　　礦脈　愛　　包廂　瓣

L－211　lode　mode　node　rode　bode　code
　　　　礦脈　方式　結　　騎　　預兆　電碼

L－212　loft　soft　toft
　　　　閣樓　軟的　屋基

L－213　log　nog　tog　wog　bog　cog　dog　fog　hog　jog
　　　　木頭　木釘　衣服　黑人　沼澤　齒輪　狗　霧　豬　慢步

L－214　loiter　goiter
　　　　徘徊　腫脹

L－215　loll　poll　roll　toll　boll　doll
　　　　伸舌　投票　滾動　通行稅　莢殼　洋囝囝

L－216　lone　leno　　Noel　enol
　　　　寂寞　輕軟織物　聖誕節　烯醇

L－217　lone　none　pone　tone　cone　done　gone　hone
　　　　寂寞　毫無　玉米餅　聲音　圓錐體　做了　去了　磨刀石

L－218　loner　loser　lover　lower
　　　　孤獨者　失敗者　愛人　降低

L－219　look　loom　loon　loop　loot
　　　　注視　織布機　愚人　圈　搶劫

L－220　look　nook　rook　took　zook　book　cook　hook　kook
　　　　看　　屋隅　敲詐　拿　　老妓　書　　廚師　鉤　　笨蛋

L – 221　looky　looby　loony　loopy
　　　　　看　　笨伯　　瘋子　　多圈的

L – 222　loom　room　zoom　boom　doom
　　　　　織機　房間　直升　繁榮　劫數

L – 223　loon　moon　noon　poon　soon　toon　zoon　boon　coon
　　　　　水鳥　月亮　正午　胡桐　快　桃木　動物　恩惠　黑奴
　　　　　goon
　　　　　笨人

L – 224　loop　polo　pool
　　　　　圈　馬球　池塘

L – 225　loop　coop　hoop　hooper　cooper　looper
　　　　　圈　籠　箍環　加箍人　桶匠　尺蠖

L – 226　loot　tool
　　　　　贓物　工具

L – 227　loot　moot　root　soot　toot　boot　coot　foot　hoot
　　　　　贓物　待決　根　煤灰　號角　長靴　黑鴨　腳　梟叫

L – 228　lope　pole
　　　　　大步走　柱，桿

L – 229　loppy　moppy　poppy　soppy
　　　　　下垂的　如拖把的　罌粟花　浸濕的

L – 230　loral　moral　toral　coral　goral　horal
　　　　　知識的　道德的　花托的　珊瑚　斑羚　一小時的

L – 231　lord　lore　lorn
　　　　　貴族　學問　孤獨的

L – 232　lord　word　cord　ford
　　　　　貴族　字　細繩　涉渡

L – 233　lore　role
　　　　　知識　角色

L – 234　lore　more　pore　sore　tore　wore　yore　bore　core　fore
　　　　　知識　較多　細讀　疼痛　撕扯　穿戴　往昔　穿孔　核　在前
　　　　　gore
　　　　　血塊

L – 235　lorn　morn　torn　worn　born　corn　horn
　　　　　孤獨的　早晨　撕裂　穿破　出生　玉米　角

L – 236　lorry　sorry　worry
　　　　　平台車　抱歉　擔心

L – 237　lose　loss　lost
　　　　　損失 v.　損失 n.　損失 p.p.

L – 238　lose　sole　sloe
　　　　　損失　僅有的　野梅

L – 239　lose　nose　pose　rose　dose　hose　cose
　　　　　損失　鼻　姿勢　玫瑰　一劑　軟管　聊天

L

L－240	loser 失敗者	noser 逆風	poser 難題							
L－241	loss 喪失	moss 苔	toss 投擲	boss 老板	doss 睡	joss 神像				
L－242	lost 損失	slot 狹長孔	lots 許多							
L－243	lost 損失	most 最多	post 郵政	tost 抛投	cost 價格	dost 助動詞	host 男主人			
L－244	lot 全部	mot 妙句	not 不	pot 壺	rot 枯朽	sot 酒鬼	tot 小孩	wot 知道	bot 馬蠅	cot 童床	dot 點
	got 得到	hot 熱	jot 少量							
L－245	lota 水罐	alto 男高音	tola 妥拉							
L－246	lotion 面霜	motion 移動	notion 概念	potion 藥之一服						
L－247	lotto 一種牌戲	motto 座右銘								
L－248	loud 大聲的	loun 愚人	loup 面罩	lour 皺眉頭	lout 笨漢					
L－249	lough 海灣	rough 粗魯	sough 颯颯	tough 堅韌	bough 樹皮	cough 咳嗽	dough 金錢			
L－250	loun 愚人	boun 準備	noun 名詞							
L－251	lour 皺眉	pour 傾倒	sour 酸的	tour 遊歷	your 你的	dour 冷峻的	four 四	hour 小時		
L－252	lout 笨人	pout 嘟嘴	rout 敗潰	tout 勸誘	bout 一回	gout 痛風				
L－253	love 愛	move 動	rove 流浪	wove 編織	cove 小海灣	dove 鴿子	hove 移動			
L－254	lover 愛人	mover 提議者	rover 流浪者	cover 蓋	hover 飛翔					
L－255	low 低	mow 割草	now 現在	row 行列	sow 母豬	tow 拖	vow 誓約	wow 噢	yow 訝	bow 彎腰
	cow 母牛	how 怎樣								
L－256	loyal 忠貞	royal 皇家的								
L－257	loyal 忠貞	alloy 皇家								
L－258	lubber 笨大漢	rubber 橡皮	rudder 舵							

L – 259	lube 潤滑油	luce 竹籤魚	lune 弓形	lute 琵琶					
L – 260	lube 潤滑油	rube 村夫	tube 管，筒	cube 立方					
L – 261	luce 竹魚	puce 深褐色	duce 首領						
L – 262	luck 運氣	muck 使活	puck 一擊	ruck 群衆	suck 吸	tuck 捲摺	buck 公羊	duck 鴨	huck 麻布
L – 263	lucky 幸運的	mucky 糞的	ducky 親愛的						
L – 264	lues 瘟疫	slue 斜向							
L – 265	lug 拖	mug 杯	pug 哈巴狗	rug 地毯	tug 拉	bug 小蟲	dug 掘	fug 灰塵	hug 抱住	jug 罐
L – 266	lumber 木料	number 數目	cumber 拖累						
L – 267	lump 小塊	plum 李子							
L – 268	lump 小塊	mump 喃喃	pump 泵浦	rump 臀部	sump 油槽	bump 碰	dump 傾倒	gump 笨伯	
	hump 駝峰	jump 跳							
L – 269	lumper 碼頭工人	bumper 緩衝器	jumper 跳躍者						
L – 270	lunch 午餐	bunch 束，串	munch 用力嚼	punch 打洞					
L – 271	luncheon 正式午餐	puncheon 大酒桶							
L – 272	lune 弓形	rune 北歐文字	tune 調子	dune 沙丘	June 六月				
L – 273	lung 肺	rung 響	sung 唱	bung 打腫	dung 施肥	hung 弔			
L – 274	lunk 笨伯	punk 朽木	sunk 沉	tunk 拍打	bunk 床位	dunk 浸泡	funk 恐慌	gunk 油膩物	hunk 大塊
	junk 垃圾								
L – 275	lure 誘餌	rule 規則							
L – 276	lure 誘餌	mure 幽禁	pure 純的	sure 確信	cure 治療				
L – 277	lurk 埋伏	murk 陰暗	Turk 土耳其人						

L－278　lust　lost　list　lest　last
　　　　　貪　損失　名單　免得　最後的

L－279　lust　must　oust　rust　bust　dust　gust　just
　　　　　貪　必須　逐出　鏽　破產　灰塵　陣風　公平

L－280　lute　mute　cute
　　　　　琵琶　啞的　聰明的

L－281　lying　tying　vying　dying
　　　　　說謊　結　競爭的　將死的

L－282　lyre　rely
　　　　　七弦琴　依賴

—— M ——

M－1　ma　pa　ba　ha　la
　　　　媽　爸　神靈　哈　哪

M－2　mab　mac　mad　mag　man　map　mar　mat　maw　may
　　　　懶女　雨衣　瘋的　饒舌　男人　地圖　損害　墊子　嘴　可以

M－3　mab　nab　cab　dab　gab　jab　lab
　　　　捉住　懶婦　出租車　輕拍　嘮叨　戳　實驗室

M－4　mabby　tabby　cabby　gabby
　　　　番薯酒　虎斑貓　出租車司機　饒舌

M－5　Mabel　babel　label
　　　　女子名　混亂　標籤

M－6　mace　made　mage　make　male　mane　mare　mate　maze
　　　　鎚矛　做了　男巫　做　男性　鬃　雌馬　伴侶　迷路

M－7　mace　came　acme
　　　　鎚　來　頂點

M－8　mace　pace　race　dace　face　lace
　　　　鎚　步伐　種族　鰷魚　臉　帶子

M－9　macrobian　microbian
　　　　百歲長壽人　微生物的

M－10　macrocephalic　microcephalic
　　　　巨頭的　小頭的

M－11　macrodont　microdont
　　　　有大齒的　牙齒小的

M－12　macrograph　micrograph
　　　　原形圖　微寫器

M－13　macron　micron
　　　　長音符　微米

M－14　macrospore　microspore
　　　　大芽胞　小胞子

M－15　macerate　lacerate
　　　　浸軟　扯碎

M - 16	mad 瘋	dam 水壩	mid 中間的	dim 微暗的	mud 污泥					
M - 17	mad 瘋	pad 墊子	sad 愁	wad 小塊	bad 壞的	cad 鄙漢	dad 爹	fad 時尚	gad 刺棍	had 有

| M - 17 | | | | | | | | | | lad
男孩 |

M - 18	madden 使瘋狂	sadden 悲哀

M - 19	madder 茜草	sadder 較悲的	gadder 遊蕩者	ladder 梯

M - 20	maddish 微狂的	saddish 稍悲的	baddish 稍壞的	caddish 下賤的	faddish 流行的	laddish 年青的

M - 21	made 製作	mead 草地	dame 女神

M - 22	made 製作	wade 涉過	bade 出價	fade 褪色	jade 玉	lade 載運

M - 23	mag 多言	nag 小馬	rag 破布	sag 下降	tag 附箋	wag 搖擺	zag 急轉	bag 袋	dag 匕首	fag 苦工	gag 塞口
	hag 女巫	jag 醉酒	lag 落後								

M - 24	mage 魔術師	game 遊戲

M - 25	mage 魔術師	page 頁	rage 憤怒	sage 哲人	wage 工資	cage 籠	gage 抵押

M - 26	maid 少女	amid 在中間	arid 乾燥的	raid 突擊

M - 27	maid 少女	mail 郵件	maim 殘疾	main 主要的	mair 多

M - 28	maid 少女	paid 已付	raid 攻入	said 說了	laid 放置

M - 29	mail 郵件	mall 木槌球	marl 泥灰石	maul 虐打

M - 30	mail 郵件	nail 釘子	pail 提桶	rail 鐵軌	sail 航行	tail 尾巴	vail 脫帽	wail 痛哭	bail 委託	fail 失敗	hail 歡呼
	jail 監獄										

M - 31	mailer 郵寄者	nailer 製釘者	sailer 帆船	wailer 哭泣者	bailer 委託者	failer 失敗者	jailer 獄吏

M - 32	maim 殘廢	imam 祭司

M - 33	main 主要	pain 苦痛	rain 雨	vain 徒然	wain 馬車	zain 純暗色馬	cain 田賦	fain 樂意	gain 獲得
	lain 躺下								

M

M - 34	mair 更多	pair 一雙	vair 鼠皮	fair 公正的	hair 頭髮	lair 獸穴			
M - 35	maist 很多	waist 腰							
M - 36	make 做	rake 耙子	sake 原因	take 拿	wake 喚醒	bake 烘	cake 餅	fake 作偽	hake 鱈魚
	jake 滿意	lake 湖							
M - 37	male 男的	meal 餐	lame 跛的						
M - 38	male 男的	pale 蒼白	rale 肺鳴	sale 賣	tale 故事	vale 傷痕	bale 打包	dale 山谷	gale 大風	hale 強壯
M - 39	malic 蘋果的	claim 要求							
M - 40	mall 木槌	malm 石灰岩	malt 麥酒						
M - 41	mall 木槌	pall 帷幕	tall 高	wall 牆	ball 球	call 呼喚	fall 落下	gall 大膽	hall 廳
M - 42	mallet 槌	millet 粟	mullet 鯔						
M - 43	mallet 槌	pallet 草床	sallet 頭盔	wallet 皮夾	ballet 芭蕾	gallet 碎石			
M - 44	mallow 錦葵	sallow 病黃色	tallow 牛脂	wallow 打滾	callow 不成熟的	fallow 休耕的	hallow 神聖		
M - 45	malm 堊土	palm 手掌	balm 香油	calm 平靜					
M - 46	malt 麥酒	halt 立定	salt 鹽						
M - 47	mam 媽	ram 撞	yam 山芋	bam 欺騙	cam 凸輪	dam 水壩	gam 腿	ham 火腿	jam 擠	lam 責打
M - 48	mamma 媽媽	yamma 駱馬	gamma 咖馬	namma 泉水					
M - 49	mammer 口吃	rammer 撞者	yammer 啼哭	gammer 老太婆	hammer 鎚				
M - 50	mammon 財富	gammon 燻火腿							
M - 51	mammy 媽媽	mummy 木乃伊	nanny 奶媽（英）						
M - 52	mammy 媽媽	pappy 漿糊狀的	sassy 無禮的	tatty 陋劣的	daddy 爹爹	nanny 奶媽			
M - 53	mammy 媽咪	tammy 圓帽	hammy 有火腿味的	sammy 俚語美國兵	tammy 蘇格蘭便帽、濾布				

M－54 man pan ran tan van wan ban can dan fan Han
男人 鍋 跑 晒黑 貨車 蒼白 禁止 能 浮標 扇 漢人

M－55 mane mean name amen
馬鬃 意謂 名字 阿門

M－56 mane pane sane vane wane bane cane Dane fane
馬鬃 玻璃片 清楚 風旗 減弱 大患 杖 丹麥人 寺院
lane
巷

M－57 manger ranger banger danger ganger hanger
馬槽 徘徊者 大吵 危險 工頭 吊架

M－58 mangle tangle wangle bangle dangle fangle jangle
撕裂 纏結 狡詐 手鐲 搖擺 新款 雜聲

M－59 mango mangy tango tangy
芒果 低微的 探戈 強烈的

M－60 manner tanner vanner banner canner fanner
態度 製革匠 運貨人 旗幟 製罐者 扇風者

M－61 manna wanna
神賜的食物 （美俚）要

M－62 manor fanor minor
貴族的封地 肩巾 較小的

M－63 mantel mental mantle lament
壁爐架 心理的 壁爐架 哀悼

M－64 mantle cantle
壁爐架 片段

M－65 many wany zany cany
許多 減少 可笑的 籐製

M－66 map nap pap rap sap tap wap yap cap dap gap
地圖 小睡 軟食 敲擊 腐蝕 輕踏 拍打 狂吠 便帽 飛掠 缺口
hap lap
運氣 重疊

M－67 mar oar par tar war bar car ear far jar lar
損傷 槳 同等 焦油 戰爭 棒 車 耳 遠 瓶 家神

M－68 marble warble garble
大理石 蟲 曲解

M－69 marc cram
果渣 塞滿

M－70 marc mare mark marl Mars mart Mary
果渣 母馬 記號 泥灰 火星 市場 馬利亞

M－71 mare ream
果渣 一令紙

M－72 mare pare rare tare ware yare bare care dare fare
母馬 削皮 半熟 甚多 器物 靈活 赤裸 小心 敢 車費

hare
兔

M－73　marge　targe　barge　large
　　　　邊緣　　盾　　承船　　大的

M－74　marinade　marinate
　　　　滷質　　　用滷調製

M－75　mark　nark　park　sark　bark　dark　hark　lark
　　　　記號　線民　公園　襯衣　吠　黑暗　聽　雲雀

M－76　marriage　carriage
　　　　結婚　　　馬車

M－77　marrier　barrier　carrier　farrier　harrier
　　　　結婚者　碉堡　航空母艦　蹄鐵匠　獵狗

M－78　marrow　narrow　yarrow　barrow　farrow　harrow
　　　　骨髓　　窄的　　蓍草　　手車　　產小豬　耙

M－79　marry　merry　massy　messy
　　　　結婚　快樂的　巨大的　雜亂的

M－80　marry　parry　tarry　carry　harry　larry
　　　　結婚　擋開　滯留　攜帶　掠奪　鋤頭

M－81　mart　part　tart　wart　cart　dart　fart　hart
　　　　市場　部份　酸的　疣　馬車　投擲　屁　公鹿

M－82　marten　martin
　　　　貂　　　燕

M－83　marvel　carvel
　　　　奇蹟　　帆船

M－84　Mary　nary　oary　vary　wary
　　　　馬利亞　一個沒有　似槳的　改變　小心的

M－85　mash　sham　mask　mast
　　　　麥芽汁　假冒　面罩　桅

M－86　mash　pash　rash　sash　wash　bash　cash　dash　fash
　　　　搗碎　打碎　輕率　窗框　洗　重擊　現金　少許　困惱
　　　　gash　hash　lash
　　　　割痕　混雜　鞭撻

M－87　masher　rasher　washer　dasher
　　　　搗碎者　鹹肉片　洗衣機　衝擊者

M－88　mask　task　bask　cask
　　　　面具　工作　取暖　桶

M－89　mass　mess　miss　moss
　　　　彌撒　膳食　不中　苔

M－90　mass　pass　bass　lass　sass　tass
　　　　彌撒　通過　低音　少女　頂嘴　酒杯

M－91　massage　passage
　　　　按摩　　　通行

M – 92	massive 大塊的	passive 被動的							
M – 93	massy 成塊的	sassy 無理的	gassy 氣體的						
M – 94	mast 桅	mist 霧	most 最多	must 必須					
M – 95	mast 桅	oast 乾窯	past 以往	vast 廣大	wast 是	bast 韌皮	cast 拋	east 東方	fast 快	hast 有
	last 最後								
M – 96	master 主人	mister 先生	muster 召集						
M – 97	master 主人	paster 粘貼者	taster 嚐味者	waster 浪子	baster 塗脂者	caster 投手	Easter 復活節		
	faster 較快的	laster 楦者							
M – 98	mat 纏	oat 麥	pat 拍	rat 鼠	sat 坐	tat 擊	vat 桶	xat 柱	bat 棒	cat 貓	eat 吃	fat 胖
	gat 槍	hat 帽							
M – 99	match 火柴	natch 當然	patch 補丁	ratch 棘輪	watch 錶	batch 一批	catch 捉	hatch 孵	
	latch 門閂								
M – 100	mate 伴侶	mete 分配	mite 小蟲	mote 塵埃	mute 啞的				
M – 101	mate 伴侶	meat 肉	tame 馴服	team 隊					
M – 102	mate 伙伴	pate 頭頂	rate 比率	sate 使飽	bate 減少	date 日期	fate 命運	gate 門	hate 恨	late 遲
M – 103	mater 母親	pater 父親	maternal 母親的	paternal 父親的					
M – 104	math 數學	oath 發誓	path 小徑	rath 古塚	bath 洗浴	hath 有	lath 板條		
M – 105	matin 晨禱	satin 緞	Latin 拉丁文						
M – 106	matron 主婦	natron 炭酸鈉	patron 保護者						
M – 107	matter 事件	natter 抱怨	patter 淅瀝	ratter 捕鼠者	tatter 破布	yatter 閒談	batter 重擊	hatter 帽商	
	latter 後者								
M – 108	mature 成熟的	nature 自然界							

M

M－109　maul　alum
　　　傷害　明礬

M－110　maul　saul　waul　caul　haul
　　　傷害　波羅樹　痛哭　羊膜　拉

M－111　maunder　launder
　　　絮聒　　耐洗

M－112　maw　mew　mow
　　　胃　貓叫　草堆

M－113　maw　naw　paw　raw　saw　taw　yaw　caw　daw　haw
　　　胃　大　爪　生的　鋸　石彈　偏航　烏鴉叫　穴鳥　支吾
　　　jaw　law
　　　顎　法律

M－114　max　Mex　mix
　　　最大　墨西哥人　混合

M－115　max　pax　sax　fax　tax　wax　zax　lax
　　　最大　聖像牌　石板錘　傳眞　稅　蠟　石斧　鬆弛

M－116　may　nay　pay　ray　say　way　bay　cay　day　fay　gay
　　　許可　而且　付　射線　說　路　海灣　沙洲　日　仙　快樂
　　　hay　jay　lay
　　　乾草　鳥　放

M－117　mazard　hazard
　　　頭　　危險

M－118　maze　naze　raze　daze　faze　gaze　haze　laze
　　　迷惘　岬　消除　迷亂　困惱　注視　煙霧　怠惰

M－119　mazy　hazy　lazy
　　　迷惑的　煙霧的　懶惰

M－120　me　we　ye　be　he
　　　我　我們　你　是　他

M－121　mead　meal　mean　meat
　　　蜜酒　餐　意謂　肉

M－122　mead　made　dame
　　　蜜酒　做　夫人

M－123　mead　meed　meld　mend
　　　蜜酒　報酬　吞沒　修補

M－124　mead　read　bead　dead　head　lead
　　　蜜酒　唸　唸珠　死　頭　鉛

M－125　meal　peal　seal　teal　veal　weal　zeal　deal　heal　real
　　　餐　鐘響　印章　野鴨　小牛肉　福利　熱心　交易　治癒　眞實的

M－126　mean　pean　wean　yean　bean　dean　jean　lean
　　　意謂　凱歌　斷　產　豆　院長　褲　瘦

M－127　meander　renamed
　　　漫步　改名

M – 128　meat　tame　team　mate
　　　　　肉　　馴服　隊　　伴侶

M – 129　meat　meet　melt
　　　　　肉　　遇見　溶化

M – 130　meat　neat　peat　seat　teat　beat　feat　heat
　　　　　肉　　整潔　泥煤　座　　奶頭　打　　功績　熱

M – 131　medal　modal　model　yodel　　nodal　dedal　pedal
　　　　　獎牌　　樣式　　模特兒　變嗓唱歌　節瘤　巧妙的　踏板

M – 132　meddle　middle　muddle
　　　　　摸弄　　中間的　使混亂

M – 133　meddle　peddle
　　　　　摸弄　　挑賣

M – 134　medicate　dedicate　delicate
　　　　　以藥治療　奉獻　　美味的

M – 135　medlar　pedlar
　　　　　枸杞　　小販

M – 136　medium　tedium
　　　　　中間的　厭倦

M – 137　medusa　amused
　　　　　水母　　娛樂

M – 138　meed　deem　meek　meet
　　　　　報酬　認爲　溫柔的　遇見

M – 139　meed　need　reed　seed　weed　deed　feed　heed　geed
　　　　　報酬　需要　蘆葦　種子　雜草　行爲　餵飼　注意　向右轉

M – 140　meek　peek　reek　seek　week　geek　keek　leek
　　　　　溫柔的　偷看　煙　　找尋　星期　怪人　窺視　韭

M – 141　meet　mete　teem
　　　　　遇見　分配　充滿

M – 142　meet　beet　feet　leet
　　　　　遇見　甜菜　腳　　司法權

M – 143　meld　veld　weld　geld　held
　　　　　吞沒　草原　焊接　閹割　握

M – 144　mellow　yellow　bellow　fellow
　　　　　熟　　　黃色　　吼叫　　傢伙

M – 145　melt　pelt　welt　belt　celt　felt　gelt　kelt
　　　　　溶化　投　傷痕　皮帶　石斧　感覺　錢　塞特人

M – 146　memo　nemo
　　　　　備忘錄　現場節目

M – 147　men　pen　ten　wen　yen　ben　den　fen　hen　ken　zen
　　　　　男人　筆　十　疣　元　客室　窟　沼　雞　知　禪宗

M – 148　mend　mind
　　　　　修補　心意

M

| M-149 | mend
修補 | pend
吊著 | rend
撕 | send
送 | tend
致使 | vend
賣 | wend
行 | bend
使曲 | fend
抵擋 |
| | lend
借 | | | | | | | | |

| M-150 | menial
奴僕 | xenial
主客關係的 | venial
可原諒的 | denial
否認 | genial
頤的 |

| M-151 | mensal
每月的 | mental
心理的 |

| M-152 | mental
心理的 | lament
哀悼 |

| M-153 | mental
心理的 | rental
出租的 | cental
一百鎊重 | dental
牙齒的 |

| M-154 | mere
僅只 | pere
父姓 | sere
乾枯 | were
是 | cere
薄膜 | here
這裡 | bere
大麥 | dere
悲傷的 |

| M-155 | merge
吞沒 | serge
斜紋嗶嘰 | verge
邊緣 |

| M-156 | merit
優點 | remit
匯寄 |

| M-157 | merlin
小鷹 | berlin
四輪馬車 |

| M-158 | merman
人魚 | german
近親的 |

| M-159 | merry
快樂 | messy
雜亂的 |

| M-160 | merry
快樂 | perry
梨酒 | serry
密集 | terry
絨縫 | berry
漿果 | derry
民謠 | ferry
渡船 | herry
掠奪 |
| | jerry
氈帽 | | | | | | | | |

| M-161 | mesa
高台 | same
相同 | seam
接合 |

| M-162 | mess
食物 | ness
岬 | jess
足帶 | less
較少 |

| M-163 | met
遇 | net
網 | pet
寵物 | ret
變軟 | set
一組 | vet
治療 | wet
濕 | yet
尚未 | bet
打賭 | get
獲得 | jet
噴射 |
| | let
讓 | | | | | | | | | | |

| M-164 | metal
金屬 | petal
花瓣 | fetal
胎兒的 |

| M-165 | meter
公尺 | peter
漸小 | deter
阻止 |

| M-166 | meth
甲基 | myth
神話 | moth
蛾 | math
數學 |

M－167	mettle 氣質	mottle 斑點						
M－168	mew 貓叫	new 新	pew 座位	sew 縫	yew 水松	dew 露	few 少數	hew 砍 Jew 猶太人
M－169	Mex 墨西哥人	sex 性	vex 煩惱	hex 女巫	lex 法律	rex 君主		
M－170	mi 第三音	pi 圓周率	si 第七音	ti 第七音	ai 樹獺	hi 嗨		
M－171	mice 鼠	nice 好的	rice 米	sice 馬夫	vice 惡行	bice 灰藍	dice 骰子	lice 蝨
M－172	mickle 多	pickle 泡菜	sickle 鐮刀	tickle 胳肢	fickle 易變的			
M－173	micky 馬鈴薯	picky 挑剔的	ticky 三辨士	wicky 桂樹	dicky 小鳥			
M－174	mid 中間	dim 微暗的	rid 免除	aid 幫助	bid 出價	did 做	fid 尖針	hid 匿 kid 小孩 lid 蓋子
M－175	midden 垃圾堆	ridden 騎	bidden 出價	hidden 藏匿				
M－176	middle 中間	piddle 虛度	riddle 猜中	diddle 欺騙	fiddle 小提琴			
M－177	middy 學生	biddy 小雞	giddy 頭暈	kiddy 小孩				
M－178	midge 小蟲	ridge 山脊						
M－179	midst 中間	didst 做						
M－180	miff 生氣	tiff 小吵	biff 打	biffin 蘋果	tiffin 午餐			
M－181	might 強權	night 夜	right 對的	sight 視力	tight 緊	wight 人	bight 彎曲	dight 準備
	eight 八	fight 打仗	hight 高度	light 光				
M－182	mike 怠工	mime 小丑	mine 我的	mire 泥沼				
M－183	mike 怠工	Nike 勝利女神	pike 矛	tike 劣犬	bike 單車	dike 堤	hike 遠足	kike 猶太人 like 如
M－184	mil 密爾	nil 無	oil 油	til 胡麻	ail 生病			
M－185	mild 溫和的	mile 哩	milk 牛奶	mill 磨	milt 脾臟			
M－186	mild 溫和的	wild 野性的	gild 鍍金					

M

M - 187　mile　lime
　　　　　哩　　石灰

M - 188　mile　pile　rile　tile　vile　wile　bile　file
　　　　　哩　　一堆　惹怒　瓦　壞的　詭計　膽汁　卷宗

M - 189　milk　silk　bilk
　　　　　牛奶　絲　賴帳

M - 190　mill　nill　pill　rill　sill　till　vill　will　yill　bill　dill
　　　　　磨坊　不願　藥丸　小河　基石　直到　市鎮　意願　麥酒　帳單　蒔蘿
　　　　　fill　gill　hill　kill　lill
　　　　　裝滿　魚鰓　小山　殺害　垂下

M - 191　miller　siller　tiller
　　　　　磨坊主　銀　耕者

M - 192　millet　rillet　willet　billet　fillet
　　　　　粟　　小溪　鷸鳥　住宿　髮帶

M - 193　milliards　billiards
　　　　　十億法郎　撞球

M - 194　million　zillion　billion　bullion　mullion
　　　　　百萬　無量數　十億　金塊　豎框

M - 195　milt　silt　tilt　wilt　gilt　jilt　kilt　lilt
　　　　　脾臟　淤泥　傾斜　枯萎　金箔　遺棄　捲起　輕快

M - 196　milter　filter　kilter
　　　　　雄魚　濾清　良好狀態

M - 197　mime　rime　time　dime　lime
　　　　　小丑　押韻　時間　一角硬幣　石灰

M - 198　mince　since　wince
　　　　　剁碎　以後　畏縮

M - 199　mind　mink　mint　minx
　　　　　心意　貂　薄荷　瘋姑娘

M - 200　mind　rind　wind　bind　find　hind　kind
　　　　　心意　果皮　風　綁　尋　在後　種類

M - 201　minder　tinder　winder　binder　cinder　finder　hinder
　　　　　照料者　火種　捲的人　綁者　餘燼　尋獲者　後面的

M - 202　mine　nine　pine　sine　tine　vine　wine　bine　dine　fine
　　　　　我的　九　松木　正弦　叉齒　藤蔓　酒　藤　用餐　好的
　　　　　kine　line
　　　　　牛　線

M - 203　Ming　ping　ring　sing　ting　wing　zing　bing　ding
　　　　　明代　呼呼　鈴　唱　玎玲　翅　活力　一堆　叮噹聲
　　　　　king　ling
　　　　　國王　石南

M - 204　mingle　single　tingle　bingle　jingle　dingle
　　　　　相混　單獨　刺痛　安打　叮噹　小峽谷

M – 205	minister sinister 部長　　　不吉的
M – 206	mink pink rink sink tink wink dink fink gink 貂皮 淡紅 溜冰 沉 叮叮聲 眨眼 打扮 告發人 怪人 kink link 繩結 連結
M – 207	minnow winnow 小魚　　　吹散
M – 208	mint pint tint dint hint lint 薄荷 品脫 著色 凹痕 暗示 麻布
M – 209	miny tiny liny 似礦坑的 很小的 似線的
M – 210	mire emir rime 泥沼 尊稱 白霜
M – 211	mire tire sire wire dire fire hire 泥沼 輪胎 父 鐵絲 可怕的 火 租用
M – 212	mirth birth girth 歡笑 分娩 周圍
M – 213	mise rise vise wise bise 協定 增高 老虎鉗 聰明 寒風
M – 214	miss piss hiss kiss 不中 尿 嘶嘶聲 吻
M – 215	mission fission 任務　　　分裂
M – 216	missy mussy misty musty 小姐 混亂的 多霧的 發霉的
M – 217	mist cist fist gist hist list 霧 石棺 拳頭 要旨 不出聲 名單
M – 218	mister bister sister 先生 褐色 姊妹
M – 219	MIT nit pit sit tit wit ait bit cit fit hit 麻省工院 幼蟲 凹處 坐 山雀 理智 小島 小量 商人 適合 打 kit lit 一組 亮光
M – 220	mite emit item time 小蟲 發出 項目 時間
M – 221	mite rite site bite cite kite 少許 典禮 場所 咬 引述 風箏
M – 222	mitt bitt mitten bitten kitten 手 錨柱 手套 咬 小貓
M – 223	mix nix pix six fix 混合 沒有 聖餅盒 六 固定

M

M－224	mixture 混合物	fixture 固定物							
M－225	mizzle 毛毛雨	fizzle 嘶嘶聲	sizzle 噓噓聲						
M－226	moa 恐鳥	zoa 動物	boa 蟒蛇	goa 羚羊					
M－227	moan 呻吟聲	noma 口疽							
M－228	moan 呻吟聲	roan 羊皮	loan 借款						
M－229	moat 壕溝	atom 原子							
M－230	moat 壕溝	boat 船	coat 外衣	goat 山羊					
M－231	mob 暴徒	nob 頭	rob 搶劫	sob 啜泣	bob 剪短	cob 鵝	fob 袋	gob 塊	hob 架	job 工作	lob 傻人
M－232	mobster 暴徒	lobster 龍蝦	bolster 長枕	holster 皮槍套	monster 怪物				
M－233	mock 嘲弄	nock 凹槽	pock 痘疱	rock 岩石	sock 短襪	bock 啤酒	cock 公雞	dock 碼頭	hock 典當
	jock 騎師	lock 鎖							
M－234	mode 方式	dome 圓頂	demo 示威						
M－235	mode 方式	node 結	rode 騎	bode 預兆	code 電碼	lode 礦脈			
M－236	moil 勞動	milo 高粱							
M－237	moil 勞動	roil 攪濁	soil 土壤	toil 苦工	boil 煮沸	coil 線圈	foil 阻止	noil 梳屑	
M－238	moist 潮濕的	foist 騙售	hoist 起卸機	joist 托樑					
M－239	moke 黑人	poke 衝刺	yoke 軛	coke 焦煤	joke 玩笑				
M－240	molar 臼齒	polar 磁極的	solar 太陽的						
M－241	mold 做模	sold 賣	told 告訴	wold 山地	bold 勇敢	cold 冷	fold 摺起	gold 黃金	hold 握住
M－242	molder 腐朽	solder 錫焊	folder 紙夾	holder 支持物					
M－243	mole 痣	pole 柱	role 角色	sole 獨的	vole 野鼠	bole 樹幹	cole 油菜	dole 施捨	hole 洞

M – 244　mollify　jollify
　　　　　安慰　　使高興

M – 245　molly　tolly　colly　dolly　folly　golly　holly
　　　　　懦夫　蠟燭　牧羊犬　洋囝囝　愚行　天哪　多青

M – 246　molt　volt　bolt　colt　dolt　holt　jolt
　　　　　換毛　伏特　螺桿　小馬　傻瓜　林丘　顛簸

M – 247　mom　non　pop　sos　tot　wow
　　　　　媽媽　不　爆裂聲　求救　小兒　哎唷

M – 248　moment　foment
　　　　　片刻　　煽情

M – 249　momma　comma
　　　　　媽媽　　逗點

M – 250　money　honey
　　　　　錢　　蜂蜜

M – 251　monist　inmost
　　　　　一元論者　在最內的

M – 252　monk　tonk　conk　honk　konk
　　　　　和尚　猛打　頭　雁叫聲　鼻

M – 253　month　mouth　south
　　　　　一月　嘴　南方

M – 254　moo　too　woo　zoo　boo　goo
　　　　　牛鳴　也　求婚　動物園　噓聲　粘膠

M – 255　mood　moor　moot　moon　morn　mown
　　　　　語氣　荒野　討論　月亮　早晨　割

M – 256　mood　pood　rood　wood　food　good　hood
　　　　　心情　普特　路得　樹林　食物　好　罩

M – 257　moon　noon　poon　soon　toon　zoon　boon　coon　goon
　　　　　月亮　中午　胡桐　快　桃木　動物　恩惠　黑奴　笨人
　　　　　loon
　　　　　水鳥

M – 258　moor　room
　　　　　荒野　房間

M – 259　moor　poor　boor　door　moorish　poorish　boorish
　　　　　荒野　窮　農民　門　荒野的　有些窮的　鄉氣的

M – 260　moose　goose　loose
　　　　　麋　鵝　鬆的

M – 261　moot　root　soot　toot　boot　coot　foot　hoot　loot
　　　　　待決　根　煤灰　號角　長靴　黑鴨　腳　梟叫　贓物

M – 262　mop　pop　sop　top　wop　cop　fop　hop　lop
　　　　　拖把　砰然　浸濕　頂　南歐人　警察　花花公子　獨腳跳　砍去

M – 263　mope　pome　poem
　　　　　敗興　梨果　詩

M

M－264	mope 敗興	nope 不	pope 敎皇	rope 繩	tope 狂歡	cope 裟裟	dope 濃液	hope 希望	lope 大步行走

M－265	moral 道德的	mural 壁飾	rural 農村的

M－266	moral 道德的	coral 珊瑚	goral 斑羚	horal 一小時的	loral 知識的	toral 花托的

M－267	morbid 病態的	forbid 禁止

M－268	mordant 諷刺的	dormant 睡眠的

M－269	more 較多	omer 容量	Rome 羅馬

M－270　more 較多　pore 細讀　sore 疼痛　tore 撕扯　wore 穿戴　yore 往昔　bore 穿孔　core 核　fore 在前　gore 血塊
　　　　lore 知識

M－271	morn 早晨	Norm 女神

M－272	morn 早晨	torn 撕裂	worn 穿破	born 出生	corn 玉米	horn 角	lorn 孤獨的

M－273	morrow 次日	sorrow 悲哀	borrow 借

M－274	morse 海象	worse 更壞	gorse 金雀花	horse 馬

M－275	mort 號角	port 港口	sort 品種	tort 侵犯	wort 植物	bort 金鑽	fort 砲台

M－276	mortice 榫眼	mortise 榫眼

M－277	mortify 克制	fortify 設防

M－278	moss 苔	toss 投擲	boss 老板	doss 睡	joss 神像	loss 喪失

M－279	most 最多	post 郵政	tost 抛投	cost 價格	dost 助動詞	host 男主人	lost 損失

M－280　mot 妙句　not 不　pot 壺　rot 枯朽　sot 酒鬼　tot 小孩　wot 知道　bot 馬蠅　cot 童床　dot 點　got 得到
　　　　hot 熱　jot 少量　lot 全部

M－281	mote 微塵	tome 大冊

M－282	mote 微塵	note 摘記	rote 強記	tote 背誦	vote 投票	bote 修理	cote 棚	dote 昏瞶

M – 283	motel 汽車旅館	hotel 旅館		
M – 284	mother 母親	pother 喧鬧	tother 另一個	bother 麻煩
M – 285	motion 移動	notion 概念	potion 藥之一服	lotion 面霜
M – 286	motive 動機	votive 許願的		
M – 287	motor 馬達	rotor 迴轉子		
M – 288	motorcab 出租汽車	motorcar 汽車		
M – 289	mottle 斑點	pottle 容器	bottle 瓶	cottle 茅舍 dottle 煙渣
M – 290	motto 座右銘	lotto 一種牌戲		
M – 291	mould 模型	would 願望	could 能夠	
M – 292	mould 模型	moult 脫換	mount 登，乘	mound 堤，堆
M – 293	mound 土堆	pound 磅	round 圓的	sound 聲音 wound 受傷 bound 綑紮 found 尋到
	hound 獵犬			
M – 294	mount 山	notum 背部		
M – 295	mount 山	count 數	fount 泉	
M – 296	mountain 高山	fountain 噴泉		
M – 297	mourn 悲傷	bourn 小河		
M – 298	mouse 鼠	rouse 喚醒	souse 投水	touse 弄亂 bouse 飲料 douse 潑水 house 房屋 louse 蝨
M – 299	mouth 嘴	south 南方		
M – 300	move 動	rove 流浪	wove 編織	cove 小海灣 dove 鴿子 hove 移動 love 愛
M – 301	mover 提議者	rover 流浪者	cover 蓋	hover 飛翔 lover 愛人
M – 302	mow 割草	now 現在	row 行列	sow 母豬 tow 拖 vow 誓約 wow 噢 yow 訝 bow 彎腰 cow 母牛

M

how low
怎樣 低

M-303 mower power rower sower tower bower cower
割草機 力量 划船者 播種者 塔 涼亭 畏縮

dower lower
嫁妝 低些

M-304 much ouch such
許多的 啊唷 如此的

M-305 muck puck ruck suck tuck buck duck huck luck
使污 一擊 群眾 吸 捲摺 公羊 鴨 麻布 運氣

M-306 muckle suckle buckle huckle
多，大 餵奶 扣子 大腿

M-307 mucky ducky lucky
糞的 親愛的 幸運的

M-308 mud mug mum
泥 杯 沉默

M-309 mud pud bud cud dud
泥 煉鐵 花蕾 反芻 失敗

M-310 muddle puddle ruddle cuddle fuddle huddle buddle
使混亂 泥水坑 紅土 擁抱 泥醉 擁擠 洗礦槽

M-311 muddy ruddy buddy cuddy
似泥的 紅的 同志 壁櫥

M-312 muff mull mumm muss mutt muzz
做錯 弄亂 假面劇 雜亂 笨人 使大醉

M-313 muff puff ruff tuff buff cuff duff guff huff luff
做錯 喘息 頸毛 凝岩 軟皮 袖口 布丁 胡說 開罪 向風

M-314 muffle ruffle muffler ruffler
包住 摺皺 頭巾 擺架子的人

M-315 mug pug rug tug bug dug fug hug jug lug
馬克杯 哈巴狗 地毯 拉 小蟲 掘 灰塵 抱 罐 拖

M-316 mugger tugger bugger hugger
印度鱷魚 用力拉的人 好色者 混亂

M-317 muggle guggle juggle
大麻煙 潺潺聲 把戲

M-318 moggy buggy
悶熱的 小兒車

M-319 mule pule rule yule
騾 啜泣 規則 聖誕季節

M-320 mullet pullet bullet cullet gullet
刀魚 小母雞 子彈 碎玻璃 食道

M-321 mullion bullion billion million zillion
豎框 金塊 十億 百萬 無量數

M – 322　multiple　multiply
　　　　　多重的　　增加

M – 323　mum　rum　sum　tum　vum　bum　gum　hum
　　　　　沉默　古怪　總數　撥弦聲　發誓　遊蕩　口香糖　嗡嗡

M – 324　mumble　rumble　tumble　fumble　humble　jumble
　　　　　咕噥　　隆隆聲　跌倒　　摸索　　卑下　　混合

M – 325　mummer　rummer　summer　hummer　cummer
　　　　　啞劇演員　大酒杯　夏天　　低唱者　　女伴

M – 326　mummy　tummy　yummy　dummy
　　　　　木乃伊　肚子　悅人的　啞巴

M – 327　mump　pump　rump　sump　bump　dump　gump　hump
　　　　　喃喃　泵浦　臀部　油槽　碰　　傾倒　笨伯　駝峰
　　　　　jump　lump
　　　　　跳　　小塊

M – 328　munch　punch　bunch　hunch　lunch
　　　　　咀嚼　拳擊　束，串　直覺　午飯

M – 329　mural　rural　sural　aural　jural　moral
　　　　　壁飾　鄉村的　牛腿的　聽覺的　法律的　品行

M – 330　mure　pure　sure　cure　lure
　　　　　幽禁　純的　確信　治療　誘餌

M – 331　murk　Turk　lurk
　　　　　陰暗　土耳其人　埋伏

M – 332　muse　ruse　fuse
　　　　　沉思　策略　保險絲

M – 333　mush　push　rush　tush　bush　gush　hush　lush
　　　　　夢話　推　急迫　咄咄聲　矮樹　湧出　安靜　醉漢

M – 334　musk　rusk　tusk　busk　cusk　dusk　husk
　　　　　麝香　脆麵包　長牙　胸衣　鱈魚　昏暗　剝殼

M – 335　muss　puss　Russ　buss　cuss　fuss
　　　　　混亂　貓　俄羅斯　親吻　詛咒　紛擾

M – 336　must　oust　rust　bust　dust　gust　just　lust
　　　　　必須　逐出　誘　破產　灰塵　陣風　公平　貪求

M – 337　must　smut
　　　　　必須　污物

M – 338　mustard　bustard　custard
　　　　　芥末　　鴇　　軟凍

M – 339　muster　ouster　buster　duster　luster
　　　　　集合　免職　巨物　掃塵人　光彩

M – 340　musty　fusty　mustiness　fustiness
　　　　　過時的　發霉的　過時　　霉味

M – 341　mutt　muss　mull
　　　　　笨蛋　混亂　思索

M

M – 342	mutt 笨蛋	putt 輕擊	butt 煙屁股		
M – 343	mutter 喃喃	putter 短球棒	butter 奶油	cutter 切割器	gutter 天溝
M – 344	mutton 羊肉	button 鈕扣			
M – 345	muzz 苦讀	buzz 嗡嗡聲	fuzz 絨毛		
M – 346	muzzle 槍口	nuzzle 用鼻掘	puzzle 難題	wuzzle 混合	guzzle 狂飲
M – 347	muzzy 昏迷的	wuzzy 酩酊的	fuzzy 多細毛的		
M – 348	my 我的	ay 唉	by 經		

—— N ——

N – 1	nab 懶婦	nac 吊籃	nag 小馬	nap 打盹	nay 不

N – 2	nab 懶婦	cab 出租車	dab 輕拍	gab 嘮叨	jab 戳	lab 實驗室	mab 捉住	tab 垂片

N – 3	nadir 天底	drain 排水

N – 4	nae 不	mae 羊叫聲	wae 悲哀	awe 敬畏	ane 一個	tan 晒黑	ant 螞蟻	any 任何	nay 否

N – 5	nag 小馬	rag 破布	sag 下降	tag 附箋	wag 搖擺	zag 急轉	bag 袋	dag 匕首	fag 苦工	gag 塞口	hag 女巫
	jag 醉酒	lag 落後	mag 多言								

N – 6	nagger 潑婦	nigger 黑人	nipper 摘取者

N – 7	nagger 潑婦	sagger 火泥箱	tagger 附加物	dagger 匕首	lagger 落後者	fagger 累極的人	gagger 笑話作家

N – 8	naggy 小馬	baggy 似袋的	jaggy 鋸齒狀

N – 9	nail 釘	anil 木藍	lain 說謊

N – 10	nail 釘	noil 梳屑	noel 聖誕詩歌	noir 輪盤戲

N – 11	nail 釘	pail 提桶	rail 鐵軌	sail 航行	tail 尾巴	vail 脫帽	wail 痛哭	bail 委託	fail 失敗	hail 歡呼	jail 監獄
	mail 郵件										

N-12	nailer 製釘者	sailer 帆船	wailer 哭泣者	bailer 委託者	failer 失敗者	jailer 獄吏	mailer 郵寄者		

N-13 naily 多釘的　daily 帆船　gaily 愉快的

N-14 name 姓名　nape 頸背　nave 本堂　naze 岬

N-15 name 姓名　amen 阿們　mane 馬鬃　mean 意謂

N-16 name 姓名　same 相同　tame 馴服　came 來　dame 女神　fame 名聲　game 遊戲　hame 曲棒　lame 跛的

N-17 nance 女人氣的男人　rance 大理石　dance 跳舞　lance 槍矛

N-18 nanny 奶媽　canny 謹慎的　fanny 屁股

N-19 nap 小睡　pap 軟食　rap 敲擊　sap 腐蝕　tap 輕踏　wap 拍打　yap 狂吠　cap 便帽　dap 飛掠　gap 缺口　hap 運氣　lap 重疊　map 地圖

N-20 nape 頸背　neap 小潮　pane 方框

N-21 nape 頸背　rape 強姦　tape 帶子　cape 披肩　gape 裂開　jape 愚弄

N-22 napless 沒有毛的　sapless 枯萎的　hapless 不幸的

N-23 nard 甘松　nark 線民　nary 一個沒有

N-24 nard 甘松　pard 同伴　sard 石髓　ward 病房　yard 碼　bard 詩人　card 名片　hard 硬　lard 豬油

N-25 nark 線民　park 公園　sark 襯衣　bark 吠　dark 黑暗　hark 聽　lark 雲雀

N-26 narrow 窄的　yarrow 蓍草　barrow 手車　farrow 產小豬　harrow 耙　marrow 骨髓

N-27 nary 一個沒有　vary 改變　wary 小心的　Mary 馬利亞　oary 似槳的

N-28 nasal 鼻音　basal 基本的

N-29 nasty 不潔的　pasty 漿糊似的　tasty 味美的　vasty 廣大的　hasty 急速的

N-30 nat 土人　net 網　nit 幼蟲　not 不　nut 堅果

N-31 natal 出生的　fatal 命運的

N-32	nation 國家	ration 定量	cation 陽離子					
N-33	native 土著	dative 與格（文法）						
N-34	natron 炭酸鈉	patron 保護者	matron 主婦					
N-35	natter 抱怨	patter 淅瀝	ratter 捕鼠者	tatter 破布	yatter 閒談	batter 重擊	hatter 帽商	latter 後者
	matter 事件							
N-36	natty 乾淨的	patty 小餅	ratty 老鼠似的	tatty 簡陋的	batty 瘋的	catty 斤	fatty 胖子	
N-37	nature 自然界	mature 成熟的						
N-38	naught 無	taught 教	caught 捉	nought 零	sought 尋	bought 買	fought 打	
N-39	naughty 頑皮的	haughty 高傲的						
N-40	naval 海軍的	navel 肚臍	venal 貪污的					
N-41	nave 本堂	pave 舖路	rave 發狂語	save 節省	wave 波浪	cave 窟	gave 給	have 有	lave 流動
N-42	navel 肚臍	gavel 小槌	ravel 拆開					
N-43	navvy 粗工	savvy 知道						
N-44	naw 不	paw 爪	raw 生的	saw 鋸	taw 石彈	yaw 偏航	caw 烏鴉叫	daw 穴烏	haw 支吾	jaw 顎
	law 法律	maw 胃						
N-45	nay 而且	pay 付	ray 射線	say 說	way 路	bay 海灣	cay 沙洲	day 日	fay 仙	gay 快樂	hay 乾草
	jay 鳥	lay 放	may 許可					
N-46	naze 岬	raze 消除	daze 迷亂	faze 困難	gaze 注視	haze 煙霧	laze 怠惰	maze 迷惘	
N-47	neap 小潮	near 近	neat 整潔	nest 巢	next 下一個			
N-48	neap 小潮	nape 頸背	reap 收割	heap 堆集	leap 跳過			
N-49	near 近	pear 梨	rear 後	sear 枯	tear 淚	wear 穿	year 年	bear 熊	dear 親愛的	fear 怕
	gear 服裝	hear 聽	lear 空的					

N

N – 50	neat 整潔	ante 賭金						
N – 51	neat 整潔	peat 泥煤	seat 座	teat 奶頭	beat 打	feat 功績	heat 熱	meat 肉
N – 52	neb 鳥嘴	nef 船形物	nek 山路	net 網	new 新的			

N – 53   neb   ben   nef   fen   nek   ken   net   ten   new
         鳥嘴   山峰   船形物   沼澤   山路   領悟   網   十個   新的
         wen
         疣

N – 54	neb 鳥嘴	web 蛛網	deb 少女					
N – 55	neck 頸	peck 啄食	reck 相干	teck 偵探	beck 點頭	deck 甲板	geck 卑人	heck 地獄

N – 55 (cont.)   keck
         想吐

N – 56   nee   pee   ree   see   tee   vee   wee   bee   dee   fee   gee
         娘家姓   尿   篩   看   球戲   V字   微   蜂   D字   費   噫
         jee   lee   zee
         嘻   背風   Z字

N – 57	need 需要	reed 蘆葦	seed 種子	weed 雜草	deed 行為	feed 餵飼	heed 注意	meed 報酬
N – 58	neep 蘿蔔	peep 窺	seep 滲漏	veep 副總統	weep 哭	beep 嗶嗶	deep 深	jeep 吉甫

N – 58 (cont.)   keep
         保有

N – 59	neigh 馬嘶聲	weigh 稱量	heigh 嗨			
N – 60	nelly 海燕	belly 腹	felly 輪圈	jelly 果凍	kelly 男人便帽	telly （英）電視
N – 61	nemo 現場節目	memo 備忘錄				
N – 62	neon 氖氣	peon 散工	aeon 世代			
N – 63	Nepal 尼泊爾	panel 嵌板	penal 刑罰的	plane 飛機		
N – 64	neral 醛	renal 腎臟的	feral 野生的			
N – 65	nerve 神經	never 永不				
N – 66	nerve 神經	serve 服務	verve 神韻	sever 切開		
N – 67	ness 岬	jess 足帶	less 較少	mess 食物		
N – 68	nest 巢	sent 送	tens 十個			

N－69　nest　pest　rest　test　vest　west　zest　best　gest　hest
　　　　巢　　害蟲　休息　試驗　背心　西方　風味　最佳　冒險　命令
　　　　jest　lest
　　　　笑話　因恐

N－70　nestle　pestle
　　　　鳥伏窩　杵

N－71　net　ten
　　　　網　十個

N－72　net　pet　ret　set　vet　wet　yet　bet　get　jet　let
　　　　網　寵物　變軟　一組　治療　濕　尚未　打賭　得　噴射　讓
　　　　met
　　　　遇

N－73　netter　setter　tetter　better　fetter　getter　letter
　　　　網球手　安放者　皮疹　轉好　腳械　毒餌　信件

N－74　nettle　settle　fettle　kettle　mettle
　　　　刺激　住定　打　鍋子　氣質

N－75　netty　petty　jetty
　　　　網狀的　小的　防波堤

N－76　neve　even
　　　　萬年雪　甚至

N－77　never　sever　fever　lever　elver　revel　kevel　bevel　level
　　　　永不　切斷　發熱　槓桿　小鱔　狂喜　繩栓　斜角　平的

N－78　new　pew　sew　yew　dew　few　hew　Jew　mew　tew
　　　　新　座位　縫　水松　露　少數　砍　猶太人　貓叫　苦作

N－79　newel　jewel
　　　　中柱　寶石

N－80　news　sewn　hewn　when
　　　　新聞　縫補　砍　何時

N－81　nib　bin　nip　pin　nit　tin
　　　　喙　倉　挾　針　幼蟲　錫

N－82　nib　rib　sib　bib　dib　fib　gib　jib
　　　　喙　肋骨　血親　圍巾　垂釣　小謊　凹楔　角帆

N－83　nibble　nobble　nubble
　　　　細咬　欺詐　小瘤

N－84　nibble　bibble　dibble　kibble
　　　　細咬　常飲酒　小鍬　壓碎

N－85　nice　pice　rice　sice　vice　bice　dice　lice　mice
　　　　好的　銅幣　米　馬夫　惡行　灰藍　骰子　蝨　鼠

N－86　niece　piece
　　　　姪女　一片

N－87　niggle　wiggle　giggle　higgle　jiggle
　　　　爲小事操心　擺動　痴笑　講價　輕快移動

N

N – 88　nigh　high　sigh
幾乎　高的　歎息

N – 89　night　right　sight　tight　wight　bight　dight　eight　fight
夜　　對的　視力　緊　人　彎曲　準備　八　打仗
hight　light　might
高度　光　強權

N – 90　nil　oil　til　ail　mil
無　石油　胡麻　生病　密爾

N – 91　nill　pill　rill　sill　till　vill　will　yill　bill　dill　fill
不願　藥丸　小河　基石　直到　市鎮　意願　麥酒　帳單　蒔蘿　裝滿
gill　hill　kill　lill　mill
魚鰓　小山　殺害　垂下　磨坊

N – 92　nimble　wimble
敏捷的　錐

N – 93　nine　pine　sine　tine　vine　wine　bine　dine　fine　kine
九　松木　正弦　叉齒　藤蔓　酒　藤　用餐　好的　牛
line　mine
線　我的

N – 94　ninny　sissy　titty　pippy
愚人　女人氣的男子　姊妹　多子的

N – 95　ninny　pinny　tinny　hinny
笨人　涎圍　含錫的　騾子

N – 96　nip　pip　rip　sip　tip　zip　dip　gip　hip　kip　lip
小飲　種子　撕開　呷　小費　活力　浸漬　詐欺　屁股　客棧　唇

N – 97　nipper　ripper　sipper　tipper　zipper　dipper　kipper
摘取者　裂開工具　啜飲者　給小費者　拉鍊　浸漬者　鱒
lipper
海波微揚

N – 98　nipple　ripple　tipple
乳頭　小波　烈酒

N – 99　nippy　pippy　tippy　hippy　lippy　zippy
敏捷的　多子的　歪向一邊的　臀部大的　厚嘴唇　活潑的

N – 100　nit　pit　sit　tit　wit　ait　bit　cit　fit　hit　kit
幼蟲　凹處　坐　山雀　理智　小島　小量　商人　適合　打　一組
lit　MIT
亮光　麻省工院

N – 101　niter　trine　inter
硝石　三倍的　埋葬

N – 102　nival　anvil
雪的　鐵砧

N – 103　nix　pix　six　fix　mix
沒有　聖餅盒　六　固定　混合

N – 104　no　so　to　do　go　ho
不　如此　去　做　去　啊

N-105	nob 頭	nod 點頭	nog 木釘	non 非	nor 又不	not 不	now 現在			
N-106	nob 頭	rob 搶劫	sob 啜泣	bob 剪短	cob 鵝	fob 袋	gob 塊	hob 架	job 工作	lob 傻	mob 暴徒

N-107	nobble 收買	wobble 擺動	bobble 蕩漾	cobble 圓石	gobble 大吃	hobble 跛行

N-108	nobby 華麗	sobby 哭	bobby 警察	cobby 小馬	hobby 嗜好	lobby 走廊

N-109	nock 凹槽	pock 痘疱	rock 岩石	sock 短襪	bock 啤酒	cock 公雞	dock 碼頭	hock 典當	jock 騎師
	lock 鎖	mock 嘲弄							

N-110	nod 點頭	pod 豆莢	rod 桿	sod 草皮	tod 樹叢	bod 人	cod 鱈魚	god 神	hod 煤斗	dod 剪毛

N-111	nod 點頭	don 紳士	not 不	ton 噸	now 現在	won 勝了

N-112	nodal 節瘤	modal 樣式	model 模特兒	yodel 變嗓唱歌	medal 獎牌	dedal 巧妙的	pedal 踏板

N-113	noddle 頭	noodle 麵條

N-114	noddle 頭	toddle 閒步	coddle 溺愛

N-115	noddy 愚人	soddy 草皮的	toddy 椰子樹汁

N-116	node 結節	done 做了

N-117	node 結	nome 州縣	none 毫無	nope 不	nose 鼻	note 備忘錄

N-118	node 結	rode 騎	bode 預兆	code 電碼	lode 礦脈	mode 方式

N-119	Noel 聖誕節	leno 輕軟織物	lone 寂寞	enol 烯醇

N-120	nog 木釘	tog 衣服	wog 黑人	bog 沼澤	cog 齒輪	dog 狗	fog 霧	hog 豬	jog 慢步	log 木頭

N-121	noise 聲音	noisy 喧鬧的	poise 平衡

N-122	nome 州縣	omen 預兆

N-123	non 不	son 子	ton 噸	won 勝	yon 那邊	bon 好的	con 研讀	don 紳士	eon 永世

N-124	non 不	pop 砰然	sos 求救	tot 小兒	wow 哎唷	mom 媽

N

N－125	nonce 目前	ponce 鴇兒						
N－126	none 毫無	pone 切牌	tone 音調	zone 區域	bone 骨	cone 圓錐	done 做	gone 去	lone 孤寂
	hone 磨石							
N－127	noodle 麵條	poodle 獅子狗	boodle 人群	doodle 亂塗	hoodle 彈珠			
N－128	nook 屋隅	noon 中午	noun 名詞	nous 理性				
N－129	nook 屋隅	rook 敲詐	took 拿	zook 老妓	book 書	cook 廚師	hook 鉤	kook 笨蛋	look 看
N－130	noon 中午	poop 船板	toot 號角	boob 笨伯				
N－131	noon 中午	poon 胡桐	soon 快	toon 桃木	zoon 動物	boon 恩惠	coon 黑奴	goon 笨人	loon 水鳥
	moon 月亮							
N－132	nope 不	pope 教皇	rope 繩	tope 狂歡	cope 袈裟	dope 濃液	hope 希望	lope 大步行走	mope 敗興
N－133	norm 模範	morn 早晨						
N－134	norm 模範	worm 蟲	dorm 宿舍	form 表格	corm 球莖			
N－135	normal 正常的	formal 形式的	normality 正常	formality 形式	normalize 正常化	formalize 使成形		
N－136	north 北方	forth 向前						
N－137	nose 鼻	ones 一個	rose 玫瑰	sore 疼痛的				
N－138	nose 鼻	pose 姿勢	rose 玫瑰	dose 一劑	hose 軟管	lose 損失	cose 聊天	
N－139	noser 迎風	loser 失敗者	poser 難題					
N－140	nostrum 秘藥	rostrum 嘴						
N－141	not 不	pot 壺	rot 枯朽	sot 酒鬼	tot 小孩	wot 知道	bot 馬蠅	cot 童床	dot 點	got 得到	hot 熱
	jot 少量	lot 全部	mot 妙句					
N－142	notable 著名的	potable 可攜帶的	votable 可投票的					

N－143	notary 公證人	rotary 旋轉的	votary 信徒						
N－144	notch 缺口	botch 補綴	hotch 不安						
N－145	note 筆記	tone 語調							
N－146	notice 注意	noetic 理性的	novice 新手						
N－147	notion 概念	potion 藥之一服	lotion 面霜	motion 移動					
N－148	notum 背部	mount 山							
N－149	nought 零	sought 找	bought 買	fought 打	naught 無	taught 教	caught 捉		
N－150	nous 理性	onus 責任	noun 名詞	boun 準備	loun 愚人				
N－151	novel 小說	hovel 小屋							
N－152	now 現在	own 自己的	won 勝了						
N－153	now 現在	row 行列	sow 母豬	tow 拖	vow 誓約	wow 噢	yow 訝	bow 彎腰	cow 母牛	how 怎樣
	low 低	mow 割草							
N－154	nozzle 噴嘴	sozzle 使醉							
N－155	nub 小瘤	bun 小麵包	nun 尼姑	nut 堅果	tun 大桶				
N－156	nubble 小瘤	rubble 碎石	bubble 泡泡	hubble 凸起					
N－157	nubbly 瘤多的	rubbly 碎石狀的	bubbly 起泡的	hubbly 不平的					
N－158	nubby 有瘤的	tubby 桶狀的	bubby 乳房	cubby 小房間	hubby 丈夫				
N－159	nuclear 核的	unclear 不清楚的							
N－160	nude 裸體的	rude 粗陋的	dude 花花公子						
N－161	nudge 以肘輕觸	budge 移動	fudge 欺騙	judge 法官					
N－162	null 無效	pull 拉	bull 公牛	cull 揀出	dull 鈍的	full 滿	gull 海鷗	hull 去殼	lull 平息	mull 思考

N – 163　numb　dumb
　　　　　麻木的　啞的

N – 164　number　lumber　cumber
　　　　　數目　　木料　　拖累

N – 165　nun　pun　run　sun　tun　bun　dun　fun　gun　Hun
　　　　　尼姑　雙關語　跑　太陽　大桶　甜饅頭　催討　樂趣　槍　匈奴

N – 166　nurse　purse　burse　curse
　　　　　護士　錢袋　獎學金　降禍

N – 167　nut　out　put　rut　tut　but　cut　gut　hut　jut
　　　　　硬果　外面　放　轍跡　噓　但是　切　腸　小屋　突出

N – 168　nutty　putty　rutty　tutty　butty
　　　　　漂亮的　油灰　多車轍的　氧化鋅　工頭

N – 169　nuzzle　puzzle　wuzzle　guzzle　muzzle
　　　　　用鼻掘　難題　混合　狂飲　槍口

—— O ——

O – 1　oaf　oak　oar　oat
　　　　白癡兒　橡樹　槳　燕麥

O – 2　oak　dak　yak
　　　　槳　郵政　野牛

O – 3　oar　par　tar　war　bar　car　ear　far　jar　lar　mar
　　　　槳　同等　焦油　戰爭　棒　車　耳　遠　瓶　家神　損傷

O – 4　oary　Mary　nary　vary　wary
　　　　似槳的　馬利亞　一個沒有　改變　小心的

O – 5　oasis　basis
　　　　沃地　基礎

O – 6　oast　past　vast　wast　bast　cast　east　fast　hast　last
　　　　乾窯　以往　廣大　是　韌皮　拋　東方　快　有　最後
　　　　mast
　　　　桅

O – 7　oat　pat　rat　sat　tat　vat　xat　bat　cat　eat　fat　gat
　　　　麥　拍　鼠　坐　擊　桶　柱　棒　貓　吃　胖　槍
　　　　hat　mat
　　　　帽　纏

O – 8　oath　path　rath　bath　hath　lath　math
　　　　發誓　小徑　古塚　洗浴　有　板條　數學

O – 9　object　abject
　　　　反對　卑鄙的

O – 10　oblation　ablation
　　　　祭品　切除

O – 11　occident　accident
　　　　西方　意外之災

O－12	odd	off	oof	add	abb	ebb	all	ill
	奇數	離開	現錢	增加	經線	退潮	全部	生病的

O－13	odd	add	ade	ode	ape	ope	ore	are	awe	owe
	奇數	增加	果子露	詩歌	猿	開	礦砂	是	敬畏	欠

O－14	ode	one	ope	ore	owe
	詩歌	一個	開	礦	欠債

O－15	odium	opium
	憎恨	鴉片

O－16	odor	door	rood
	氣味	門	十字架

O－17	od	of	oh	oi	on	or	os	ow	ox	oy
	假想的自然力	的	啊	吆	在上	或	骨	哎唷	公牛	呀

O－18	of	if	on	in
	的	如	在上	在內

O－19	oh	ho	on	no
	啊	荷	在上	不

O－20	oh	ah	eh
	啊	呀	呃

O－21	oho	aha
	哦荷	哦哈

O－22	oil	sil	til	ail	lil	mil	nil
	石油	傻子	胡麻	生病	小	密爾	無

O－23	oily	lily	wily
	油的	百合	狡猾的

O－24	okay	okey	okeh
	好	不錯	可以

O－25	old	eld	older	alder	elder	eldest	oldest
	年老的	老年	較老的	赤楊	年長者	最年長的	最年老的

O－26	olive	alive
	橄欖	活的

O－27	omen	amen	name	mane	nome	meno
	預兆	阿們	姓名	鬃	州縣	較少

O－28	omer	more	Rome
	阿瑪	較多	羅馬

O－29	omit	emit
	省略	發出

O－30	on	un	an	en	in
	在上	像伙	一個	N形	在內

O－31	once	cone
	一次	圓錐體

O－32	one	eon	Noe
	一個	永世	諾亞

O - 33　　one's　　sone　　nose
　　　　　　一人的　　響度　　鼻

O - 34　　onion　　union
　　　　　　洋蔥　　　聯合

O - 35　　onset　　stone　　tones　　notes
　　　　　　進攻　　　石頭　　音調　　備忘錄

O - 36　　onto　　otto　　into　　info　　unto　　undo　　updo
　　　　　　在其上　玫瑰油　入內　消息　直到　　取消　　高髻

O - 37　　onus　　nous
　　　　　　責任　　理性

O - 38　　onward　inward
　　　　　　向前的　　向內的

O - 39　　opal　　oval　　oral
　　　　　　貓眼石　橢圓的　口頭的

O - 40　　oppose　appose
　　　　　　反對　　　並列

O - 41　　opposition　apposition　oppositive　appositive
　　　　　　反對　　　　並列　　　　表示反對的　文法同位語

O - 42　　oppressed　appressed
　　　　　　壓抑　　　　緊貼的

O - 43　　oppose　appose
　　　　　　反對　　　並列

O - 44　　opt　　pot　　top　　apt　　tap　　pat
　　　　　　選擇　壺　　頂上　合適的　輕拍　適當的

O - 45　　opus　　soup
　　　　　　作品　　湯

O - 46　　orate　ovate　oration　ovation
　　　　　　演說　卵形的　演說　　喝采

O - 47　　orchil　archil
　　　　　　染料　　一種染料

O - 48　　oread　adore
　　　　　　山神　　崇拜

O - 49　　ore　are　ade　　ode　one　owe　ewe　ere　ire　roe　ear
　　　　　礦砂　是　果子露　頌歌　一個　欠　母羊　以前　忿怒　魚子　耳朵

O - 50　　orris　arris
　　　　　　金花邊　外角

O - 51　　os　us　　as　is
　　　　　　骨　我們　同　是

O - 52　　oscine　cosine
　　　　　　鳴禽　　餘弦

O - 53　　other　ether
　　　　　　另外的　醚

O-54	otter utter 水獺 完全的
O-55	ouch such much 啊唷 如此 多
O-56	ought aught 應當 無物
O-57	our pur bur rub cur fur 我們的 嗚嗚 芒刺 磨擦 壞蛋 毛皮
O-58	ours sour 我們的 酸的
O-59	oust rust bust dust gust just lust must 逐出 鏽 破產 灰塵 陣風 公平 貪求 必須
O-60	ouster buster duster luster muster 免職 巨物 掃灰塵者 光彩 集合
O-61	outdo outgo 勝過 超越
O-62	outfit outwit outsit outset outlet 裝備 機智勝過 久坐 開端 出口
O-63	oven even neve 烤箱 甚至 粒狀冰雪
O-64	over rove 在上 流浪
O-65	over oven oxen 在上 烤箱 公牛
O-66	over rove ever veer aver rave 在上 流浪 曾經 （風）改變方向 主張 怒吼
O-67	overage average 超年的 平均數
O-68	overall allover 外衣 全面的
O-69	overfall overfill overkill 激流 充滿 超力殺傷
O-70	overhead overhear overheat overread 在頭上 竊聽 使太熱 讀書過度
O-71	overlap overlay overpay 重疊 蓋，舖 付給太多
O-72	overleaf overleap 在次頁 跳過
O-73	overload overlord 過重 大地主
O-74	overprice overprize 標價過高 過份珍視

P

O - 75　oversea　oversee　overset　oversew
　　　　海外的　　監視　　打翻　　　細針縫合

O - 76　overripe　override　overside　oversize
　　　　太成熟的　壓服　　從船邊　　過大的

O - 77　oversweep　oversweet
　　　　掃過　　　　過甜的

O - 78　overt　avert　evert
　　　　公開　避開　外翻

O - 79　overtalk　overwalk
　　　　講話過多　走累了

O - 80　overtime　overtire
　　　　加班　　　過度疲勞

O - 81　overture　overturn
　　　　提議　　　傾覆

O - 82　overword　overwore　overwork　overworn
　　　　寫得太長　過度磨損　工作過勞　磨損過度

O - 83　ovine　envoi
　　　　綿羊的　言詞

O - 84　ovoid　avoid
　　　　卵形的　避免

O - 85　owe　ewe　awe　are　ere　ore
　　　　欠債　母羊　敬畏　是　以前　礦石

O - 86　owe　woe　own　now　won　owl　low　law　awl
　　　　欠債　悲哀　自己的　現在　贏了　梟　低的　法律　傻子
　　　　awn　naw　wan　awe　wae
　　　　芒　　不　　蒼白的　敬畏　悲哀

O - 87　ox　ax
　　　　公牛　斧

—— P ——

P - 1　pa　ba　ha　la　ma
　　　　爸　神靈　哈　哪　媽

P - 2　pace　page　pane　pare　pate
　　　　步伐　頁　　一塊　剝　　頭頂

P - 3　pace　race　dace　face　lace　mace
　　　　步伐　種族　鰷魚　臉　　帶子　鎚矛

P - 4　pack　peck　pick　pock　puck
　　　　包捆　啄食　採摘　麻子　圓盤

P - 5　pack　rack　sack　tack　wack　zack　back　cack　hack
　　　　包捆　架　　袋　　圖釘　怪事　硬幣　後面　軟鞋　切割
　　　　jack　lack
　　　　男子　缺乏

P - 6	packer 包裝者	pecker 啄木鳥	picker 採摘者	pucker 使摺皺						
P - 7	packer 包裝者	racker 拷刑者	sacker 劫掠者	backer 支持者	lacker 塗漆					
P - 8	packet 包裹	picket 椿	pocket 袋							
P - 9	packet 包裹	racket 網球拍	sacket 小袋	jacket 夾克						
P - 10	paction 同意	taction 接觸	faction 小黨派							
P - 11	pad 墊	pah 啪	pal 友伴	pam 梅花	pan 盤	par 同等	pas 舞	pat 輕拍	paw 掌	pax 女神	pay 付

P - 12	pad 墊子	sad 愁	tad 小孩	wad 小塊	bad 壞的	cad 鄙漢	dad 爹	fad 時尚	gad 刺棍	lad 男孩	mad 瘋
	had 有										

P - 13	paddle 槳	peddle 挑賣	piddle 撒尿	puddle 泥水坑		
P - 14	paddle 槳	raddle 赭石	saddle 鞍	waddle 蹣跚		
P - 15	paddler 划船者	peddler 小販	puddler 製混凝土者			
P - 16	paddock 小牧場	haddock 鱈魚				
P - 17	paddy 米谷	waddy 棍棒	baddy 壞人	caddy 茶筒	daddy 爹爹	faddy 流行的
P - 18	padre 神父	cadre 幹部				
P - 19	page 頁	gape 裂開				
P - 20	page 頁	rage 憤怒	sage 哲人	wage 工資	cage 鳥籠	gage 抵押
P - 21	paid 已付	raid 侵略	said 說	laid 放下	maid 少女	
P - 22	paid 已付	pail 桶	pain 痛	pair 一雙		

P - 23	pail 桶	rail 鐵軌	sail 航行	tail 尾巴	vail 脫帽	wail 痛哭	bail 委託	fail 失敗	hail 歡呼	jail 監獄	mail 郵件
	nail 釘子										

P - 24	pain 痛	nipa 棕櫚		

P - 25　pain　rain　vain　wain　zain　　cain　fain　gain　lain
　　　　　痛　　雨　　徒然　馬車　純暗色馬　田賦　樂意　獲得　躺下
　　　　　main
　　　　　主要

P - 26　paint　point
　　　　　油漆　　點

P - 27　paint　inapt
　　　　　油漆　　不合適的

P - 28　paint　saint　taint　faint
　　　　　油漆　　聖者　污點　無力的

P - 29　pair　vair　fair　hair　lair　rail　mair
　　　　　一雙　鼠皮　公正的　髮　獸穴　鐵軌　更多

P - 30　pale　pile　pole　pule
　　　　　蒼白的　一堆　柱　啜泣

P - 31　pale　pall　palm　paly
　　　　　蒼白的　外衣　手掌　蒼白的

P - 32　pale　peal　plea　leap
　　　　　蒼白的　鐘響聲　祈求　跳過

P - 33　pale　rale　sale　tale　vale　bale　dale　gale　hale　male
　　　　　蒼白的　肺鳴　賣　故事　傷痕　打包　山谷　大風　強壯　男的

P - 34　pales　peals　pleas　lapse
　　　　　椿　　鐘響聲　答辯　過失

P - 35　pall　parr　pass
　　　　　外衣　幼鮭　通過

P - 36　pall　tall　wall　ball　call　fall　gall　hall　mall
　　　　　外衣　高　牆　球　呼喚　落下　大膽　廳　木槌

P - 37　pallet　pellet　pullet
　　　　　小床　　小球　　小雞

P - 38　pallet　sallet　wallet　ballet　gallet　mallet
　　　　　小床　　頭盔　　皮夾　　芭蕾　碎石　木槌

P - 39　pally　rally　sally　tally　wally　bally　dally
　　　　　親密　復元　突擊　計算　華服　很　嬉戲

P - 40　palm　lamp
　　　　　手掌　燈

P - 41　palm　balm　calm　malm
　　　　　手掌　香油　平靜　聖土

P - 42　palter　salter　falter　halter
　　　　　推托　　製鹽者　支吾　韁繩

P - 43　pamper　tamper　vamper　camper　damper　hamper
　　　　　姑息　　干預　　補鞋匠　露營者　沮喪的事　阻礙

P - 44　pan　pen　pin　pun
　　　　　鍋　筆　針　雙關語

P－45　pan　ran　tan　van　wan　ban　can　dan　fan　Han　man
　　　　鍋　跑　晒黑　貨車　蒼白　禁止　能　浮標　扇　漢人　男人

P－46　panda　panga
　　　　熊貓　長刀

P－47　pander　wander　dander　gander
　　　　娼主　流浪　怒氣　雄鵝

P－48　pandit　bandit
　　　　學者　強盜

P－49　pandy　randy　sandy　bandy　candy　dandy　handy
　　　　打手心　大吵　沙質的　交換　糖果　極好的　手熟的

P－50　pane　nape　neap
　　　　方框　頸背　小潮

P－51　pane　pang　pant
　　　　方框　苦痛　喘氣

P－52　pane　sane　vane　wane　bane　cane　Dane　fane　lane
　　　　方框　清楚　風旗　減弱　大患　杖　丹麥人　寺院　巷
　　　　mane
　　　　鬃

P－53　panel　penal　Nepal　plane
　　　　嵌板　刑事的　尼泊爾　飛機

P－54　pang　rang　sang　tang　vang　yang　bang　fang　gang
　　　　劇痛　響　唱　氣味　船索　雁叫　重打　尖牙　群
　　　　hang
　　　　掛

P－55　pant　rant　want　bant　cant　can't
　　　　喘息　咆哮　要　減胖　黑話　不能

P－56　panto　canto
　　　　每　一篇

P－57　panty　ganty
　　　　短襯褲　桶架

P－58　pap　pep　pip　pop　pup
　　　　乳頭　精神　啁啾　砰然　小狗

P－59　pap　rap　sap　tap　wap　yap　cap　dap　gap　hap　lap
　　　　軟食　敲擊　腐蝕　輕踏　拍打　狂吠　便帽　飛掠　缺口　運氣　重疊
　　　　map　nap
　　　　地圖　小睡

P－60　papal　papas　papaw
　　　　天主教的　牧師　果樹

P－61　paper　taper　caper　gaper　japer
　　　　紙　小蠟燭　跳躍　打哈欠者　嘲弄者

P－62　pappy　peppy　pippy　poppy　puppy
　　　　漿糊狀的　精神旺的　多子的　罌粟　小狗

P - 63　pappy　sappy　yappy　cappy　happy
　　　　柔軟的　多計的　喜吠的　似帽的　快樂

P - 64　pappy　sassy　tatty　daddy　mammy　nanny
　　　　柔軟的　無理的　陋劣的　爹爹　媽咪　　奶媽

P - 65　par　tar　war　bar　car　ear　far　jar　lar　mar　oar
　　　　同等　焦油　戰爭　棒　車　耳　遠　瓶　家神　損傷　槳

P - 66　parch　perch　porch
　　　　烘　　鱸魚　　走廊

P - 67　pard　sard　ward　yard　bard　card　hard　lard　nard
　　　　同伴　石髓　病房　碼　詩人　紙牌　硬　豬油　甘松

P - 68　pare　pere　pore　pure
　　　　削　　父親　毛孔　純的

P - 69　pare　pear　rape　reap
　　　　削　　梨　　強姦　收割

P - 70　pare　rare　tare　ware　yare　bare　care　dare　fare　hare
　　　　削　　半熟　甚多　器物　靈活　赤裸　小心　敢　　車費　兔

　　　　mare
　　　　母馬

P - 71　parent　patent
　　　　父母親　專利

P - 72　parish　barish　　garish　marish
　　　　教區　　部份裸露　俗麗的　沼澤

P - 73　park　perk　pork
　　　　公園　擺架子　豬肉

P - 74　park　sark　bark　dark　hark　lark　mark　nark
　　　　公園　襯衣　吠　　黑暗　聽　　雲雀　記號　線民

P - 75　parley　barley
　　　　談判　　大麥

P - 76　parol　carol
　　　　答辯書　頌歌

P - 77　parrack　carrack
　　　　幼鮭　　商船

P - 78　parrot　carrot
　　　　鸚鵡　紅蘿蔔

P - 79　parry　tarry　carry　harry　larry　marry
　　　　擋開　滯留　攜帶　掠奪　鋤頭　結婚

P - 80　parson　person
　　　　牧師　　人

P - 81　part　rapt　trap
　　　　部份　著迷的　陷阱

P - 82　part　tart　wart　cart　dart　fart　hart　mart
　　　　部份　酸的　疣　　馬車　投擲　屁　　公鹿　市場

P－83	partridge 鷓鴣	cartridge 槍彈

P－84 pase apse
揮紅布 凸出

P－85 pash　past　pass　piss　pish　posh　post　push　puss
熱情　過去　通過　尿　呸　奢侈　柱　推　貓

P－86 pash　rash　sash　wash　bash　cash　dash　fash　gash
打碎　輕率　窗框　洗　重擊　現金　少許　困惱　割痕
hash　lash　mash
混雜　鞭撻　搗碎

P－87 pass　bass　lass　mass　sass　tass
通過　低者　少女　彌撒　頂嘴　小酒杯

P－88 passable　passible　possible　possibility　passibility
可通過的　可感受的　可能的　可能性　感受性

P－89 passage　massage
通行　按摩

P－90 passive　massive
被動的　大塊的

P－91 past　spat　taps
過去　口角　號角

P－92 past　vast　wast　bast　cast　east　fast　hast　last　mast
以往　廣大　是　韌皮　拋　東方　快　有　最後　桅
oast
乾窯

P－93 paste　taste　waste　baste　caste　haste
漿糊　滋味　浪費　脂油　地位　匆忙

P－94 paster　taster　waster　baster　caster　Easter　faster
粘貼者　嚐味者　浪子　塗脂者　投手　復活節　較快的
laster　master
楦者　主人

P－95 pasty　tasty　vasty　hasty　nasty
漿糊似的　味美的　廣大的　急速的　不潔的

P－96 pat　pet　pit　pot　put
輕拍　寵物　穴　壺　放

P－97 pat　tap　apt
拍　輕拍　合適的

P－98 pat　rat　sat　tat　vat　xat　bat　cat　eat　fat　gat　hat
拍　鼠　坐　擊　桶　柱　棒　貓　吃　胖　槍　帽
mat　oat
纏　麥

P－99 patch　ratch　watch　batch　catch　hatch　latch　match
補丁　棘輪　錶　一批　捉　孵　門閂　火柴
natch
當然

P-100 pate tape peat
腦袋 帶 泥煤

P-101 pate rate sate bate date fate gate hate late mate
頭頂 比率 使飽 減少 日期 命運 門 恨 遲 伙伴

P-102 patent potent latent
專利的 有效的 潛伏的

P-103 pater mater paternal maternal
父親 母親 父親的 母性的

P-104 path rath bath hath lath math oath
小徑 古塚 洗浴 有 板條 數學 發誓

P-105 patio ratio radio radii radix rodeo
天井 比率 無線電 半徑 根 牛市場

P-106 pathos bathos
悲哀 突降法

P-107 patron matron natron
保護者 主婦 炭酸鈉

P-108 patter ratter tatter yatter batter hatter latter matter
淅瀝 捕鼠者 破布 閒談 重擊 帽商 後者 事件
natter
抱怨

P-109 patty ratty tatty batty catty fatty natty
小餅 老鼠似的 簡陋的 瘋的 斤 胖子 乾淨的

P-110 paunch haunch launch
肚子 腰 船下水

P-111 pave rave save wave cave gave have lave nave
舖路 發狂語 節省 波浪 窟 給 有 流動 本堂

P-112 paw raw saw taw yaw caw daw haw jaw law
爪 生的 鋸 石彈 偏航 烏鴉叫 穴鳥 支吾 顎 法律
maw naw
胃 不

P-113 pawk dawk gawk hawk
狡計 驛遞 呆子 鷹

P-114 pawl wawl yawl bawl
掣子 痛哭 小船 大叫

P-115 pawn sawn yawn dawn fawn lawn
典當 鋸 呵欠 破曉 奉承 草地

P-116 pax sax tax wax zax fax lax
聖像牌 石板錘 稅 蠟 石斧 傳眞 鬆弛

P-117 pay ray say way bay cay day fay gay hay jay
付 射線 說 路 海灣 沙洲 日子 仙 快樂 乾草 鳥
lay may nay
放 許可 而且

P-118	payer 付款人	repay 還錢						

P-118　payer 付款人　repay 還錢

P-119　pea 碗豆　ape 猿

P-120　pea 碗豆　pee 尿　peg 木釘　pen 筆　pep 精神　per 每　pes 足　pet 寵物　pew 座席

P-121　pea 碗豆　sea 海　tea 茶　yea 是　lea 草地　kea 肉食鸚鵡

P-122　peach 桃子　cheap 便宜

P-123　peach 桃子　reach 到　teach 教　beach 海灘　leach 過濾

P-124　peak 山頂　peal 鐘響　pean 凱歌　pear 梨　peat 泥煤

P-125　peak 山頂　teak 柚木　weak 弱　beak 鳥嘴　leak 漏

P-126　peal 鐘響　real 眞實的　seal 印章　teal 野鴨　veal 小牛肉　weal 福利　zeal 熱心　deal 交易　heal 治癒　meal 餐

P-127　pean 凱歌　wean 斷　yean 產　bean 豆　dean 院長　jean 褲　lean 瘦　mean 意謂

P-128　pear 梨　rear 後　sear 枯　tear 淚　wear 穿　year 年　bear 熊　dear 親愛的　fear 怕　gear 齒輪
　　　hear 聽　lear 空的　near 近

P-129　peat 泥煤　seat 座　teat 奶頭　beat 打　feat 功績　heat 熱　meat 肉　neat 整潔

P-130　peat 泥煤　pent 關住　pert 冒失的　pest 毒蟲

P-131　peck 啄食　reck 相干　teck 偵探　beck 點頭　deck 甲板　geck 卑人　heck 地獄　keck 想吐　neck 頸

P-132　pedal 踏板　dedal 巧妙的　medal 獎牌　modal 樣式　model 模特兒　yodel 變嗓唱歌　nodal 節瘤

P-133　peddle 挑賣　meddle 摸弄

P-134　pedlar（＝peddler） 小販　medlar 枸杞

P-135　pee 尿　ree 篩　see 看　tee 球戲　vee V字　wee 微　zee Z字　bee 蜂　dee D字　fee 費　gee 噫　jee 嘻
　　　lee 背風　nee 娘家姓

P-136　peek 偷看　peel 剝皮　peep 唧唧　peer 匹敵

P – 137 peek reek week geek keek leek meek seek
偷看 煙 星期 怪人 窺視 韭 溫柔的 找尋

P – 138 peel reel seel feel heel keel
果皮 紡車 閉目 感覺 腳跟 龍骨

P – 139 peen seen teen ween been keen
尖的 看 十多歲 以為 是 銳的

P – 140 peep sees deed keek
偷窺 看 行為 窺視

P – 141 peep seep veep weep beep deep jeep keep neep
偷窺 滲漏 副總統 哭 嗶嗶 深 吉甫 保留 蘿蔔

P – 142 peer seer veer beer deer jeer leer
匹敵 先知 改向 啤酒 鹿 嘲弄 媚眼

P – 143 peg pig pug
釘 豬 獅子鼻

P – 144 peg teg beg keg leg jeg
釘 小羊 乞 桶 腿 鋸齒形的缺刻

P – 145 peke pike poke puke
哈巴狗 矛 撥 嘔吐

P – 146 pelf self delf
金錢 自身 彩陶

P – 147 pelt welt belt celt felt gelt kelt melt
投 傷痕 皮帶 石斧 感覺 錢 塞特人 溶

P – 148 pen ten wen yen ben den fen hen ken men zen
筆 十 疣 元 客室 窟 沼 雞 知 人 禪宗

P – 149 penal renal venal
刑事的 腎臟的 貪污的

P – 150 pence fence hence
便士 籬巴 因此

P – 151 pencel pencil
小旗 鉛筆

P – 152 pend pond pone pony
吊著 未決定 玉米麵包 小馬

P – 153 pend rend send tend vend wend bend fend lend
吊著 撕 送 致使 賣 行 使曲 抵抗 借
mend
修補

P – 154 pension tension
養老金 緊張

P – 155 pent rent sent tent vent went bent cent dent gent
關閉 租用 送 帳蓬 小孔 去 彎曲 一分 凹 紳士
hent lent
抓 借

P

P－156	peon 散工	neon 氖氣	aeon 世代				
P－157	pep 勇氣	rep 浪子	yep 是的	hep 知情的			
P－158	per 由	ter 三度	yer 你的	her 她			
P－159	percent 百分率	precent 領唱	precept 教訓	percept 察覺的	perfect 完美	prefect 司令官	
P－160	pere 父姓	sere 乾枯	were 是	cere 薄膜	here 這裡	mere 僅只	bere 大麥	dere 悲傷的
P－161	peri 妖精	ripe 成熟的					
P－162	perk 修飾	perm 電燙髮	pern 鷹	pert 無禮的			
P－163	perk 擺架子	jerk 牛肉乾					
P－164	perm 電燙髮	term 術語	berm 岸徑	germ 胚芽			
P－165	pern 鷹	tern 燕鷗	fern 羊齒草	kern 步兵			
P－166	perry 梨酒	serry 密集	terry 絨縧	berry 漿果	derry 民謠	ferry 渡船	herry 掠奪	jerry 氈帽
	merry 快樂						
P－167	perse 灰藍色	terse 簡明的	verse 詩句				
P－168	pertain 關於	tertain 隔日的	certain 確定的				
P－169	pes 足蹄	res 物件	yes 是的	he's 他有			
P－170	peso 披索	pose 假裝	epos 史詩				
P－171	peso 披索	pest 毒蟲	past 過去的	post 柱			
P－172	pest 毒蟲	sept 族					
P－173	pest 害蟲	rest 休息	test 試驗	vest 背心	west 西方	zest 風味	best 最佳	gest 冒險	hest 命令	jest 笑話
	lest 因恐	nest 巢					
P－174	pester 使煩惱	fester 生膿	jester 弄臣				

P – 175　pestle　nestle
　　　　　杵　　　鳥伏窩

P – 176　pet　ret　set　vet　wet　yet　bet　get　jet　let　met
　　　　　寵物　變軟　一組　治療　濕　尚未　打賭　獲得　噴射　讓　遇
　　　　　net
　　　　　網

P – 177　petal　fetal　metal
　　　　　花瓣　胎兒的　金屬

P – 178　peter　deter　meter
　　　　　漸小　阻止　公尺

P – 179　petrel　petrol
　　　　　海燕　石油

P – 180　petty　jetty　netty
　　　　　小的　防波堤　網狀的

P – 181　pew　sew　yew　dew　few　hew　Jew　mew　new
　　　　　座位　縫　水松　露　少數　砍　猶太人　貓叫　新的

P – 182　phew　shew　whew　chew　thew　thaw　chaw　chow
　　　　　哞　顯示　哎呀　咀嚼　肌肉　溶化　嚼　中國狗
　　　　　show　shaw
　　　　　顯示　森林

P – 183　phone　shone
　　　　　電話　發亮

P – 184　pi　si　ti　ai　hi　mi
　　　　　圓周率　第七音　第七音　樹獺　嗨　第三音

P – 185　pial　vial　dial
　　　　　軟膜　瓶　日規

P – 186　pic　pie　pig　pin　pip　pit　piu　pix
　　　　　電影　派　豬　針　小病　穴　更　照片

P – 187　pice　pick　pica
　　　　　銅幣　摘　異食

P – 188　pice　rice　sice　vice　bice　dice　lice　mice　nice
　　　　　銅幣　米　馬夫　惡行　灰藍　骰子　蝨　鼠　好的

P – 189　pice　epic
　　　　　銅幣　史詩

P – 190　picker　ticker　wicker　bicker　dicker　kicker
　　　　　扒手　錶　柳條　爭論　討價　踢人的馬

P – 191　picket　ticket　wicket　picky　ticky　wicky　dicky　micky
　　　　　椿　票　便門　挑剔的　三辨士　桂樹　小鳥　馬鈴薯

P – 192　pickle　sickle　tickle　fickle　mickle
　　　　　泡菜　鐮刀　胳肢　易變的　多

P – 193　picnic　picric
　　　　　野餐　苦味酸

P

P-194	piddle riddle diddle fiddle middle 虛度　猜中　欺騙　小提琴　中間
P-195	pie tie vie die fie hie lie 派　領帶　爭　死　呸　疾走　謊
P-196	piece niece 一片　姪女
P-197	pier tier bier 碼頭　一層　棺架
P-198	pierce tierce fierce 刺入　酒桶　兇惡的
P-199	piffle riffle 廢話　湍流
P-200	pig rig wig big dig fig gig jig 豬　裝束　假髮　大　挖　少許　小艇　舞
P-201	piggin biggin 長柄杓　帽
P-202	pike tike bike dike hike kike like mike Nike 矛　劣犬　單車　堤　遠足　猶太人　如　怠工　勝利女神
P-203	pilch pinch pitch 尿布兜　挾緊　瀝青
P-204	pile rile tile vile wile bile file mile 一堆　惹怒　瓦　壞的　詭計　膽汁　卷宗　哩
P-205	pill rill sill till vill will yill bill dill fill gill 藥丸　小河　基石　直到　市鎮　意願　麥酒　帳單　蒔蘿　裝滿　魚鰓 hill kill lill mill nill 小山　殺害　垂下　磨坊　不願
P-206	pillage village fillage 搶劫　村莊　耕作
P-207	pillow willow billow 枕頭　柳樹　巨浪
P-208	pimp pomp pump 鴇母　浮華　泵浦
P-209	pimp simp gimp limp 鴇母　笨人　花邊　跛行
P-210	pimple simple dimple dimply pimply simply 粉刺　簡單的　酒窩　酒窩的　多粉刺的　單純的
P-211	pin sin tin win bin din fin gin 針　罪　錫　勝　倉　喧　鰭　酒
P-212	pinch punch 挾　打孔
P-213	pinch winch cinch finch 挾　絞車　肚帶　鳴禽

P – 214
pine ping pink pint piny
松 乒聲 粉紅 品脫 多松的

P – 215
pine sine tine vine wine bine dine fine kine line
松 正弦 叉齒 藤蔓 酒 藤 用餐 好的 牛 線
mine nine
我的 九

P – 216
ping ring sing ting wing zing bing ding king ling
砰砰 鈴 唱 玎玲 翅 活力 一堆 叮噹 國王 石南
Ming
明代

P – 217
pinge singe tinge binge dinge hinge
埋怨 燙焦 染色 狂飲 昏暗 鉸鏈

P – 218
pingo bingo dingo jingo lingo
土丘 賓果 野犬 一定 術語

P – 219
pink rink sink tink wink dink fink gink kink
淡紅 溜冰 沉 叮叮聲 眨眼 打扮 告發人 怪人 繩結
link mink
連結 貂皮

P – 220
pinky dinky kinky
窄尾船 小的 糾結的

P – 221
pinner sinner tinner winner dinner
釘針者 罪人 錫礦工 獲勝者 正餐

P – 222
pinny tinny hinny ninny
涎圍 錫的 騾子 笨人

P – 223
piny pony puny
多松的 小馬 微小的

P – 224
piny tiny viny winy
多松的 很小的 葡萄樹的 葡萄酒的

P – 225
pip sis tit bib did gig
種子 姊妹 小雀 圍巾 做 小艇

P – 226
pip rip sip tip zip dip gip hip kip lip nip
種子 撕開 呷 小費 活力 浸漬 詐欺 屁股 客棧 唇 小飲

P – 227
pipe ripe wipe yipe
管子 成熟的 擦拭 驚嘆

P – 228
piper riper wiper
吹笛者 較成熟的 擦的人

P – 229
pippy tippy hippy lippy nippy zippy
多子的 歪向一邊的 臀部大的 厚嘴唇 敏捷的 活潑的

P – 230
pish ship hips
呸 船 屁股

P – 231
pish ship wish dish fish
呸 船 願 碟 魚

P – 232	piss 尿	hiss 嘶嘶聲	kiss 接吻	miss 不中					
P – 233	pistil 雌蕊	pistol 手槍	piston 活塞						
P – 234	pit 穴	tip 小費	pot 鍋	top 頂端	put 放	tup 公羊	pat 拍	tap 塞子	pet 寵物	ept 過分利得稅

P – 235　pit　sip　tit　wit　ait　bit　cit　fit　hit　kit　lit
　　　　　凹處　坐　山雀　理智　小島　小量　商人　適合　打　一組　亮光
　　　　　nit
　　　　　幼蟲

P – 236	pitch 頂點	witch 女巫	bitch 母狗	ditch 溝渠	fitch 臭貓	hitch 鉤住
P – 237	pith 氣力	with 同，共				
P – 238	pity 同情	city 城市				
P – 239	pix 聖餅盒	six 六	fix 固定	mix 混合	nix 沒有	
P – 240	place 地方	plage 海濱浴場	plane 平面	plate 金屬板		
P – 241	place 地方	glace 平滑的				
P – 242	plack 錢幣	slack 鬆弛的	black 黑的	clack 畢剝聲	flack 高射砲火	
P – 243	plaid 格子呢	plain 平坦的	plait 辮繩			
P – 244	plain 平坦的	lapin 兔子				
P – 245	plain 平坦的	slain 殺死	blain 膿胞			
P – 246	plan 計畫	plat 織	play 遊戲	pray 祈禱	prey 掠奪	
P – 247	plan 計畫	clan 宗族	flan 餡餅			
P – 248	plane 平面	plank 厚板	plant 植物			
P – 249	plank 厚板	slank 潛逃	blank 空白	clank 咯隆聲	flank 腰窩	
P – 250	plant 植物	slant 歪的				
P – 251	plash 拍水	slash 砍	clash 撞擊	flash 閃光		

P – 252	plastic 塑膠	elastic 有彈性的				
P – 253	plat 小塊地	slat 條板	flat 平的	blat 小牛叫聲		
P – 254	plate 金屬板	slate 石板				
P – 255	platter 盤	blatter 喋喋	clatter 辟拍聲	flatter 奉承		
P – 256	play 玩	slay 殺死	clay 泥土	flay 剝皮		
P – 257	player 選手	prayer 祈禱者	preyer 受害者			
P – 258	plea 答辯	leap 跳	peal 鐘聲響	pale 蒼白的	pleb 平民	pled 辯護	plen 全權大使
P – 259	plea 答辯	flea 蚤	leap 跳	leaf 樹葉		
P – 260	pled 辯護	sled 雪橇	fled 逃走			
P – 261	pledge 保證	fledge 養育	sledge 雪車	sludge 軟泥	smudge 污點	
P – 262	plight 情況	slight 輕微	blight 枯萎	flight 航程	fright 恐怖	bright 光亮的	wright 製作者
P – 263	plim 發胖	slim 細長的	glim 燈光			
P – 264	plink 響聲	slink 潛逃	blink 眨眼	clink 叮噹		
P – 265	plod 辛勞工作	plop 噗通	plot 情節	plow 耕	ploy 策略	
P – 266	plod 吃力的走	clod 土塊				
P – 267	plop 撲通	slop 酒潑	clop 蹄聲	flop 跳動		
P – 268	plot 陰謀	slot 狹孔	blot 污點	clot 凝固	bolt 螺釘	colt 小馬
P – 269	plough 耕	slough 泥坑				
P – 270	plover 短尾鳥	clover 苜蓿	glover 手套商			
P – 271	plow 耕	slow 慢	alow 向下	blow 吹	flow 流	glow 白熱	bowl 碗	fowl 家禽	sowl 虐待
P – 272	ploy 策略	cloy 過飽				

P - 273	pluck 摘	cluck 咯咯聲						
P - 274	plug 塞子	plum 李子	plus 加號					
P - 275	plug 塞子	slug 小子彈						
P - 276	plum 李子	lump 小塊						
P - 277	plum 李子	slum 貧民區	glum 沮喪的	plump 陡落	slump 猛落	clump 重步走		
P - 278	plumb 鉛錘	plume 羽毛	plump 突然	plumy 似羽毛的				
P - 279	plume 羽毛	flume 引水溝	glume 蕚頭					
P - 280	plunder 奪取	blunder 謬誤						
P - 281	plunk 猛打	slunk 潛逃	flunk 失敗					
P - 282	plush 絲縬	slush 雪泥	blush 臉紅	flush 流				
P - 283	ply 疊	sly 狡猾的	fly 飛					
P - 284	poach 偷獵	roach 蟑螂	coach 教練	loach 泥鰍				
P - 285	pock 痘疱	rock 岩石	sock 短襪	bock 啤酒	cock 公雞	dock 碼頭	hock 典當	jock 騎師	lock 鎖
	mock 嘲弄	nock 凹槽						
P - 286	pocket 衣袋	rocket 火箭	socket 燈頭	docket 摘要	locket 小盒			
P - 287	pod 豆莢	poh 啐	poi 芋製品	pop 砰然	pot 壺	pox 疱瘡		
P - 288	pod 豆莢	rod 桿	sod 草皮	tod 樹叢	bod 人	cod 鱈魚	dod 剪毛	god 神	hod 煤斗	nod 點頭
P - 289	poddy 小犢	poppy 罌粟	potty 瑣屑的					
P - 290	poet 詩人	tope 狂飲						
P - 291	point 點	joint 接合						
P - 292	poise 平衡	noise 聲音	noisy 喧鬧的					

P – 293	poke 刺	pole 柱	pome 梨果	pone 玉米麵包		pope 教皇	pore 毛孔	pose 假裝
P – 294	poke 衝刺	yoke 軛	coke 焦煤	joke 玩笑	moke 黑人			
P – 295	polar 磁極的	solar 太陽的	molar 臼齒					
P – 296	pole 柱	lope 大步走						
P – 297	pole 柱	role 角色	sole 獨的	vole 野鼠	bole 樹幹	cole 油菜	dole 施捨	hole 洞	mole 痣
P – 298	police 警察	policy 政策	polity 政治	polite 有禮貌	pelite 黏土岩			
P – 299	poll 投票	roll 滾動	toll 通行稅	boll 莢殼	doll 洋団団	loll 伸舌		
P – 300	pollard 無頂樹	bollard 繫船柱						
P – 301	polled 投票	pollee 民調者	pollen 花粉	pollex 拇指				
P – 302	polo 馬球	pool 池塘	loop 圈					
P – 303	polo 馬球	solo 獨奏	bolo 大刀	kolo 單舞				
P – 304	pome 梨果	poem 詩	mope 敗興					
P – 305	pomp 浮華	romp 頑皮女						
P – 306	ponce 鴇兒	nonce 目前						
P – 307	pond 小池	bond 束縛	fond 尋找					
P – 308	ponder 深思	powder 粉	wonder 奇異	yonder 那邊				
P – 309	pone 切牌	tone 音調	zone 區域	bone 骨	cone 圓錐	done 做	gone 去	lone 孤寂	hone 磨石
	none 毫無							
P – 310	pony 小馬	tony 時髦的	bony 多骨的	cony 家兔				
P – 311	pood 普特	poof 噗	pooh 啐	pool 小池	poon 胡桐	poop 船板	poor 窮	
P – 312	pood 普特	rood 路得	wood 樹林	food 食物	good 好	hood 罩		

P – 313	poodle	boodle	doodle	hoodle	noodle			
	獅子狗	人群	亂塗	彈珠	麵條			

P – 314	pool	tool	wool	cool	fool			
	小池	工具	羊毛	涼爽	愚人			

P – 315	poon	soon	toon	zoon	boon	coon	goon	loon	moon
	胡桐	快	桃木	動物	恩惠	黑奴	笨人	水鳥	月亮

noon
正午

P – 316	poop	toot	boob	noon			
	船板	號角	笨伯	中午			

P – 317	poor	boor	door	moor	poorish	boorish	moorish
	窮	農民	門	荒野	有些窮的	鄉氣的	荒野的

P – 318	pop	sop	top	wop	cop	fop	hop	lop	mop
	砰然	浸濕	頂	南歐人	警察	花花公子	獨腳跳	砍去	拖把

P – 319	pop	SOS	tot	wow	mom	non			
	砰然	求救	小兒	哎唷	媽媽	不			

P – 320	pope	rope	tope	cope	dope	hope	lope	mope	nope
	敎皇	繩	狂歡	裂袋	濃液	希望	大步行走	敗興	不

P – 321	popper	topper	copper	hopper			
	炒玉米鍋	上層物	銅	獨腳跳者			

P – 322	popple	topple	hopple			
	波動	動搖	縛足			

P – 323	poppy	soppy	loppy	moppy			
	罌粟花	浸濕的	下垂的	似拖把的			

P – 324	porch	torch				
	走廊	火把				

P – 325	pore	rope				
	細讀	繩				

P – 326	pore	sore	tore	wore	yore	bore	core	fore	gore	lore
	細讀	疼痛	撕扯	穿戴	往昔	穿孔	核	在前	血塊	知識

more
較多

P – 327	pork	work	york	cork	fork			
	豬肉	工作	退場	軟木	叉			

P – 328	port	sort	tort	wort	bort	fort	mort		
	港口	品種	侵犯	植物	金鑽	砲台	號角		

P – 329	portress	fortress				
	女守門人	要塞				

P – 330	pose	posh	post	posy			
	姿勢	奢侈的	郵政	花束			

P – 331	pose	rose	cose	dose	hose	lose	nose		
	姿勢	玫瑰	聊天	一劑	軟管	損失	鼻		

P – 332	post 郵政	stop 停止	spot 斑點						
P – 333	post 郵政	tost 拋投	cost 價格	dost 助動詞	host 男主人	lost 損失	most 最多		
P – 334	postage 郵資	hostage 人質	portage 運費						
P – 335	poster 腳夫	presto 快速							
P – 336	pot 壺	rot 枯朽	sot 酒鬼	tot 小孩	wot 知道	bot 馬蠅	cot 童床	dot 點	got 得到	hot 熱	jot 少量
	lot 全部	mot 妙句	not 不						
P – 337	potable 可攜帶的	votable 可投票的	notable 著名的						
P – 338	pother 喧鬧	tother 另一個	bother 麻煩	mother 母親					
P – 339	potion 藥之一服	lotion 面霜	motion 移動	notion 概念					
P – 340	pottage 肉汁	cottage 茅舍							
P – 341	potter 陶器匠	rotter 無用的人	totter 搖擺	cotter 貧農	hotter 較熱	jotter 小筆記本			
P – 342	pottle 容器	bottle 瓶	mottle 斑點	dottle 煙渣					
P – 343	pouch 錢袋	touch 觸及	vouch 擔保	couch 長沙發					
P – 344	pounce 飛撲	bounce 反跳	jounce 震動						
P – 345	pound 磅	round 圓的	sound 聲音	wound 受傷	bound 綑紮	found 尋到	hound 獵犬		
	mound 土堆								
P – 346	pour 傾倒	sour 酸的	tour 遊歷	your 你的	dour 冷峻的	four 四	hour 小時	lour 皺眉	
P – 347	pout 噘嘴	rout 敗潰	tout 勸誘	bout 一回	gout 痛風	lout 笨人			
P – 348	power 力量	rower 划船者	sower 播種者	tower 塔	bower 涼亭	cower 畏縮	dower 嫁妝	lower 低一些	
	mower 割草機								
P – 349	pox 水痘	vox 聲音	box 箱	cox 舵手	fox 狐	sox 襪			

P – 350	practice practise 練習 練習
P – 351	prasie braise 誇獎 燉，蒸
P – 352	pram ramp 嬰兒車 彎道
P – 353	prance trance France 騰躍 恍惚 法國
P – 354	prank crank drank frank flank clank plank 戲謔 曲柄 飲 坦白的 腰窩 咯隆聲 厚板
P – 355	prat brat drat frat 屁股 小傢伙 咒罵 兄弟會
P – 356	prate crate grate 空談 箱籃 格子
P – 357	prawn brawn drawn drown brown grown 龍蝦 肌肉 牽引 溺死 棕色 成長
P – 358	pray tray bray dray fray gray 祈禱 碟 驢叫 貨車 喧吵 灰色
P – 359	preach breach bleach breath wreath 傳教 破裂 使白 呼吸 花環
P – 360	precisian precision 謹嚴之人 精密
P – 361	prefix premix 字首 預先混合
P – 362	premise promise 前提 允諾
P – 363	prepense pretense 預謀的 虛假
P – 364	prescribe proscribe prescription proscription 開藥方 禁止 藥方 人權剝奪
P – 365	present prevent 現在的 預防
P – 366	press tress cress dress 壓平的 辮子 水芹 衣服
P – 367	prey grey trey they whey 掠奪 灰色 三點 他們 乳漿
P – 368	price pride prime prise prize 價格 自負 首要的 獎品 獎品
P – 369	prick trick brick crick pricket cricket 尖刺 詭計 磚 痙攣 牡鹿 蟋蟀
P – 370	pride bride gride 自負 新娘 擦響

P - 371	prig 小偷	grip 緊握			
P - 372	prig 小偷	trig 三角學	brig 禁閉室	frig 冰箱	grig 快活的人
P - 373	prill 小珠	trill 顫聲	brill 鰈魚	drill 鑽子	frill 飾邊
P - 374	prim 拘謹的	trim 修剪	brim 使滿	grim 可怕	
P - 375	prima 首席	prime 原始的	primi 監督長	primo 主部	primp 盛裝
P - 376	prime 原始的	grime 污垢	crime 犯罪		
P - 377	primp 盛裝	crimp 摺皺	grimp 攀登		
P - 378	prink 打扮	brink 邊緣	drink 飲		
P - 379	prise 獎品	arise 升起	prose 散文	arose 升起	brose 麥粉湯
P - 380	project 計畫	protect 保護	protest 反對	protist 原生生物	
P - 381	prom 跳舞會	romp 頑皮女			
P - 382	prone 俯伏的	crone 醜老太婆	drone 雄蜂	krone 丹麥貨幣單位	trone 天平秤
P - 383	prop 支柱	crop 收成	drop 一滴	trop 過多地	
P - 384	prophecy 預言	prophesy 預示			
P - 385	prose 散文	arose 升起	brose 麥粉湯	erose 不平坦的	frose 凍結的
P - 386	prove 證明	drove 駕駛	grove 小叢林	trove 一批	
P - 387	prow 船首	trow 相信	brow 眉毛	crow 烏鴉	grow 生長
P - 388	prowl 徘徊	growl 怒吠			
P - 389	pry 槓桿	try 試	wry 歪斜	cry 哭	dry 乾
P - 390	pub 酒店	rub 磨擦	sub 訂閱	tub 缸	bub 兄弟
P - 391	puce 深褐色	duce 首領	luce 竹魚		

P-375: primy 最佳時期的
P-387: frow 婦人, arow 一列
P-390: cub 生手, dub 綽號, fub 欺騙, hub 輪軸, nub 瘤

P - 392 puck ruck suck tuck buck duck huck luck muck
一擊 群衆 吸 捲摺 公羊 鴨 麻布 運氣 使活

P - 393 pucker sucker tucker bucker ducker
起皺 吸盤 使疲憊 惡馬 飼鴨人

P - 394 pud bud cud dud mud
煉鐵 花蕾 反芻 失敗 泥

P - 395 puddle ruddle cuddle fuddle huddle muddle buddle
泥水坑 紅土 擁抱 泥醉 擁擠 使混亂 洗礦槽

P - 396 puff purr puss putt pull
喘息 鳴鳴 貓 輕擊 拉

P - 397 puff ruff tuff buff cuff duff guff huff luff muff
喘息 頸毛 凝岩 軟皮 袖口 布丁 胡說 開罪 向風 做錯

P - 398 puffer suffer buffer duffer
吹噓者 遭受 緩衝 笨人

P - 399 puffin muffin
海鴨 鬆餅

P - 400 pug rug tug bug dug fug hug jug lug mug
哈巴狗 毯 拉 小蟲 掘 灰塵 抱 罐 拖 馬克杯

P - 401 pule rule yule mule
啜泣 規則 聖誕季節 騾

P - 402 pule puli pull pulp
低泣 牡羊犬 拉 果肉

P - 403 pull bull cull dull full gull hull lull mull null
拉 公牛 揀出 鈍的 滿 海鷗 去壳 平息 思考 無效

P - 404 puller pullet pulley
拉者 小雞 滑車

P - 405 puller fuller muller
拉者 漂布者 研磨器

P - 406 pullet bullet cullet gullet mullet
小母雞 子彈 碎玻璃 食道 刀魚

P - 407 pulp gulp
紙漿 忍氣

P - 408 pump rump sump bump dump gump hump jump
泵浦 臀部 油槽 碰 傾倒 笨伯 駝峰 跳
lump mump
小塊 喃喃

P - 409 pumpkin bumpkin
南瓜 鄉巴老

P - 410 pun run sun tun bun dun fun gun Hun nun
雙關語 跑 太陽 大桶 甜饅頭 催討 樂趣 槍 匈奴 尼姑

P - 411 puna punk punt puny
高山病 引火物 平底船 微小的

P – 412	punch 拳擊	bunch 束，串	hunch 直覺	lunch 午飯	munch 咀嚼			
P – 413	puncheon 大酒桶	luncheon 正式午餐						
P – 414	pungle 捐錢	bungle 拙作	jungle 叢林					
P – 415	punk 朽木	sunk 沉	tunk 拍打	bunk 床位	dunk 浸泡	funk 恐慌	gunk 油膩物	hunk 大塊	junk 垃圾
	lunk 笨伯							
P – 416	punt 小船	runt 矮人	aunt 伯母	bunt 牴觸	dunt 重擊	hunt 打獵		
P – 417	pup 小狗	sup 飲啜	tup 公羊	cup 杯				
P – 418	pup 小狗	pub 酒店	pud 前足	pug 哈巴狗	pun 雙關語	pur 嗚嗚	pus 膿	put 放置
P – 419	puppy 小狗	guppy 胎生小魚						
P – 420	pur 嗚嗚	bur 芒刺	cur 壞蛋	fur 毛皮	our 我們的			
P – 421	pure 純的	sure 確信	cure 治療	lure 誘餌	mure 幽禁			
P – 422	purge 清除	surge 大浪	gurge 漩渦					
P – 423	purl 漩渦	burl 線頭	curl 捲曲	furl 捲起	hurl 猛擲			
P – 424	purse 錢袋	burse 獎學金	curse 降禍	nurse 護士				
P – 425	purvey 供應	survey 調查						
P – 426	pus 膿	jus 法律	bus 公車	sub 代理	sup 飲啜	sum 總數	mus 博物館	
P – 427	push 推	rush 急迫	bush 矮樹	gush 湧出	hush 安靜	lush 醉漢	mush 夢話	
P – 428	puss 貓	Russ 俄羅斯	buss 親吻	cuss 咀咒	fuss 紛擾	muss 混亂		
P – 429	put 放	rut 轍跡	tut 噓	but 但是	cut 切	gut 腸	hut 小屋	jut 突出	nut 硬果	out 外面
P – 430	putt 輕擊	butt 煙屁股	mutt 笨蛋					
P – 431	putter 短球棒	butter 奶油	cutter 切割器	gutter 天溝	mutter 喃喃			

P－432	putty 油灰	rutty 多車轍的	tutty 氧化鋅	butty 工頭	nutty 漂亮的		
P－433	puzzle 難題	wuzzle 混合	guzzle 狂飲	muzzle 槍口	nuzzle 用鼻掘	nozzle 管嘴	sozzle 使醉
P－434	pyre 柴堆	tyre 輪胎	byre 牛棚	eyre 巡迴	gyre 迴旋	lyre 七弦琴	

—— **Q** ——

Q－1	quab 雛鳥	quad 方院	duad 一對	quag 泥沼	quay 碼頭

Q－2	quack 鴨叫	quick 迅速的

Q－3	quadruple 四倍的	quadruply 四倍地	quadruplet 四個一組	quadruplex 四重的

Q－4	quaff 痛飲	quiff 一陣風

Q－5	quagga 斑驢	quaggy 似沼地的

Q－6	quagmire 沼地	quagmiry 多泥濘的

Q－7	quake 震動	quaky 戰慄的

Q－8	Quakerish 教友派的	Quakerism 教友派主義

Q－9	quant 用桿撐船	quart 夸脫

Q－10	quantify 定量	quantity 量

Q－11	qualify 合格	quality 性質

Q－12	quarte 一種劍法	quarto 四開本	quartz 石英石

Q－13	quash 取消	quasi 類似的	quass 酸啤酒

Q－14	quean 賤婦	queen 皇后	queer 古怪的	quern 手磨	querl 盤繞	query 疑問

Q－15	quell 撲滅	quill 翎管

Q－16	quest 探詢	guest 客人	guess 猜

Q－17	quester 搜索者	questor 檢察員

Q-18	quib quid quip quit quiz 譏諷 一鎊 妙語 停止 嘲弄
Q-19	quiet quite 安靜 完全地
Q-20	quiet quilt quint built guilt 安靜 棉被 同花相連 建築 罪
Q-21	quietish quietism quietist 有些靜的 寂靜主義 寂靜主義者
Q-22	quilt guilt guild build built quilter guilder builder 棉被 犯罪 指導 建築 建了 製棉被者 荷蘭錢幣 建築者
Q-23	quince quincy quinsy 溫桲樹 本底划子 扁桃腺炎
Q-24	quinine quinone 奎寧 對醌
Q-25	quinquenniad quinquennial 五年期間 每隔五年的
Q-26	quint suint quintal quintan 第五度音程 羊汗質 百鎊 每五天的
Q-27	quirk quire quite quote quoth 急轉 一刀紙 完全 引號 說
Q-28	quirky quirly 急轉的 手捲的香煙
Q-29	quit suit 放棄 訴訟
Q-30	quite suite 完全 一組
Q-31	quitter quittor 懦夫 發炎症
Q-32	quoin quoit 外角 套環

—— R ——

R-1	rabbet rabbit 嵌接 兔子
R-2	rabble raddle raffle rattle razzle 暴民 赭石 抽籤售賣 發嘎嘎聲 狂飲
R-3	rabble wabble babble cabble dabble gabble 暴民 動搖 空談 切短 濺濕 饒舌
R-4	rebound redound remound resound 跳回 成為 再塑 發回聲
R-5	raca race rack racy 無價值的 賽跑 架 有風味的

R-6	race 賽跑	rage 憤怒	rake 耙子	rale 喉鳴	rape 強姦	rare 嫩的	rase 消除	rate 比率	rave 叫喊	raze 消除

R-7	race 賽跑	acre 英畝	care 小心

R-8	race 賽跑	dace 鰷魚	face 臉	lace 帶子	mace 鎚矛	pace 步伐	race 種族

R-9	racial 種族的	facial 臉部的

R-10	rack 架	reck 注意	rick 禾堆	rock 石	ruck 變皺

R-11	rack 架	sack 袋	tack 圖釘	wack 怪事	zack 硬幣	back 後面	cack 軟鞋	hack 切割	jack 男子	lack 缺乏

pack
包裝

R-12	racker 拷刑者	rocker 搖者

R-13	racker 拷刑者	sacker 劫掠者	backer 支持者	lacker 塗漆	packer 包裝者

R-14	racket 網球拍	sacket 小袋	jacket 夾克	packet 包裹

R-15	rackle 任性的	rickle 小堆	ruckle 喘鳴

R-16	rackle 任性的	tackle 釣鈎	cackle 咯咯聲	hackle 刷梳

R-17	rad 半徑	rag 破布	ram 公羊	ran 跑	rap 敲	rat 鼠	raw 生的	ray 射線

R-18	raddle 赭石	saddle 鞍	waddle 蹣跚	paddle 槳

R-19	radical 根本的	radicel 小根	radices 基數

R-20	radii 半徑	radix 基數	radio 無線電	ratio 比率	patio 天井

R-21	radish 紅蘿蔔	rudish 稍無禮的

R-22	raff 大批	riff 迅速輕翻	ruff 頸毛

R-23	raff 大批	waff 孤單	yaff 吠	baff 打	daff 愚行	gaff 魚叉

R-24	raffle 碎屑	waffle 蛋餅	baffle 挫折

R-25	raft 救生艇	fart 屁

R-26	raft 筏	waft 吹送	haft 刀柄	daft 痴的	dafter 較笨的	rafter 筏夫	wafter 轉盤風扇	hafter 裝柄者

R-27	rag 破布	rah 歡呼	raj 統治	ram 公羊	ran 跑	rap 敲	rat 鼠	raw 生的	ray 射線

R-28	rage 憤怒	gear 齒輪	ager 年老者

R-29	rage 憤怒	rake 耙子	rale 喉鳴	rape 強姦	rate 比率

R-30	rage 憤怒	sage 哲人	wage 工資	cage 鳥籠	gage 抵押	mage 魔術師	page 頁

R-31	raid 侵略	arid 乾燥的

R-32	raid 侵略	rail 鐵軌	rain 雨	rein 韁繩	ruin 滅亡

R-33	raid 侵略	said 說了	laid 放下	maid 少女	paid 已付

R-34	rail 鐵軌	rial 伊朗錢	lair 獸穴	liar 說謊者	lira 里拉	aril 子衣

R-35	rail 鐵軌	sail 航行	tail 尾巴	vail 脫帽	wail 痛哭	bail 委託	fail 失敗	hail 歡呼	jail 監獄	mail 郵件	nail 釘子
	pail 提桶								

R-36	rain 雨	vain 徒然	wain 馬車	zain 純暗色馬	cain 田賦	fain 樂意	gain 獲得	lain 躺下	main 主要
	pain 苦痛								

R-37	raise 加薪	arise 升起

R-38	rake 耙子	sake 原因	take 拿	wake 喚醒	bake 烘	cake 餅	fake 作偽	hake 鱈魚	jake 滿意	lake 湖
	make 做								

R-39	rale 肺鳴	sale 賣	tale 故事	vale 傷痕	bale 打包	dale 山谷	gale 大風	hale 強壯	male 男的	pale 蒼白

R-40	rally 復元	sally 突擊	tally 計算	wally 華服	bally 很	dally 嬉戲	pally 親密

R-41	ram 撞	yam 山芋	bam 欺騙	cam 凸輪	dam 水壩	gam 腿	ham 火腿	jam 擠	lam 責打	mam 媽

R-42	ramble 漫步	gamble 賭博

R-43	rammer 撞者	yammer 啼哭	gammer 老太婆	hammer 鎚	mammer 口吃

R-44　ramp　pram
　　　　彎道　嬰兒車

R-45　ran　tan　van　wan　ban　can　dan　fan　Han　man　pan
　　　　跑　晒黑　貨車　蒼白　禁止　能　浮標　扇　漢人　男子　鍋

R-46　rance　dance　lance　nance
　　　　大理石　跳舞　槍矛　女人氣的男人

R-47　rand　sand　wand　band　hand　land
　　　　邊界　沙　棒　樂隊　手　土地

R-48　randy　sandy　bandy　candy　dandy　handy　pandy
　　　　大吵　沙質的　交換　糖果　極好的　手熟的　打手心

R-49　rang　ring　rung
　　　　響　指環　梯級

R-50　rang　sang　tang　vang　yang　bang　fang　gang　hang
　　　　響　唱　氣味　船索　雁叫　重打　尖牙　群　掛
　　　　pang
　　　　劇痛

R-51　ranger　banger　danger　ganger　hanger　manger
　　　　徘徊者　大吵　危險　工頭　吊架　馬槽

R-52　rank　sank　tank　yank　bank　dank　hank　lank
　　　　階級　沉　坦克　急拉　銀行　潮濕　一捲　瘦的

R-53　ranson　hanson
　　　　勒索金錢　兩輪小馬車

R-54　rant　want　bant　cant　can't　pant
　　　　咆哮　要　減胖　黑話　不能　喘息

R-55　ranter　wanter　banter　canter
　　　　說大話者　貧乏者　嘲弄　緩弛

R-56　rap　rep　rip
　　　　敲擊　浪子　撕開

R-57　rap　sap　tap　wap　yap　cap　dap　gap　hap　lap　map
　　　　敲擊　腐蝕　輕踏　拍打　狂吠　便帽　飛掠　缺口　運氣　重疊　地圖
　　　　nap　pap
　　　　小睡　軟食

R-58　rape　ripe　rope
　　　　強姦　成熟的　粗繩

R-59　rape　pare　pear　reap
　　　　強姦　削　梨　收割

R-60　rape　tape　cape　gape　jape　nape
　　　　強姦　帶子　披肩　裂開　愚弄　頸背

R-61　rapid　sapid　vapid
　　　　迅速的　有味的　無味的

R-62　rapt　part　trap
　　　　著迷的　部份的　陷阱

R – 63	rapture 著迷	capture 捕獲	rupture 破裂						
R – 64	rare 半熟	tare 甚多	ware 器物	yare 靈活	bare 赤裸	care 小心	dare 敢	fare 車費	hare 兔	mare 母馬

R – 64 pare
削皮

R – 65	rase 消除	sear 枯萎	arse 臀部	sera 血漿					
R – 66	rase 消除	rash 性急的	rasp 粗銼刀						
R – 67	rase 消除	rise 升起	rose 玫瑰	ruse 計謀					
R – 68	rase 消除	vase 花瓶	base 基礎	case 箱	ease 容易	lase 發光			

R – 69	rash 輕率	sash 窗框	wash 洗	bash 重擊	cash 現金	dash 少許	fash 困惱	gash 割痕	hash 混雜

R – 69 lash
鞭撻   mash
搗碎   pash
打碎

R – 70	rasher 鹹肉片	washer 洗衣機	dasher 衝擊者	masher 搗碎者
R – 71	rasp 粗銼刀	spar 桅		
R – 72	rasp 粗銼刀	wasp 黃蜂	gasp 喘氣	hasp 搭扣
R – 73	rat 鼠	art 藝術	tar 焦油	

R – 74	rat 鼠	sat 坐	tat 擊	vat 桶	xat 柱	bat 棒	cat 貓	eat 吃	fat 胖	gat 槍	hat 帽	mat 纏

R – 74 oat
麥   pat
拍

R – 75	ratch 棘輪	watch 錶	batch 一批	catch 捉	hatch 孵	latch 門閂	match 火柴	natch 當然

R – 75 patch
補丁

R – 76	ratchet 棘輪	hatchet 鉞	latchet 鞋帶						
R – 77	rate 比率	tare 皮重	tear 扯破						

R – 78	rate 比率	sate 使能	bate 減少	date 日期	fate 命運	gate 門	hate 恨	late 遲	mate 伙伴	pate 頭頂

R – 79	rater 某等人	ratel 獾	ratal 納稅額					
R – 80	rath 古塚	hart 雄鹿	bath 洗浴	hath 有	lath 板條	math 數學	oath 發誓	path 小徑

R

R - 81　ratten　batten　fatten
　　　　搗蛋　　窄板　　使胖

R - 82　rather　father　gather　lather
　　　　寧可　　父親　　聚集　　肥皂泡

R - 83　ratio　patio　radio　radix　radii　　　　　rodeo　video
　　　　比率　天井　無線電　根本　半徑（複數）　牛市場　見像的

R - 84　ration　cation　nation
　　　　定量　陽離子　國家

R - 85　ratter　tatter　yatter　batter　hatter　latter　matter　natter
　　　　捕鼠者　破布　閒談　重擊　帽商　後者　事件　抱怨
　　　　patter
　　　　淅瀝

R - 86　rattle　tattle　wattle　battle　cattle
　　　　嘎聲　聊天　枝條　戰爭　牲口

R - 87　rattler　tattler
　　　　響尾蛇　閒聊者

R - 88　ratty　batty　catty　fatty　natty　patty
　　　　老鼠似的　瘋的　斤　胖子　乾淨的　小餅

R - 89　ravage　savage　lavage
　　　　破壞　殘忍的　洗滌

R - 90　rave　aver　vera
　　　　叫喊　主張　很

R - 91　rave　save　wave　cave　gave　have　lave　nave　pave
　　　　發狂語　節省　波浪　窟　給　有　流動　本堂　舖路

R - 92　ravel　gavel　navel
　　　　拆開　小槌　肚臍

R - 93　ravelin　javelin
　　　　半月堡　標槍

R - 94　raven　haven
　　　　烏亮的　港

R - 95　ravish　lavish
　　　　強奪　過度的

R - 96　raw　war　ray　yar
　　　　生的　戰爭　射線　咆哮

R - 97　raw　saw　taw　yaw　caw　daw　haw　jaw　law　maw
　　　　生的　鋸　石彈　偏航　鳥鴉叫　穴鳥　支吾　顎　法律　胃
　　　　naw　paw
　　　　大　爪

R - 98　ray　say　way　bay　cay　day　fay　gay　hay　jay　lay
　　　　射線　說　路　海灣　沙洲　日　仙　快樂　乾草　鳥　放
　　　　may　nay　pay
　　　　許可　而且　付

R-99　raze daze faze gaze haze laze maze naze
消除 迷亂 困惱 注視 煙霧 怠惰 迷惘 岬

R-100　razz jazz raze
嘲笑 爵士樂 消除

R-101　re we ye be he me
又 我們 你 是 他 我

R-102　reach teach beach leach peach
到 教 海灘 過濾 桃

R-103　react trace caret
再做 足跡 漏字符號

R-104　read real reel ream reap rear rare rape rale
讀 眞實的 紡車 一令紙 收割 後面 稀罕的 強姦 肺鳴

R-105　read dare dear
讀 膽敢 親愛的

R-106　read bead dead head lead mead
讀 唸珠 死 頭 鉛 酒

R-107　real earl rale
眞實的 伯爵 （醫）水泡音

R-108　real seal teal veal weal zeal deal heal peal
眞實的 印章 野鴨 小牛肉 福利 熱心 交易 治癒 鐘響

R-109　reals laser
西班牙幣 雷射

R-110　ream mare
一令紙 果渣

R-111　reap heap leap neap
收割 堆集 跳過 小潮

R-112　rear sear tear wear year bear dear fear gear hear
後面 枯 淚 穿 年 熊 親愛的 怕 服裝 聽
lear near pear
空的 近 梨

R-113　reason season
理由 季節

R-114　reb rib rob rub
士兵 肋骨 搶劫 摩擦

R-115　rebec xebec zebec
三弦琴 三桅船 三桅船

R-116　rebel repel revel
反叛者 逐退 狂歡

R-117　rebound redound resound
彈回 增加 發回聲

R-118　rebus rebut
謎 反駁

R-119	recant	canter	recent	center
	改變	緩弛	近來的	中心

R-120	receive	deceive
	收到	欺騙

R-121	recent	regent	relent	repent	resent
	近來的	攝政	變溫和	悔改	憤恨

R-122	recent	decent
	近來的	合宜

R-123	recession	secession
	交還	退出

R-124	recipe	recite	resite	reside
	食譜	背誦	放在一新地方	居住

R-125	reck	teck	beck	deck	geck	heck	keck	neck	peck
	相干	偵探	點頭	甲板	卑人	地獄	想吐	頸	啄食

R-126	reckon	beckon
	計算	點頭

R-127	recur	curer
	回想	治療器

R-128	recuse	rescue
	拒絕	救出

R-129	red	ree	ref	rem	rep	res	ret	rev	Rex
	紅	篩	裁判	輻射單位	織品	物件	浸漬	旋轉	君王

R-130	red	ted	wed	zed	bed	fed	he'd	led
	紅	攤晒	婚	Z字	床	飼	他有	領導

R-131	rede	ride	rode	rude
	忠告	騎馬	騎馬	粗陋的

R-132	redout	detour
	視覺不清	繞道

R-133	reduce	seduce	deduce
	減少	引誘	推論

R-134	ree	see	tee	vee	wee	zee	bee	dee	fee	gee	jee	lee
	篩	看	球戲	V字	微	Z字	蜂	D字	費	噫	嘻	背風

	nee	pee
	娘家姓	尿

R-135	read	reef	reek	reel
	蘆葦	礁	煙	紡車

R-136	reed	rede	deer	dere
	蘆葦	忠告	鹿	悲傷的

R-137	reed	seed	weed	deed	feed	heed	meed	need
	蘆葦	種子	雜草	行為	餵飼	注意	報酬	需要

R-138	reef	beef	keef
	暗礁	牛肉	麻藥

R – 139	reek 煙	seek 找尋	week 星期	geek 怪人	keek 窺視	leek 韭	meek 溫柔的	peek 偷看

R – 140	reel 線軸	leer 秋波

R – 141	reel 線軸	seel 閉目	feel 感覺	heel 腳跟	keel 龍骨	peel 果皮

R – 142	refer 交付	defer 延期	freed 自由

R – 143	refine 精煉	repine 不滿

R – 144	reflect 反射	deflect 偏斜

R – 145	reflet 光澤	reflex 不自主的	reflux 逆流

R – 146	reft 搶劫	tref 禁止的	weft 緯線	deft 熟練的	heft 重量	left 左邊	felt 毛氈

R – 147	refuge 保護	refuse 拒絕	refute 反駁

R – 148	regal 帝王的	legal 法律的

R – 149	regard 尊敬	retard 阻礙	reward 報酬

R – 150	reheat 再熱	heater 加熱器

R – 151	regin 朝代	deign 俯允	feign 假造

R – 152	reigns 朝代	resign 辭職	singer 歌手	signer 簽名者

R – 153	rein 韁繩	vein 靜脈

R – 154	reins 腰部	rinse 洗	serin 雀	siren 海上女妖

R – 155	relay 交替	layer 一層	belay 繫繩	delay 延遲

R – 156	relent 變溫和	repent 悔改	resent 憤恨

R – 157	relief 減輕	belief 相信	relieve 減輕	believe 相信

R – 158	relume 再點燃	resume 摘要

R – 159	rely 依賴	lyre 七弦琴

R-160	remand 送回	remind 使憶起	remint 再鑄						
R-161	remit 匯寄	merit 優點							
R-162	remonstrate 抗辯	demonstrate 證明							
R-163	remote 遙遠的	demote 使降級	devote 奉獻						
R-164	renal 腎臟的	venal 貪污的	penal 刑事的						
R-165	rent 租用	tern 燕鷗							
R-166	rent 租用	sent 送	tent 帳蓬	vent 小孔	went 去	bent 彎曲	cent 一分錢	dent 凹	gent 紳士
	hent 抓	lent 借	pent 關閉						
R-167	rental 出租的	cental 一百鎊重	dental 牙齒的	mental 心理的					
R-168	renter 租用者	tenter 張布機	center 中心						
R-169	rep 浪子	yep 是的	pep 勇氣	hep 知情的					
R-170	repay 還錢	payer 付款人							
R-171	report 報告	porter 挑夫	resort 常去	retort 反駁	deport 放逐				
R-172	resect 切除	secret 秘密的							
R-173	reside 居住	resite 放在一新地方	recite 背誦						
R-174	reside 居住	beside 在旁	reside 居住	desire 希望					
R-175	rescind 廢止	discern 辨別							
R-176	resin 樹脂	rinse 清洗							
R-177	resolve 決定	revolve 周轉							
R-178	respiration 呼吸	aspiration 熱望	desperation 不顧一切以赴	inspiration 靈感					
R-179	respond 回答	despond 沮喪							

R－180　rest　test　vest　west　zest　best　gest　hest　jest　lest
　　　　休息　試驗　背心　西方　風味　最佳　冒險　命令　笑話　因恐
　　　　nest　pest
　　　　巢　　害蟲

R－181　restive　festive
　　　　不穩的　節日的

R－182　ret　set　vet　wet　yet　bet　get　jet　let　met　net
　　　　變軟　一組　治療　濕　尚未　打賭　獲得　噴射　讓　遇　網
　　　　pet
　　　　寵物

R－183　retail　detail　detain　retain
　　　　零售　詳情　拘留　保留

R－184　rete　tree
　　　　網　樹

R－185　revel　elver　lever　never　sever　fever
　　　　狂喜　小鱔　槓桿　永不　切斷　發熱

R－186　revel　bevel　kevel　level
　　　　狂喜　斜角　繩栓　平的

R－187　revere　revers　revert　revery
　　　　尊敬　翻轉　歸屬　幻想

R－188　revile　revise　revive
　　　　辱罵　修訂　復活

R－189　revise　devise　device
　　　　校訂　思索　計畫

R－190　rhumb　thumb　thump
　　　　方位　大拇指　重擊

R－191　rib　rid　rig　rim　rip
　　　　肋骨　免除　裝配　邊緣　撕開

R－192　rib　sib　bib　dib　fib　gib　jib　nib
　　　　肋骨　血親　圍巾　垂釣　小謊　凹楔　角帆　喙

R－193　ribbon　gibbon
　　　　絲帶　長臂猿

R－194　rice　sice　vice　bice　dice　lice　mice　nice　pice　rice
　　　　米　馬夫　惡行　灰藍　骰子　蝨　鼠　好的　銅幣　米

R－195　rickshaw　kickshaw
　　　　人力車　無價值之物

R－196　rid　aid　bid　did　fid　hid　kid　lid　mid
　　　　免除　幫助　出價　做　尖針　匿　小孩　蓋子　中間

R－197　ridden　bidden　hidden　midden
　　　　騎　出價　躲藏　垃圾堆

R－198　riddle　diddle　fiddle　middle　piddle
　　　　猜中　欺騙　小提琴　中間　虛度

R－199　ride　dire
　　　　乘騎　可怕的

R－200　ride　rede　rode　rude
　　　　乘騎　忠告　騎　　粗陋的

R－201　ride　rife　　rile　rime　ripe　　rise　rite　rive
　　　　乘騎　流行的　攪濁　白霜　成熟的　升起　儀式　裂縫

R－202　ride　side　tide　wide　aide　bide　hide
　　　　乘騎　邊　　潮水　寬　　副官　居住　藏匿

R－203　rider　wider　cider　eider　hider
　　　　騎馬者　較寬的　蘋果汁　棉鳧　躲避者

R－204　ridge　midge
　　　　山脊　小蟲

R－205　rife　　fire
　　　　流行的　火

R－206　rife　　wife　life　fife
　　　　流行的　妻子　生命　笛子

R－207　riffle　piffle
　　　　湍流　廢話

R－208　rig　wig　big　dig　fig　gig　jig　pig
　　　　裝束　假髮　大　挖　少許　小艇　舞　豬

R－209　right　sight　tight　wight　bight　dight　eight　fight　hight
　　　　對的　視力　緊　　人　　彎曲　準備　八　　打仗　高度
　　　　light　might　night
　　　　光　　強權　夜

R－210　rigorous　vigorous
　　　　嚴格的　有力的

R－211　rile　tile　vile　wile　bile　file　mile　pile
　　　　惹怒　瓦　壞的　詭計　膽汁　卷宗　英里　一堆

R－212　rill　sill　till　vill　will　yill　bill　dill　fill　gill　hill
　　　　小河　基石　直到　市鎮　意願　麥酒　帳單　蒔蘿　裝滿　魚鰓　小山
　　　　lill　kill　mill　nill　pill
　　　　垂下　殺害　磨坊　不願　藥丸

R－213　rillet　willet　billet　fillet　millet
　　　　小溪　鷸鳥　住宿　髮帶　粟

R－214　rim　vim　aim　dim　him
　　　　邊緣　精力　瞄準　暗淡　他

R－215　rime　emir　mire
　　　　白霜　尊稱　泥沼

R－216　rime　time　dime　lime　mime
　　　　押韻　時間　一角錢　石灰　小丑

R－217　rind　wind　bind　find　hind　kind　mind
　　　　果皮　風　綁　尋　在後　種類　心意

R - 218	ring grin 環圈 露齒笑
R - 219	ring sing ting wing zing bing ding king ling Ming 環圈 唱 玎玲 翅 活力 一堆 叮噹 國王 石南 明代 ping 砰砰
R - 220	ringlet singlet kinglet 小環 汗衫 小國之王
R - 221	rink sink tink wink dink fink gink kink link 溜冰 沉 叮叮聲 眨眼 打扮 告發人 怪人 繩結 連結 mink pink 貂皮 淡紅
R - 222	rinse resin risen siren 清洗 樹膠 起 海上女妖
R - 223	riot trio tiro 紊亂 三個一組 新手
R - 224	rip sip tip zip dip gip hip kip lip nip pip 撕開 呷 小費 活力 浸漬 詐欺 屁股 客棧 唇 小飲 種子
R - 225	ripe peri 成熟的 妖精
R - 226	ripe wipe yipe pipe 成熟的 抹拭 驚恐 管子
R - 227	riper wiper piper 較成熟的 抹拭者 吹笛者
R - 228	ripper sipper tipper zipper dipper kipper lipper 裂開之具 啜飲者 給小費者 拉鍊 浸漬者 鱒 海波微揚 nipper 摘取者
R - 229	ripple tipple nipple 小波 烈酒 乳頭
R - 230	ripping fipping lipping nipping 非凡的 輕拍 接吻 刺骨的
R - 231	rise sire 升起 陛下
R - 232	rise vise wise bise mise 升起 老虎鉗 聰明 寒風 協定
R - 233	risible visible 善笑的 能見的
R - 234	risk bisk disk fisk 危險 濃湯 唱片 國庫
R - 235	rite tier tire 典禮 一排 輪胎

R

R－236	rite　site　bite　cite　kite　mite 典禮　場所　咬　引述　風箏　少許
R－237	rivel　liver　riven　river　rivet 起皺　肝　撕裂　河　鉚釘
R－238	riven　given　liven 裂開　給　使高興
R－239	river　liver　diver　fiver　giver 河　肝　潛水者　五元鈔　給予者
R－240	rivet　civet 鉚釘　麝貓
R－241	roach　coach　loach　poach 蟑螂　教練　泥鰍　偷獵
R－242	road　roam　roan　roar 路　流浪　雜毛的　吼
R－243	road　toad　woad　goad　load 路　蟾蜍　菘藍　刺棒　負荷
R－244	roan　loan　moan 羊皮　借款　呻吟聲
R－245	roar　soar　boar 吼　高飛　公豬
R－246	roast　toast　boast　coast 烤　吐司麵包　誇言　海岸
R－247	rob　sob　bob　cob　fob　gob　hob　job　lob　mob　nob 搶劫　啜泣　剪短　鵝　袋　塊　架　工作　傻人　暴徒　頭
R－248	rob　roc　rod　roe　rot　row 搶劫　大鳥　桿　魚卵　枯朽　行列
R－249	robber　roller　rotter　rubber　rummer　runner 強盜　滾子　無用的人　按摩者　大酒杯　奔跑者
R－250	robe　bore　role　lore　rose　sore　rote　tore 外袍　穿孔　角色　知識　玫瑰　疼痛　背誦　撕扯
R－251	robe　tobe　lobe 寬袍　未來的　瓣
R－252	robe　rode　role　rope　rose　rote　roue　rove 寬袍　騎　角色　繩子　玫瑰　背誦　登徒子　流浪
R－253	rock　sock　bock　cock　dock　hock　jock　lock　mock 岩石　短襪　啤酒　公雞　碼頭　典當　騎師　鎖　嘲弄 nock　pock 凹槽　痘疱
R－254	rocket　socket　docket　locket　pocket 火箭　燈頭　摘要　小盒　衣袋
R－255	rod　sod　tod　bod　cod　god　hod　nod　pod 桿　草皮　樹叢　人　鱈魚　神　煤斗　點頭　豆莢

R - 256	rode 騎	bode 預兆	code 電碼	lode 礦脈	mode 方式	node 結			
R - 257	roe 魚卵	toe 腳趾	woe 悲哀	hoe 鋤	foe 仇敵				
R - 258	rogue 胭脂	vogue 流行							
R - 259	roil 攪濁	soil 土壤	toil 苦工	boil 煮沸	coil 線圈	foil 阻止	moil 勞動	noil 梳屑	
R - 260	role 角色	sole 獨的	vole 野鼠	bole 樹幹	cole 油菜	dole 施捨	hole 洞	mole 痣	pole 柱
R - 261	roll 滾動	toll 通行稅	boll 莢殼	doll 洋囡囡	loll 伸舌	poll 投票			
R - 262	roller 滾子	toller 收稅人	holler 叫喊						
R - 263	romp 頑皮女	prom 跳舞會	pomp 華麗						
R - 264	rood 路得	roof 屋頂	rook 烏鴉	room 房間	root 根				
R - 265	rood 路得	door 門	odor 氣味						
R - 266	rood 路得	wood 樹林	food 食物	good 好	hood 罩	mood 心情	pood 普特		
R - 267	roof 屋頂	woof 緯度	goof 愚人	hoof 蹄					
R - 268	rook 敲詐	took 拿	zook 老妓	book 書	cook 廚子	hook 鉤	kook 笨蛋	look 看	nook 屋隅
R - 269	rookie 新兵	cookie 小甜餅							
R - 270	rooky 新兵	roomy 寬敞的	rooty 多根的						
R - 271	room 房間	moor 碇泊							
R - 272	room 房間	zoom 直升	boom 繁榮	doom 劫數	loom 織機				
R - 273	roost 雞棚	boost 後推							
R - 274	root 根	soot 煤灰	toot 號角	boot 馬靴	coot 黑鴨	foot 腳	hoot 梟叫	loot 臟物	moot 待決
R - 275	rooty 多根的	sooty 黑的	booty 獎品	footy 無價值的	zooty 過於華麗的				
R - 276	rope 繩	pore 毛孔							

R

R-277	rope 繩	tope 狂歡	cope 裂袋	dope 濃液	hope 希望	lope 大步行走		mope 敗興	nope 不	pope 教皇

R-278　rorty 愉快的　forty 四十

R-279　rose 玫瑰　sore 痛處　rote 背誦　tore 撕扯　robe 寬袍　bore 穿孔　role 角色　lore 知識

R-280　rose 玫瑰　dose 一劑　hose 軟管　lose 損失　nose 鼻　pose 姿勢　cose 聊天

R-281　rosier 比玫瑰色紅一些的　hosier 製襪人

R-282　roster 名單　zoster 帶　coster 小販　foster 撫養　poster 傳單

R-283　rostrum 嘴　nostrum 秘藥

R-284　rot 枯朽　sot 酒鬼　tot 小孩　wot 知道　bot 馬蠅　cot 童床　dot 點　got 得到　hot 熱　jot 少量　lot 全部
mot 妙句　not 不　pot 壺

R-285　rota 輪流　taro 芋頭

R-286　rotary 旋轉的　votary 信徒　notary 公證人

R-287　rote 強記　tote 背負　vote 投票　bote 修理　cote 棚　dote 昏憒　mote 微塵　note 摘記

R-288　rotten 腐敗的　gotten 已得到

R-289　rotter 無用的人　totter 搖擺　cotter 貧農　hotter 較熱　jotter 小筆記本　potter 陶器匠

R-290　rotor 迴轉子　motor 馬達

R-291　rough 粗糙的　tough 堅韌的　cough 咳嗽　roughen 使粗糙　toughen 使變硬

R-292　round 圓的　sound 聲音　wound 受傷　bound 綑紮　found 尋到　hound 獵犬　mound 土堆
pound 磅

R-293　roup 拍賣　pour 傾倒　soup 湯

R-294　rouse 喚醒　souse 投水　touse 弄亂　bouse 飲料　douse 潑水　house 房屋　louse 蝨　mouse 鼠

R-295　roust 激動　torus 花托

R - 296　rout　tout　bout　gout　lout　pout
　　　　　敗潰　勸誘　一回　痛風　笨人　噘嘴

R - 297　rout　tour
　　　　　敗潰　旅遊

R - 298　route　outer　outre
　　　　　道路　外面的　誇大的

R - 299　rove　wove　cove　dove　hove　love　move
　　　　　流浪　編織　小海灣　鴿子　移動　愛　動

R - 300　rove　over
　　　　　流浪　在上

R - 301　rover　cover　hover　lover　mover
　　　　　流浪者　蓋　飛翔　愛人　提議者

R - 302　row　sow　tow　vow　wow　yow　bow　cow　how　low
　　　　　行列　母豬　拖　誓約　噢　訝　彎腰　母牛　怎樣　低

　　　　　mow　now
　　　　　割草　現在

R - 303　rowdy　dowdy　howdy
　　　　　好吵鬧的　不整潔的　你好

R - 304　rowel　towel　vowel　bowel　dowel
　　　　　小齒輪　毛巾　母音　腸　暗樺

R - 305　rower　sower　tower　bower　cower　dower　lower　mower
　　　　　划船者　播種者　塔　涼亭　畏縮　嫁妝　低一些　割草機

　　　　　power
　　　　　力量

R - 306　royal　loyal
　　　　　皇家的　忠貞

R - 307　rub　sub　tub　bub　cub　dub　fub　hub　nub　pub
　　　　　摩擦　訂閱　缸　兄弟　生手　綽號　欺騙　輪軸　瘤　酒店

R - 308　rubbish　tubbish　cubbish
　　　　　垃圾　桶狀的　不懂禮的

R - 309　rubber　rudder　lubber
　　　　　橡皮　舵　笨大漢

R - 310　rubble　bubble　hubble　nubble
　　　　　碎石　泡泡　凸起　小瘤

R - 311　rubbly　bubbly　hubbly　nubbly
　　　　　碎石狀的　起泡的　不平的　瘤多的

R - 312　rube　rude　rule
　　　　　村夫　粗陋的　規則

R - 313　rube　tube　cube　lube
　　　　　村夫　管，筒　立方　潤滑油

R - 314　ruck　suck　tuck　buck　duck　huck　luck　muck　puck
　　　　　群眾　吸　捲摺　公羊　鴨　麻布　運氣　使活　一擊

R-315	ruction 吵鬧	suction 吸引	auction 拍賣						
R-316	ruddle 紅土	cuddle 擁抱	fuddle 泥醉	huddle 擁擠	muddle 使混亂	puddle 泥水坑	buddle 洗礦槽		
R-317	ruddy 紅的	buddy 同志	cuddy 壁櫃	muddy 似泥的					
R-318	rude 粗陋的	dude 花花公子	nude 裸體的						
R-319	rue 悔恨	sue 起訴	cue 髮辮	due 由於	hue 色彩				
R-320	ruff 頸毛	tuff 凝岩	buff 軟皮	cuff 袖口	duff 布丁	guff 胡說	huff 開罪	luff 向風	muff 做錯	puff 喘息
R-321	ruffle 摺皺	muffle 包住	ruffler 頭巾	muffler 擺架子的人					
R-322	rug 地毯	tug 拉	bug 小蟲	dug 掘	fug 灰塵	hug 抱	jug 罐	lug 拖	mug 杯	bug 哈巴狗
R-323	rule 規則	lure 誘餌							
R-324	rule 規則	yule 聖誕季節	mule 騾	pule 啜泣					
R-325	rum 古怪	sum 總數	tum 撥弦聲	vum 發誓	bum 遊蕩	gum 口香糖	hum 嗡嗡	mum 禁聲	
R-326	rumble 隆隆聲	tumble 跌倒	fumble 摸索	humble 卑下	jumble 混合	mumble 咕嚷			
R-327	rummer 大酒杯	summer 夏天	hummer 低唱者	mummer 啞劇演員	cummer 女伴				
R-328	rumor 謠言	tumor 腫脹	humor 幽默	rumour 謠言	humour 幽默				
R-329	rump 臀部	sump 油槽	bump 碰	dump 傾倒	gump 笨伯	hump 駝峰	jump 跳	lump 小塊	
	mump 喃喃	pump 泵浦							
R-330	run 跑	urn 缸							
R-331	run 跑	sun 太陽	tun 大桶	bun 甜饅頭	dun 催討	fun 樂趣	gun 槍	Hun 匈奴	nun 尼姑	pun 雙關語
R-332	rune 北歐文字	rung 響了	runt 矮人						
R-333	rune 北歐文字	tune 調子	dune 沙丘	June 六月	lune 弓形				
R-334	rung 響	sung 唱	bung 打腫	dung 施肥	hung 弔	lung 肺			

R – 335	runny 過軟的	sunny 向陽的	tunny 鮪魚	bunny 兔	funny 可笑的	gunny 粗麻布				
R – 336	runt 矮人	aunt 伯母	bunt 牴觸	dunt 重擊	hunt 打獵	punt 小船				
R – 337	rural 鄉村的	sural 牛腿的	aural 聽覺的	jural 法律的	mural 壁飾					
R – 338	ruse 策略	sure 一定	suer 起訴者	user 使用者						
R – 339	ruse 策略	fuse 保險絲	muse 沉思							
R – 340	rush 急迫	bush 矮樹	gush 湧出	hush 安靜	lush 醉漢	mush 夢話	push 推			
R – 341	rusk 脆麵包	tusk 長牙	busk 胸衣	cusk 鱈魚	dusk 昏暗	husk 剝殼	musk 麝香			
R – 342	Russ 俄羅斯	buss 親吻	cuss 詛咒	fuss 紛擾	muss 混亂	puss 貓				
R – 343	rust 鏽	ruts 轍跡	bust 破產	dust 灰塵	gust 陣風	just 公平	lust 貪求	must 必須	oust 逐出	
R – 344	rustle 沙沙聲	sustle 淨重	bustle 匆忙	hustle 粗野地推	justle 撞					
R – 345	rut 轍跡	tut 噓	but 但是	cut 切	gut 腸	hut 小屋	jut 突出	nut 硬果	out 外面	put 放
R – 346	rutty 多車轍的	tutty 氧化鋅	butty 工頭	nutty 漂亮的	putty 油灰					
R – 347	rye 裸麥	aye 是	bye 次要	bey 省長	dye 染色	eye 眼	wye Y字	wey 重量	yew 水松	yea 是	yes 是

—— **S** ——

S – 1	saber 軍刀	baser 較卑鄙的							
S – 2	sable 黑貓	table 桌	cable 纜索	fable 寓言	gable 三角牆				
S – 3	sabot 木鞋	jabot 胸飾							
S – 4	sac 囊	sad 悲的	sag 凹	sal 婆羅	sap 樹液	sat 坐	saw 鋸	sax 尖錘	say 說
S – 5	sack 袋	sick 病	sock 短襪	suck 吸					
S – 6	sack 袋	tack 圖釘	wack 怪事	zack 硬幣	back 後面	cack 軟鞋	hack 切割	jack 男子	lack 缺乏	pack 包裝
	rack 架								

S-7	sacker	backer	lacker	packer	racker
	劫掠者	支持者	塗漆	包裝者	拷刑者

S-8	sacket	jacket	packet	racket
	小袋	夾克	包裹	網球拍

S-9	sad	tad	wad	bad	cad	dad	fad	gad	had	lad	mad
	愁	小孩	小塊	壞的	鄙漢	爹	時尚	刺棍	有	男孩	瘋
	pad										
	墊子										

S-10	sadden	madden
	使悲哀	使瘋狂

S-11	sadder	gadder	ladder	madder
	較悲的	遊蕩者	梯	茜草

S-12	saddish	baddish	caddish	faddish	laddish	maddish
	稍悲的	稍壞的	下賤的	流行的	年青的	微狂的

S-13	saddle	waddle	paddle	raddle
	鞍	蹣跚	槳	赭石

S-14	safer	wafer
	較安全的	威法餅

S-15	sag	tag	wag	zag	bag	dag	fag	gag	hag	jag	lag
	下降	附箋	搖擺	急轉	袋	匕首	苦工	塞口	女巫	醉酒	落後
	mag	nag	rag								
	多言	小馬	破布								

S-16	sage	sago	saga	sapa	saya
	哲人	西米	傳說	葡萄漿	裙子

S-17	sage	wage	cage	gage	mage	page	rage
	哲人	工資	鳥籠	抵押	魔術師	頁	憤怒

S-18	sager	wager	cager	lager
	較聰明的	賭具	球員	啤酒

S-19	sagger	tagger	dagger	fagger	gagger	lagger	nagger
	火泥箱	附加物	匕首	累極的人	笑話作家	落後者	潑婦

S-20	saggy	baggy	naggy
	下屬的	似袋的	小馬

S-21	said	laid	maid	paid	raid
	說	放下	少女	付	侵略

S-22	sail	tail	vail	wail	bail	fail	hail	jail	mail	nail	pail
	航行	尾巴	脫帽	痛哭	委託	失敗	歡呼	監獄	郵件	釘子	提桶
	rail										
	鐵軌										

S-23	sailer	sailor
	帆船	水手

S-24	sailer	wailer	bailer	failer	jailer	mailer	nailer
	帆船	哭泣者	委託者	失敗者	獄吏	郵寄者	製釘者

S-25	sailor	bailor	jailor	tailor	sailer	bailer	jailer
	水手	委託人	獄吏	裁縫	帆船	委託人	獄吏

S-26	saint	taint	faint	paint
	聖者	污點	無力的	漆

S-27	sake	sale	same	sane	sate	save
	原因	賣	相同	公正	使滿足	救出

S-28	sake	take	wake	bake	cake	fake	hake	jake	lake
	原因	拿	喚醒	烘	餅	作偽	鱈魚	滿意	湖
	make	rake							
	做	耙子							

S-29	sale	tale	vale	bale	dale	gale	hale	male	pale	rale
	賣	故事	傷痕	打包	山谷	大風	強壯	男的	蒼白	肺鳴

S-30	sallet	wallet	ballet	gallet	mallet	pallet
	頭盔	皮夾	芭蕾	碎石	木槌	草床

S-31	sallow	tallow	wallow	callow	fallow	hallow	mallow
	病黃色	牛脂	打滾	不成熟的	休耕的	神聖	錦葵

S-32	sally	silly	sully
	突擊	愚的	污點

S-33	sally	tally	wally	bally	dally	pally	rally
	突擊	計算	華服	很	嬉戲	親密	復元

S-34	salt	halt	malt
	鹽	立定	麥芽

S-35	salter	falter	halter	palter
	製鹽者	支吾	韁繩	推托

S-36	salve	valve	calve	halve
	緩和物	活瓣	產小牛	平分

S-37	Sam	yam	bam	cam	dam	gam	ham	jam
	山姆（美國綽號）	山芋	欺騙	凸輪	水壩	腿	火腿	擠
	lam	mam	ram					
	責打	媽	撞					

S-38	same	seam	mesa
	相同	縫	高台

S-39	samlet	camlet	hamlet
	幼鮭	駝毛布	小村落

S-40	sammy	tammy	hammy	mammy
	美國兵	圓帽	有火腿味的	媽咪

S-41	samp	tamp	vamp	camp	damp	gamp	lamp	ramp
	玉米粥	裝填	換補	露營	潮濕	大傘	燈	坡道

S-42	sand	sane	sang	sank
	沙	公正的	唱	沉

S-43	sand	wand	band	hand	land	rand
	沙	棒	樂隊	手	土地	邊界

S

S-44	sandal 涼鞋	Vandal 汪達爾人					
S-45	sandy 沙質的	bandy 交換	candy 糖果	dandy 極好的	handy 手熟的	pandy 打手心	randy 大吵
S-46	sane 清楚	vane 風旗	wane 減弱	bane 大患	cane 杖	Dane 丹麥人	fane 寺院	lane 巷	mane 鬃
	pane 玻璃片						
S-47	sang 唱	sing 唱	song 歌	sung 唱			
S-48	sang 唱	tang 氣味	vang 船索	yang 雁叫	bang 重打	fang 尖牙	gang 群	hang 掛	pang 劇痛
	rang 響						
S-49	sanity 穩健	vanity 空虛					
S-50	sank 沉	sink 沉	sunk 沉				
S-51	sank 沉	tank 坦克	yank 急拉	bank 銀行	dank 潮濕	hank 一捲	lank 瘦的	rank 階級
S-52	sap 腐蝕	tap 輕踏	wap 拍打	yap 狂吠	cap 便帽	dap 飛掠	gap 缺口	hap 運氣	lap 重疊	map 地圖	nap 小睡
	pap 軟食	rap 敲擊					
S-53	sapless 枯萎的	hapless 不幸的	napless 沒有毛的				
S-54	sapor 滋味	vapor 蒸氣	savor 味	favor 恩惠			
S-55	sapper 工兵	tapper 輕敲者	capper 帽商	dapper 整潔的	lapper 舐食者		
S-56	sappy 多汁的	yappy 喜吠的	cappy 似帽的	happy 快樂	pappy 似粥的		
S-57	sard 石髓	ward 病房	yard 碼	bard 詩人	card 紙牌	hard 硬	lard 豬油	nard 甘松	pard 同伴
S-58	sark 襯衣	bark 吠	dark 黑暗	hark 聽	lark 雲雀	mark 記號	nark 線民	park 公園
S-59	sash 窗框	wash 洗	bash 重擊	cash 現金	dash 少許	fash 困惱	gash 割痕	hash 混雜	lash 鞭撻
	mash 搗碎	pash 打碎	rash 輕率				
S-60	sassy 無禮的	tatty 陋劣的	daddy 爹地	mammy 媽咪	pappy 漿糊狀的	nanny 奶媽	
S-61	sassy 無禮的	gassy 氣體的	massy 成塊的				

S – 62	sat 坐	set 安置	sit 坐	sot 酒鬼	SOS 求救	sas 沙士	vas 脈管	was 是	gas 氣體	has 有	pas 上席

S – 63	sat 坐	tat 擊	vat 桶	xat 柱	bat 棒	cat 貓	eat 吃	fat 胖	gat 手槍	hat 帽	mat 纏	oat 麥

pat rat
拍 鼠

S – 64	sate 充分滿足	seat 位子	seta 棘毛	east 東方	eats 吃

S – 65	sate 使飽食	bate 減少	date 日期	fate 命運	gate 門	hate 恨	late 遲	mate 伙伴	pate 頭頂	rate 比率

S – 66	satin 緞	Latin 拉丁文	matin 晨禱

S – 67	saunter 逍遙	vaunter 吹噓者

S – 68	sausage 香腸	assuage 緩和

S – 69	saul 波羅樹	waul 痛哭	caul 羊膜	haul 拉	maul 虐打

S – 70	saute 嫩煎的	sauce 醬油	saucy 冒失的	saury 針魚

S – 71	save 節省	wave 波浪	cave 窟	gave 給	have 有	lave 流動	nave 本堂	pave 舖路	rave 發狂語

S – 72	savor 味道	favor 恩惠	sapor 滋味	vapor 蒸氣

S – 73	saw 鋸	sew 縫	sow 播

S – 74	saw 鋸	taw 石彈	yaw 偏航	caw 烏鴉叫	daw 穴鳥	jaw 顎	law 法律	maw 胃	naw 不	paw 爪

raw war was way wad wan wap
生的 戰爭 是 路 小塊 蒼白 打

S – 75	sawn 鋸	yawn 呵欠	dawn 破曉	fawn 奉承	lawn 草地	pawn 典當	pawl 掣子	yawl 小船	wawl 痛哭

bawl
大叫

S – 76	sawyer 鋸木匠	lawyer 律師

S – 77	sax 石板錘	sex 性	six 六

S – 78	sax 石板錘	fax 傳眞	pax 聖像牌	lax 鬆弛	tax 稅	wax 蠟	zax 石斧

S – 79	say 說	way 路	bay 海灣	cay 沙洲	day 日子	fay 仙	gay 快樂	hay 乾草	jay 鳥	lay 放	may 許可

nay pay ray
而且 付 射線

S

S－80	scab 痂	stab 刺穿	slab 濃的	blab 洩露			
S－81	scab 痂	scad 魚	scan 細看	scar 疤	scat 稅捐		
S－82	scald 燙	scale 天秤	scall 疥癬	scalp 頭皮	scaly 有鱗的		
S－83	scale 天秤	scape 花莖	scare 驚嚇				
S－84	scamp 惡棍	stamp 郵票	swamp 沼澤				
S－85	scare 驚嚇	share 分享	snare 捕捉	spare 節省	stare 盯著看	sware 立誓	
S－86	scare 驚嚇	scarp 坡	scary 膽小的	scarf 圍巾			
S－87	scarf 圍巾	scurf 頭皮屑					
S－88	scat 稅捐	cast 拋投					
S－89	scathe 損害	snathe 鐮刀柄	spathe 大花苞	swathe 包布			
S－90	scend 浪的力	scene 佈景	scent 氣味				
S－91	scepter 王權	specter 鬼					
S－92	scion 嫩枝	sonic 音波的					
S－93	scoff 嘲笑	scuff 拖鞋	snuff 吸氣	sniff 發覺	skiff 小艇	stiff 硬的	staff 棍 stuff 材料
S－94	scone 麵包	scope 範圍	score 得分	scorn 嘲笑			
S－95	scorch 燒焦	scotch 擦傷	scutch 打				
S－96	scot 負擔	cost 價格					
S－97	scout 童子軍	shout 喊叫	snout 管咀	spout 噴出	stout 強壯的		
S－98	scrag 頸部	scram 滾開	scran 食物	scrap 碎屑	scray 海燕		
S－99	scrap 碎屑	craps 擲骰子	scrip 證書	crisp 脆的			
S－100	scrawl 亂寫	sprawl 爬臥					

S - 101　scrimp　shrimp
　　　　　縮減　　小蝦

S - 102　scuffle　shuffle　snuffle　sniffle　snaffle
　　　　　扭打　　洗牌　　鼻聲　　用鼻音講　偷

S - 103　scull　skull　skill
　　　　　輕划艇　頭殼　技能

S - 104　sea　sec　see　sen　set　sew　sex
　　　　　海　　酒　　看　一分錢　落　　縫　　性

S - 105　sea　tea　yea　kea　lea　pea
　　　　　海　　茶　　是　鸚鵡　草原　豆

S - 106　seal　sale　lase
　　　　　印章　出賣　發雷射光

S - 107　seal　teal　veal　weal　zeal　deal　heal　meal　peal　real
　　　　　印章　野鴨　小牛肉　福利　熱心　交易　治癒　餐　鐘響　眞實的

S - 108　seal　seam　sear　seat
　　　　　印章　接合　枯萎　座位

S - 109　seam　same　team　beam　ream
　　　　　縫　　同一的　組　　樑　　令

S - 110　seamster　teamster
　　　　　裁縫師　　聯畜馭者

S - 111　sear　arse　rase　sera
　　　　　枯萎　臀部　消除　血漿

S - 112　sear　tear　wear　year　bear　dear　fear　gear　hear　near
　　　　　枯萎　淚　　穿　　年　　熊　親愛的　怕　齒輪　聽　　近
　　　　　lear　pear　rear
　　　　　空的　梨　　後面

S - 113　seat　east　teat　beat　feat　heat　meat　neat　peat
　　　　　座　　東方　奶頭　打　　功績　熱　　肉　　整潔　泥煤

S - 114　season　reason
　　　　　季節　　理由

S - 115　secant　decant　recant
　　　　　切的　傾注　改變

S - 116　secession　recession
　　　　　分離　　退卻

S - 117　secret　resect
　　　　　秘密　切除

S - 118　section　suction
　　　　　切開　吸力

S - 119　sedge　wedge　hedge　kedge　ledge
　　　　　蘆葦　楔　　籬巴　小錨　架

S - 120　seduce　deduce　reduce
　　　　　引誘　推論　減少

S-121	see 看	tee 球戲	vee V字	wee 微	zee Z字	bee 蜂	dee D字	fee 費	gee 噫	jee 嘻	lee 背風
	nee 娘家姓	pee 尿	ree 篩								

S-122	seed 種子	seek 找尋	seel 閉眼	seem 似乎	seen 看	seep 滲漏	seer 先知

S-123	seed 種子	weed 雜草	deed 行為	feed 餵飼	heed 注意	meed 報酬	need 需要	reed 蘆葦

S-124	seek 找尋	week 星期	geek 怪人	keek 窺視	leek 韭	meek 溫柔的	peek 偷看	reek 煙

S-125	seel 閉眼	else 別的	lees 渣滓

S-126	seel 閉眼	feel 感覺	heel 腳跟	keel 龍骨	peel 果皮	reel 紡車

S-127	seem 似乎	seme 碎花紋的

S-128	seen 看	teen 十多歲	ween 以為	been 是	keen 銳的	peen 尖的

S-129	seep 滲漏	weep 哭	veep 副總統	beep 嗶嗶	deep 深	jeep 吉甫	keep 保留	neep 蘿蔔	peep 窺

S-130	seer 先知	sere 乾枯的

S-131	seer 先知	veer 改向	beer 啤酒	deer 鹿	jeer 嘲弄	leer 媚眼	peer 匹敵

S-132	seethe 煮滾	soothe 安慰

S-133	sego 花球	goes 去

S-134	seil 爬山繩	teil 菩提樹	veil 面紗	ceil 裝天花板

S-135	seine 大魚網	seize 抓	seise 捕	seism 地震

S-136	self 自身	delf 彩陶	pelf 金錢

S-137	sell 賣	tell 告訴	well 井	yell 喊	bell 鈴	cell 細胞	dell 小谷	fell 倒	hell 地獄	jell 使冷凍

S-138	seller 賣主	teller 告訴者	feller 採伐者	heller 冒失鬼

S-139	seme 碎花紋	xeme 鷗	deme 市區	feme 妻	heme 血紅素

S-140	sen 錢	sin 罪	son 子	sun 日

S - 141 | sen ten yen zen ben den fen hen ken men pen
錢 十 元 禪宗 客室 窟 沼 雞 知 人 筆

S - 142 | send dens tend dent vend wend bend fend lend
送 動物牙齒 致使 凹痕 賣 行 使曲 抵擋 借
mend pend rend
修補 吊著 撕

S - 143 | sense tense cense dense
感覺 時態 焚香 稠密

S - 144 | sensor tensor censor
控溫器 張肌 檢查員

S - 145 | sent nest tens
送 巢 十個

S - 146 | sent tent vent went bent cent dent gent hent
送 帳蓬 小孔 去 彎曲 一分錢 凹 紳士 抓
lent pent rent
借 關閉 租用

S - 147 | sept pest
族 毒蟲

S - 148 | sere sire sore sure
乾枯 祖先 傷心的 確實的

S - 149 | sere were cere here mere pere bere dere
乾枯 是 薄膜 這裡 只 父姓 大麥 悲傷的

S - 150 | serf surf
奴隸 浪

S - 151 | serge surge
嗶嘰 大浪

S - 152 | serif fries
襯線 油炸食物

S - 153 | serin siren reins rinse
雀 海上女妖 腰部 洗

S - 154 | serow sower swore worse
羚羊 播種者 發誓 更壞的

S - 155 | serry terry berry derry ferry herry jerry merry
密集 絨繞 漿果 民謠 渡船 掠奪 氈帽 快樂
perry
梨酒

S - 156 | serve sever verse verge verve
服務 切開 詩句 接近 神韻

S - 157 | session cession
課程 讓與

S - 158 | set vet wet yet bet get jet let met net pet
一組 治療 濕 尚未 打賭 得到 噴射 讓 遇 網 寵物
ret
變軟

S-159	setaceous 有棘毛的	cetaceous 鯨類的					
S-160	setter 安放者	tetter 皮疹	better 較好	fetter 腳械	getter 毒餌	letter 信件	netter 網球員
S-161	settle 住定	fettle 打	kettle 鍋子	mettle 氣質	nettle 刺激		
S-162	setup 姿勢	upset 翻倒					
S-163	seven 七	sever 切斷	sewer 裁縫				
S-164	sever 切斷	fever 發熱	never 永不	lever 槓桿	level 平的	bevel 斜角	kevel 繩栓	revel 狂喜	elver 小鱔魚
S-165	sew 縫	yew 水松	dew 露	few 少	hew 砍	Jew 猶太人	mew 貓叫	new 新	pew 座
S-166	sewn 縫補	news 新聞	hewn 砍	when 何時			
S-167	sex 性	six 六	sox 短襪				
S-168	sex 性	vex 煩惱	hex 女巫	lex 法律	rex 君王		
S-169	shack 棚	slack 煤屑	smack 滋味	snack 快餐	stack 堆集		
S-170	shack 棚	shank 小腿	shark 鯊魚	share 分享	shard 碎片	sharp 尖的	
S-171	shack 棚	whack 用力打					
S-172	shade 蔭	shake 搖動	shale 頁岩	shame 羞恥	shape 形狀	shave 刮臉	
S-173	shag 粗毛	gash 割痕					
S-174	shag 粗毛	slag 礦渣	snag 暗礁	stag 公鹿	swag 贓物		
S-175	shake 搖動	slake 滅火	snake 蛇	spake 說	stake 椿		
S-176	shale 頁岩	whale 鯨					
S-177	shall 將	shell 殼	shill 誘客員				
S-178	sham 假的	mash 麥芽汁	wham 突然	whame 虻	shame 羞恥		
S-179	shank 小腿	thank 感謝					

S－180	shard 碎片	chard 甜菜	chare 家務	share 分享
S－181	shark 鯊魚	spark 火花	stark 頑固的	
S－182	shark 鯊魚	chark 木炭		
S－183	shatter 使損壞	scatter 驅散	spatter 濺潑	swatter 蒼蠅拍
S－184	shatter 使損壞	shutter 百葉窗		
S－185	shave 刮臉	slave 奴隸	stave 梯級	suave 溫和的
S－186	shave 刮臉	shive 瓶塞	shove 推開	
S－187	shay 馬車	slay 殺死	spay 小鹿	stay 暫留

S－187   sway 搖擺

S－188	she 她	the 這	shy 畏縮	thy 你的	see 看	tee T形物	soy 醬油

S－188   toy 玩具

S－189	shear 剪	smear 塗抹	spear 矛	swear 發誓
S－190	sheen 光彩	sheep 羊	sheer 純粹的	sheet 一張
S－191	sheep 羊	cheep 吱吱叫		
S－192	sheep 羊	sleep 睡	steep 陡峭的	sweep 掃
S－193	sheep 羊	cheep 吱吱叫	sheer 純粹的	cheer 使快樂
S－194	sheer 純粹的	sneer 嘲笑	steer 把舵	
S－195	shell 殼	smell 嗅	spell 拼字	swell 變大

S－196	shew 顯示	whew 哎呀	chew 咀嚼	thew 肌肉	thaw 溶化	chaw 咀嚼	chow 中國犬

S－196   show 顯示

S－197	shim 隙片	skim 撇取	slim 苗條的	swim 游泳
S－198	shim 隙片	shin 脛骨	ship 船	shir 鬆緊線
S－199	shin 脛骨	thin 薄	chin 顎	
S－200	shine 發光	spine 脊骨	swine 豬	

S

S-201　shine　thine　whine　chine
　　　　發光　你的　哭訴　脊骨

S-202　shiny　whiny　shinny　whinny
　　　　發光的　愛抱怨的　曲棍球　馬嘶

S-203　ship　pish
　　　　船　呸

S-204　ship　shop　whop　whip　whap　chap　chip　chop
　　　　船　店　重擊　鞭打　重擊　裂開　碎片　砍

S-205　shire　shirk　shirt　skirt
　　　　州　逃避者　襯衫　裙

S-206　shit　shot　shut
　　　　糞　射擊　關閉

S-207　shoat　shoot　short　shout
　　　　小豬　射擊　短的　喊叫

S-208　shod　shoe　shog　shoo　shop　shot　show
　　　　穿鞋　鞋　搖動　噓　店　射　展示

S-209　shoe　hose
　　　　鞋　軟管

S-210　shone　shore　shove
　　　　發光　海岸　推開

S-211　shook　shoon　shoot　snoot　snood　snook　snoop　sloop
　　　　搖動　鞋　射擊　譏笑　釣絲　輕視　窺探　帆船

　　　　scoop　scoot　swoop　swoon　spoon　spoor　spool　spoof
　　　　杓子　跑開　猛撲　昏倒　湯匙　腳跡　捲軸　欺騙

　　　　spook　stook　stool　stoop　stood
　　　　鬼　禾堆　凳子　彎腰　站起

S-212　shore　whore　chore
　　　　海岸　娼妓　家務

S-213　short　snort　sport　aport　abort　amort
　　　　短的　馬嘶　運動　在左舷　使流產　無生氣的

S-214　shot　slot　snot　spot
　　　　射擊　狹縫　鼻涕　斑點

S-215　show　slow　snow　stow
　　　　展示　慢　雪　裝載

S-216　show　chow　chaw　thaw　thew　chew　shew　whew
　　　　顯示　中國狗　咀嚼　溶化　肌肉　咀嚼　顯示　哎呀

S-217　shrank　shrink　shrunk
　　　　皺了　使皺　皺縮

S-218　shrew　threw
　　　　潑婦　拋

S-219　shrift　thrift
　　　　懺悔　節儉

S-220	shrill 尖銳的	thrill 發抖		

S-221 shrive 聽懺悔　thrive 興隆　shrove 聽懺悔　throve 已興隆

S-222 shudder 發抖　shutter 百葉窗　sputter 噴出　stutter 口吃

S-223 shuffle 慢吞吞走　shuttle 織梭

S-224 shun 避開　spun 紡　stun 昏暈

S-225 shy 害羞　sky 天空　sly 狡猾的　spy 間諜　sty 豬欄

S-226 si 第七音　ti 第七音　ai 樹獺　hi 嗨　mi 第三音　oi 啊哎　pi 圓周率　xi 希臘第十四字母

S-227 sib 血親　sob 嗚咽　sub 代替

S-228 sib 血親　bib 圍巾　dib 垂釣　fib 小謊　gib 凹楔　jib 角帆　nib 喙　rib 肋骨

S-229 sice 馬夫　side 邊　sire 陛下　site 地點　size 尺碼

S-230 sice 馬夫　vice 惡行　bice 灰藍　dice 骰子　lice 蝨　mice 鼠　nice 好的　pice 銅幣　rice 米

S-231 sick 病　silk 絲　sink 沉

S-232 sick 病　tick 嘀答　wick 燈芯　dick 偵探　hick 鄉巴佬　kick 踢　lick 吮　nick 刻痕　pick 摘　rick 禾堆

S-233 sickle 鐮刀　tickle 胳肢　fickle 易變的　mickle 多　pickle 泡菜

S-234 side 邊　ides 曆日

S-235 side 邊　tide 潮　wide 寬　aide 副官　bide 居住　hide 藏匿　ride 乘坐

S-236 sidy 傲慢的　tidy 整潔的　didy 尿布

S-237 sift 篩　fist 拳頭

S-238 sift 篩　gift 禮物　lift 升高　rift 裂縫

S-239 siege 包圍　sieve 篩　liege 君主

S-240 sigh 嘆息　high 高的　nigh 幾乎

S－241　sight　tight　wight　bight　dight　eight　fight　hight　light
　　　　　視力　　緊　　人　　彎曲　　準備　　八　　打仗　　高度　　光
　　　　　might　night　right
　　　　　強權　　夜　　對的

S－242　sign　sing
　　　　　簽名　唱

S－243　sil　til　ail　mil　nil　oil
　　　　　傻子　胡麻　生病　密爾　無　油

S－244　silk　sill　silo　silt
　　　　　絲　基石　地下室　泥滓

S－245　silk　bilk　milk
　　　　　絲　賴帳　牛奶

S－246　sill　till　vill　will　yill　bill　dill　fill　gill　hill　kill
　　　　　基石　直到　市鎮　意願　麥酒　帳單　蒔蘿　裝滿　魚鰓　小山　殺害
　　　　　lill　mill　nill　pill　rill
　　　　　垂下　磨坊　不願　藥丸　小河

S－247　siller　tiller　miller
　　　　　銀　　耕者　磨坊主

S－248　silly　billy　dilly　filly　gilly　hilly
　　　　　傻的　警棍　水仙　小馬　貨車　多山的

S－249　silo　soil
　　　　　地下室　土壤

S－250　silt　slit　list　listen　silent
　　　　　泥滓　割裂　名單　傾聽　無聲的

S－251　silt　tilt　wilt　gilt　jilt　kilt　lilt　milt
　　　　　泥滓　傾斜　枯萎　金箔　遺棄　捲起　輕快　脾臟

S－252　silver　sliver
　　　　　銀　　長條

S－253　simmer　summer
　　　　　慢慢煮　夏天

S－254　simp　gimp　limp　pimp
　　　　　笨人　花邊　柔軟的　鴇母

S－255　simple　wimple　dimple　pimple
　　　　　簡單的　包頭布　酒窩　粉刺

S－256　simply　dimply　limply　pimply
　　　　　單純地　酒窩的　柔軟地　有粉刺的

S－257　sin　tin　win　bin　din　fin　gin　pin
　　　　　罪　錫　勝　倉　喧　鰭　酒　針

S－258　since　wince　mince
　　　　　以後　畏縮　剁碎

S－259　sine　tine　vine　wine　bine　dine　fine　kine　line　mine
　　　　　正弦　叉齒　藤蔓　酒　藤　用餐　好的　牛　線　我的

nine   pine
九   松木

S－260
sing   ting   wing   zing   bing   ding   king   ling   Ming
唱   玎玲   翅   活力   一堆   叮噹聲   國王   石南   明代
ping   ring
砰砰   鈴

S－261
singe   tinge   binge   dinge   hinge   pinge
燙焦   染色   狂飲   昏暗   鉸鍊   埋怨

S－262
single   tingle   bingle   jingle   mingle   dingle
單獨   刺痛   安打   叮噹   相混   小峽谷

S－263
sinister   minister
不吉的   部長

S－264
sink   tink   wink   dink   fink   gink   kink   link   mink
沉   叮叮聲   眨眼   打扮   告發人   怪人   繩結   連結   貂皮
pink   rink
淡紅   溜冰

S－265
sinner   tinner   winner   dinner   pinner
罪人   錫礦工   獲勝者   正餐   釘針者

S－266
sinter   winter   linter
泉華   冬季   除棉毛機

S－267
sip   tip   zip   dip   gip   hip   kip   lip   nip   pip   rip
呷   小費   活力   浸漬   詐欺   屁股   客棧   唇   小飲   種子   撕開

S－268
sipper   tipper   zipper   dipper   kipper   lipper   nipper
啜飲者   給小費者   拉鍊   浸漬者   鱒   海波微揚   摘取者
ripper
裂開之具

S－269
sire   rise   sore   rose   sure   ruse
陛下   升起   疼痛   升起了   必定   策略

S－270
siren   risen   rinse
女妖   升起   洗濯

S－271
sis   tit   bib   did   gig   pip
姊妹   小雀   圍巾   做   小艇   種子

S－272
siss   sizz   hiss   kiss   miss   piss
絲絲   絲絲   絲絲聲   接吻   不中   尿

S－273
sister   bister   mister
姊妹   褐色   先生

S－274
sit   tit   wit   ait   bit   cit   fit   hit   kit   lit   nit
坐   山雀   理智   小島   小量   商人   適合   打   一組   亮光   幼蟲
pit
凹處

S－275
site   bite   cite   kite   mite   rite
場所   咬   引述   風箏   少許   典禮

S－276
six   fix   mix   nix   pix
六   固定   混合   沒有   聖餅盒

S – 277	sizzle fizzle mizzle 噓噓 嘶嘶 毛毛雨
S – 278	skate slate spate state 溜冰 石板 洪水 州
S – 279	skate stake steak takes 溜冰 椿 牛排 拿
S – 280	skean snake sneak 短劍 蛇 偷跑
S – 281	skee skeg skew 滑雪 龍骨 歪的
S – 282	skid disk skim skin skip skit 制輪具 圓盤 撇取 皮膚 跳 短文
S – 283	slab slob slub 濃的 大胖子 初紡
S – 284	slab blab 濃的 洩露
S – 285	slack black clack flack plack flack 鬆弛的 黑的 畢剝聲 宣傳員 錢幣 高射砲火
S – 286	slacken blacken 放鬆 變暗
S – 287	slag slog slug 礦渣 猛擊 小子彈
S – 288	slain blain plain 殺死 膿胞 平的
S – 289	slake flake 消滅 薄片
S – 290	slam slim slum 砰聲 苗條的 貧民區
S – 291	slam alms 砰聲 救濟品
S – 292	slam clam flam 砰聲 蛤 詐僞
S – 293	slang sling slung 俚語 投擲 吊索
S – 294	slank blank clank flank plank 潛逃 空白 咯隆聲 腰窩 厚板
S – 295	slap snap swap 摑 猛咬 交換
S – 296	slap slip slop 摑 滑 濺
S – 297	slap slat slaw slay 摑 條板 色拉 砍死

S - 298	slap 摑	clap 拍手	flap 飄動			
S - 299	slash 砍	slosh 亂跑	slush 雪水			
S - 300	slash 砍	smash 打碎	snash 無禮	stash 儲備	swash 潑散	
S - 301	slash 砍	flash 閃光	plash 拍手	clash 撞擊		
S - 302	slat 條板	slit 裂縫	slot 狹孔	slut 母狗	slather 大量花費	slither 滑動
S - 303	slat 條板	flat 平的	plat 小塊地			
S - 304	slate 石板	plate 金屬板				
S - 305	slaw 捲心菜	slew 砍死	slow 慢的			
S - 306	slaw 捲心菜	claw 爪	flaw 缺點			
S - 307	slay 殺死	clay 泥土	lacy 帶狀的	flay 剝皮	play 玩	paly 蒼白的
S - 308	slay 殺死	spay 幼鹿	stay 暫留			
S - 309	sled 雪橇	bled 流血	fled 逃走	pled 辯護		
S - 310	sleek 光滑的	sleep 睡	sleet 雨雪			
S - 311	sleek 光滑的	cleek 大鐵鉤	sleet 雨雪	fleet 艦隊	gleet 尿道炎	
S - 312	slice 薄片	slide 滑動	slime 黏土			
S - 313	slick 光滑的	click 卡答聲	flick 輕擊	slicker 雨衣	clicker 工頭	flicker 鼓翼
S - 314	slid 滑了	slim 苗條的	slip 滑	slit 裂縫		
S - 315	slide 溜	glide 滑動				
S - 316	slight 輕微	plight 情況	flight 航程	fright 恐怖	bright 亮的	blight 枯萎	wright 製作者
S - 317	slim 細長的	glim 燈	slime 粘土	clime 氣候		
S - 318	slimsy 薄弱的	flimsy 脆弱的				

S

S-319	sling 擲	swing 搖擺	sting 刺				
S-320	sling 擲	cling 緊粘	fling 扔				
S-321	slink 潛逃	blink 眨眼	clink 叮噹	plink 響聲			
S-322	slip 滑跌	blip 點	clip 夾子	flip 輕彈	slipper 拖鞋	clipper 剪裁者	flipper 鰭狀肢
S-323	slit 裂縫	flit 急飛	list 名單	lift 舉起			
S-324	slob 懶鬼	sloe 野梅	sole 獨一的	lose 損失	slog 猛擊	slop 濺	slot 狹縫	slow 慢
S-325	slob 懶鬼	blob 一滴	glob 水珠				
S-326	sloe 野梅	lose 損失	sole 僅有的				
S-327	slog 猛擊	clog 妨礙	flog 鞭撻				
S-328	sloke 紫菜	slope 傾斜	slote 升降工具				
S-329	sloop 帆船	cloop 砰聲	cloot 偶蹄	bloop 錯誤	bloom 開花	gloom 幽暗	blood 血液	flood 洪水
	floor 地板						
S-330	slop 洒潑	clop 蹄聲	flop 跳動	plop 撲通			
S-331	slope 斜坡	elope 逃亡					
S-332	slot 狹孔	blot 污點	clot 凝固	plot 陰謀			
S-333	slot 狹孔	lost 損失	lots 許多				
S-334	slouch 垂下	slough 泥坑	clough 狹谷				
S-335	sloven 疏忽的人	cloven 粘住					
S-336	slow 慢	alow 向下	blow 吹	flow 流	glow 白熱	plow 耕	bowl 碗	fowl 家禽	sowl 虐待
S-337	slub 初紡	slue 斜向	slug 小子彈	slum 貧民區	slup 啜食	slur 忽略	slut 齷齪女人
S-338	slub 初紡	blub 哭	club 俱樂部	slubber 弄污	blubber 哭泣	clubber 俱樂部會員

S-339	slue 斜向	lues 瘟疫				
S-340	slue 斜向	sloe 野梅	slug 小子彈	slog 猛擊	slut 懶女人	slot 狹孔
S-341	slue 斜向	blue 藍色	clue 線團	flue 絨毛	glue 膠	
S-342	slug 小子彈	plug 塞子				
S-343	slum 貧民區	glum 沮喪的	plum 李子			
S-344	slump 猛落	clump 重步走	plump 陡落			
S-345	slung 投	clung 粘著	flung 擲	flunk 失敗	plunk 猛打	slunk 潛逃
S-346	slush 雪泥	blush 臉紅	flush 流	plush 絲絨		
S-347	slut 懶女人	glut 飽食				
S-348	sly 狡猾的	fly 飛	ply 疊			
S-349	small 小的	smell 嗅	smalt 深青色	smelt 香魚	smart 精明	
S-350	smell 嗅	snell 活潑的	spell 拼字	swell 變大		
S-351	smice 水霧	smile 微笑	smite 打	smote 打		
S-352	smile 微笑	spile 小塞子	stile 梯磴	style 式樣		
S-353	smog 煙霧	smug 整潔的	smut 污物			
S-354	smuggle 走私	snuggle 挨近				
S-355	smut 污物	must 必須				
S-356	snack 快餐	knack 妙訣				
S-357	snaffle 馬銜	sniffle 鼻音	snuffle 鼻聲	shuffle 慢慢走	scuffle 扭打	
S-358	snag 枝根	snap 猛咬	snig 小鱔	snip 剪丟	snug 舒適的	
S-359	snappy 活潑的	snippy 驕傲的				

S

S - 360	snarl 咆哮	gnarl 木瘤						
S - 361	snatch 搶去	stanch 止血						
S - 362	snitch 叛徒	stitch 縫	switch 開關	twitch 抽筋				
S - 363	snivel 假哭	swivel 回轉						
S - 364	snob 勢利者	snot 鼻涕	snow 雪	know 知道	knot 結	knob 門柄		
S - 365	soak 浸	soar 高飛	soap 肥皂	soup 湯				
S - 366	soar 高飛	boar 公豬	roar 吼					
S - 367	sob 啜泣	sod 草地	son 兒子	sop 濕透	sot 酒鬼	sou 銅幣	sow 母豬	soy 醬油
S - 368	sob 啜泣	bob 剪短	cob 鵝	fob 袋	gob 塊	hob 架	job 工作	lob 傻人	mob 暴徒	nob 頭	rob 搶劫
S - 369	sobby 哭	soddy 草皮的	soggy 濕的	sonny 寶寶	soppy 浸濕的	sorry 抱歉		
S - 370	sobby 哭	bobby 警察	cobby 小馬	hobby 嗜好	lobby 走廊	nobby 華麗		
S - 371	sock 短襪	bock 啤酒	cock 公雞	dock 碼頭	hock 典當	jock 騎師	lock 鎖	mock 嘲弄	nock 凹槽
	pock 痘疱	rock 岩石						
S - 372	socker 足球	cocker 鬥雞者	docker 碼頭工人	locker 鎖櫃	rocker 搖椅			
S - 373	socket 燈頭	docket 摘要	locket 小盒	pocket 衣袋	rocket 火箭			
S - 374	sod 草皮	tod 樹叢	bod 人	cod 鱈魚	god 神	hod 煤斗	nod 點頭	pod 豆莢	rod 桿
S - 375	soda 蘇打	sofa 沙發	soja 大豆	soma 全身	sola 單獨			
S - 376	sodden 煮	sudden 突然的	hodden 粗呢服					
S - 377	soft 軟的	toft 屋基	loft 閣樓					
S - 378	soggy 濕的	boggy 沼澤的	doggy 狗的	foggy 多霧的				
S - 379	soil 土壤	toil 苦工	boil 沸	coil 線圈	foil 阻止	moil 勞動	noil 梳屑	roil 攪濁

S - 380
sola   sole   soli   solo
掃拿帽 唯一的 獨奏 獨奏

S - 381
sold told wold bold cold fold gold hold mold
賣   告訴   山地   勇敢   冷   摺起   金   握   做模

S - 382
solder folder holder molder
錫焊   紙夾   支持物   腐朽

S - 383
sole vole bole cole dole hole mole pole role
獨的 野鼠 樹幹 油菜 施捨 洞   痣   柱   角色

S - 384
solo bolo kolo polo
獨奏 大刀 單舞 馬球戲

S - 385
soluble voluble solubility volubility
可溶解的 健談的 可溶性   健談

S - 386
solute volute salute
溶質   渦形   致敬

S - 387
solution volution volition
解答   渦卷   意志

S - 388
somber comber bomber
陰沉的 梳毛者 轟炸機

S - 389
some come dome home mome nome pome tome
一些 來   圓頂 家   笨瓜 州縣 梨果 卷冊

S - 390
son ton won bon con don eon non
子 頓 勝 好的 研讀 紳士 永世 不

S - 391
son sen sin sun
子 一分錢 罪 太陽

S - 392
song tong bong gong hong long
歌   黨   鐘聲 鑼   商行 長

S - 393
sonic tonic conic
音波的 滋補品 圓錐形

S - 394
sonnet bonnet
十四行詩 軟帽

S - 395
soon toon zoon boon coon goon loon moon noon
快 桃木 動物 恩惠 黑奴 笨人 水鳥 月 正午
poon
胡桐

S - 396
soot toot boot coot foot hoot loot moot root
煤灰 號角 長靴 黑鴨 腳   梟叫 贓物 待決 根

S - 397
sooth tooth booth
事實   牙齒   小室

S - 398
sooty booty footy zooty rooty
黑的 獎品 無價值的 過於華麗的 多根的

S - 399
sop top wop cop fop hop lop mop pop
浸濕 頂 南歐人 警察 花花公子 獨腳跳 砍去 拖把 砰然

S

S-400	sorb	sore	sori	sort					
	梨樹	疼痛	胞子群	品種					
S-401	sore	rose	sure	ruse					
	痛	玫瑰	確定	策略					
S-402	sore	tore	wore	yore	bore	core	fore	gore	lore	more
	疼痛	撕扯	穿戴	往昔	穿孔	核	在前	血塊	知識	較多
	pore									
	細讀									
S-403	sorrow	borrow	morrow						
	悲哀	借	次日						
S-404	sort	tort	wort	bort	fort	mort	port		
	品種	侵犯	植物	金鑽	砲台	號角	港口		
S-405	sos	tot	wow	mom	non	pop			
	求救	小兒	喔	媽	不	爆聲			
S-406	soso	yoyo	coco	dodo					
	尚可	旋動玩具	椰子	巨鳥					
S-407	sot	tot	wot	bot	cot	dot	got	hot	jot	lot	mot
	酒鬼	小孩	知道	馬蠅	童床	點	得	熱	少量	全部	妙句
	not	pot	rot							
	不	壺	枯朽							
S-408	sough	tough	bough	cough	dough	lough	rough		
	颯颯	堅韌	大樹枝	咳	錢	湖	粗糙的		
S-409	sought	bought	fought	nought					
	找	買	打鬥	零					
S-410	soul	soup	sour						
	靈魂	湯	酸的						
S-411	soul	foul	sowl	fowl					
	靈魂	難聞的	拉耳朵	家禽					
S-412	sound	wound	bound	found	hound	nound	pound		
	聲音	受傷	綑紮	尋到	獵犬	土堆	磅		
	round								
	圓的								
S-413	soup	opus							
	湯	作品							
S-414	sour	tour	your	dour	four	hour	lour	pour	
	酸的	遊歷	你的	冷峻的	四	小時	皺眉	傾倒	
S-415	sour	ours							
	酸的	我們的							
S-416	source	course	cerous						
	來源	經過	鈰元素的						
S-417	souse	touse	bouse	douse	house	louse	mouse	rouse	
	投水	弄亂	飲料	潑水	房屋	蝨	鼠	喚醒	

S－418　south   mouth
　　　　　南方　　嘴

S－419　sow   tow   vow   wow   yow   bow   cow   how   low   mow
　　　　母豬　拖　誓約　噢　訝　彎腰　母牛　怎樣　低　割草
　　　　now   row
　　　　現在　行列

S－420　sower   tower   bower   cower   dower   lower   mower
　　　　播種者　塔　　涼亭　畏縮　嫁妝　低些　割草機
　　　　power   rower
　　　　力量　　划船者

S－421　sowl   yowl   bowl   cowl   fowl   howl   jowl
　　　　虐待　吼叫　碗　頭巾　家禽　狼吠　下顎

S－422　soy   toy   boy   coy   hoy   joy
　　　　大豆　玩具　男孩　怕羞　喂　愉快

S－423　sozzle   nozzle
　　　　使醉　噴嘴

S－424　space   spade   spake   spare   spate
　　　　空間　鏟　　說　　備用的　洪水

S－425　spacious   specious
　　　　廣大的　　像是真的

S－426　spall   spell   spill
　　　　敲碎　拼字　流出

S－427　span   spin   spun
　　　　跨度　紡　撚成絲

S－428　spar   rasp
　　　　拳擊　銼

S－429　spare   spear   parse   rapes
　　　　備用的　矛　　分析　油菜（pl.）

S－430　sparry   starry
　　　　含晶石的　多星的

S－431　spat   spit   spot
　　　　口角　唾吐　斑點

S－433　spat   taps   past
　　　　口角　熄燈號音　過去

S－434　speak   speck   spick
　　　　說　　斑點　西班牙人

S－435　spice   spile   spike   spine   spire   spite
　　　　香味　塞　　大釘　脊骨　尖頂　怨恨

S－436　spindle   swindle   dwindle
　　　　軸　　詐取　　縮小

S－437　splay   spray
　　　　弄斜　浪花

S－438	spot 斑點	stop 停止	post 郵政				
S－439	sprag 制輪木條	grasp 抓緊					
S－440	sprang 跳躍	spring 跳躍	sprung 跳躍				
S－441	sprout 發芽	stupor 昏迷					
S－442	spurt 噴出	sport 運動	spout 噴				
S－443	square 正方	squire 鄉紳	squirm 扭曲	squirt 噴唧			
S－444	stab 刺	stag 公鹿	star 星	stay 停留			
S－445	stack 堆	stick 杖	stock 榦	stuck 粘住			
S－446	staff 參謀	stiff 硬的	stuff 材料				
S－447	stage 舞台	stake 柱子	stale 使走氣	steal 偷	stare 凝視	state 國	taste 嚐味氣	stave 桶板
S－448	stake 柱子	steak 肉排					
S－449	stagger 搖擺	swagger 說大話					
S－450	staid 堅定的	stain 污點	stair 發臭				
S－451	stare 凝視	stark 頑固的	start 開動				
S－452	stationary 不動的	stationery 文具					
S－453	stature 身材	stutute 法令					
S－454	stave 桶板	stive 裝滿	stove 火爐				
S－455	stead 代替	steak 肉排	steal 偷	steam 蒸汽	stean 陶罐		
S－456	steal 偷	steel 鋼	stale 不新鮮的	stele 石柱			
S－457	steed 馬	steek 關閉	steel 鋼	steen 陶罐	steep 陡峭的	steer 駕駛	
S－458	step 步	stop 停止	steep 陡峭的	stoop 彎腰			

S – 459	stere 立方米	terse 簡明的				
S – 460	stile 梯磴	style 式樣				
S – 461	stimulate 刺激	stipulate 約定	stimulator 刺激者	stipulator 約定者		
S – 462	stoke 燒火	stole 袈裟	stone 石			
S – 463	stone 石	steno 速記員	onset 進攻	notes 備忘錄	tones 音調	
S – 464	stone 石	atone 賠償	stony 多石的	atony 無力	stomy 暴風的	atomy 原子
S – 465	stop 停止	post 郵局	atop 在上面	atom 原子	moat 壕溝	
S – 466	store 商店	storm 暴風雨	story 故事			
S – 467	straggle 迷路	struggle 掙扎				
S – 468	strake 鐵箍	strike 打	stroke 一擊			
S – 469	stranger 陌生人	stringer 張弦者				
S – 470	strap 皮條	strep 鏈球菌	strip 剝光	strop 剃刀磨皮		
S – 471	straw 稻草	strew 散播				
S – 472	streak 斑紋	stream 河流	streek 放直	street 街	streaky 有條紋的	streamy 多溪流的
S – 473	stricture 狹窄	structure 結構				
S – 474	stride 大步	strife 爭	strike 打	stripe 條紋	strive 用力	strove 用力 strode 大步 stroke 打
S – 475	string 線	strong 堅強的	strung 串起			
S – 476	strip 剝光	atrip 揚起				
S – 477	stub 樹椿	stud 大頭釘	stum 快發酵	stun 打昏	stut 口吃	
S – 478	stubby 樹椿似的	stuffy 悶熱的	stuggy 矮胖的			
S – 479	stud 大頭釘	dust 灰塵				

S-480	sub 訂閱	sue 控告	suh 先生	sum 總數	sun 太陽	sup 吃晚飯			
S-481	sub 訂閱	tub 缸	bub 兄弟	cub 生手	dub 綽號	fub 欺騙	hub 輪軸	nub 瘤	pub 酒店	rub 摩擦
S-482	sub 訂閱	bus 公車	sup 飲啜	pus 膿	sum 總數	mus 博物館			
S-483	success 成功	succuss 震盪							
S-484	suck 吸	tuck 捲摺	buck 公羊	duck 鴨	huck 麻布	luck 運氣	muck 使污	puck 一擊	ruck 群眾
S-485	sucker 吸盤	tucker 使疲憊	bucker 惡馬	ducker 飼鴨人	pucker 起皺				
S-486	suckle 餵奶	buckle 扣子	huckle 大腿	muckle 多，大					
S-487	suckling 吃奶的	duckling 小鴨							
S-488	sucre 幣名	cruse 小瓶	curse 咒罵						
S-489	suction 吸入	auction 拍賣	ruction 鼓噪						
S-490	sudden 忽然的	sullen 不高興的							
S-491	sued 起訴	used 慣於	dues 應繳的費						
S-492	sue 起訴	cue 髮辮	due 由於	hue 色彩	rue 悔恨				
S-493	suer 起訴者	sure 確實的	user 使用者	ruse 策略					
S-494	suffer 遭受	buffer 緩衝	duffer 笨人	puffer 吹噓者					
S-495	suit 訴訟	quit 放棄	suite 一組	quite 完全					
S-496	sulk 生氣	bulk 巨量	hulk 笨人						
S-497	sully 玷污	bully 欺負	cully 同伴	dully 鈍的	fully 全部	gully 溪谷			
S-498	sum 總數	tum 撥弦聲	vum 發誓	bum 遊蕩	gum 口香糖	hum 嗡嗡	mum 禁聲	rum 古怪	
S-499	summer 夏天	hummer 低唱者	mummer 啞劇演員	rummer 大酒杯	cummer 女伴				
S-500	sump 油槽	bump 碰	dump 傾倒	gump 笨伯	hump 駝峰	jump 跳	lump 小塊	mump 喃喃	

pump rump
泵浦 臀部

S-501 sumption gumption
大前提 才智

S-502 sun tun bun dun fun gun Hun nun pun run
太陽 大桶 甜饅頭 催討 樂趣 槍 匈奴 尼姑 雙關語 跑

S-503 sundae Sunday sundry sunray
聖代 星期日 各種的 太陽光線

S-504 sung bung dung hung lung rung
唱 打腫 施肥 弔 肺 響

S-505 sunk tunk bunk dunk funk gunk hunk junk lunk
沉 拍打 床位 浸泡 恐慌 油膩物 大塊 垃圾 笨伯
punk
朽木

S-506 sunny tunny bunny funny gunny runny
向陽的 鮪魚 兔 可笑的 粗麻布 過軟的

S-507 sup tup cup pup
飲啜 公羊 杯 小狗

S-508 super duper purse
特佳的 騙子 錢包

S-509 suple puple
柔軟的 學生

S-510 sural rural mural jural aural
牛腿的 鄉村的 壁飾 法律的 聽覺的

S-511 surd turd sure cure pure surf turf ruse
清音 屎 確實的 治療 純的 浪 草地 策略

S-512 sure cure lure mure pure
確信 治療 誘餌 幽禁 純的

S-513 surge gurge purge
大浪 漩渦 清除

S-514 surgeon burgeon
外科醫生 發芽

S-515 surly burly curly hurly
乖戾的 魁梧的 捲曲的 喧嘩

S-516 surrey survey
馬車 觀察

S-517 suspicious auspicious
可疑的 吉祥的

S-518 sustle bustle hustle justle rustle
淨重 匆忙 粗野地推 撞 沙沙聲

S-519 suture future
縫合 將來

S-520	swab 拖把	swag 贓物	swam 游泳	swan 天鵝	swap 交易	swat 猛打	sway 搖擺

S-521	swaddle 包	twaddle 說夢話

S-522	swam 游泳	swim 游泳	swum 游泳

S-523	swank 吹牛	spank 打	shank 小腿	thank 謝謝

S-524	swang 搖擺	swing 搖擺	swung 搖擺

S-525	sward 草地	sword 劍	sware 發誓	swore 發誓

S-526	sware 發誓	aware 知道的	sawer 鋸匠	swear 發誓

S-527	sway 擺動	away 離去

S-528	swear 發誓	sweat 出汗	sweet 甜的	sweep 掃	swept 掃過了

S-529	sweater 發汗者	swelter 使中暑

S-530	sweet 甜的	tweet 吱吱叫	tweed 蘇格蘭呢	tweek 扭

S-531	swell 變大	dwell 居住

S-532	swig 大喝	twig 小枝

S-533	swine 豬	twine 二股線

S-534	swirl 漩渦	twirl 捻	swirler 旋轉者	twirler 捻者	swirly 渦轉的	twirly 旋轉的

S-535	switch 開關	twitch 搶去

—— T ——

T-1	tab 垂片	tad 小孩	tag 標籤	tan 褐色	tap 輕拍	tar 焦油	tat 梭織	taw 石彈	tax 稅

T-2	tab 垂片	cab 出租車	dab 拍	gab 嘮叨	jab 戳	lab 實驗室	mab 捉住	nab 懶婦

T-3	tabby 斑貓	cabby 出租車司機	gabby 饒舌	mabby 番薯酒

T-4	table 桌子	cable 纜索	fable 寓言	gable 三角牆	sable 黑貂

T-5 tablet cablet tabret
藥片 小纜索 小鼓

T-6 tabor labor
小鼓 勞動

T-7 taps spat past tops post stop spot
號角 口角 過去 最優的 郵局 停 斑點

T-8 tacit attic
無言的 閣樓

T-9 tack teck tick tuck
圖釘 偵探 滴答 捲起

T-10 tack task talk tank
圖釘 工作 談話 坦克車

T-11 tack wack zack back cack hack jack lack pack rack
圖釘 怪事 硬幣 後面 軟鞋 切割 男子 缺乏 包裝 架
sack
袋

T-12 tackle cackle hackle rackle
釣鉤 咯咯聲 刷梳 任性的

T-13 tactic lactic
戰術 乳的

T-14 taction faction paction
接觸 小黨派 同意

T-15 tad wad bad cad dad fad gad had lad mad pad
小孩 小塊 壞的 鄙漢 爹 時尚 刺棍 有 男孩 瘋 墊子
sad
愁

T-16 tael tale teal late
兩 故事 野鴨 遲

T-17 taffy baffy daffy
阿諛 木棒 傻的

T-18 tag teg tig tog tug
簽條 得 輕敲 衣服 用力拉

T-19 tag gat teg get tig git tog got
簽條 手槍 兩歲羊 得 輕敲 走開 衣服 得
tug gut
用力拉 腸管

T-20 tag wag zag bag dag fag gag hag jag lag mag
簽條 搖 急轉 袋 匕首 苦工 塞口 女巫 醉酒 落後 多言
nag rag sag
小馬 破布 下降

T-21 tagger dagger lagger nagger sagger fagger gagger
附加物 匕首 落後者 潑婦 火泥箱 累極的人 笑話作家

T-22 tail alit
尾巴 降下

T – 23

tail	vail	wail	bail	fail	hail	jail	mail	nail	pail	rail
尾巴	脫帽	痛哭	委託	失敗	歡呼	監獄	郵件	釘子	提桶	鐵軌

sail
航行

T – 24

tailor	bailor	jailor	sailor	sailer	bailer	jailer
裁縫	委託者	獄吏	水手	帆船	委託者	獄吏

T – 25

taint	faint	paint	saint
污點	無力的	漆	聖者

T – 26

take	tale	tame	tape	tare
拿	故事	耕作的	帶	稗子

T – 27

take	wake	bake	cake	fake	hake	jake	lake	make
拿	喚醒	烘	餅	作偽	鱈魚	滿意	湖	做

rake sake
耙子 原因

T – 28

tale	vale	bale	dale	gale	hale	male	pale	rale	sale
故事	傷痕	打包	山谷	大風	強壯	男的	蒼白	肺鳴	賣

T – 29

talk	walk	balk	calk
談話	走	阻礙	填隙

T – 30

tall	tell	till	toll
高	說	直到	通行稅

T – 31

tall	wall	ball	call	fall	gall	hall	mall	pall
高	牆	球	呼喚	落下	大膽	廳	木槌	帷幕

T – 32

tallow	wallow	callow	fallow	hallow	mallow	sallow
牛脂	打滾	不成熟的	休耕的	神聖	錦葵	病黃色

T – 33

tally	wally	bally	dally	pally	rally	sally
計算	華服	很	嬉戲	親密	復元	突擊

T – 34

talon	tonal
爪	聲音的

T – 35

tame	team	mate	meat
馴服	隊	伴侶	肉

T – 36

tame	came	dame	fame	game	hame	lame	name	same
馴服	來	女神	名聲	遊戲	曲棒	跛的	名字	相同

T – 37

tame	time	tome
馴服	時間	大冊書

T – 38

tammy	hammy	mammy	sammy
圓帽	有火腿味的	媽咪	美國兵

T – 39

tamp	vamp	camp	damp	gamp	lamp	ramp	samp
裝填	換補	露營	潮濕	大傘	燈	坡道	玉米粥

T – 40

tamper	vamper	camper	damper	hamper	pamper
干預	補鞋匠	露營者	沮喪的事	阻礙	姑息

T – 41

tan	ten	tin	ton	tun
晒黑	十	錫	噸	大桶

T – 42	tan 晒黑	ant 螞蟻	ane 一個	nae 不	nay 否	any 任何			
T – 43	tan 晒黑	van 貨車	wan 蒼白	ban 禁止	can 能	dan 浮標	fan 扇	Han 漢人	man 男人	pan 鍋	ran 跑
T – 44	tang 氣味	vang 船索	yang 雁叫	bang 重打	fang 尖牙	gang 群	hang 掛	pang 劇痛	rang 響	
	sang 唱								
T – 45	tangle 纏結	wangle 狡詐	bangle 手鐲	dangle 搖擺	fangle 新款	jangle 雜聲	mangle 撕裂		
T – 46	tank 坦克	yank 急拉	bank 銀行	dank 潮濕	hank 一捲	lank 瘦的	rank 階級	sank 沉	
T – 47	tanker 油船	banker 銀行家	canker 潰瘍	hanker 渴望					
T – 48	tanner 製革匠	vanner 運貨人	banner 旗幟	canner 製罐者	fanner 扇風者	manner 態度			
T – 49	tap 輕拍	tip 小費	top 頂	tup 公羊					
T – 50	tap 輕拍	apt 合適的	pat 輕的						
T – 51	tap 輕拍	wap 拍打	yap 狂吠	cap 便帽	dap 飛掠	gap 缺口	hap 運氣	lap 重疊	map 地圖	nap 小睡	rap 敲擊
	sap 腐蝕								
T – 52	tape 帶	pate 腦袋	peat 泥煤						
T – 53	tape 帶	cape 披肩	gape 裂開	jape 愚弄	nape 頸背	rape 強姦			
T – 54	taper 小蠟燭	caper 跳躍	gaper 打哈欠者	japer 嘲弄者	paper 紙				
T – 55	tapper 輕敲者	tipper 給小費者	topper 上層物						
T – 56	tapper 輕敲者	capper 帽商	dapper 整潔的	lapper 舐食者	sapper 工兵				
T – 57	tappet 挺桿	lappet 衣衿							
T – 58	tar 焦油	art 藝術	rat 鼠						
T – 59	tar 焦油	war 戰爭	bar 棒	car 車	ear 耳	far 遠	jar 瓶	lar 家神	mar 損傷	oar 槳	par 同等
T – 60	tare 皮重	tear 扯破	rate 比率						

T－61　tare ware yare bare care dare fare hare mare pare
皮重 器物 靈活 赤裸 關心 敢 車費 兔 母馬 削皮
rare
半熟

T－62　targe barge large marge
盾 駁船 大的 邊緣

T－63　tarn warn yarn barn darn earn
小湖 警告 絨線 谷倉 縫補 賺

T－64　tarnish varnish garnish
晦暗 凡立水 裝飾

T－65　tarry carry harry larry marry parry
滯留 攜帶 掠奪 鋤頭 結婚 擋開

T－66　tart wart cart dart fart hart mart part
酸的 疣 馬車 投擲 屁 公鹿 市場 部份

T－67　task bask cask mask
工作 取暖 桶 面具

T－68　taste waste baste caste haste paste
滋味 浪費 脂油 地位 匆忙 漿糊

T－69　taste tasta
滋味 介殼

T－70　taster waster baster caster Easter faster laster
嚐味者 浪子 塗脂者 投手 復活節 較快的 楦者
master paster
主人 粘貼者

T－71　tasty vasty hasty nasty pasty
味美的 廣大的 急速的 不潔的 漿糊似的

T－72　tat tit tot tut
擊 山雀 小孩 噓

T－73　tat vat xat bat cat eat fat gat hat mat oat pat
擊 桶 柱 棒 貓 吃 胖 槍 帽 纏 麥 拍
rat sat
鼠 坐

T－74　tata baba gaga haha mama papa
再會 餅 天真的 哈哈 媽媽 爸爸

T－75　tatter tetter titter totter
碎片 皮疹 偷笑 搖擺

T－76　tattle tittle
閒談 一點點

T－77　tattler rattler
閒聊者 響尾蛇

T－78　tatty daddy mammy pappy sassy nanny
陋劣者 爹爹 媽媽 漿糊狀的 無禮的 奶媽

T – 79	taught 教	caught 捉	naught 無					
T – 80	taunt 痛罵	vaunt 誇大	daunt 恐嚇	gaunt 瘦的	haunt 常到	jaunt 遊覽		
T – 81	taw 石彈	yaw 偏航	caw 沙洲	daw 穴鳥	haw 支吾	jaw 顎	law 法律	maw naw paw 胃 不 爪

taw yaw caw daw haw jaw law maw naw paw
石彈 偏航 沙洲 穴鳥 支吾 顎 法律 胃 不 爪
raw saw
生的 鋸

T – 82	tawdry 俗麗的	bawdry 淫行

T – 83	tawse 皮鞭	hawse 錨鍊孔

T – 84	tax 稅	xat 紀念柱

T – 85	tax 稅	wax 蠟	zax 石斧	fax 傳眞	lax 鬆弛	pax 聖像牌	sax 石板錘

T – 86	taxer 納稅人	extra 特別的

T – 87	tea 茶	tec 偵探	ted 攤開	tee T字	teg 小羊	ten 十	ter 三度音	tew 勤作

T – 88	tea 茶	ate 吃	eat 吃

T – 89	tea 茶	yea 是	kea 鸚鵡	lea 草原	pea 豆	sea 海

T – 90	teach 教	beach 海灘	leach 過濾	peach 桃	reach 到

T – 91	teak 柚木	teal 野鴨	team 隊	tear 淚	teat 奶頭

T – 92	teak 柚木	weak 弱	beak 鳥嘴	leak 漏	peak 山頂

T – 93	team 組	beam 梁	ream 令	seam 縫

T – 94	tear 淚	rate 比率	tare 皮重

T – 95	tear 淚	wear 穿	year 年	bear 熊	dear 親愛的	fear 怕	gear 齒輪	hear 聽	near lear 近 空的

pear rear sear
梨 後 枯

T – 96	tease 揶揄	cease 停止	lease 租

T – 97	teasel 起毛	weasel 黃鼠狼

T

T－98	teat 奶頭	beat 打	feat 功績	heat 熱	meat 肉	neat 整潔	peat 泥煤	seat 座		
T－99	teck 偵探	beck 點頭	deck 甲板	geck 卑人	heck 地獄	keck 想吐	neck 頸	peck 啄食	reck 相干	

T－100	tecnology 兒童學	tectology 組織形態學

T－101	ted 攤晒	wed 婚	zed Z字	bed 床	fed 飼	he'd 他有	led 領導	red 紅		

T－102	tee 球戲	vee V字	wee 微	zee Z字	bee 蜂	dee D字	fee 費	gee 噫	jee 嘻	lee 背風	nee 娘家姓
	pee 尿	ree 篩	see 看								

T－103	teem 充滿	meet 遇見	mete 分配

T－104	teen 十多歲	teem 充滿	term 名詞	tern 燕鷗

T－105	teen 十多歲	ween 以為	been 是	keen 銳的	peen 尖的	seen 看

T－106	teg 小羊	get 得到

T－107	teg 小羊	beg 乞	keg 桶	leg 腿	peg 釘	jeg 鋸齒形的缺刻

T－108	teil 菩提樹	tile 瓷磚

T－109	teil 菩提樹	veil 面紗	ceil 裝天花板	seil 爬山繩

T－110	tell 告訴	well 井	yell 喊	bell 鈴	cell 細胞	dell 小谷	fell 倒	hell 地獄	jell 使冷凍	sell 賣

T－111	teller 告訴者	tiller 耕者	toller 收稅人

T－112	teller 告訴者	feller 採伐者	heller 冒失鬼	seller 賣主

T－113	ten 十	wen 疣	yen 元	ben 客室	den 窟	fen 沼	hen 雞	ken 知	men 人	pen 筆	zen 錢

T－114	tench 魚	wench 少女	bench 長凳	kench 大箱

T－115	tend 傾向	dent 凹

T－116	tend 傾向	vend 賣	wend 行	bend 使曲	fend 抵擋	lend 借	mend 修補	pend 吊著	rend 撕
	send 送								

T‑117	tender 看守人	vender 小販	bender 彎曲者	fender 防禦物	gender 性	lender 債主	mender 修改者
	render 使成	sender 送貨人					
T‑118	tenon 榫	xenon 氙					
T‑119	tense 時態	cense 焚香	dense 稠密	sense 感覺			
T‑120	tensor 張肌	censor 檢查員	sensor 控溫器				
T‑121	tenter 張布機	center 中心	renter 租用者	venter （解剖）腹			
T‑122	tenth 第十	teeth 齒	tooth 齒				
T‑123	term 術語	berm 岸徑	germ 胚芽	perm 電燙髮			
T‑124	terminate 終止	germinate 發芽					
T‑125	tern 燕鷗	rent 租用					
T‑126	terry 絨縫	berry 漿果	derry 民謠	ferry 渡船	herry 掠奪	jerry 氈帽	merry 快樂	perry 梨酒
	serry 密集						
T‑127	terse 簡明的	stere 立方米					
T‑128	tertain 隔日的	certain 確定的	pertain 關於				
T‑129	test 試驗	vest 背心	west 西方	zest 風味	best 最佳	gest 冒險	hest 命令	jest 笑話	lest 因恐	nest 巢
	pest 害蟲	rest 休息					
T‑130	tetter 皮疹	better 較好	fetter 腳械	getter 毒餌	letter 信件	netter 網球員	setter 安放者
T‑131	thank 感謝	shank 步行	think 想	chink 裂縫			
T‑132	that 那個	thar 羚羊	thaw 溶化	than 比較	then 然後	thin 瘦的	
T‑133	that 那個	what 甚麼	chat 聊天	ghat 山道			
T‑134	thaw 溶化	thew 肌肉	whew 哎呀	shew 顯示	show 顯示	chow 中國狗	chew 咀嚼	chaw 咀嚼

T

T－135	thee 你	ghee 牛酪油					
T－136	thee 你	them 他們	then 然後	they 他們			
T－137	theme 題目	there 那裡	therm 撒姆				
T－138	then 然後	when 何時	they 他們	whey 乳漿	thew 肌肉	whew 哎呀	chew 咀嚼	chaw 咬碎
T－139	there 那裡	where 哪裡					
T－140	thicken 變厚	chicken 小雞					
T－141	thief 小偷	chief 領袖					
T－142	thine 你的	whine 哭訴	chine 脊骨	shine 發光			
T－143	thole 忍受	whole 全部	dhole 野犬				
T－144	those 那些	whose 誰的	chose 選擇	chore 家務	choke 窒息		
T－145	thrash 打	thresh 打	thrush 畫眉鳥				
T－146	thread 細線	dearth 缺乏	hearth 爐				
T－147	threw 投	throw 投	worth 值得	wroth 憤怒的			
T－148	throb 跳動	throe 苦痛	throw 投				
T－149	thumb 大拇指	thump 重擊	trump 出王牌				
T－150	ti 第七音	ai 樹獺	hi 嗨	mi 第三音	pi 圓周率	si 第七音	
T－151	tic 痙	tie 領帶	til 胡麻	tin 錫	tip 小費	tit 山雀	
T－152	tick 嘀答	wick 燈芯	dick 偵探	ticky 三辨士	wicky 桂樹	dicky 小鳥	micky 馬鈴薯	picky 挑剔的
T－153	ticker 錶	wicker 柳條	bicker 爭論	dicker 討價	kicker 踢人的馬	picker 扒手	
T－154	tickle 胳肢	fickle 易變的	mickle 多	pickle 泡菜	sicker 鐮刀		
T－155	tiddler 小孩	toddler 初學走路的小孩					

T－156	tide 潮	tied 繫	diet 節食	edit 編輯			
T－157	tide 潮	wide 寬	aide 副官	bide 居住	hide 藏匿	ride 乘坐	side 邊
T－158	tidy 整潔的	didy 尿布	sidy 傲慢的				
T－159	tie 領帶	vie 爭	die 死	fie 呸	gie 給	hie 疾走	lie 說謊	pie 派
T－160	tied 繫	diet 節食	edit 編輯	tide 潮			
T－161	tier 一層	bier 棺架	pier 碼頭				
T－162	tier 列	tire 疲倦	rite 儀式				
T－163	tierce 三張牌	fierce 兇惡的	pierce 刺入				
T－164	tiff 小吵	toff 紳士	tuff 凝灰岩	tuft 一簇	toft 宅地		
T－165	tiff 小吵	biff 打	miff 生氣				
T－166	tiffin 午餐	biffin 蘋果					
T－167	tight 緊	wight 人	bight 彎曲	dight 準備	eight 八	fight 打仗	hight 高度	light 光
	might 強權	night 夜	right 對的	sight 視力			
T－168	tigress 母老虎	digress 脫軌					
T－169	tike 劣犬	bike 單車	dike 堤	hike 遠足	kike 猶太人	like 如	mike 怠工	Nike 勝利女神	pike 矛
T－170	til 胡麻	ail 生病	mil 密爾	nil 無	oil 石油		
T－171	til 胡麻	lit 亮光	tip 小費	pit 穴	tin 錫	nit 卵	
T－172	tile 瓦	vile 壞的	wile 詭計	bile 膽汁	file 卷宗	mile 哩	pile 一堆	rile 惹怒
T－173	till 直到	vill 市鎮	will 意願	yill 麥酒	bill 帳單	dill 蒔蘿	fill 裝滿	gill 魚鰓	hill 小山	kill 殺害	lill 垂下
	mill 磨坊	nill 不願	pill 藥丸	rill 小河	sill 基石		
T－174	tiller 耕者	miller 磨坊主	siller 銀				

T - 175 tilt wilt gilt jilt kilt lilt milt silt
傾斜 枯萎 金箔 遺棄 捲起 輕快 脾臟 淤泥

T - 176 timber limber
木料 易屈的

T - 177 timber timbre
木料 音色

T - 178 timbal gimbal
震動膜 稱平環

T - 179 time emit item mite
時間 發出 項目 小蟲

T - 180 time dime lime mime rime
時間 一角錢 石灰 小丑 押韻

T - 181 timid tumid humid
膽小的 腫脹的 潮濕的

T - 182 tin win bin din fin gin pin sin
錫 勝 倉 喧 鰭 酒 針 罪

T - 183 tincture cincture
使充滿 圍繞之物

T - 184 tinder winder binder cinder finder hinder minder
火種 捲的人 綁者 餘燼 尋獲者 後面的 照料者

T - 185 tine vine wine bine dine fine kine line mine nine
叉齒 藤蔓 酒 藤 用餐 好的 牛 線 我的 九
pine sine
松木 正弦

T - 186 ting wing bing ding king ling Ming ping ring sing
玎玲 翅 一堆 叮噹 國王 石南 明代 砰砰 鈴 唱
zing
活力

T - 187 tinge binge dinge hinge pinge singe
染色 狂飲 昏暗 鉸鏈 埋怨 燙焦

T - 188 tingle bingle jingle mingle single dingle
刺痛 安打 叮噹 相混 單獨 小峽谷

T - 189 tink wink dink fink gink kink link mink pink
叮叮聲 眨眼 打扮 告發人 怪人 繩結 連結 貂皮 淡紅
rink sink
溜冰 沉

T - 190 tinkle winkle
玎玲 海螺

T - 191 tinner winner dinner pinner sinner
錫礦工 獲勝者 正餐 釘針者 罪人

T - 192 tinny hinny ninny pinny
錫的 騾子 笨人 涎圍

T－193 tint dint hint lint mint pint
    著色 凹痕 暗示 麻布 薄荷 品脫

T－194 tiny yiny winy liny
    很小的 葡萄樹的 葡萄酒的 似線的

T－195 tip zip dip gip hip kip lip nip pip rip sip
    小費 活力 浸漬 詐欺 屁股 客棧 唇 小飲 種子 撕開 呷

T－196 tipper zipper dipper kipper lipper nipper ripper
    給小費者 拉鍊 浸漬者 鱒 海波微揚 摘取者 裂開之具
    sipper
    啜飲者

T－197 tipple topple
    常飲酒 動搖

T－198 tippy zippy hippy lippy nippy pippy
    不穩的 活潑的 臀部大的 厚嘴唇的 伶俐的 多子的

T－199 tire wire dire fire hire mire
    輪胎 鐵絲 可怕的 火 租用 泥沼

T－200 tit wit ait bit cit fit hit kit lit nit pit
    山雀 理智 小島 小量 商人 適合 打 一組 亮光 幼蟲 凹處
    sit
    坐

T－201 title Bible
    標題 聖經

T－202 titter bitter fitter hitter jitter litter sitter
    竊笑 苦的 裝配者 打擊者 緊張 垃圾 坐者

T－203 tizzy dizzy fizzy
    六辨士 昏眩 起泡沫

T－204 to do go ho no so
    去 做 去 啊 不 如此

T－205 toad woad goad load road
    蟾蜍 菘藍 刺棒 負荷 路

T－206 toast boast coast roast
    吐司麵包 誇言 海岸 烤

T－207 tobe lobe robe
    未來的 瓣 寬袍

T－208 tod toe tog tom ton too top tor tot tow toy
    樹叢 腳趾 衣服 雄貓 噸 也 頂 高岡 小孩 拉 玩具

T－209 tod bod cod dod god hod nod pod rod sod
    樹叢 人 鱈魚 剪毛 神 煤斗 點頭 豆莢 桿 草皮

T－210 toddle coddle noddle
    閒步 溺愛 腦袋

T－211 toe woe doe foe roe rot for dor for nor
    腳趾 悲哀 牡鹿 仇敵 魚卵 腐爛 突岩 蟲 因爲 亦不

T

T - 212	toed 有趾的　dote 昏瞶
T - 213	toff 紳士　boff 大笑　doff 脫去
T - 214	toffee 太妃糖　coffee 咖啡
T - 215	toft 屋基　loft 閣樓　soft 軟的
T - 216	tog 衣服　wog 黑人　bog 沼澤　cog 齒輪　dog 狗　fog 霧　hog 豬　jog 慢步　log 木頭　nog 木釘
T - 217	toga 寬袍　goat 山羊　yoga 瑜珈
T - 218	toggle 套環　boggle 畏縮　goggle 瞪目　joggle 輕推
T - 219	toil 苦工　boil 煮沸　coil 線圈　foil 阻止　moil 勞動　roil 攪濁　soil 土壤
T - 220	tola 妥拉　lota 水罐　alto 男高音
T - 221	told 告訴　wold 山地　bold 勇敢　cold 冷　fold 摺　gold 金　hold 握　mold 做模　sold 賣
T - 222	toll 通行稅　boll 棉殼　doll 洋囡囡　loll 伸舌　poll 投票　roll 滾動
T - 223	toller 收稅人　holler 叫喊　roller 滾子
T - 224	tolly 蠟燭　colly 牧羊犬　dolly 洋囡囡　folly 愚行　golly 天哪　holly 多青　molly 懦夫
T - 225	tomb 墳墓　womb 子宮　bomb 炸彈　comb 梳子
T - 226	tonal 聲音的　zonal 區域的
T - 227	tone 語調　note 筆記
T - 228	tone 語調　zone 區域　bone 骨　cone 圓錐　done 做　gone 去　lone 孤寂　none 毫無　pone 切牌
T - 229	tong 黨　bong 鐘聲　gong 鑼　hong 商行　long 長　song 歌
T - 230	tonic 滋補品　conic 圓錐形　soinc 音波的
T - 231	tonk 猛打　conk 頭　honk 雁叫聲　monk 和尚
T - 232	tony 時髦的　bony 多骨的　cony 家兔　pony 小馬

T－233	too 也	two 二	tho 雖然	tow 拉	wot 知道	hot 熱		
T－234	too 也	woo 求婚	zoo 動物園	boo 噓	goo 粘膠	moo 牛鳴		
T－235	tool 工具	wool 羊毛	cool 涼爽	fool 愚人	pool 小池			
T－236	toon 桃木	zoon 動物	boon 恩惠	coon 黑奴	goon 笨人	loon 水鳥	moon 月亮	noon 正午	poon 胡桐
	soon 快								
T－237	toot 號角	boob 笨伯	noon 正午	poop 船板				
T－238	toot 號角	boot 長靴	coot 黑鴨	foot 腳	hoot 梟叫	loot 贓物	moot 待決	root 根	soot 煤灰
T－239	tooth 牙齒	booth 小室	sooth 事實	teeth 牙齒				
T－240	top 頂	wop 南歐人	cop 警察	fop 花花公子	hop 獨腳跳	lop 砍	mop 拖把	pop 砰然	sop 浸濕
T－241	tope 狂歡	cope 袈裟	dope 濃液	hope 希望	lope 大步走	mope 敗興	nope 不	pope 教皇	rope 繩
T－242	topper 上層物	copper 銅	hopper 獨腳跳者	popper 炒玉米鍋				
T－243	topple 動搖	hopple 縛足	popple 波動					
T－244	toral 花托的	coral 珊瑚	goral 斑羚	horal 一小時的	loral 知識的	moral 道德的		
T－245	torch 火把	porch 走廊						
T－246	tore 撕扯	rote 強記						
T－247	tore 撕扯	wore 穿戴	yore 往昔	bore 穿孔	core 核	fore 在前	gore 血塊	lore 知識	more 較多	pore 細讀
	sore 疼痛								
T－248	torn 撕裂	worn 穿破	born 出生	corn 玉米	horn 角	lorn 孤獨的	morn 早晨	
T－249	torpid 麻痺的	tripod 三腳凳						
T－250	torrid 炎熱的	horrid 可怕的	torrify 烘焙	horrify 使恐怖				
T－251	tort 侵犯	wort 植物	bort 金鑽	fort 砲台	mort 號角	port 港口	sort 品種	

T

T-252 torus 花托 roust 激動

T-253 tory 保守派 dory 魴 gory 血腥的

T-254 tosh 胡說 shot 發射 bosh 廢話 josh 嘲笑 gosh 啊

T-255 toss 投擲 boss 老闆 doss 睡 joss 神像 loss 喪失 moss 苔

T-256 tosser 投擲者 dosser 罩布 josser 呆子

T-257 tost 拋投 cost 價格 dost 助動詞 host 男主人 lost 損失 most 最多 post 郵政

T-258 tot 小兒 wow 哎唷 mom 媽 non 不 pop 爆裂聲 SOS 求救

T-259 tother 另一個 bother 麻煩 mother 母親 pother 喧鬧

T-260 totter 搖擺 cotter 貧農 hotter 較熱 jotter 小筆記本 potter 陶器匠 rotter 無用的人

T-261 touch 觸及 couch 長沙發 pouch 錢袋 vouch 擔保

T-262 tough 堅韌 bough 樹枝 cough 咳嗽 dough 金錢 lough 海灣 rough 粗魯 sough 颯颯

T-263 tour 旅遊 rout 敗潰

T-264 tour 旅遊 your 你的 dour 冷峻的 four 四 hour 小時 lour 皺眉 pour 傾倒 sour 酸的

T-265 tourney 假戰 journey 旅行

T-266 touse 弄亂 bouse 飲料 douse 潑水 house 房屋 louse 蝨 mouse 鼠 rouse 喚醒 souse 投水

T-267 tout 勸誘 bout 一回 gout 痛風 lout 笨人 pout 嘟嘴 rout 敗潰

T-268 tow 拉 two 二 wot 賢人

T-269 tow 拖 vow 誓約 wow 噢 yow 訝 bow 彎腰 cow 母牛 how 怎樣 low 低 mow 割草 now 現在 row 行列 sow 母豬

T-270 towel 毛巾 vowel 母音 bowel 腸 dowel 暗榫 nowel 聖詩 rowel 小齒輪

T-271 tower 塔 bower 涼亭 cower 畏縮 dower 嫁妝 lower 低一些 mower 割草機 power 力量

rower　sower
划船者　播種者

T－272　toy　boy　coy　hoy　foy　goy　joy　soy
玩具　男孩　怕羞　喂　宴　異教徒　愉快　大豆

T－273　trace　react　caret
足跡　再做　漏字符號

T－274　trace　trice　truce
足跡　頃刻　休戰

T－275　trace　brace　grace
足跡　支撐　仁慈

T－276　track　treck　trick　truck　trucker　tricker　tracker
痕跡　旅行　詭計　貨車　貨車司機　詭計者　追蹤者

T－277　track　wrack　crack
痕跡　毀滅　裂縫

T－278　traction　fraction
拖　分數

T－279　trade　grade　tread　trader　grader　treader
貿易　年級　踐踏　貿易商　分類機　踏者

T－280　trail　trial
蹤跡　試驗

T－281　trail　brail　frail　grail
蹤跡　捲起　脆弱　梳鉍

T－282　train　brain　drain　grain
火車　腦　排水　谷粒

T－283　tram　cram　dram　gram
電車　塞滿　少量　克

T－284　tramp　tromp　trump　cramp　crimp　crump
踩　頓足　王牌　扣緊　捲摺　重擊

T－285　trance　France　prance
恍惚　法國　騰躍

T－286　trap　part　rapt
陷阱　部份　著迷的

T－287　trap　trip　trop
陷阱　旅行　過多地

T－288　trash　brash　crash
垃圾　殘枝　撞毀

T－289　trave　brave　crave　grave
橫梁　勇敢　懇求　墳墓

T－290　travel　gravel　grovel
旅行　碎石　卑躬屈節

T－291　trawl　brawl　crawl　drawl
拖網　吵鬧　爬行　慢腔調

T - 292	tray 碟	trey 三點	troy 金衡			
T - 293	tray 碟	trap 陷阱	tram 電車	trim 整理		
T - 294	tray 碟	bray 驢叫	dray 貨車	fray 喧吵	gray 灰色	pray 祈禱
T - 295	treat 對待	great 偉大的	grate 格子			
T - 296	tree 樹	trek 旅行	tret 添頭	trey 三點		
T - 297	tree 樹	rete 網				
T - 298	tree 樹	free 自由	gree 同意	flee 避開	glee 歡樂	
T - 299	treed 有樹的	breed 生育	creed 信條	freed 自由的	greed 貪心	
T - 300	trench 戰壕	wrench 扭轉	drench 濕透	French 法國人		
T - 301	tress 辮子	cress 水芹	dress 衣服	press 壓平		
T - 302	trestle 活動架	wrestle 摔角				
T - 303	trey 三點	grey 灰色	prey 掠奪			
T - 304	tribe 部落	bribe 賄賂				
T - 305	tribe 部落	trice 頃刻	biter 咬者	trike 詭計	trine 三倍的	tripe 肚子	trite 平凡的
T - 306	trick 詭計	brick 磚	crick 痙攣	prick 尖刺		
T - 307	trig 三角學	grit 砂礫	trim 整理	trio 三人一組	trip 旅行	
T - 308	trig 三角學	brig 禁閉室	frig 冰箱	grig 快活的人	prig 小偷	
T - 309	trill 顫聲	drill 鑽子	troll 輪唱	droll 逗笑		
T - 310	trill 顫聲	brill 鰈魚	drill 鑽子	frill 飾邊	grill 格子架	prill 小珠
T - 311	trim 修剪	brim 使滿	grim 可怕	prim 拘謹的		
T - 312	trine 三重的	inter 埋葬	niter 硝酸鉀			

T – 313	trine brine 三重的 海水
T – 314	tringle cringle 橫木 索圈
T – 315	trip drip grip prig 旅行 水滴 緊握 小偷
T – 316	tripe trope gripe gripper tripper 內臟 轉意 抓緊 各種夾子 旅遊者
T – 317	troll droll 輪唱 逗笑
T – 318	troop droop 軍隊 下垂
T – 319	trop crop drop prop 過多地 收成 一滴 支柱
T – 320	troth wroth broth froth 婚約 激怒 肉湯 泡沫
T – 321	trove drove grove prove 一批 駕駛 小叢林 證明
T – 322	trow wort brow crow grow prow forw arow 相信 草本植物 眉毛 烏鴉 生長 船首 婦人 一列
T – 323	trudge grudge drudge dredge 跋涉 嫉妒 作苦工 挖泥機
T – 324	trump crump frump grump 王牌 重炸彈 乖戾女 慍怒
T – 325	trunk drunk 樹幹 縱酒
T – 326	trust crust 信任 外皮
T – 327	try wry cry dry fry pry 試 歪斜 哭 乾 炸 槓桿
T – 328	tub but tug gut tun nut tup put 桶 但是 拉 腸 桶 堅果 公羊 放置
T – 329	tub bub cub dub fub hub nub pub rub sub 桶 兄弟 生手 綽號 欺騙 輪軸 瘤 酒店 磨擦 訂閱
T – 330	tubbish cubbish rubbish 桶狀的 不懂禮的 垃圾
T – 331	tube cube lube rube 管 立方 潤滑油 村夫
T – 332	tubby bubby cubby hubby nubby 桶狀的 乳房 小房間 丈夫 有瘤的
T – 333	tuck buck duck huck luck muck puck ruck suck 捲摺 公羊 鴨 麻布 運氣 使活 一擊 群眾 吸

T－334	tucker　bucker　ducker　pucker　sucker 使疲憊　惡馬　飼鴨人　起皺　吸盤
T－335	tuff　buff　cuff　duff　guff　huff　luff　muff　puff　ruff 凝岩　軟皮　袖口　布丁　胡說　開罪　向風　做錯　喘息　頸毛
T－336	tug　bug　dug　fug　hug　jug　lug　mug　pug　rug 拉　小蟲　掘　灰塵　抱　罐　拖　杯　哈叭狗　毯
T－337	tugger　bugger　hugger　mugger 用力拉者　好色者　混亂　鱷魚
T－338	tum　vum　bum　gum　hum　mum　rum　sum 撥弦聲　誓　遊　口香糖　嗡嗡　禁聲　古怪　總數
T－339	tumble　fumble　humble　jumble　mumble　rumble 跌倒　摸索　卑下　混合　咕噥　隆隆聲
T－340	tumid　humid 腫脹的　潮濕的
T－341	tummy　yummy　dummy　mummy 肚子　悅人的　啞巴　木乃伊
T－342	tun　bun　dun　fun　gun　nun　pun　run　sun 桶　饅頭　催討　樂趣　槍　尼　雙關語　跑　太陽
T－343	tune　dune　June　lune　rune 調子　沙丘　六月　弓形　北歐文字
T－344	tunk　bunk　dunk　funk　gunk　hunk　junk　lunk　punk 拍打　床位　浸泡　恐慌　油膩物　大塊　垃圾　笨伯　朽木 sunk 沉
T－345	tunnel　funnel　runnel 隧道　漏斗　細流
T－346	tunny　bunny　funny　gunny　runny　sunny 鮪魚　兔　可笑的　粗麻布　過軟的　向陽的
T－347	tup　cup　pup　sup 公羊　杯　小狗　飲啜
T－348	turd　turf　Turk　turn 屎　草地　土耳其人　轉
T－349	Turk　lurk　murk 土耳其人　埋伏　陰暗
T－350	tusk　busk　cusk　dusk　husk　musk　rusk 長牙　胸衣　鱈魚　昏暗　剝殼　麝香　脆麵包
T－351	tut　but　cut　gut　hut　jut　nut　out　put　rut 噓　但　切　腸　小屋　突出　硬果　出　放　轍跡
T－352	tutty　butty　nutty　putty　rutty 氧化鋅　工頭　漂亮的　油灰　多車轍的
T－353	twaddle　swaddle 夢話　包，捲

T - 354	tweed tweet sweet 蘇格蘭呢 吱吱叫 甜的
T - 355	twig twin twit 小枝 孿生子 挖苦
T - 356	twine swine 二股線 豬
T - 357	twirl swirl twirler swirler twirly swirly 捻 漩渦 捻者 旋轉者 盤轉的 渦轉的
T - 358	twitch switch 搶去 開關
T - 359	tyre byre eyre gyre lyre pyre 輪胎 牛棚 巡迴 迴旋 七弦琴 柴堆

—— U ——

U - 1	udder adder 乳房 加算器
U - 2	udder upper utter uttermost uppermost 乳房 較高的 說出 最大限度 最高的
U - 3	uglify uglily 使醜 難看
U - 4	ulan ulna 騎兵 尺骨
U - 5	ulmic ulmin 腐木質的 腐木質
U - 6	ultima ultimo 末音節 前月的
U - 7	ultimata ultimate 哀的美敦書 最後的
U - 8	um up us 唔 上 我們
U - 9	um am em ma me mu 唔 是 全方 媽 我 希臘第十二字母
U - 10	umber brume amber bream ember omber 赭土 水蒸氣 琥珀 清掃 餘燼 牌戲
U - 11	ump amp imp map pam 裁判 安培 子孫 地圖 梅花傑克
U - 12	umpire empire 公正人 帝國
U - 13	un an en in on 人 一個 半方 在內 在上
U - 14	unable enable 不能的 使能夠

U－15　unaided　unaired
　　　　無幫助的　不通風的

U－16　unbind　unbend　unbent
　　　　解開　　使變直　　未彎曲的

U－17　unbound　　unsound　unwound
　　　　已獲得自由的　不健康的　展開

U－18　uncalled　unculled
　　　　未被召喚的　未分開的

U－19　unchain　enchain
　　　　解開鎖鍊　以鍊鎖住

U－20　unclean　unclear　nuclear　uncleanness　unclearness
　　　　不潔淨的　不明白的　核子　　不潔淨的　　　含糊

U－21　unconstant　inconstant
　　　　易變的　　　易變的

U－22　uncorrupt　incorrupt
　　　　不腐敗的　　不朽的

U－23　uncurbed　uncurled
　　　　未被限制的　不捲曲的

U－24　underbit　underbid　underbud　underbuy
　　　　牛耳記號　出低價　　少女　　　以低價買

U－25　underdo　undergo
　　　　不盡力做　忍受

U－26　underlife　underline　underling
　　　　私生活　　文字下劃線　下屬

U－27　underlit　underlip　underlap　underlay
　　　　光線不足的　下唇　　部份重疊　在他物之下

U－28　underprice　underprize
　　　　削價　　　　低估

U－29　unease　uneasy
　　　　不安　　不舒適的

U－30　unfit　　unfix　infix
　　　　不適當的　解開　插入

U－31　unfold　infold　enfold　unfoldment　infoldment　enfoldment
　　　　展開　　包住　　包入　　展開　　　　包裹　　　　包裹

U－32　unform　inform
　　　　使不成形　通知

U－33　ungird　ungirt
　　　　解開　　解開的

U－34　unhand　unhang
　　　　放手　　取下

U－35　unhood　unhook
　　　　去蓋　　去鉤

U-36	unhorse 從馬背落下	unhouse 使無家可歸				
U-37	unhuman 非人類的	inhuman 不人道的				
U-38	uniped 單足的	unipod 獨腳架				
U-39	unite 聯合	unity 單一				
U-40	unlaw 無法紀	unlay 拆開	inlay 鑲嵌	inlaw 姻親	input 輸入	unput 未提出的
U-41	unlet 未租出的	inlet 入口				
U-42	unlid 開蓋	unled 無指導的	unlet 未租出的	unlit 未點燃的	until 直到	untie 解開	unmet 未滿足的
U-43	unlocked 未鎖的	unlooked 未注意的				
U-44	unpriced 無定價的	unprized 未受珍視的				
U-45	unrobe 脫去外衣	enrobe 使穿衣服				
U-46	unread 未讀書的	unreal 不眞實的	unreel 自卷軸鬆開			
U-47	unrent 未撕破的	unrest 不安的局面				
U-48	unrig 卸除	unrip 扯掉				
U-49	unroof 揭去其頂	unroot 連根拔除	unroofed 沒有屋頂的	unrooted 未連根拔除的	inrooted 根深蒂固的	
U-50	unseal 開啓封緘	enseal 加封	unseam 撕開	unseat 使去職	unsent 未寄出的	
U-51	unset 弄亂	unsew 拆去縫線	unsex 去勢			
U-52	unstop 拔去塞子	unstep 移去桅	instep 足背			
U-53	unsure 不肯定的	ensure 保證	insure 使確實	injure 傷害		
U-54	untie 解開	until 直到				
U-55	unto 去	onto 在上				
U-56	unwise 不智的	unwish 停止希望				

V

U－57	updo 高髻	undo 解開	unto 直到	into 進入	onto 在其上			
U－58	upmost 最上的	utmost 最遠的						
U－59	uprear 使升起	uptear 拔起						
U－60	upset 推翻	setup 結構						
U－61	uptore 拔起	uptorn 拔起	untorn 未撕裂的	unturned 未轉動的	upturned 向上			
U－62	us 我們	as 如	is 是	os 穴				
U－63	used 慣於	sued 起訴	dues 稅費					
U－64	user 使用者	ruse 計謀	suer 起訴者	sure 必定的				

—— V ——

V－1	vag 流氓	van 貨車	vat 大桶	vas 脈管	was 是	gas 氣體	has 有	pas 上席	sas 沙士
V－2	vag 流氓	veg 蔬菜	vug 空隙						
V－3	vail 脫下	vial 小瓶							
V－4	vail 脫下	wail 痛哭	bail 委託	fail 失敗	hail 歡呼	jail 監獄	kail 甘藍	mail 郵件	nail 釘子	pail 提桶	rail 鐵軌
	sail 航行	tail 尾巴							
V－5	vain 徒然	vina 七弦琴	vein 靜脈	vine 葡萄樹					
V－6	vain 徒然	wain 馬車	zain 暗色馬	cain 田賦	fain 樂意	gain 獲得	lain 躺下	main 主要	pain 苦痛	rain 雨
V－7	vair 鼠皮	fair 公正的	hair 髮	lair 獸穴	mair 更多	pair 一雙			
V－8	valance 短帷	valence 原子價	balance 平衡						
V－9	vale 再見	lave 洗濯	vela 船帆座	veal 小牛肉					
V－10	vale 再見	vile 卑鄙的	vole 全勝						
V－11	vale 再見	bale 打包	dale 山谷	gale 大風	hale 強壯	male 男的	pale 蒼白	rale 肺鳴	

V – 12	vale 再見	vane 風標	vase 瓶				
V – 13	valley 山谷	galley 大划船	volley 齊射				
V – 14	value 評價	valve 活瓣	valued 貴重的	valved 裝有活瓣的			
V – 15	valve 活瓣	calve 產小牛	halve 平分	salve 緩和物			
V – 16	vamp 換補	camp 露營	damp 潮濕	gamp 大傘	lamp 燈	ramp 坡道	samp 玉米粥	tamp 裝璜
V – 17	vamper 補鞋匠	camper 露營者	damper 沮喪的事	hamper 阻礙	pamper 姑息	tamper 干預	
V – 18	van 貨車	wan 蒼白	ban 禁止	can 能	dan 浮標	fan 扇	man 男人	pan 鍋	ran 跑	tan 晒黑
V – 19	Vandal 汪達爾人	sandal 涼鞋					
V – 20	vane 風旗	wane 減弱	bane 大患	cane 杖	Dane 丹麥人	fane 寺院	lane 巷	mane 鬃	pane 坡璃片
	sane 清楚						
V – 21	vang 船索	yang 雁叫	bang 重打	fang 尖牙	gang 群	hang 掛	pang 劇痛	rang 響	sang 唱
	tang 氣味						
V – 22	vanish 消失	banish 放逐	Danish 丹麥語				
V – 23	vanity 空虛	sanity 穩健					
V – 24	vantage 優勢	ventage 出口	vintage 葡萄酒				
V – 25	vapid 無味的	rapid 敏捷的					
V – 26	vapor 蒸氣	sapor 滋味	savor 味	favor 恩惠			
V – 27	varlet 侍從	carlet 小汽車					
V – 28	varnish 凡立水	garnish 裝飾	tarnish 晦暗				
V – 29	vary 改變	Mary 瑪麗	nary 一個沒有	wary 小心的	oary 似槳的		
V – 30	vase 花瓶	base 基礎	case 箱	ease 容易	lase 發光	rase 抹去	

V

V－31　vassal　vessel
　　　　諸侯　　船

V－32　vast　wast　bast　cast　east　fast　hast　last　mast　oast
　　　　廣大　是　　韌皮　拋　　東方　快　　有　　最後　桅　　乾窯
　　　　past
　　　　以往

V－33　vasty　hasty　nasty　pasty　tasty
　　　　廣大的　急速的　不潔的　漿糊似的　味美的

V－34　vat　xat　bat　cat　eat　fat　gat　hat　mat　oat　pat　rat
　　　　桶　柱　棒　貓　吃　胖　槍　帽　纏　麥　拍　鼠
　　　　sat　tat
　　　　坐　擊

V－35　vault　fault
　　　　跳躍　過失

V－36　vaunt　daunt　gaunt　haunt　jaunt　taunt
　　　　誇大　恐嚇　瘦的　常到　遊覽　痛罵

V－37　vaunter　saunter
　　　　吹噓者　逍遙

V－38　veal　weal　zeal　deal　heal　meal　peal　real　seal　teal
　　　　小牛肉　福利　熱心　交易　治癒　餐　鐘響　眞實的　印章　野鴨

V－39　vector　victor
　　　　向量　勝利者

V－40　vee　wee　zee　bee　dee　fee　gee　jee　lee　nee
　　　　V字　微　Z字　蜂　D字　費　憶　嘻　背風　娘家姓
　　　　pee　ree　see　tee
　　　　尿　篩　看　球戲

V－41　veep　weep　beep　deep　jeep　keep　neep　peep　seep
　　　　副總統　哭　嗶嗶　深　吉甫　保留　蘿蔔　窺　滲漏

V－42　veer　ever
　　　　轉向　曾經

V－43　veer　beer　deer　jeer　leer　peer　seer
　　　　轉向　啤酒　鹿　嘲弄　媚眼　匹敵　先知

V－44　veil　vile　live　evil
　　　　面紗　下賤的　住　邪惡

V－45　veil　ceil　seil　teil
　　　　面紗　裝天花板　爬山繩　菩提樹

V－46　vein　vine
　　　　靜脈　葡萄樹

V－47　vein　rein
　　　　靜脈　韁繩

V－48　veld　geld　held　meld　weld
　　　　草原　閹割　握　吞沒　焊接

V – 49	venal 貪污的	navel 肚臍						
V – 50	venal 貪污的	penal 刑事的	renal 腎臟的					

V – 51 | vend | wend | bend | fend | lend | mend | pend | rend | send |
賣　　行　　使曲　抵抗　借　　修補　吊著　撕　　送
tend
致使

V – 52 | vender | bender | vendee | vendor
自動售賣機　佝僂人　買主　　賣主

V – 53 | venial | xenial | denial | genial | menial
可原諒的　主客關係的　否認　頤的　奴僕

V – 54 | vent | went | bent | cent | dent | gent | hent | lent | pent | rent
小孔　去　　彎曲　一分　凹　　紳士　抓　　借　　關閉　租用
sent | tent
送　　帳蓬

V – 55 | Venus | genus
維納斯　種類

V – 56 | veracity | voracity
誠實　　貪吃

V – 57 | verb | herb | kerb
動詞　香草　控制

V – 58 | verge | verse | verve | serge | perse | serve
邊緣　詩句　感激　嗶嘰布　深藍的　服務

V – 59 | verse | sever | serve
詩句　切斷　服務

V – 60 | vertex | vortex
頂點　旋渦

V – 61 | vertical | vortical
垂直的　　旋渦的

V – 62 | very | aery | year | yare
非常　空想的　年　　迅速的

V – 63 | vest | west | zest | best | gest | jest | hest | lest | nest | pest
背心　西方　風味　最佳　冒險　笑話　命令　因恐　巢　　害蟲
rest | test
休息　試驗

V – 64 | vestal | festal
守望　節日的

V – 65 | vesture | gesture
長衣　　手勢

V – 66 | vet | wet | yet | bet | get | jet | let | met | net | pet | ret
治療　濕　　尚未　打賭　得　　噴射　讓　　遇　　網　　寵物　變軟
set
一組

V－67　vetch　fetch　ketch　retch
　　　　野豌豆　取來　雙桅船　作嘔

V－68　veto　vote
　　　　否決　投票

V－69　vex　hex　lex　rex　sex
　　　　煩惱　女巫　法律　君王　性

V－70　viable　liable
　　　　能生活的　應負責任的

V－71　vial　dial　pial
　　　　瓶　日規　軟膜

V－72　vice　vide　vile　vine　vise　vive
　　　　惡行　參閱　下賤的　葡萄樹　虎頭鉗　萬歲

V－73　vice　bice　dice　lice　mice　nice　pice　rice　sice
　　　　惡行　灰藍　骰子　蝨　鼠　好的　銅幣　米　馬夫

V－74　vie　die　fie　hie　lie　pie　tie
　　　　爭　死　呸　疾走　說謊　派　領帶

V－75　vigorous　rigorous
　　　　有力的　嚴格的

V－76　vile　wile　bile　file　mile　pile　rile　tile
　　　　壞的　詭計　膽汁　卷宗　哩　一堆　惹怒　瓦

V－77　vilify　vivify
　　　　罵　振起

V－78　vill　will　yill　bill　dill　fill　gill　hill　kill　lill　mill
　　　　市鎮　意願　麥酒　帳單　蒔蘿　裝滿　魚鰓　小山　殺害　垂下　磨坊
　　　　nill　pill　rill　sill　till
　　　　不願　藥丸　小河　基石　直到

V－79　village　pillage　tillage
　　　　村莊　搶劫　耕作

V－80　vim　aim　dim　him　rim
　　　　精力　瞄準　暗淡　他　邊緣

V－81　vina　vine　vino　viny
　　　　七弦琴　葡萄樹　葡萄酒　葡萄樹的

V－82　vina　visa　vita　viva
　　　　七弦琴　簽證　生命　萬歲

V－83　vine　wine　bine　dine　fine　kine　line　mine　nine　pine
　　　　藤蔓　酒　藤　用餐　好的　牛　線　我的　九　松木
　　　　sine　tine
　　　　正弦　叉齒

V－84　viny　winy　piny　tiny
　　　　葡萄樹的　酒的　多松的　很小的

V－85　viper　wiper
　　　　毒蛇　擦的人

V – 86	vise 老虎鉗	wise 聰明	bise 寒風	mise 協定	rise 增高				
V – 87	visible 能見的	risible 喜笑的							
V – 88	vive 萬歲	wive 娶妻	dive 潛水	five 五	give 給	hive 蜂房	jive 爵士樂	live 活	rive 撕裂
V – 89	vocal 有聲的	focal 焦點的	local 本地的						
V – 90	voe 小海灣	vow 誓約	vox 聲音						
V – 91	vogue 流行	rogue 胭脂							
V – 92	vola 手掌	vole 野鼠	vote 投票	volt 伏特					
V – 93	vole 野鼠	bole 樹榦	cole 油菜	dole 施捨	hole 洞	mole 痣	pole 柱	role 角色	sole 獨的
V – 94	volt 伏特	bolt 螺桿	colt 小馬	dolt 傻瓜	holt 林丘	jolt 顛簸	molt 換毛		
V – 95	voluble 健談的	soluble 可溶解的							
V – 96	volute 渦形	solute 溶質	volution 渦卷	solution 解答	volition 意志				
V – 97	vortex 漩渦	cortex 外皮							
V – 98	votary 信徒	notary 公證人	rotary 旋轉的						
V – 99	vote 投票	veto 否決							
V – 100	vote 投票	bote 修理	cote 棚	dote 昏瞶	mote 微塵	note 摘記	rote 強記	tote 背負	
V – 101	votive 許願的	motive 動機							
V – 102	vouch 擔保	couch 長沙發	pouch 錢袋	touch 觸及					
V – 103	vow 誓約	wow 噢	yow 訝	bow 彎腰	cow 母牛	how 怎樣	low 低	mow 割草	now 現在	row 行列
	sow 母豬	tow 拖							
V – 104	vowel 母音	bowel 腸	dowel 暗榫	nowel 聖詩	rowel 小齒輪	towel 毛巾			
V – 105	vox 聲音	box 箱	cox 舵手	fox 狐	pox 水痘	sox 襪			

V - 106	volture 兀鷹	culture 文化						
V - 107	vum 發誓	bum 遊蕩	gum 口香糖	hum 嗡嗡	mum 禁聲	rum 古怪	sum 總數	tum 撥弦聲
V - 108	vying 競爭的	dying 將死的	lying 說謊	tying 結				

—— **W** ——

W - 1	wabble 動搖	waddle 蹣跚	waffle 厚餅	waggle 搖動	wattle 枝條				
W - 2	wabble 動搖	babble 空談	cabble 切短	dabble 濺濕	gabble 饒舌	rabble 暴民			
W - 3	wack 怪事	zack 硬幣	back 後面	cack 軟鞋	hack 切割	jack 男子	lack 缺乏	pack 包裝	rack 架	sack 袋
	tack 圖釘								
W - 4	wad 小塊	wag 搖擺	wan 蒼白	war 戰爭	was 是	wat 濕	wax 蠟	way 路	
W - 5	wad 小塊	bad 壞的	cad 鄙漢	dad 爹	fad 時尚	gad 刺棍	had 有	lad 男孩	mad 瘋	pad 墊	sad 愁
	tad 小孩								
W - 6	wad 小塊	wed 結婚	wadding 填塞物	wedding 婚禮					
W - 7	waddle 蹣跚	paddle 槳	saddle 鞍	raddle 赭石					
W - 8	waddy 棍棒	baddy 壞人	caddy 茶筒	daddy 爹地	faddy 流行的	paddy 米穀			
W - 9	wade 涉過	wage 工資	wake 醒	wale 鞭痕	wame 肚子	wane 變小	ware 器物	wase 乾草堆	
	wave 波								
W - 10	wade 涉過	bade 出價	fade 褪色	jade 玉	lade 載運	made 製作			
W - 11	wader 涉水者	wafer 威法餅	water 水	waver 揮舞者					
W - 12	wafer 威法餅	safer 輕安全的							
W - 13	waff 孤單	yaff 吠	baff 打	daff 愚行	gaff 魚叉	raff 大批			
W - 14	waft 吹送	daft 痴的	haft 刀柄	raft 筏	wafter 轉盤風扇	hafter 裝柄的人	rafter 筏夫		

W – 15	wag 搖擺	zag 急轉	bag 袋	dag 匕首	fag 苦工	gag 塞口	hag 女巫	jag 醉酒	lag 落後	mag 多言
	nag 小馬	rag 破布	sag 下降	tag 附箋						

W – 16	wage 工資	cage 鳥籠	gage 抵押	mage 魔術師	page 頁	rage 憤怒	sage 哲人

W – 17	wager 賭注	cager 球員	lager 啤酒	sager 較聰明的

W – 18	waggle 搖動	gaggle 鵝群	haggle 亂砍

W – 19	wail 痛哭	wain 馬車	wair 消耗	wait 等候

W – 20	wail 痛哭	waul 號叫	wawl 號哭

W – 21	wail 痛哭	bail 委託	fail 失敗	hail 歡呼	jail 監獄	mail 郵件	nail 釘子	pail 提桶	rail 鐵軌	sail 航行	tail 尾巴
	vail 脫帽										

W – 22	wain 馬車	zain 暗色馬	cain 田賦	fain 樂意	gain 獲得	lain 躺下	main 主要	pain 苦痛	rain 雨	vain 徒然

W – 23	waist 腰	whist 靜的	wrist 腕

W – 24	wait 等候	bait 餌	gait 步態	waiter 侍者	baiter 虐待者	gaiter 綁腿

W – 25	wake 喚醒	woke 醒了	wore 穿了	worn 用壞的

W – 26	wake 喚醒	bake 烘	cake 餅	fake 作偽	hake 鱈魚	jake 滿意	lake 湖	make 做	rake 耙子
	sake 原因	take 拿							

W – 27	walk 走	balk 阻礙	calk 填隙	talk 談話

W – 28	wall 牆	ball 球	call 呼喚	fall 落下	gall 大膽	hall 廳	mall 木槌	pall 帷幕	tall 高

W – 29	wallet 皮夾	ballet 芭蕾	gallet 碎石	mallet 木槌	pallet 草床	sallet 頭盔

W – 30	wallop 奔馳	gallop 疾馳	gallon 加侖

W – 31	wallow 打滾	callow 不成熟的	fallow 休耕的	hallow 神聖	mallow 錦葵	sallow 病黃色	tallow 牛脂

W – 32	wally 華服	bally 很	dally 嬉戲	pally 親密	rally 復元	sally 突擊	tally 計算

W

W-33	wan 蒼白	ban 禁止	can 能	dan 浮標	fan 扇	man 男人	pan 鍋	ran 跑	tan 曬黑	van 貨車

W-34　wand 棍棒　wend 向　wind 風

W-35　wand 棍棒　dawn 破曉

W-36　wand 棍棒　band 樂隊　hand 手　land 土地　rand 邊界　sand 沙

W-37　wander 流浪　wonder 驚奇　winder 捲線機

W-38　wander 流浪　dander 怒氣　gander 雄鵝　pander 娼主

W-39　wane 減弱　bane 大患　cane 杖　Dane 丹麥人　fane 寺院　lane 巷　mane 鬃　pane 玻璃片　sane 清楚　vane 風旗

W-40　wangle 狡詐　bangle 手鐲　dangle 搖擺　fangle 新款　jangle 雜聲　mangle 撕裂　tangle 纏結

W-41　want 要　bant 減胖　cant 黑話　can't 不能　pant 喘息　rant 咆哮

W-42　wanter 貧乏者　banter 嘲弄　canter 緩弛　ranter 說大話者

W-43　wany 減少　zany 可笑的　cany 籐製　many 許多

W-44　wap 拍打　yap 狂吠　cap 帽　dap 飛掠　gap 缺口　hap 運氣　lap 疊　map 地圖　nap 小睡　pap 軟食　rap 擊　sap 腐蝕　tap 輕踏

W-45　war 戰爭　bar 棒　car 車　ear 耳　far 遠　jar 瓶　lar 家神　mar 損傷　oar 槳　par 同等　tar 焦油

W-46　warble 囀　garble 曲解　marble 大理石

W-47　ward 病房　ware 器物　warm 暖的　warn 告誡　warp 歪曲　wart 疣　wary 小心的

W-48　ward 病房　yard 碼　bard 詩人　card 名片　hard 硬　lard 豬油　nard 甘松　pard 同伴　sard 石髓

W-49　warden 看門人　garden 花園　harden 變硬

W-50　ware 器物　yare 靈活　bare 赤裸　care 關心　dare 敢　fare 車費　hare 兔　mare 母馬　pare 削皮　rare 半熟　tare 甚多

W – 51	warfare	carfare
	交戰	車資

W – 52	warn	yarn	barn	darn	earn	tarn
	警告	絨線	谷倉	縫補	賺	小湖

W – 53	warp	carp	harp
	扭歪	找喳	彈豎琴

W – 54	wart	cart	dart	fart	hart	mart	part	tart
	疣	馬車	投擲	屁	公鹿	市場	部份	酸的

W – 55	wary	wavy	waxy
	小心的	波狀的	蠟的

W – 56	wary	oary	Mary	nary	vary
	小心的	似槳的	瑪利亞	一個沒有	改變

W – 57	was	saw	gas	sag	has	pas	sap	sas	vas
	是	鋸	氣體	壓陷	有	上席	樹液	沙士	脈管

W – 58	wash	bash	cash	dash	fash	gash	hash	lash	mash
	洗	重要	現金	少許	困惱	割痕	混雜	鞭撻	搗碎
	pash	rash	sash						
	打碎	輕率	窗框						

W – 59	washer	dasher	masher	rasher
	洗衣機	衝撞者	搗碎者	鹹肉片

W – 60	wasp	gasp	hasp	rasp
	黃蜂	喘氣	搭扣	粗銼刀

W – 61	wast	west	wist
	是	西方	知道

W – 62	wast	bast	cast	east	fast	hast	last	mast	oast	past
	是	靭皮	拋	東方	快	有	最後	桅	乾窯	以往
	vast									
	廣大									

W – 63	waste	baste	caste	haste	paste	taste
	浪費	脂油	地位	匆忙	漿糊	滋味

W – 64	waster	baster	caster	Easter	faster	laster	master
	浪子	塗脂者	投手	復活節	較快的	楦者	主人
	paster	taster					
	粘貼者	嚐味者					

W – 65	watch	batch	catch	hatch	latch	match	natch	patch
	錶	一批	捉	孵	門閂	火柴	當然	補丁
	ratch							
	棘輪							

W – 66	watchword	watchwork
	口令	輪機

W – 67	wattle	battle	cattle	rattle	tattle
	枝條	戰爭	牲口	嘎聲	聊天

W – 68	waul	caul	haul	maul	saul
	號叫	羊膜	拉	虐打	波羅樹

W

W - 69	wave 波	cave 窟	gave 給	have 有	lave 流動	nave 本堂	pave 舖路	rave 發狂語	save 節省
W - 70	wawl 號哭	yawl 小船	bawl 大叫	pawl 掣子	pawn 典當	dawn 破曉	lawn 草地	sawn 鋸	yawn 呵欠
	fawn 奉承								
W - 71	wax 蠟	zax 石斧	fax 傳真	lax 鬆弛	pax 聖像牌	sax 石板錘	tax 稅		
W - 72	way 路	yaw 偏航							
W - 73	way 路	bay 海灣	cay 沙洲	day 天	fay 仙	gay 樂	hay 乾草	jay 鳥	lay 放	may 可	nay 而且
	pay 付	ray 射線	say 說						
W - 74	we 我們	ye 你	re 又	te 音階第七音	be 是	he 他	me 我		
W - 75	weak 弱	weal 福利	wean 便斷奶	wear 穿					
W - 76	weak 弱	beak 鳥嘴	leak 漏	peak 山頂	teak 柚木				
W - 77	weal 福利	zeal 熱心	deal 交易	heal 治愈	meal 餐	peal 鐘響	real 真的	seal 印章	teal 野鴨	veal 小牛肉
W - 78	wealth 財富	health 健康	wealthy 多財的	healthy 健康的					
W - 79	wean 斷	yean 產	bean 豆	dean 院長	jean 褲	lean 瘦	mean 意謂	pean 凱歌	
W - 80	wear 穿	ware 製品							
W - 81	wear 穿	year 年	bear 熊	dear 親愛的	fear 怕	gear 齒輪	hear 聽	lear 空的	near 近	pear 梨
	rear 後	sear 枯	tear 淚						
W - 82	weasel 黃鼠狼	teasel 起毛							
W - 83	weather 天氣	feather, 羽毛	heather 石南	leather 皮革					
W - 84	weave 編織	heave 舉起	leave 離別						
W - 85	web 蛛網	wed 結婚	wee 小的	wen 疣	wet 濕	wey 重量單位			
W - 86	web 蛛網	deb 少女	neb 鳥嘴						

W – 87	wed 婚	zed Z字	bed 床	feb 飼	he′d 他有	led 領導	red 紅	ted 攤晒			
W – 88	wedge 楔	hedge 籬笆	kedge 小錨	ledge 架	sedge 蘆葦						
W – 89	wee 微	zee Z字	bee 蜂	dee D字	fee 費	gee 噫	jee 嘻	lee 背風	nee 娘家性	pee 尿	ree 篩
	see 看	tee 球戲	vee V字								
W – 90	weed 雜草	week 星期	ween 想	weep 哭							
W – 91	weed 雜草	deed 行為	feed 飼	heed 注意	meed 報酬	need 需要	reed 蘆葦	seed 種子			
W – 92	weedy 雜草似的	weeny 很小的	weepy 欲哭的								
W – 93	week 星期	geek 怪人	keek 窺視	leek 韮	meek 溫柔的	peek 偷看	reek 煙	seek 找尋			
W – 94	ween 以為	been 是	keen 銳的	peen 光的	seen 看	teen 十多歲					
W – 95	weep 哭	beep 嗶嗶	deep 深	jeep 吉甫	keep 保留	neep 蘿蔔	peep 窺	seep 滲漏	veep 副總統		
W – 96	weft 緯線	deft 熟練的	heft 重量	left 左邊	reft 搶劫						
W – 97	weigh 稱量	heigh 嗨	neigh 馬嘶聲								
W – 98	weight 重量	height 高度									
W – 99	weir 堰	wire 鐵絲									
W – 100	weld 焊接	wild 野的	wold 山地								
W – 101	weld 焊接	well 井	welt 毆打	west 西方							
W – 102	weld 焊接	geld 閹割	held 握	meld 吞沒	veld 草原						
W – 103	well 井	yell 喊	bell 鈴	cell 細胞	dell 小谷	fell 感覺	hell 地獄	jell 使冷凍	sell 賣	tell 告訴	
W – 104	welt 傷痕	belt 皮帶	celt 石斧	felt 感覺	gelt 錢	kelt 塞特人	melt 溶	pelt 投			
W – 105	wen 疣	zen 禪宗	ben 客屋	den 窟	fen 沼	hen 雞	ken 知	men 人	pen 筆	sen 錢	ten 十
W – 106	wench 少女	bench 長凳	kench 大箱	tench 魚							

W

| W – 107 | wend 行 | bend 使曲 | fend 抵擋 | lend 借 | mend 修補 | pend 吊著 | rend 撕 | send 送 | tend 致使 |
| | vend 賣 | | | | | | | | |

| W – 108 | went 去 | bent 彎曲 | cent 一分錢 | dent 凹 | gent 紳士 | hent 抓 | lent 借 | pent 關閉 | rent 租用 |
| | sent 送 | tent 帳蓬 | vent 小孔 | | | | | | |

| W – 109 | were 是 | ewer 大口水瓶 |

| W – 110 | were 是 | bere 大麥 | cere 薄膜 | dere 悲傷 | here 這裡 | mere 僅只 | pere 父姓 | sere 乾枯 |

| W – 111 | west 西方 | zest 風味 | best 最佳 | gest 冒險 | hest 命令 | jest 笑話 | lest 因恐 | nest 巢 | pest 害蟲 | rest 休息 |
| | test 試驗 | vest 背心 | | | | | | | | |

| W – 112 | wet 濕 | yet 尚未 | bet 打賭 | get 得 | jet 噴射 | let 讓 | met 遇 | net 網 | pet 寵物 | ret 變軟 | set 一組 |
| | vet 治療 | | | | | | | | | | |

| W – 113 | wey 重 | wye Y字 | yew 水松 | yea 是 | aye 是 | bye 次要 | bey 省長 | dye 染色 | eye 眼睛 | rye 裸麥 |

| W – 114 | whale 鯨魚 | while 當時 | whole 全部 |

| W – 115 | whame 虻 | shame 羞恥 |

| W – 116 | whap 答責 | chap 發痛 | chip 碎片 | ship 船 | whip 鞭打 | whop 毆擊 | chop 砍 | shop 店 |

| W – 117 | what 甚麼 | chat 聊天 | ghat 山道 | that 那個 |

| W – 118 | wheat 小麥 | cheat 欺詐 |

| W – 119 | wheen 少許的 | wheel 車輪 | wheal 小疙瘩 | wheat 小麥 |

| W – 120 | when 何時 | then 然後 |

| W – 121 | where 那裡 | whore 妓女 | whose 誰的 | whorl 輪生體 | whole 全部 |

| W – 122 | whew 哎呀 | phew 呸 | shew 顯出 | thew 肌肉 | thaw 溶化 | chaw 咀嚼 | chow 中國狗 | show 顯示 |
| | chew 嚼 | shaw 森林 | | | | | | |

| W – 123 | whey 乳漿 | whew 哎呀 | when 當時 | whet 磨 |

W – 124	whim whin whip whir whit whiz
	任性　金雀花　鞭打　呼呼聲　一點點　颺

W – 125	whine chine shine thine
	哭訴　脊骨　發光　你的

W – 126	whiny shiny shinny whinny
	愛抱怨的　發光的　曲棍球　馬嘶

W – 127	whish whisk whist
	呼呼聲　拍打　肅靜

W – 128	white while whine whing whiny
	白色的　當時　哭訴　嗚　愛抱怨的

W – 129	who how
	誰　怎樣

W – 130	whoa whom whop
	遏　誰　鞭打

W – 131	whole dhole thole
	全部　野犬　忍受

W – 132	whomp whoop
	拍擊聲　吶喊

W – 133	whop whip whap chap chop chip ship shop
	毆擊　鞭打　笞責　發痛　砍　碎片　船　店

W – 134	whore chore shore
	娼妓　家務　海岸

W – 135	whose those chose chore choke
	誰的　那些　選擇　家務　窒息

W – 136	wick dick hick kick lick nick pick rick sick tick
	燈芯　偵探　鄉巴老　踢　吮　刻痕　摘　禾堆　病　嘀嗒

W – 137	wicker bicker dicker kicker picker ticker
	柳條　爭論　討價　踢人的馬　扒手　錶

W – 138	wide wife wile wine wipe wire wise wite wive
	寬的　妻　詭計　酒　擦　鐵絲　聰明　罰鍰　娶妻

W – 139	wide aide bide hide ride side tide
	寬的　副官　居住　藏匿　乘坐　邊　潮流

W – 140	wider cider eider hider rider
	較寬的　蘋果汁　棉鳧　躲避者　騎馬者

W – 141	wield yield bield field
	使用　產生　遮掩　田野

W – 142	wife fife life rife
	妻　笛子　生命　流行的

W – 143	wig big dig fig gig jig pig rig
	假髮　大　挖　少許　小艇　舞　豬　裝束

W – 144	wiggle giggle higgle jiggle niggle
	擺動　痴笑　講價　輕快移動　為小事操心

W

W－145　wight　bight　dight　eight　fight　hight　light　might
　　　　　人　　彎曲　準備　八　　打仗　高度　光　　強權
　　　　night　right　sight　tight
　　　　夜　　對的　視力　緊

W－146　wigwag　zigzag
　　　　搖攞　　　曲折地

W－147　wild　will　wilt　wily
　　　　野性的　將　枯萎　狡猾的

W－148　wild　gild　mild
　　　　野性的　鍍金　溫和的

W－149　wile　bile　file　mile　pile　rile　tile　vile
　　　　詭計　膽汁　卷宗　哩　　一堆　惹怒　瓦　　壞的

W－150　will　yill　bill　dill　fill　gill　hill　kill　lill　mill　nill
　　　　意願　麥酒　帳單　蒔蘿　裝滿　魚鰓　小山　殺　　垂下　磨坊　不願
　　　　pill　rill　sill　till　vill
　　　　藥丸　小河　基石　直到　市鎮

W－151　willet　billet　fillet　millet　rillet
　　　　鷸鳥　　住宿　　髮帶　　粟　　　小溪

W－152　willow　billow　pillow
　　　　柳樹　　巨浪　　枕頭

W－153　wilt　gilt　jilt　kilt　lilt　milt　silt　tilt
　　　　枯萎　金箔　遺棄　捲起　輕快　脾臟　淤泥　傾斜

W－154　wimple　dimple　pimple　simple
　　　　包頭巾　酒渦　　粉刺　　簡單的

W－155　wily　lily　oily
　　　　詭計多的　百合花　含油的

W－156　win　bin　din　fin　gin　pin　sin　tin
　　　　勝　倉　喧　鰭　酒　針　罪　錫

W－157　wince　since　mince
　　　　畏縮　以後　剁碎

W－158　winch　cinch　finch　pinch
　　　　絞車　肚帶　鳴禽　挾

W－159　wind　wine　wing　wink
　　　　風　　酒　　翼　　眨眼

W－160　wind　bind　find　hind　kind　mind　rind
　　　　風　　綁　　尋　　在後　種類　心意　果皮

W－161　winder　binder　cinder　finder　hinder　minder　tinder
　　　　纏繞者　綁者　　餘燼　　尋獲者　後面的　照料者　火種

W－162　window　winnow　minnow
　　　　窗　　　吹散　　小魚

W－163　wine　bine　dine　fine　kine　line　mine　nine　pine　sine
　　　　酒　　藤　　用餐　好的　牛　　線　　我的　九　　松木　正弦

tine vine
叉齒 酒

W-164 wing zing ding king ling ping ring sing ting bing
翼 活力 叮噹 國王 石南 怦怦 鈴 唱 玎玲 一堆

W-165 wink dink fink gink kink link mink pink rink
眨眼 打扮 告發人 怪人 繩結 連結 貂皮 淡紅 溜冰

sink tink
沉 叮叮聲

W-166 winkle tinkle
海螺 玎玲

W-167 winner dinner pinner sinner tinner
獲勝者 正餐 釘針者 罪人 錫礦工

W-168 winter linter sinter
冬季 除棉毛機 泉華

W-169 winy piny tiny viny
葡萄酒的 多松的 很小的 葡萄樹的

W-170 wipe yipe pipe ripe
擦拭 驚嘆 管子 成熟的

W-171 wiper piper riper
擦的人 吹笛的人 較成熟的

W-172 wire weir
鐵絲 堰

W-173 wire dire fire hire mire sire tire
鐵絲 可怕的 火 租用 泥沼 祖先 輪胎

W-174 wise bise mise rise vise
聰明 寒風 協定 增高 老虎鉗

W-175 wish dish fish pish
願 碟 魚 呸

W-176 wit ait bit cit fit hit kit lit nit pit sit
理智 小島 小量 商人 適合 打 一組 亮光 幼蟲 凹處 坐

tit
山雀

W-177 witch bitch ditch fitch hitch pitch aitch
女巫 母狗 溝渠 臭貓 跛行 頂點 H音

W-178 with pith sith
同，共 氣力 自從

W-179 wither writhe
凋殘 扭曲

W-180 wither zither dither either hither
凋殘 古琴 顫抖 兩者 向此處

W-181 witty ditty kitty
機智的 小曲 小貓

W

W－182	wive 娶妻	dive 潛水	five 五	give 給	hive 蜂房	jive 爵士樂	live 活	rive 撕裂	vive 萬歲

W－183	woad 菘藍	goad 刺棒	load 負荷	road 路	toad 蟾蜍

W－184	wobble 擺動	bobble 蕩漾	cobble 圓石	gobble 大吃	hobble 跛行	nobble 收買

W－185	woe 悲哀	owe 欠債	own 自己	awn 芒	wan 蒼白	naw 不	owl 梟鳥	awl 鑽子	awe 畏懼

W－186	wog 黑人	bog 沼澤	cog 齒輪	dog 狗	fog 霧	hog 豬	jog 慢步	log 木頭	nog 木釘	tog 衣服

W－187	wold 山地	bold 勇敢	cold 冷	fold 摺起	gold 金	hold 握	mold 做模	sold 售出	told 說

W－188	wolf 狼	fowl 家禽	flow 流

W－189	wolf 狼	golf 高而富球	flog 鞭撻

W－190	woman 婦人	women 婦人	Roman 羅馬人

W－191	womb 子宮	bomb 炸彈	comb 梳子	tomb 墳墓

W－192	wombat 袋熊	combat 戰鬥

W－193	won 勝	bon 好的	con 研讀	don 紳士	eon 永世	non 不	son 子	ton 噸

W－194	wonder 奇異	ponder 深思	yonder 那邊	powder 粉

W－195	woo 求婚	zoo 動物園	boo 噓聲	goo 粘膠	moo 牛鳴	too 也

W－196	wood 樹林	woof 緯線	wool 羊毛

W－197	wood 樹林	food 食物	good 好	hood 罩	mood 心情	pood 普特	rood 路得

W－198	woody 樹林多的	wooly 羊毛的	woozy 頭昏眼花的

W－199	woof 緯線	goof 愚人	hoof 蹄	roof 屋頂

W－200	wool 羊皮	cool 涼爽	fool 愚人	pool 小池	tool 工具

W－201	woold 捲	world 世界	would 願望	wound 傷

W－202	woozy 頭昏眼花的	boozy 泥醉的

W – 203	wop	cop	fop	hop	lop	mop	pop	sop	top
	南歐人	警察	花花公子	獨腳跳	砍	拖把	砰然	浸濕	頂

W – 204	word	wore	work	worm	worn	wort
	字	穿戴	工作	蟲	穿破	植物

W – 205	word	cord	ford	lord
	字	細繩	涉渡	貴族

W – 206

wore	yore	bore	core	fore	gore	lore	more	pore	sore
穿戴	往昔	穿孔	核	在前	血塊	知識	較多	細讀	疼痛

tore
撕扯

W – 207	work	york	cork	fork	pork
	工作	退場	軟木	叉子	豬肉

W – 208	worm	corm	dorm	form	norm
	蟲	球莖	宿舍	表格	模範

W – 209	worn	born	corn	horn	lorn	morn	torn
	穿破	出生	玉米	角	孤獨的	早晨	撕裂

W – 210	worse	gorse	horse	morse	worship	warship
	更壞	金雀花	馬	海象	崇拜	戰艦

W – 211	wort	bort	fort	mort	port	sort	tort
	植物	金鑽	砲台	號角	港口	品種	侵犯

W – 212	worth	throw	wroth
	值得	投	憤怒的

W – 213

wot	bot	cot	dot	got	hot	jot	lot	mot	not	pot
知道	馬蠅	童床	點	得到	熱	少量	全部	妙句	不	壺

rot sot tot
枯朽 酒鬼 小孩

W – 214	wot	tow	two
	知道	拉	二

W – 215

wound	bound	found	hound	mound	pound	round
受傷	綑紮	尋到	獵犬	土堆	磅	圓的

sound
聲音

W – 216	wove	cove	dove	hove	love	move	rove
	編織	小海灣	鴿子	移動	愛	動	流浪

W – 217	wow	mom	non	pop	sos	tot
	哎唷	媽媽	不	爆裂聲	求救	小兒

W – 218

wow	yow	bow	cow	how	low	mow	now	row
哎唷	訝	彎腰	母牛	怎樣	低	割草	現在	行列

sow tow vow
母豬 拖 誓約

W – 219	wrap	frap	trap
	包捲	用繩縛緊	陷阱

W – 220	wrack	crack	track
	毀滅	裂縫	痕跡

W

W – 221	wrath 憤怒	wroth 憤怒的		
W – 222	wreath 花環	breath 呼吸	wreathe 作花環	breathe 呼吸
W – 223	wrench 扳手	drench 浸透	French 法國人	trench 溝渠
W – 224	wrest 扭	wrist 腕	crest 冠毛	grist 很多
W – 225	wrestle 摔角	trestle 活動架		
W – 226	wright 製作者	aright 正確的	bright 光明的	fright 恐怖
W – 227	wring 絞	wrong 錯的	wrung 絞了	
W – 228	wrinkle 皺紋	crinkle 曲折		
W – 229	wrist 腕	grist 谷粉	trist 悲傷的	
W – 230	write 寫	wrote 寫了		
W – 231	wroth 激怒	broth 肉湯	froth 泡沫	troth 婚約
W – 232	wry 歪斜	cry 哭	dry 乾	fry 炸　pry 槓桿　try 試
W – 233	wuzzle 混合	guzzle 狂飲	muzzle 槍口	nuzzle 用鼻掘　puzzle 難題
W – 234	wuzzy 酩酊的	fuzzy 多細毛的	muzzy 昏迷的	

—— **X** ——

X – 1	xanthic 黃的	xanthin 黃花色素		
X – 2	xanthism 黃色素過多症	xanthium 蒼耳屬		
X – 3	xat 紀念柱	tax 稅		
X – 4	xat 柱 bat 棒 cat 貓 eat 吃 fat 胖 gat 槍 hat 帽 mat 纏 oat 麥 pat 拍 rat 鼠 sat 坐 tat 擊 vat 桶			
X – 5	xebec 三桅船	rebec 三弦琴	zebec 三桅船	

X – 6	xeme deme feme heme seme 鷗 市區 妻 血紅素 碎花紋
X – 7	xenial denial genial menial venial 主客關係的 否認 頤的 奴僕 可原諒的
X – 8	xenodocheum xenodochium 希臘客棧 中世紀之救濟院
X – 9	xenon tenon 氙 榫
X – 10	xenophobia xenophobic 仇視外國人 恐懼外國人的
X – 11	xi hi mi oi pi si ti ai 希臘字 嗨 第三音 啊喲 圓周率 第七音 第七音 樹獺
X – 12	xylol xylyl 二甲苯 甲苯甲基

—— **Y** ——

Y – 1	yabber cabber dabber gabber jabber 吱吱喳喳 拉車之馬 輕拍者 喋喋 閒聊
Y – 2	yaff baff daff gaff raff waff 吠 打 愚行 魚叉 大批 孤單
Y – 3	yah yak yam yap yar yaw 嗳呀 野牛 山芋 狂吠 咆哮 偏航
Y – 4	yam bam cam dam gam ham jam lam mam ram 山芋 欺騙 凸輪 水壩 腿 火腿 擠 責打 媽 撞
Y – 5	yamma gamma mamma 駱馬 咖馬 媽媽
Y – 6	yammer gammer hammer mammer rammer 啼哭 老太婆 鎚 口吃 撞者
Y – 7	yang bang fang gang hang pang rang sang tang 雁叫 重打 尖牙 群 掛 劇痛 響 唱 氣味 vang 船索
Y – 8	yank bank dank hank lank rank sank tank 急拉 銀行 潮濕 一捲 瘦的 階級 沉 坦克
Y – 9	yap cap dap gap hap lap map nap pap rap 狂吠 帽 飛掠 缺口 運氣 疊 地圖 小睡 軟食 敲擊 sap tap wap 腐蝕 輕踏 拍打
Y – 10	yappy cappy happy pappy sappy 喜吠的 似帽的 快樂 似粥的 多汁的
Y – 11	yar ray 咆哮 射線

Y

Y-12	yard 碼	yare 迅速的	yarn 線紗					
Y-13	yard 碼	bard 詩人	card 紙牌	hard 硬	lard 豬油	nard 甘松	pard 同伴	sard 石髓	ward 病房
Y-14	yare 迅速的	year 年	aery 空想的					
Y-15	yarn 絨線	barn 谷倉	darn 縫補	earn 賺	tarn 小湖	warn 警告		
Y-16	yarner 講故事者	darner 補綴者	garner 谷倉					
Y-17	yarrow 蓍草	barrow 手車	farrow 產小豬	harrow 耙	marrow 骨髓	narrow 窄的		
Y-18	yatter 閒談	batter 重擊	hatter 帽商	latter 後者	matter 事件	natter 抱怨	patter 淅瀝	ratter 捕鼠者
	tatter 破布							
Y-19	yaw 偏航	caw 烏鴉叫	daw 穴鳥	haw 支吾	jaw 顎	law 法律	maw 胃	naw 不	paw 爪	raw 生的
	saw 鋸	taw 石彈						
Y-20	yawl 小船	yawn 呵欠	yawp 吵嚷	yaws 瘇				
Y-21	yawl 小船	bawl 大叫	pawl 掣子	wawl 痛哭				
Y-22	yawn 呵欠	dawn 破曉	fawn 奉承	lawn 草地	pawn 典當	sawn 鋸		
Y-23	ye 你	be 是	he 他	me 我	we 我們			
Y-24	yea 是	yeh 是	yen 日圓	yep 是	yes 是	yet 尚未	yew 水松	
Y-25	yea 是	kea 鸚鵡	lea 草原	pea 豆	sea 海	tea 茶		
Y-26	yeah 是	yean 生小羊	year 年					
Y-27	yean 產	bean 豆	dean 院長	jean 褲	lean 瘦	mean 意謂	pean 凱歌	wean 斷
Y-28	year 年	bear 熊	dear 親愛的	fear 怕	gear 齒輪	hear 聽	lear 空的	near 近	pear 梨	rear 後
	sear 枯	tear 淚	wear 穿					
Y-29	yeast 酵母	beast 獸	feast 祝典	least 至少				

Y – 30	yell 喊	bell 鈴	cell 細胞	dell 小谷	fell 倒	hell 地獄	jell 使冷凍	sell 售	tell 告訴	well 井

Y – 31	yellow 黃色	bellow 吼叫	fellow 像伙	mellow 熟	mallow 錦葵	hallow 崇拜	hollow 中空
	follow 跟著						

Y – 32	yelp 叫喊	help 幫助	kelp 海帶

Y – 33	yen 元	zen 禪宗	ben 客室	den 窟	fen 沼	hen 雞	ken 知	men 人	pen 筆	ten 十	wen 疣

Y – 34	yep 是	hep 知情	pep 勇氣	rep 浪子

Y – 35	yer 你的	her 她的	oer 在上	per 每	ser 先知	ter 三次

Y – 36	yes 是	pes 足蹄	res 物件

Y – 37	yet 尚未	bet 打賭	get 得	jet 噴射	let 讓	met 遇	net 網	pet 寵物	ret 變軟	set 一組	vet 治療
	wet 濕										

Y – 38	yew 水松	dew 露	few 少數	hew 砍	Jew 猶太人	mew 貓叫	new 新的	pew 座位	sew 縫

Y – 39	yield 產生	bield 遮掩	field 田野	wield 使用

Y – 40	yill 麥酒	illy 惡劣的	lily 百合花

Y – 41	yill 麥酒	bill 帳單	dill 蒔蘿	fill 裝滿	gill 魚鰓	hill 小山	kill 殺	lill 垂下	mill 磨坊	nill 不願	pill 藥丸
	rill 小河	sill 基石	till 直到	vill 市鎮	will 意願						

Y – 42	yipe 驚嘆	pipe 管子	ripe 成熟的	wipe 擦拭

Y – 43	yodel 變嗓唱歌	model 模特兒	modal 樣式	nodal 節瘤	medal 獎牌	dedal 巧妙的	pedal 踏板

Y – 44	yoke 軛	coke 焦煤	joke 玩笑	moke 黑人	poke 衝刺

Y – 45	yolk 蛋黃	folk 種族	fork 叉

Y – 46	yonder 那邊	wonder 奇異	ponder 深思	powder 粉

Y – 47	yore 往昔	bore 穿孔	core 核	fore 在前	gore 血塊	lore 知識	more 較多	pore 細讀	sore 疼痛	tore 撕扯
	wore 穿戴									

Y

Y-48　york　cork　fork　pork　work
　　　退場　軟木　叉　豬肉　工作

Y-49　your　dour　four　hour　lour　pour　sour　tour
　　　你的　冷峻的　四　小時　皺眉　傾倒　酸的　遊歷

Y-50　yow　bow　cow　how　low　mow　now　row　sow　tow
　　　訝　彎腰　母牛　怎樣　低　割草　現在　行列　母豬　拖
　　　vow　wow
　　　誓約　噢

Y-51　yowl　bowl　cowl　fowl　howl　jowl　sowl
　　　吼叫　碗　頭巾　家禽　狼吠　下顎　虐待

Y-52　yoyo　coco　dodo　soso
　　　旋動玩具　椰子　巨鳥　尚可

Y-53　yule　pule　rule　mule
　　　聖誕季節　啜泣　規則　騾

Y-54　yummy　dummy　mummy　tummy
　　　悅人的　啞巴　木乃伊　肚子

──── Z ────

Z-1　zack　back　cack　hack　jack　lack　pack　rack　sack　tack
　　　硬幣　後面　軟鞋　切割　男子　缺乏　包裝　架　袋　圖釘
　　　wack
　　　怪事

Z-2　zaffer　gaffer
　　　氧化鈷　老頭子

Z-3　zag　bag　dag　fag　gag　hag　jag　lag　mag　nag　rag
　　　急轉　袋　匕首　苦工　塞口　女巫　醉酒　落後　多言　小馬　破布
　　　sag　tag　wag
　　　下降　附箋　搖擺

Z-4　zain　zein
　　　純暗色馬　玉蜀黍蛋白

Z-5　zain　cain　fain　gain　lain　main　pain　rain　vain　wain
　　　暗色馬　田賦　樂意　獲得　躺下　主要　苦痛　雨　徒然　馬車

Z-6　zany　cany　many　wany
　　　可笑的　籐製　許多　減少

Z-7　zap　cap　dap　gap　hap　lap　map　nap　pap　rap　sap
　　　殺死　便帽　飛掠　裂口　幸運　膝　地圖　小睡　乳頭　敲擊　汁液
　　　tap
　　　輕敲

Z-8　zax　fax　lax　pax　sax　tax　wax
　　　石斧　傳眞　鬆弛　聖像牌　石板錘　稅　蠟

Z-9　zeal　deal　heal　meal　peal　real　seal　teal　veal　weal
　　　熱心　交易　治癒　餐　鐘響　眞的　印章　野鴨　小牛肉　福利

Z – 10   zealous jealous
         熱心的   嫉妒的

Z – 11   zebec   xebec   rebec
         三桅船   三桅船   三絃琴

Z – 12   zed   zee   zen
         Z字   Z字   禪宗

Z – 13   zed   bed   fed   he'd   led   red   ted   wed
         Z字   床   飼   他有   領導   紅   攤晒   婚

Z – 14   zee   bee   dee   fee   gee   jee   lee   nee   pee   ree
         Z字   蜂   D字   費   噫   嘻   背風   娘家姓 尿   篩

         see   tee   wee   vee
         看   球戲   微   V字

Z – 15   zen   ben   den   fen   hen   ken   men   pen   ten   wen   yen
         禪宗   客室   窟   沼   雞   知   人   筆   十   疣   元

Z – 16   zero   nero   aero
         零   黑大理石   飛行

Z – 17   zest   best   gest   hest   jest   lest   nest   pest   rest   test
         風味   最佳   冒險   命令   笑話   因恐   巢   害蟲   休息   試驗

         vest   west
         背心   西方

Z – 18   zeta   beta   feta   geta   seta
         希臘字母 希臘字 乳酪   木屐   剛毛

Z – 19   zillion million billion bullion mullion
         無量數   百萬   十億   金塊   豎框

Z – 20   zinc   zing
         鋅   活力

Z – 21   zing   ding   king   ling   ping   ring   sing   ting   wing   bing
         活力   叮噹   國王   石南   砰砰   鈴   唱   玎玲   翅   一堆

Z – 22   zingy   zinky
         充滿活力的 含鋅的

Z – 23   zion   lion   loin   join   coin   cion
         天國   獅   腰部   加入   錢幣   幼芽

Z – 24   zip   dip   gip   hip   kip   lip   nip   pip   rip   sip   tip
         活力   浸漬   詐欺   屁股   客棧   唇   小飲   種子   撕開   呷   小費

Z – 25   zipper   dipper   kipper   ripper   lipper   nipper   sipper
         拉鍊   浸漬者   鱒   裂開之具 海波微揚 摘取者   啜飲者

         tipper
         給小費者

Z – 26   zippy   hippy   lippy   nippy   pippy   tippy
         活潑的   臀部大的 厚嘴唇   敏捷的   多子的   歪向一邊的

Z – 27   zither   dither   either   hither   wither
         古琴   顫抖   兩者   向此處   枯

Z-28	zoa 動物	boa 蟒蛇	goa 羚羊	moa 恐鳥					

| Z-29 | zona 層 | zone 區域 | bona 好的 | bone 骨 | dona 婦人 | done 做了 | pona 睡眠痛 | pone 切牌 | |

| Z-30 | zonal 區域的 | tonal 聲音的 | | | | | | | |

| Z-31 | zone 區域 | bone 骨 | cone 圓錐 | done 做了 | gone 去了 | lone 孤寂 | none 毫無 | pone 切牌 | tone 語調 |

| Z-32 | zoo 動物園 | boo 噓 | goo 粘膠 | moo 牛鳴 | too 也 | woo 求婚 | | | |

| Z-33 | zook 老妓 | book 書 | cook 廚司 | hook 鉤 | look 看 | nook 屋隅 | rook 敲詐 | took 拿 | |

| Z-34 | zoom 直升 | boom 繁榮 | doom 劫數 | loom 織機 | room 房間 | | | | |

| Z-35 | zoon 動物 | boon 恩惠 | coon 黑奴 | goon 笨人 | loon 水鳥 | moon 月亮 | noon 正午 | poon 胡桐 | soon 快 |

toon
桃木

| Z-36 | zoster 帶 | coster 小販 | foster 撫養 | poster 傳單 | roster 名單 | | | | |

| Z-37 | zygosis 接合 | zymosis 發酵 | | | | | | | |

| Z-38 | zyme 酵母 | cyme 聚繖花序 | | | | | | | |

No one ever really paid the price of a book —only the price of printing it.　　　　——John Mill

從來沒有人真正付了足夠的書價——僅只是付了書的印刷費而已。

　　　　——約翰·密爾

附 錄 21 種

──下面是勉勵求知的幾碟小菜，不妨淺嚐一下──

(1) Green comes from blue, but it excels blue. Ice comes from water and yet it is cooler than water.　　──Hsun Tze

君子曰：學不可以已。青、出於藍，而勝於藍；冰、水爲之，而寒於水。

──荀子・勸學篇

(2) Those who know it are not as those who love it；those who love it are not as those find their joy in it.

──Confucian Analects

子曰：知之者，不如好之者；好之者，不如樂之者。　　──論語・雍也

(3) Learn whatever it may be, whenever you can, and wherever you will.　　──Chu Hsi

無事不學，無時不學，無處不學。　　　　　　──朱熹

(4) By diligently reading, the poor become rich；and the rich, dignified.　　──Wang An-Sheh

窮人因讀書而富，富人因讀書而貴。　　　　　──王安石

(5) I would rather be a poor man in a garret with plenty of good books to read than a king who did not love reading.

──T. Macaulay

我寧願做個有好書可讀的窮人，不願做個不愛進修的皇帝。──麥可萊

(6) Better to read little with thought than much with levity and quickness.　　──Tupper

讀書與其多而草率，不如少而精研。　　　　　──忒巴

(7) By reading we enrich the mind, by conversation we polish it.　　──English Proverb

讀書啓智，談話增慧。　　　　　　　　　　　──英諺

附錄㈠　左右對稱的字群

> 英文字（word）中，由相同的字母（letters），排列在兩邊，就是左右對稱的字。中文裡也有，如：咖、弼、掰、掰、班、班、辮、辮、辮、瓣等都是對稱字。

aba	n.	毛織物
aga	n.	將軍、大人
aha	interj.	啊哈
ala	n.	翼、翅
ana	n.	語錄、逸話
anna	n.	安那（印度貨幣）
bib	n.	圍裙
bob	n.	短髮
boob	n.	愚人
bub	n.	兄弟、小傢伙
civic	adj.	城市的
dad	n.	爹爹
deed	n.	行為
deled	v.t.	刪除（dele 的過去式）
denned	v.i.	穴居（den 的過去式）
dud	n.	不能爆發的炸彈
eke	v.t.	增加、補充
ere	prep.	前於（某事）
ewe	n.	母羊
eye	n.	眼睛
gag	n.	張口器
gig	n.	二輪單馬車
hah	interj.	哈噫
huh	interj.	唷嗬
kayak	n.	愛斯基摩皮艇
keek	v.i.	偷看

level	n.	水平面
madam	n.	夫人
mam	n.	媽媽
mom	n.	媽媽
mum	adj.	沈默的
non	adv.	〔拉丁〕不、非（＝not）
noon	n.	中午
nun	n.	修女、尼姑
oho	interj.	嗳喲
otto	n.	玫瑰油
pap	n.	軟的食物
peep	v.i.	窺見
pep	n.	活力、精力
pip	n.	小粒種子
poop	n.	船尾
pop	v.i.	爆裂聲
pup	n.	小狗
radar	n.	雷達
refer	v.i.	指示
rotor	n.	迴轉子
sis	n.	女郎、愛人
solos	n.	獨奏（複數形態）
sucus	n.	藥汁
tat	v.i.	梭織
tenet	n.	教理、主義
terret	n.	狗圈環
tit	n.	山雀
toot	n.	號角的鳴聲
tot	n.	小兒、小孩
tut	interj.	噓、嘖
ulu	n.	彎刀
wow	n.	大的成就

附錄㈡　順反顛倒的字群

英文字將字母按序反排，便成另一新字。中文也有左右移位而
變為新字的例：如加—叻、邡—防、陪—部、郞—隂、猶—猷
等字，可作對參。

呀	ah~~~~~ha	哈
是	are~~~~~era	時代
貪圖的	avid~~~~~diva	紅女演員
禁止	ban~~~~~nab	抓住
馬的鎧甲	bard~~~~~drab	淡褐色
蝙蝠	bat~~~~~tab	垂片
小甜圓麵包	bun~~~~~nub	瘤、結
但是	but~~~~~tub	洗澡盆
以為、認為	deem~~~~~meed	報酬、獎賞
鹿	deer~~~~~reed	蘆葦
投交	deliver~~~~~reviled	辱罵
門	door~~~~~rood	象徵性的十字架
鱔魚	eel~~~~~lee	庇蔭
嗯呃	eh~~~~~he	他
邪惡的	evil~~~~~live	居住
鞭撻	flog~~~~~golf	高爾夫球戲
流動	flow~~~~~wolf	狼
多言	gab~~~~~bag	袋子
狹窄的水道	gat~~~~~tag	簽條
得到	get~~~~~teg	兩歲的小羊
神	god~~~~~dog	狗
怎樣	how~~~~~woh	啊唷
是	is~~~~~si	音階的第七音
它	it~~~~~ti	音階的第七音
龍骨	keel~~~~~leek	韭菜
保有	keep~~~~~peek	偷看
落後	lag~~~~~gal	女孩
膝	lap~~~~~pal	友伴
秋波	leer~~~~~reel	捲線筒
槓桿	lever~~~~~revel	狂歡

里特（錢幣）	lit～～～～～til	胡麻
遇見	meet～～～～～teem	充滿
心情	mood～～～～～doom	命運
打盹	nap～～～～～pan	平底鍋
鳥嘴	neb～～～～～ben	客室
新的	new～～～～～wen	瘤、疣
（虱）的卵	nip～～～～～pin	針
挾、捏	nit～～～～～tin	錫
呀、啊	oh～～～～～ho	啊、嗬
輕拍聲	pat～～～～～tap	輕敲
部份	part～～～～～trap	陷阱
穴、坑	pit～～～～～tip	小費
小池	pool～～～～～loop	圈環
鼠	rat～～～～～tar	焦油
生的、未加工的	raw～～～～～war	戰爭
光線、射線	ray～～～～～yar	咆哮
蘆草	reed～～～～～deer	鹿
房間	room～～～～～moor	下錨
使失明	seel～～～～～lees	渣滓
串線法	seton～～～～～notes	筆記
潛水艇	sub～～～～～bus	大客車
食晚餐	sup～～～～～pus	膿
十個	ten～～～～～net	網
潮	tide～～～～～edit	編輯
時	time～～～～～emit	放射
小費（多數）	tips～～～～～spit	吐出
頂上	top～～～～～pot	壺
拉	tow～～～～～wot	知道
公羊	tup～～～～～put	放置
蒼白	wan～～～～～naw	不
是	was～～～～～saw	鋸子
戰勝了	won～～～～～now	現在
草本植物	wort～～～～～trow	相信
偏航	yaw～～～～～way	道路
水松	yew～～～～～wey	重量單位
紀念柱	xat～～～～～tax	稅

附錄㈢　字母換位的字群

移動英文字（word）裡字母（lettlers）的位置，就成為另一新字（new word）。和中文比較，就是筆劃不增減，只移動筆劃的位置，便成另外一字。如：呆—杏、未—末、昱—音、宴—晏、田—由—甲—申、工—干—土—士等。

1 abet---beat　　　　　　　教唆---打
2 able---bale　　　　　　　有能力---災害
3 abode---adobe　　　　　　住所---曬乾的磚
4 abroad---aboard　　　　　在國外---在船上
5 acerb---brace---caber　　刻薄的---拉緊---棍棒
6 acme---came---mace　　　極點---來---鎚矛
7 acne---cane　　　　　　　粉刺---甘蔗
8 acre---care---race　　　英畝---小心---賽跑
9 acts---cast---cats---scat　行動---投擲---貓---稅捐
10 aery---yare---year　　　空想的---迅速的---年
11 agree---eager---eagre　　同意---渴想---怒潮
12 ah---ha　　　　　　　　呀---哈
13 algin---align　　　　　藻膠---排成直線
14 alien---aline---anile　外國的---參加---衰老的
15 alit---tail　　　　　　降下---尾巴
16 amen---mane---mean---name　阿門---馬鬃---意義---姓名
17 amused---medusa　　　　娛樂---水母
18 anemic---cinema　　　　貧血症---電影
19 angel---angle　　　　　安琪兒---角度
20 ant---tan　　　　　　　螞蟻---曬黑皮膚
21 aphis---apish　　　　　蚜虫---似猿的
22 apt---pat---tap　　　　適當的---輕拍---輕敲
23 arch---char　　　　　　拱門---燒焦
24 are---ear---era　　　　是---耳朵---時代
25 arete---eater　　　　　山脊---進食者
26 argent---garnet　　　　銀色---深紅色
27 art---rat---tar　　　　藝術---老鼠---焦油
28 askew---wakes　　　　　歪斜---醒來
29 assuage---sausage　　　緩和---臘腸

30 ate---eat---tea	吃---吃---茶
31 atom---moat	原子---壕溝
32 attic---tatic	閣樓---無言的
33 aver---rave	斷言---說夢話
34 avid---diva	貪圖的---紅女演員
35 awl---law	鑽子---法律
36 awn---naw---wan	芒---不---蒼白的
37 awry---wary	歪斜---細心的
38 aye---yea	是---然
39 bag---gab	袋子---多言
40 bale---able	災害---有能力
41 ban---nab	禁止---捉住
42 bard---drab	馬的鎧甲---淡褐色
43 bare---bear	赤裸的---熊
44 baser---saber	打基礎者---軍刀
45 bat---tab	蝙蝠---垂片
46 beard---bread---barde	鬍鬚---麵包---替馬裝鎧甲
47 below---elbow	在下---肘
48 ben---neb	客室---鳥嘴
49 bey---bye	地方官---再見
50 bleating---tangible	牛鳴---可觸知的
51 board---broad	木板---廣大的
52 bolster---lobster	長墊---龍蝦
53 bore---robe	穿孔---外袍
54 brace---acerb	拉緊---刻薄的
55 brag---grab	誇言---搶走
56 briany---binary	智慧的---二重的
57 brake---break	煞車---打破
58 broth---throb	肉湯---脈搏
59 bugle---bulge	喇叭---突出
60 bus---sub	大客車---代理人
61 bustle---subtle	喧鬧---敏感的
62 but---tub	但是---澡盆
63 calipers---replicas	兩腳規---複製品
64 canter---recant	緩弛---改變

65 came---acme---mace	來---極點---鎚矛
66 cane---acne	甘蔗---粉刺
67 care---acre---race	小心---英畝---賽跑
68 carte--caret--crate--react--trace	菜單---漏字符號---板條箱---再做---足跡
69 cast---acts---cats---scat	投擲---行為---貓---稅捐
70 circle---cleric	圓---牧師
71 civet---evict	麝貓---驅逐
72 cento---conte	選集---短篇小說
73 char---arch	燒焦---拱門
74 chicle---cliche	樹的膠---繫牢
75 cinema---anemic	電影---貧血症
76 clot---colt	凝塊---小馬
77 code---coed	電碼---男女同校的女生
78 coiled---docile	盤繞---聽話的
79 coin---icon---cion	錢幣---畫像---幼芽
80 conical---laconic	圓錐曲線---簡明的
81 craps---scrap	擲骰子---碎屑
82 crisp---scrip	脆的---證書
83 crumpets---spectrum	餅乾---光譜
84 cure---ecru	治療---淡褐色
85 curer---recur	治療者---回想
86 dairy---diary	奶酪場---日記
87 dais---said---AIDS	高抬---説---愛滋病
88 dale---deal---lade---lead	小谷---交易---載運---鉛
89 dame---made---mead	夫人---製造---麥酒
90 dare---dear---read	膽敢---親愛的---讀
91 dawn---wand	黎明---棍棒
92 dealt---delta	分配---三角洲
93 dean---Dane	教務長---丹麥人
94 dearth---thread	飢饉---細線
95 deem---meed---deme	認為---報酬---細胞組合
96 deer---reed---rede	鹿---蘆葦---忠告
97 defer---freed	延期---使自由
98 deliver---reviled	投交---辱罵
99 density---destiny	稠密---命運
100 dent---tend	凹---傾向

3

101	desire---reside	希望---居住
102	dire---ride	可怕的---乘騎
103	discern---rescind	識別---廢止
104	discreet---discrete	謹慎的---各別的
105	diva---avid	紅女演員---貪圖的
106	docile---coiled	聽話的---盤繞
107	does---dose	做---一劑
108	dog---god	狗---神
109	dole---lode	施捨---礦脈
110	dome---mode	圓屋頂---方式
111	doom---mood	命運---語氣
112	door---rood	門---十字架
113	dormant---mordant	睡眠的---諷刺的
114	dote---toed	溺愛---有趾的
115	drab---bard	淡褐色---馬的鎧甲
116	drain---nadir	排水---天底
117	eager---agree---eagre	渴想的---同意---怒潮
118	ear---are---era	耳朵---是---時代
119	earn---near	獲得---近的
120	easel---lease	畫架---租借
121	east---eats---sate---seat	東方---食物---使滿足---凳子
122	eat---ate---tea	吃---吃---茶
123	eater---arete	進食者---山脊
124	edit---diet---tide---tied	編輯---節食---潮---繫
125	editing---ignited	編輯---點火
126	elbow---below	肘---在下
127	else---lees---seel	另外的---渣滓---使失明
128	elver---lever---revel	幼鰻---槓桿---狂歡
129	emit---mite---item---time	放射---小錢---項目---時間
130	eon---one	永世---一個
131	ever---veer	曾經---轉向
132	evict---civet	驅逐---麝貓
133	evil---vile---live---veil	邪惡的---卑鄙的---生存---面紗
134	except---expect	除外---期待
135	extra---taxer	特別的---納稅人

136 fare---fear	車費---害怕
137 fart---raft	放屁---救生艇
138 fate---feat	命運---技藝
139 feet---fete	腳---節目
140 felid---field	貓科---田野
141 finer---infer	較好的---推斷
142 fire---rife	火---流行的
143 fist---sift	拳頭---篩
144 flog---golf	鞭撻---高爾夫球戲
145 flow---fowl---wolf	流動---鳥---狼
146 freed---defer	使自由---延期
147 gab---bag	多言---袋子
148 gal---lag	女孩---落後
149 game---mage	遊戲---術士
150 gape---page	打哈欠---書頁
151 garnet---argent	深紅色---銀色
152 gat---tag	狹窄的水道---簽條
153 get---teg	得到---兩歲的羊
154 glare---large---regal	光滑的---大的---手風琴
155 goat---toga	山羊---寬外袍
156 god---dog	神---狗
157 golf---flog	高爾夫球戲---鞭撻
158 grab---brag	搶走---誇言
159 great---grate	偉大的---格子
160 grin---ring	露齒而笑---戒指
161 gyrated---tragedy	旋轉---悲劇
162 ha---ah	哈---呀
163 hanker---harken	渴望---傾聽
164 hare---hear	野兔---聽
165 hate---heat	憎恨---熱
166 hewn---when	劈---何時
167 ho---oh	嗬---啊
168 how---who---woh	怎樣---誰---啊唷
169 icon---cion---coin	畫像---幼芽---錢幣

170 ignited---editing	點火---編輯
171 illy---yill---lily	惡劣地---麥酒---百合花
172 impetus---imputes	衝動---嫁禍
173 inapt---paint	不適宜的---油漆
174 infer---finer	推斷---較好的
175 infield---infidel	內野手---非教徒
176 infringe---refining	違背法律---精煉
177 integral---relating	主要的---有關係
178 inter---niter	埋葬---硝酸鉀
179 inured---ruined	磨鍊---滅亡
180 is---si	是---音階第七音
181 isba---bias	小木屋---斜線
182 isle---sile	島嶼---下降
183 it---ti	它---第七音階
184 item---emit---mite---time	項目---放射---小錢---時刻
185 its---sit	它的---坐
186 kale---leak---lake	甘藍菜---漏隙---湖
187 keel---leek	龍骨---韭菜
188 keep---peek	保有---偷看
189 kiln---link	窯---連結
190 laconic---conical	簡明的---圓錐曲線
191 lade---lead---deal---dale	載運---鉛---交易---小谷
192 lag---gal	落後---女孩
193 lain---nail	臥---釘子
194 lame---male---meal	跛子---男性---餐
195 lament---mental---mantle---mantel	哀悼---心理的---斗篷---壁爐架
196 lapse---pales---peals---pleas	過失---椿欄---鐘響聲---答辯
197 large---glare---regal	大的---光滑的---手風琴
198 late---tale---teal	遲---故事---短頸野鴨
199 latent---talent	隱藏的---天才
200 lave---vale	洗濯---谷
201 law---awl	法律---鑽子
202 leak---kale---lake	漏隙---甘藍菜---湖
203 leap---pale---peal	跳過---蒼白的---鐘響聲
204 lease---easel	租借---畫架

205 leek---keel	韭菜---龍骨
206 leer---reel	秋波---捲線筒
207 lees---else---seel	渣滓---另外的---使失明
208 lever---revel---elver	槓桿---狂歡---幼鰻
209 lily---illy---yill	百合花---惡劣的---麥酒
210 lime---mile	石灰---英哩
211 link---kiln	連結---窯
212 lion---loin	獅子---腰部
213 list---silt	清單---泥滓
214 lit---til	點亮---胡麻
215 live---evil---veil---vile	生存---邪惡的---面紗---卑鄙的
216 lobster---bolster	龍蝦---長墊
217 lode---dole	礦脈---施捨
218 loop---polo---pool	圈環---馬球戲---小池
219 lore---role	知識---角色
220 lose---sole	失敗---獨有的
221 lost---lots---slot	損失---許多---狹孔
222 low---owl	低的---梟鳥
223 lues---slue	瘟疫---斜向
224 lure---rule	誘餌---規則
225 mace---acme---came	鎚矛---極點---來
226 male---meal---lame	男性---餐---跛的
227 mane---mean---name---amen	馬鬃---意義---姓名---阿門
228 mantel-mental-mantle-lament	壁爐架---心理的---斗蓬---哀悼
229 mare---ream	母馬---一令紙
230 mate---meat---tame---team	結伴---肉---栽培的---隊
231 mead---made---dame	麥酒---製造---夫人
232 meal---male---lame	一餐---男性---跛的
233 meander---renamed	曲折地流---重新命名
234 medusa---amused	水母---娛樂
235 meed---deem---deme	報酬---認爲---細胞組合
236 meet---mete---teem	遇見---分配---充滿
237 mesa---same---seam	高台---相同---縫
238 mile---lime	英哩---石灰
239 misers---remiss	守財奴---疏忽的
240 mister---remits---merits	先生---匯寄---功勳

241 mite---time---item---emit	小錢---時間---項目---放射
242 moat---atom	壕溝---原子
243 mode---dome	方式---圓屋頂
244 moor---room	下錨---房間
245 mordant---dormant	諷刺的---睡眠的
246 more---Rome	較多的---羅馬
247 mote---tome	塵埃---大冊
248 mover---vomer	移動者---犁骨
249 nab---ban	捉住---禁止
250 nadir---drain	天底---排水
251 nail---lain	釘子---臥
252 name---mane---mean---amen	姓名---馬鬃---意義---阿門
253 nap---pan	小睡---平底鍋
254 nape---neap---pane	頸背---最低潮---玻璃片
255 navel---venal	肚臍---附近
256 naw---awn---wan	不---芒---蒼白
257 near---earn	近處---獲得
258 neb---ben	鳥嘴---客室
259 Nepal---panel---penal---plane	尼泊爾---嵌板---刑事的---飛機
260 nerve---never	神經---永不
261 nest---nets---sent---tens	巢---網---送---十個
262 net---ten	網---十個
263 new---wen	新的---瘤
264 news---sewn	新聞---縫紉
265 nip---pin	虱的卵---針
266 nit---tin	捏---錫
267 niter---inter	硝酸鉀---埋葬
268 notes---onset---tones---stone	筆記---進攻---音調---石頭
269 now---own---won	現在---自己的---勝利了
270 nuclear---unclear	核子的---不明白
271 ogre---gore	食人妖魔---血塊
272 oh---ho	啊---嗬
273 one---eon	一個---永世
274 onset---tones---stone---notes	進攻---音調---石頭---筆記
275 oils---silo---soil	塗以油---地下室---土壤

276 opt---pot---top	選擇---壺---頂上
277 outer---outre---route	外面---誇大---道路
278 over---rove	越過---流浪
279 owl---low	欠債---憂患
280 own---won---now	自己的---戰勝---現在
281 page---gape	書頁---打哈欠
282 pale---peal---leap	蒼白的---鐘響聲---跳過
283 pales---peals---pleas---lapes	椿欄---鐘響聲---答辯---過失
284 pan---nap	平底鍋---小睡
285 panel---penal---plane---Nepal	嵌板---刑事的---飛機---尼泊爾
286 pare---pear---reap---rape	削---梨---收割---強姦
287 past---pats---taps---spat	過去---輕拍---塞子---口角
288 pat---apt---tap	輕拍---適當的---輕敲
289 pate---peat---tape	腦袋---泥煤---帶
290 pears-reaps-rapes-spare-spear	梨---收割---強姦---預備的---矛
291 peek---keep	偷看---保有
292 percent---precent	百分率---領唱
293 perfect---prefect	完美的---司令官
294 pest---sept	毒蟲---族
295 pin---nip	針---虱的卵
296 pit---tip	穴---小費
297 pits---spit---tips	核---吐出---小費
298 polo---pool---loop	馬球戲---小池---圈環
299 pore---rope	毛孔---繩
300 pome---poem	梨果---詩
301 poses---posse	姿勢---民兵隊
302 post---stop---pots---spot	郵局---停止---鍋---斑點
303 poster---presto	標語---急速
304 pot---top---opt	鍋---頂上---選擇
305 pour---roup	傾倒---拍賣
306 pride---pried	自負---費力求得
307 pus---sup	膿---食晚餐
308 put---tup	放置---公羊
309 quiet---quite	安靜---完全
310 quieter---requite	較爲安靜的---酬報

311 race---acre---care	賽跑---英畝---小心
312 raft---fart	救生艇---放屁
313 rape---reap---pare---pear	強姦---收割---削---梨
314 rapiers---parries	細長的劍---遁詞
315 rasp---spar	銼---拳擊
316 rat---art---tar	老鼠---藝術---焦油
317 rate---tare---tear	比率---包裝重量---撕扯
318 rave---aver	說夢話---斷言
319 raw---war	未加工的---戰爭
320 ray---yar	光線---咆哮
321 react--caret--carte--crate--trace	再做---漏字符號---菜單---板條箱---足跡
322 read---dear---dare	讀---親愛的---膽敢
323 ream---mare	一令紙---母馬
324 reaps-pears-spare-spear-rapes	收割---梨---預備的---矛---強姦
325 recant---canter	改變---緩馳
326 recur---curer	回想---治療者
327 rede---reed---deer	忠告---蘆葦---鹿
328 reel---leer	捲線筒---秋波
329 regal---large---glare	手風琴---大的---光滑的
330 reigns---resign---singer---signer	朝代---辭職---歌手---簽名者
331 renamed---meander	重新命名---曲折地流
332 remiss---misers	疏忽的---守財奴
333 remits---merits---mister	匯寄---功勳---先生
334 rent---tern	租用---燕鷗
335 replicas---calipers	複製品---兩腳規
336 rescind---discern	廢止---識別
337 resect---secret	切除---秘密
338 reside---desire	居住---希望
339 rete---tree	網---樹
340 revel---lever---elver	狂歡---槓桿---幼鰻
341 reviled---deliver	辱罵---投交
342 ride---dire	乘騎---可怕的
343 rife---fire	流行的---火
344 ring---grin	戒指---露齒而笑
345 rinse---risen---siren	洗濯---升起---女妖
346 riot---trio	騷擾---三人一組

347	rise---sire	升起---陛下
348	rite---tier---tire	儀式---列---疲倦
349	robe---bore	外袍---穿孔
350	role---lore	角色---知識
351	rood---door---odor	十字架---門---氣味
352	room---moor	房間---錨
353	rope---pore	繩---毛孔
354	rose---sore	玫瑰---疼痛
355	rota---taro	輪流---芋頭
356	rote---tore	強記---撕扯
357	roup---pour	拍賣---傾倒
358	roust---torus	激動---花托
359	rout---tour	敗潰---旅遊
360	route---outer---outre	道路---外面---誇大
361	rove---over	流浪---越過
362	rule---lure	規則---誘餌
363	run---urn	跑---甕
364	ruse---sure---suer---user	策略---走---起訴者---使用者
365	saber---baser	軍刀---打基礎者
366	said---dais---AIDS	說---高抬---愛滋病
367	same---seam---mesa	相同---縫---台地
368	sate---seat---east---eats	使滿足---椅子---東方---食物
369	sausage---assuage	臘腸---緩和
370	saw---was	鋸子---是
371	scat---cast---cats---acts	稅捐---投擲---貓---行爲
372	scrap---craps	碎屑---擲骰子
373	scepter---specter	王權---幽靈
374	scrip---crisp	證書的---脆的
375	seal---sale---lase	海豹---出賣---發出雷射光
376	secret---resect	秘密---切除
377	sedate---teased	平靜的---取笑
378	seek---skee	尋找---滑雪
379	seel---else---lees	使失明---另外的---渣滓
380	seem---seme	似乎---碎花紋
381	seer---sere	預言者---乾枯的
382	sent---tens---nest---nets	送---十個---巢---網

383	sept---pest	族---毒蟲
384	serve---sever---verse	服務---切斷---詩句
385	setup---upset	結構---推翻
386	shoe---hose	鞋---軟管
387	si---is	音階第七音---是
388	sift---fist	篩---拳頭
389	signer---singer---reigns---resign	簽名者---歌手---朝代---辭職
390	silo---oils---soil	地下室---塗以油---土壤
391	silt---list---slit	泥滓---清單---割裂
392	silver---sliver	銀---長條細片
393	sire---rise	陛下---升起
394	skean---snake---sneak	短劍---蛇---偷跑
395	slot---lost---lots	狹孔---損失---許多
396	slue---lues	斜向---瘟疫
397	snake---sneak---skean	蛇---潛行---短劍
398	snatch---stanch	奪去---止血
399	sole---lose	獨一的---失敗
400	sore---rose	疼痛---玫瑰
401	spar---rasp	拳擊---銼
402	spare--spear--rapes--reaps--pears	預備的---矛---强姦---收割---梨
403	spat---past---taps---pats	口角---過去---塞子---輕拍
404	spectrum---crumpets	光譜---餅乾
405	spit---tips---pits	吐痰---小費---核
406	spot---stop---post---pots	斑點---停止---郵政---鍋
407	sprout---stupor	出芽---昏迷
408	steak---stake---skate---takes	牛排---立樁---魟魚---拿取
409	steer---stere---terse	駕駛---立方公尺---簡明的
410	stone---notes---onset---tones	石頭---筆記---進攻---音調
411	sub---bus	代理人---大客車
412	subtle---bustle	敏感的---喧鬧
413	sued---used	起訴---慣於
414	sup---pus	食晚餐---膿
415	sure---ruse---suer---user	一定---策略---起訴者---使用者
416	swath---thaws	一行割下的草---融雪
417	sword---words	劍---單字
418	tab---bat	垂片---蝙蝠

419 tacit---attic	無言的---閣樓
420 tag---gat	簽條---狹窄的水道
421 tail---alit	尾巴---降下
422 takes---stake---steak---skate	拿取---立樁---牛排---魟魚
423 tale---teal---late	故事---短頸野鴨---遲
424 talent---latent	天才---隱藏的
425 talon---tonal	爪---聲音的
426 tame---team---meat---mate	栽培的---隊---肉---結伴
427 tan---ant	曬黑皮膚---螞蟻
428 tangible---bleating	可觸知的---牛鳴
429 tap---pat---apt	輕敲---輕拍---適當的
430 tape---pate---peat	帶---腦袋---泥煤
431 taps---pats---spat---past	輕敲---輕拍---口角---過去
432 tar---rat---art	焦油---老鼠---藝術
433 tare---rate---tear	包裝重量---比率---撕扯
434 taro---rota	芋頭---輪流
435 taste---testa	滋味---介殼
436 tax---xat	稅---紀念柱
437 taxer---extra	納稅人---特別的
438 tea---ate---eat	茶---吃---吃
439 teased---sedate	取笑---平靜的
440 teem---meet---mete	充滿---遇見---分配
441 teg---get	兩歲的羊---得到
442 teil---tile	菩提樹---瓦
443 ten---net	十個---網
444 tend---dent	傾向---凹
445 tens---nest---nets---sent	十個---巢---網---送
446 tern---rent	燕鷗---租用
447 terse---stere	簡明的---立方米
448 thaws---swath	融雪---一行割下的草
449 thread---dearth	細線---飢饉
450 throb---broth	脈搏---肉湯
451 throw---worth---wroth	投擲---值得---憤怒的
452 ti---it	音階第七音---它
453 tide---tied---diet---edit	潮流---綁紮---節食---編輯
454 tier---tire---rite	列---疲倦---儀式
455 til---lit	胡麻---點亮

3

456 tile---teil	瓦---菩提樹
457 timber---timbre	木料---音色
458 time---mite---item---emit	時間---小錢---項目---放射
459 tin---nit	錫---捏
460 tips---spit---pits	小費---吐痰---核
461 toed---dote	有趾的---溺愛
462 toga---goat	寬外袍---山羊
463 tome---mote	大冊---塵埃
464 tones---stone---notes---onset	音調---石頭---筆記---進攻
465 top---pot---opt	頂上---壺---選擇
466 tore---rote	撕扯---強記
467 torpid---tripod	麻痺的---鼎
468 torus---roust	花托---激動
469 tour---rout	旅遊---敗潰
470 tow---two---wot	拉---兩個---知道
471 trade---tread	貿易---踐踏
472 tragedy---gyrated	悲劇---旋轉
473 trail---trial	蹤跡---試驗
474 tree---rete	樹---網
475 trio---riot	三人一組---騷擾
476 tub---but	澡盆---但是
477 tup---put	公羊---放置
478 twiner---winter	蔓草---冬天
479 ulan---ulna	持矛騎兵---尺骨
480 urn---run	缸壺---跑
481 unclear---nuclear	不明白---核子的
482 unlit---until	未燃的---直到
483 upset---setup	推翻---結構
484 upturn---turnup	使向上---翻折
485 user---suer---sure---ruse	使用者---起訴者---必定的---計謀
486 vail---vial	脫下---小玻璃瓶
487 vain---vina	徒然---七弦琴
488 vale---lave---evla---veal	谷---洗濯---船帆座---小牛肉
489 veer---ever	轉向---曾經
490 veil---vile---live---evil	面紗---卑鄙的---生存---邪惡的

491 venal---navel	附近---肚臍
492 verse---serve---sever	詩句---服務---切斷
493 vine---vein	葡萄樹---靜脈
494 vomer---mover	犁骨---移動者
495 vote---veto	投票---否決
496 wan---awn---naw	蒼白的---芒---不
497 wand---dawn	棍棒---黎明
498 war---raw	戰爭---未加工的
499 ware---wear	器物---穿著
500 wary---awry	細心的---歪斜
501 was---saw	是的---鋸子
502 way---yaw	道路---偏航
503 wen---new	瘤---新的
504 wey---yew---wye	重量單位---水松---Y字形物
505 when---hewn	何時---劈
506 who---how---woh	誰---怎樣---啊唷
507 wire---weir	鐵絲---堰
508 wither---writhe	凋謝---扭歪
509 woe---owe	憂患---欠債
510 won---own---now	戰勝---自己的---現在
511 wolf---flow---fowl	狼---流動---禽鳥
512 worth---throw---wroth	值得---投擲---憤怒的
513 wot---tow---two	知道---拉---兩個
514 xat---tax	紀念柱---稅
515 yar---ray	咆哮---光線
516 yare---year---aery	迅速的---年---空想的
517 yaw---way	偏航---道路
518 yea---aye	然---是
519 yew---wey---wye	水松---重量單位---Y字形物
520 yill---illy---lily	麥酒---惡劣地---百合花
521 zag---gaz	急轉---政府的公報

3

附錄㈣　兩段對調的字群

在中文裡，只有「詞兒」才可以對調，調換後，另成新義。
如：刷牙—牙刷、閂門—門閂、棒球—球棒、桌球—球桌、耳
挖—挖耳、漆刷—刷漆、屢戰屢敗—屢敗屢戰等詞。

{ allover — 在整個平面之上，（刺繡）花樣佈滿全面的
{ overall — 從一端到另一端

{ breakdown — 分爲細目
{ downbreak — 崩潰

{ breakout — 越獄
{ outbreak — 爆發，發生

{ burnout — 燒毀
{ outburn — 比…燃燒得更久

{ char — 燒焦之物
{ arch — 拱門

{ else — 另外的，別的，不然的話
{ seel — 使失明

{ elbow — 手肘
{ bowel — 腸子

{ fitout — 裝備，旅行之準備
{ outfit — 應用物品

{ flyover — 飛機編隊低空飛行
{ overfly — 飛過……之上

{ hangover — 遺物
{ overhang — 懸於……之上

{ hungover — 感到宿醉的
{ overhung — 是 overhang 的過去式和過去分詞

{	item	項目
	emit	放射
{	kin	親戚，同宗
	ink	墨水
{	layout	佈置，設計，陳列
	outlay	花費，開銷
{	layover	中途停留
	overlay	放置在某樣物件的上面
{	lookout	注意
	outlook	景色
{	overspill	溢出的，過剩的
	spillover	溢出之物，超出範圍
{	overturn	提議，使傾覆
	turnover	翻覆
{	Passover	（聖經）踰越節（猶太人之節日）
	overpass	天橋，陸橋
{	pullout	可拉出的
	outpull	較……吸引更多的觀衆
{	putout	（棒球）刺殺
	output	生產額，產量
{	runout	背棄，遺棄
	outrun	跑得較……快
{	runover	超出有限篇幅的
	overrun	覆蓋，蔓延
{	sellout	賣完了
	outsell	銷數勝過……
{	setout	一套器具
	outset	開始，起初

4

slipover	自頭部套穿的衣服
overslip	滑過
standout	出類拔萃的人物
outstand	卓然獨立
takeover	接收，把……接管過來
overtake	追及，趕上
turnout	群集之人，出席者，製造，生產
outturn	産量
toot	號角短而尖銳的鳴聲
otto	玫瑰油
upset	推翻
setup	結構，設置，建立
verse	詩句
sever	切斷
walkout	退席抗議
outwalk	比……走得更快
walkover	容易或没有對手的勝利
overwalk	步行經過
washout	洪水的沖潰
outwash	被冰川沖出的砂石
wayside	路邊
sideway	小徑，小路
workout	事先練習
outwork	比……做得更努力

```
* * * * * * * * * * * * * * * * * * * * *
*                                        *
*  Say well is good, but do well is better. *
*                                        *
*                      ——English Proverb *
*                                        *
*   口說不如身做              ——英諺       *
* * * * * * * * * * * * * * * * * * * * *
```

附錄㈤　兩截雙拼的字群

中文裡也多有此類雙拼字，如：双、并、林、朋、玨、茲、甡、誩、祘、棘、弱、竹、艸、羽、兟、竝、競、秝、絲、赫等，中英都有趣味。

ackack	高射砲，高射砲火
agaragar	石花菜，洋菜，紫菜
ayeaye	（大小如貓之）狐猴
baba	一種加葡萄乾和蘭酒的餅
boo-boo	愚蠢的錯誤
bulbul	夜鶯
bye-bye	（兒語）再會
cancan	康康舞（一種法國式的舞蹈）
chichi	裝作聰明的
chinchin	客套問安（中國話「請請」的英語音譯）
choo-choo	（兒語）火車
chowchow	醃菜
coco	椰子樹
dodo	一種巨鳥
dumdum	達姆彈
furfur	皮膚
gaga	天真的，愚蠢的，老朽的
geegee	（英國俗語）馬
goo-goo	愛慕的，色情的
ha-ha	低籬笆，低牆垣
haw-haw	哈哈大笑
hear hear	好哇好哇（喝采的聲音）
hubba hubba	贊同
juju	符咒，護符
kaka	鸚鵡
lulu	引人注目的人
mama	媽媽
mumu	（醫）絲蟲病

murmur	連續的模糊聲
never－never	想像中的，非真實的
papa	爸爸
palpal	（動物）觸鬚的
pawpaw	木瓜（＝papaya）
peepee	（小兒語）要小便
pompom	小口徑速射砲
poohpooh	輕蔑，一笑置之
puff-puff	（兒語）火車
put-put	（小引擎的）發著砰砰聲前進
quack-quack	嘎嘎（鴨叫聲）
rah-rah	搖旗吶喊的
sarsar	刺骨寒風
sing-sing	南太平洋民族的一種歌舞儀式
soso	平常的，不好不壞的
tap-tap	連續的輕敲聲
tartar	①（化學）酒石，②齒垢
ta-ta	再見，再會
testes	睪丸
tom-tom	（土人的）鼓，鼓聲
too-too	非常地，過度地
tsetse	（非洲的）采采蠅
tum-tum	（彈弦樂器時發出的）嘈嘈聲
tut-tut	噓，嘖
tutu	（芭蕾舞女演員所著的）短裙
valval	（心臟）膜瓣的
weewee	（兒語）小便
yo-yo	一種玩具
yum-yum	（品嚐美味後）滿足愉快的感嘆聲
zero-zero	（航空）能見度極差的（天氣）

附錄㈥　字中有字的字群

一、將某個英文字截頭去尾，留下的中段是另一新字。反之，將一個英文字加頭添尾，延伸後也成另一新字，亦有趣味。（又叫 kangaroo words──意指袋鼠腹中有字）。

二、有兩項除外：其一，頭尾截去的多過保留的不收（例如：international 只留 at）。其二僅去頭或僅去尾的不收（例如：unfit 只留 fit 或 manly 只留 man）。

三、這類字群極多，今僅舉例如下：

ab**alien**ate	移轉		a**gog**	渴望
alien	外國的		go	去
a**band**on	放棄		a**men**d	改正
band	樂隊		men	改正人們
ab**ase**r	降低職位者		anti**tithe**sis	對照
base	基礎		tithe	十分之一
a**bat**e	降低		a**path**y	冷淡
bat	蝙蝠		path	小徑
a**be**t	教唆		as**sure**d	確信的
be	是		sure	必定的
a**bid**e	居住		a**tom**y	原子
bid	出價		tom	雄貓
a**boar**d	在船上		a**ton**e	補償
boar	野豬		ton	噸
a**brad**e	磨損		auto**mato**n	自動器
brad	無頭釘		tomato	蕃茄
a**bus**e	虐待		a**wake**n	叫醒
bus	客車		wake	醒來
a**butt**er	鄰地主		a**war**d	獎品
butt	香煙屁股		war	戰爭
a**cut**e	銳的		bad**mint**on	羽毛球
cut	切		mint	薄荷
a**dag**e	格言		b**air**n	小孩
dag	大手槍		air	空氣
a**dap**t	適合		b**ail**or	委託人
dap	打水漂漂		ail	生病
ad **apt**er	改作者		r**ailer**	咒罵者
apt	適當的		trail**erite**	住拖車屋的人

bandit	強盜	bust	半身像
and	和	us	我們
handle	把手	busy	忙碌的
bank	銀行	cablet	小纜
an	一個	able	有能力的
barker	吠叫者	cacuminal	捲舌音的
ark	方舟	cumin	小茴香
market	記分員	calcareous	石灰的
barmy	多泡沫的	care	小心
arm	手臂	canoness	女牧師
barman	酒保	none	毫無
basset	矮腳獵犬	carbonate	碳化
ass	驢子	bona	良好的
basso	低音	caretaker	門房
beard	鬍鬚	retake	取回
ear	耳	carrousel	旋轉木馬
bearer	挑夫	rouse	喚醒
belly	腹	casement	對開之窗
ell	尺度	semen	精液
blackly	黑暗地	basement	地下室
lack	缺乏	cemetery	公墓
blackout	燈火管制	meter	公尺
bleed	出血	changeless	不變的
lee	避風處	angel	安琪兒
blinker	馬眼罩	changeling	愚笨兒
link	連結	chitchat	閒談
blower	風箱	hitch	跛行
low	低的	collateral	並行的
blowup	爆炸	late	遲
bourn	界限	complacent	滿足的
our	我們的	place	場地
brandy	白蘭地酒	conscionable	公正的
and	和	scion	嫩枝
brunet	深褐髮眼男子	consternate	使驚恐
rune	古文學	stern	嚴格的
bullionism	硬幣主義	controvert	反駁
lion	獅子	trove	被發現的
bystander	旁觀者	dangerous	危險的
stand	站立	anger	發怒

dappled	斑點的	exchangeable	可交換的
apple	蘋果	change	改變
debater	辯論者	exchequer	國庫
bate	減少	cheque	支票
decadence	衰微	expand	擴大
cade	離母飼養的	pan	鍋
demoralize	使沮喪	expressage	快遞
moral	道德的	press	壓迫
depolarize	消極	expression	語法
polar	南北極的	inexpressible	不可表白的
detriment	損害	factor	因素
trim	修飾	act	動作
devilish	如惡魔的	fadeless	不褪色的
evil	邪惡的	dele	刪除
diagnostical	診斷	feasts	款宴
agnostic	不可知論者	east	東方
diagnostician	診斷者	federate	使聯合
drought	天乾	derat	除鼠
rough	粗率	federative	同盟的
dwindle	縮小	finicky	過分講究的
wind	風	nick	缺凹
dynameter	擴度計	firedog	爐之薪架
name	名字	red	紅色
effrontery	厚顏	flower	花
front	前面	low	低
elaps	過去	foreigner	外國人
lap	重疊	reign	朝代
embargo	封閉港口	galliard	雙人舞
bar	酒吧	liar	說謊者
engraver	雕刻師	gastropod	腹足動物
grave	墓	trop	磨剃刀皮
equipage	設備	strophe	一節詩
quip	作妙語	gelatinize	膠化
equipment	裝備	latin	拉丁文
essential	根本的	girandole	煙火
sent	送	rand	革片
evangel	福音	glover	手套商
vang	斜桁支索	love	愛

glassy	玻璃質的	im**prompt**u	即席演説
lass	少女	prompt	迅速的
as	驢子	in**augur**al	就職的
br**as**sy	似黃銅的	augur	預言
grasping	貪心的	in**tern**al	內部的
rasp	粗銼刀	tern	三個一組
growler	咆哮者	ir**radian**t	照耀的
owl	貓頭鷹	radian	弧度
hair**dress**er	理髮師	is**land**er	島上居民
dress	穿衣	land	陸地
har**binge**r	先鋒	it**era**te	重作
binge	狂飲	era	時代
bing	尖銳聲	it**ine**rate	巡迴
hare**bell**	小山菜	tine	叉齒
rebel	反叛者	ja**cob**in	過激黨員
har**vest**ry	收割	cob	硬塊
vest	背心	ja**lop**y	舊汽車
hear**ark**en	聽	lop	修剪
ark	方舟	jam**bore**e	童軍大會
hel**mete**d	戴盔的	bore	穿孔
mete	分配	**Japan**ese	日本人
he**pat**ic	肝臟的	pane	一塊
pat	輕拍	pan	鍋
her**petol**ogy	爬蟲學	je**well**er	珠寶商
petol	汽油	well	井
h**our**ly	每小時的	job**hold**er	有職業之人
our	我們的	hold	握
hy**drat**e	氫氧化物	ju**bile**e	佳節
drat	咒罵語	bile	膽汁
hy**person**ic	五倍音速	ju**lien**ne	洋蔥片清湯
person	人	lien	扣押權
illi**beral**ity	粗鄙	ju**nip**er	少年
liberal	寬厚的	nip	摘取
ill**star**red	不吉的	ju**pit**er	木星
star	星	pit	穴
im**pend**ent	緊急的	ka**lend**ar	日曆
pend	懸垂	lend	出借
de**pend**ent	眷屬	ıb lende	方亞鉛礦

kevel	盤繩栓	leatherette	人造皮
eve	前夕	there	那裡
kibitz	多管閒事	featheredge	薄邊
bit	少許	leaved	有葉的
kilocalorie	一千卡路里	ave	歡迎
local	本地的	l aver	水盆
kinetic	動力的	legatee	遺產繼承人
net	網	gate	門
kinky	糾結的	legged	有腿的
ink	墨水	egg	蛋
klaxon	大聲喇叭	libeller	誹謗者
lax	鬆弛的	bell	鈴
kneel	跪下	limeade	檸檬汁飲料
nee	母家的姓	mead	蜜酒
knockout	徹底打擊	lunette	弧面窗
nock	搭箭	net	網
knower	知曉者	lupine	如狼的
now	現在	pin	針
laconic	簡明的	macerater	浸解劑
con	研讀	cerate	蠟膏藥
lacrosse	長柄球拍打球戲	macerated	浸軟
cross	十字架	magenta	紫紅色
lactometer	乳汁比重計	gent	男子
tome	卷冊	malingerer	裝病的人
landowner	地主	linger	徘徊
down	向下	meander	小路
lapillus	火山礫	and	和
pill	藥丸	measured	適度的
lateen	三角帆	sure	確實的
tee	球座	medulla	骨髓
ate	吃	dull	愚鈍的
later	較遲	microphone	麥克風
laureate	桂冠詩人	crop	收成
urea	尿素	milliard	十億法郎
lavender	淡紫色	liar	說謊者
vend	出售	motherhood	母性
layout	設計	other	另一
you	你	mourn	弔祭
		our	我們的

6

muffineer	有蓋盤碟	oneiromancy	夢卜
fine	好的	Roman	羅馬人
napoleon	拿破崙金幣	opalesce	發乳白光
pole	柱、竿	pale	蒼白的
nectarean	甘美的	orangery	橘園
tare	烏碗豆	anger	發怒
ninety	九十	orchestra	管弦樂隊
net	網	chest	胸部
nominee	被提名者	ordinary	慣常的
mine	我的	dinar	波斯錢幣
noncooperation	不合作	outage	中斷
opera	歌劇	tag	標籤
noninductive	非感應的	outermost	最外面
induct	引導	term	名詞
nutriment	滋養品	outright	立刻
trim	修剪	trig	制輪具
nystagmic	眼球顫症的	outrigger	舷外鐵架
stag	雄鹿	palestra	體育場
nystagmus	眼球震顫症	lest	免得
obliterate	塗抹	paltriness	下賤
liter	公升	trine	三倍的
observer	觀察者	pandemoniac	喧囂的
serve	服務	demon	魔鬼
obsolete	作廢	parapet	欄杆
sole	獨身的	rape	強姦
obviate	排除	pardoner	寬宥者
via	經由	done	做過了
occultism	神秘學	pedometer	計步器
cult	禮拜	dome	圓屋頂
octangle	八角形	penumbral	半陰影的
tang	特性	numb	麻木的
offscouring	廢物	percentage	百分比
scour	洗滌	cent	一分錢
oiliness	油氣	philander	調戲女人
line	線條	land	土地
ondometer	頻率計	photometry	光度之測定
dome	圓屋頂	tome	卷冊

picotee	石竹	quashee	黑人
cote	羊欄	ash	灰
plastered	喝醉的	quavery	顫聲的
aster	柴菀	aver	確言
poetaster	劣等詩人	quotable	可引用的
taste	吃	tab	垂片
preacher	牧師	racoon	浣熊
each	每一個	coo	鴣鴣聲
prevalent	流行的	rantan	敲門聲
vale	分別	ant	螞蟻
printery	印刷廠	ranter	說大話者
inter	埋葬	rapparee	流寇
proffer	提供	pare	剝
off	離開	reactionary	反應的
psaltery	弦樂器	action	行動
salt	盤	reactor	反應者
alter	神壇	act	行爲
psychopath	精神病患者	reagent	試劑
chop	切碎	age	年紀
pupillary	門徒的	recrudesce	復發
pillar	柱形物	rude	粗陋的
pill	藥丸	rectangle	長方形
purulent	生膿	tang	高聲
rule	規則	reorganize	改組
pyromancy	火占術	organ	風琴
Roman	羅馬人	repent	悔改
quadratic	正方的	pen	筆
drat	咒罵	repertory	演奏節目
quadrille	四對人跳方舞	pert	無禮的
drill	鑽子	Rhadamanthys	陰間判官
quadrillio	千萬億	adamant	似金剛石的
quadrumane	四手獸	robust	强壯的
drum	鼓	bus	大客車
quadruped	四足獸	roisterer	鬧飲者
drupe	核果	stere	立方米
quartan	四日熱病	romaine	萵苣
art	藝術	main	主要的

6

ro**seat**e	玫瑰色的	**slide**	滑動
seat	座位	lid	蓋子
sea	海	**sliver**	長條
rou**stab**out	挑夫	live	活的
stab	刺殺	**slope**	斜坡
sa**lie**nt	凸出的	lop	砍去
lie	說謊	**sloth**	懶惰
scantly	不足	lot	許多
c ant	斜面	**sloven**	不整潔的人
ant	螞蟻	love	愛
se**ago**d	海神	**slushy**	軟泥般的
ago	從前	lush	茂盛的
ser**vice**man	軍人	**smart**	精明的
vice	老虎鉗	mar	損害
sha**green**	鯊皮革	**smile**	微笑
agree	同意	mil	一立方公分
sui**table**ness	適合	**smote**	打擊
table	桌子	mot	妙言
sw**allow**tail	燕尾服	**smothery**	悶人的
allow	允許	mother	母親
sym**metall**ism	金銀本位制	**sneer**	嘲笑
metal	金屬	nee	母家姓
skilly	薄粥	**snook**er	司諾克
kill	殺	nook	角落
skink	石龍	**soak**er	酒鬼
kin	親戚	oak	橡樹
skeptic	懷疑論	**soddy**	草泥的
kept	持有	odd	奇數的
sketchy	粗略的	**softy**	笨人
ketch	雙桅船	oft	時常
slaughter	殺戮	**sour**ce	來源
laugh	笑	our	我們的
slavery	奴隸制	**south**	南方
laver	紫菜	out	在外
sl**eek**y	光滑的	**spade**	鏟子
leek	韭	pad	填襯物
sl**ee**ken	使有光澤	**spall**	削
lee	避風處	pal	友伴

spank	一巴掌	stickler	爭小事的人
pan	鍋	tickle	搔癢
spark	火花	stilly	靜的
par	同等	till	直到
spate	洪水	stripe	條紋
pat	輕拍	trip	旅行
spawn	卵	subaltern	下的
paw	腳爪	alter	神壇
speak	說	superb	宏壯的
pea	碗豆	per	每
spend	耗費	supersonic	超音波的
pen	筆	person	人稱
spiel	故事	taboret	小几
pie	餡餅	bore	穿孔
spinet	樂器	talented	有才能的
pine	松樹	lent	出借
pin	針	tarantass	四輪馬車
spine	脊骨	rant	說大話
spite	怨恨	tastable	吃
pit	穴	stab	刺穿
splotch	污點	teacher	老師
plot	一塊地皮	ache	疼痛
spikele	小穗	testudo	土龜
pike	推	stud	大頭釘
spoony	呆的	tetrameter	四音步句之詩
poon	胡桐	tram	電車
sports	運動的	thoroughbred	純種的
port	港口	rough	粗糙的
spunk	勇氣	thoughtful	深思的
pun	雙關語	ought	應當
stage	舞台	thrasher	打穀機
tag	簽條	rash	性急的
stamen	雄蕊	thrifty	儉省的
tame	耕作的	rift	裂開
stapes	鐙骨	thundering	雷鳴的
tape	帶子	under	在下面
steak	牛排	tightrope	繃索
tea	茶	trop	過多的

6

to**pony**m	地名研究		va**cat**e	弄空
pony	小馬		cat	貓
tractor	牽引車		va**lent**ine	送畫片
act	行動		lent	出借
tripedal	三腳的		va**nil**la	香草
ripe	成熟的		anil	木欄
tu**law**ork	黑金細工		va**rice**lla	水痘
law	法律		rice	谷子
t**weed**le	胡琴聲		va**unt**ed	被吹噓的
weed	雜草		aunt	姑母
ty**ran**ny	苛政		ve**rand**a	走廊
ran	跑		rand	邊緣
u**dome**ter	雨量計		vi**brant**	震動的
dome	圓屋頂		ran	跑
ug**line**ss	醜陋		brand	商標
line	線條		vi**rulent**	有毒的
ul**trash**ort	超短波的		rule	規則
trash	垃圾		v**ouch**er	證書
una**bridge**d	沒有省略的		ouch	啊唷
bridge	橋		w**aft**er	旋轉風扇
un**apt**	拙劣的		aft	在船尾
nap	小睡		w**age**r	賭金
un**ip**ed	獨腳的		age	年紀
nip	捏挾		w**eight**y	重的
uni**t**e	聯合		eight	八
nit	幼蟲		w**hang**ee	竹杖
u**ran**ic	天文的		hang	掛
ran	跑		w**heed**le	說甜言
ur**ban**e	文雅的		heed	留心
ban	禁止		w**hip**py	易弄彎的
u**sag**e	使用		hip	屁股
sag	下降		w**ink**le	海螺
u**sure**r	放高利貸者		ink	墨水
sure	確實的		wo**man**ly	似女人的
ut**term**ost	極度的		man	男子
term	術語		w**rang**le	爭吵
			rang	鳴鈴

wringer	勒索者	**yeast**y	酵母的
ring	鳴鈴	east	東方
xenon	氙	**yester**eve	昨晚
no	不	stere	立方米
xeran**sis**	乾燥	**yester**night	昨夜
ran	跑	stern	嚴格的
xeroderma	皮膚乾燥症	yo**heave**ho	唷嗬
rode	騎乘	heave	舉起
xylogen	木質	**yours**	你們的
log	木頭	our	我們
xylotile	石綿	yourself	你自己
lot	許多	**youth**	青春時代
yabbi	斑狼	out	外面
abb	織物	za**mind**ar	地主
yaller	黃色	mind	意志
all	全部	ze**mind**ar	地主
yank	急拉	**zend**ic	術士
an	一個	end	完了
yarage	船之動力	**zygote**	合子細胞
rag	破布	got	得到
yearly	一年的	**zymot**ic	發酵的
ear	耳	mot	警句
yearn	想念	**zymos**is	發酵
yearning	渴望	mos	習俗
earn	賺		

One should eat to live, not live to eat. ——Moliere
人要爲活而食，非爲食而活 ——法國作家莫里哀
Other men live to eat, while I eat to live. ——Socrates
他人爲食而活而我是爲活而食 ——希臘哲學家蘇格拉底
If you wish to be the best man, you must suffer the bitterest of the bitter. ——Chinese proverb
吃得苦中苦，方爲人上人。 ——中國諺語

附錄㈦ 加減字母的字群

在英文字中間（不是首尾），增加或減少一個字母，就變成了另一個字，宜多留意，以增辨識能力。最少要四個字母組成的字才入選，以下僅是舉例，收集並未完盡。

—— （ A ） ——

① abide 居留
aide 副官
amide 氨基 aside 在一旁

② acinus 葡萄核
acinous 葡萄狀的

③ acton 鎧衣
action 動作

④ acute 銳的
acuate 尖的
actuate 使活動

⑤ Adamite 亞當之後裔
adamsite 嘔吐毒氣

⑥ adit 入口
admit 容許

⑦ afront 對面
affront 冒犯

⑧ ague 瘧疾
argue 辯論

⑨ allay 鎮壓
ally 同盟者
alloy 合金

⑩ aloe 蘆薈
alone 單獨

⑪ allot 分配
allout 竭力的

⑫ anil 木藍

anvil 鐵砧

⑬ ante 賭金
antre 洞窟

⑭ apprise 通知
appraise 判別

⑮ areca 檳榔樹
area 面積
arena 競技場

⑯ aril 子衣
argil 陶土 ariel 瞪羚

⑰ arise 升起
ariose 歌曲似的
arose 上升
arouse 喚醒

⑱ armet 盔
armlet 臂鐲

⑲ asset 資產
assert 斷言

⑳ avid 貪圖的
avoid 取消

㉑ axil 腋窩
axial 軸的

—— （ B ） ——

① bacon 醃豬肉
beacon 烽火

② bade 出價
badge 徽章

③ baker　麵包師
　　backer　支持者

④ bail　保釋金
　　basil　紫蘇

⑤ bare　赤裸的
　　barde　鎧甲

⑥ bases　基礎
　　bass　鱸魚
　　basis　基本

⑦ boat　船
　　boast　誇大
　　bast　韌皮
　　beast　獸　　besot　昏迷
beat　打　　　best　最好的
　│　　　　　blest　賜福
beaut　美人　blet　爛果
　　bleat　羊叫　　blent　混合
　　blat　妄談　　bent　彎曲
blast 疾風　bleat 牛鳴　brent　黑雁

⑧ bleak　風吹雨打的
　　beak　鳥嘴
　　break　打破

⑨ bend　彎曲
　　blend　混合
　　bled　出了血
　　bleed　出血

⑩ beta　貝塔
　　betta　暱稱

⑪ bide　留
　　bride　新娘
　　bridge　橋

⑫ bier　棺材
　　biter　咬者
　　bitter　苦的

⑬ bight　彎曲
　　bright　光明的

⑭ bill　帳單
　　brill　鰈魚

⑮ bind　綁
　　blind　瞎的

⑯ board　板
　　bard　詩人
　　beard　鬍鬚
　　bead　珠串
　　bread　麵包
brad　無頭釘　bred 生育過了
braid　編織　breed　生子

⑰ border　過境
　　boarder　寄宿者

⑱ bother　打擾
　　brother　兄弟

⑲ bought　買到
　　brought　拿

⑳ bourse　交易所
　　bouse　痛飲
　　blouse　工人服

㉑ bran　糠
brain　腦　brawn　肌肉

㉒ brat　小傢伙
　　brant　黑雁

㉓ breath　呼吸
　　breadth　寬度

㉔ brit　小鯡
　　bruit　謠言
　　brut　苦的
　　brunt　衝擊

㉕ bunch　一束
　　brunch　早午餐

㉖ bus　公車
　　buss　接吻

——（ C ）——

① cake 餅
　 crake 秧雞

② calk 填塞
　 chalk 粉筆

③ callus 皮膚硬化
　 calluas 無情的

④ cane 甘蔗
　 crane 鶴

⑤ canon 規律
　 cannon 大砲

⑥ canvas 帆布
　 canvass 討論

⑦ carat 克拉
　 cart 小拖車
　 caret 漏字符號
　 carpet 地毯　carlet 小汽車

⑧ carton 紙板盒
　 cartoon 卡通

⑨ crash 碰撞
　 cash 現金
　 clash 撞擊

⑩ cast 拋
　 coast 海岸
　 coat 外衣　cost 價格

⑪ caste 階級
　 castle 城堡

⑫ chap 裂開
　 cheap 便宜的

⑬ char 木炭
　 chair 椅子

⑭ chasse 飲料
　 chase 追逐
　 case 箱子
　 chaise 二輪馬車　cause 原因
　　　　　　　　　　clause 子句

⑮ chat 聊天
　 chant 歌

⑯ chin 下頜
　 chain 鍊條

⑰ chip 碎片
　 chirp 唧唧聲

⑱ chose 選擇了
　 choose 選擇

⑲ cinch 馬肚帶
　 chinch 床蝨　clinch 擁抱

⑳ clam 蛤
　 claim 要求

㉑ clan 氏族
　 clean 清潔的

㉒ clap 拍手
　 clasp 鉤子

㉓ clay 粘土
　 clary 鼠尾草

㉔ climatic 氣候的
　 climactic 漸進的

㉕ clot 凝塊
　 clout 破布

㉖ coca 古柯
　 cocoa 可可

㉗ cock 公雞
　 clock 鐘　crock 壺

㉘ coma 不省人事
　 comma 逗點

㉙ comic 有趣的
　 cosmic 宇宙的

㉚ cone 圓錐體
　 conte 短篇故事
　 cote 鴿棚

㉛ cope 僧袍

copse　矮樹叢

㉜ coral　珊瑚
　 corral　獸欄

㉝ cord　細繩
　 chord　弦

㉞ cram　塞滿
　 cream　乳酪

㉟ cult　祭禮
　 culet　多面之體

㊱ curt　簡短的
　 curst　咒罵

——（D）——

① dace　鰷魚
　 dance　跳舞

② deal　分派
　 decal　印花釉法

③ dear　親愛的
　 debar　排除

④ debt　債
　 debit　借方　debut　初次登台

⑤ decent　適合的
　 descent　下降

⑥ decry　非難
　 descry　查出

⑦ deist　神教者
　 desist　停止

⑧ deprecate　抗議
　 depreciate　貶值

⑨ desert　沙漠
　 dessert　餐點甜品

⑩ done　做過了
　 drone　雄蜂　donee　受贈者

⑪ door　門
　 donor　捐贈者

⑫ dose　配藥
　 douse　浸水

⑬ dram　少量
　 dream　夢

⑭ drop　滴
　 droop　枯萎

——（E）——

① ease　安閒
　 erase　擦去

② edit　校對
　 edict　布告

③ emery　金鋼砂
　 empery　帝國

④ endue　賦予
　 endure　忍耐

⑤ ensue　接續發生
　 ensure　擔保
　 enure　磨鍊

⑥ envy　羨慕
　 envoy　公使

⑦ eyre　週遊
　 eyrie　高巢

——（F）——

① fact　事實
　 facet　刻面

② factious　搞派系的
　 facetious　好開玩笑的

③ farther　更遠
　 father　父親

④ ferule　戒尺
　 ferrule　金屬環

⑤ fight　打仗
　 fright　驚恐

⑥ find　尋到

fiend　惡魔

fend　抵禦　friend 朋友　fied 逃走
fried　油煎　　　field　田野

⑦　first　第一
　　fist　拳頭
　　foist　蒙混插入

⑧　flit　飛躍
　　flirt　玩弄

⑨　fondling　被溺愛者
　　foundling　棄兒

⑩　font　聖水盆
fount　泉　front　前

⑪　forbear　自制
　　forebear　祖先

⑫　fore　在前面
force　力量　forte　優點

⑬　form　形式
　　forum　法庭

⑭　forth　向前
　　fourth　第四的

⑮　founder　創立者
　　flounder　掙扎

⑯　frond　複葉
　　fond　喜歡
　　found　找尋
　　fund　基金

⑰　funeral　葬禮
　　funereal　陰森的

⑱　fury　憤怒
furzy　雀花　furry　如毛皮的

──（ G ）──

①　gage　挑戰
　　gauge　計量器

②　gamin　街頭流浪兒

gain　得到
grain　谷類
grin　露齒
gin　杜松子酒　groin　鼠蹊

③　gantlet　長手套
　　gauntlet　長手套

④　gate　大門
　　grate　門格子

⑤　geld　稅
　　gelid　似水的

⑥　gemmae　無性芽
　　gemmate　有芽的

⑦　genie　神怪
　　gene　基因
　　genre　類型

⑧　gens　氏族
　　genus　種類
　　genius　天才

⑨　gild　鍍金
　　guild　引導

⑩　gilt　燙金的
　　guilt　罪行

⑪　glary　眩目的
　　glairy　蛋白狀的

⑫　glen　峽谷
　　glean　拾取

⑬　goad　刺棒
　　gonad　性腺

⑭　god　神
good　好　gold　黃金

⑮　goat　山羊
　　groat　英國硬幣

⑯　gore　血塊
gorge　咽喉　gorse　金雀花

⑰ grit　砂礫
gript　緊握　grist　大量

⑯ gust　一陣疾風
guest　客人

—（ H ）—

① harm　傷害
harem　閨房

② hart　牡鹿
heart　心
heat　熱度

③ hatable　該恨的
hateable　該恨的

④ have　有
heave　舉起

⑤ haven　港
heaven　天堂

⑥ head　頭
heard　聽
hard　硬　herd　獸群

⑦ hist　噓
hoist　升高　heist　盜竊

⑧ hoarse　沙啞的
horse　馬
hose　軟管
house　房屋

⑨ holy　神聖的
holly　冬青樹

⑩ hymn　聖歌
hymen　處女膜

—（ I ）—

① imbue　注入
imbrue　塗染

② insect　昆蟲
inset　插入
insert　嵌入

③ isle　小島
istle　纖維

—（ J ）—

① jeweler　珠寶商
jeweller　珠寶商

② jewfish　大海魚
jewish　猶太的

③ just　正好
joust　競技

—（ K ）—

① keel　龍骨
kneel　跪下

② knot　結
knout　鞭打

③ kola　可拉果
koala　澳洲有袋獸

—（ L ）—

① lace　飾帶
lance　槍矛
lane　巷
liane　藤
line　線

② lain　躺下
lapin　兔毛

③ lama　喇嘛
lamia　女妖
lamina　薄片

④ lase　發光晶體
lapse　錯誤　lease　租借

⑤ lash　睫毛
leash　狗皮帶

⑥ last　最後的
least　最少的

7

⑦ later　較遲
　　latter　其次的

⑧ lath　條板
　　latch　下鎖

⑨ layer　層
　　lawyer　律師

⑩ lean　傾斜
　　learn　學習

⑪ leer　秋波
　　leper　癩瘋患者

⑫ less　較少
　　loess　黃土

⑬ lightning　閃電
　　lightening　使減輕

⑭ linage　每頁行數
　　lineage　血統

⑮ liter　公升
　　litter　擔架　lister　列表者

⑯ loan　借貸
　　loran　遠航儀
　　lorn　孤獨的

⑰ lode　礦脈
　　lodge　小屋
　　loge　包廂

⑱ lone　孤獨的
　　longe　訓馬長繩

⑲ loose　鬆的
　　lose　遺失
　　louse　蝨

⑳ lope　大步慢跑
　　loupe　高倍放大鏡

㉑ lune　弓形
　　lunge　刺

——（M）——

① mach　馬赫值
　　match　火柴

② male　男性
　　macle　雙晶　maple　楓樹

③ mana　超然力量
　　mania　狂亂
　　manila　呂宋麻

④ mane　馬鬃
　　mange　畜疥

⑤ manic　躁狂的
　　maniac　瘋子

⑥ mate　結伴
　　matte　硫碴

⑦ maze　迷宮
　　maize　玉蜀黍

⑧ mere　只不過
　　merge　吞沒

⑨ meter　公尺
　　metier　行業

⑩ mist　霧
　　moist　潮濕的
　　most　最多　monist　一元論者

⑪ moly　魔草
　　molly　懦夫

⑫ moon　月亮
　　moron　低能者
　　morn　早晨
　　mourn　哀悼

⑬ moose　麋
　　morose　陰沈的

⑭ morning　早晨
　　mourning　悲傷

⑮ mote　微屑
　　monte　紙牌戲

⑯ much 很多的
munch 出聲咀嚼

⑰ mucus 黏液
mucous 有黏液的

—— (N) ——

① nave 本堂
naive 天真的

② navy 海軍
navvy 粗工

③ neve 萬年雪
nerve 神經

④ niche 壁龕
nice 悅人的
niece 姪女

⑤ boble 高貴的
mobble 收買

⑥ none 毫無
nonce 目前

⑦ noose 活結
nose 鼻子
noise 噪音 Norse 挪威人

⑧ nosy 好管閒事的
noisy 喧鬧的

⑨ nous 理性
nodus 結節

⑩ nude 裸體的
nudge 以肘輕觸

⑪ nursing 授乳
nursling 嬰兒

—— (O) ——

① obit 訃聞
orbit 眼眶

② oblige 強迫
obligee 債權人

③ oiler 注油器
oilier 較爲圓滑的人

④ once 一次
ounce 一英兩

⑤ otic 耳部的
optic 眼睛的

⑥ ordnance 軍械部
ordinance 法令

—— (P) ——

① pain 疼痛
plain 平坦的
plan 計劃

② pant 喘氣,褲子
plant 植物 paint 油漆
plat 編結 pint 品脫
plait 辮繩 point 點

③ parol 答辯書
patrol 巡查

④ peace 和平
pace 步伐
place 地方

⑤ peach 桃子
preach 傳教

⑥ peal 鐘聲
pearl 珍珠 penal 刑事的 pedal 踏板

⑦ perse 灰藍色
peruse 閱讀

⑧ pice 印度銅幣
piece 片,塊
pierce 刺透

⑨ pitch 投擲
pith 木髓

⑩ plait 打褶
plat 編結

7

⑪ poise　均衡
　　pose　姿勢
prose　散文　posse　民團

⑫ pond　池塘
　　pound　磅

⑬ pone　玉米麵包
　　phone　電話

⑭ post　支柱
　　posit　放置

⑮ prim　一本正經
　　prism　三稜鏡
　　purism　修辭癖

⑯ prod　刺激
　　proud　得意的

⑰ prom　跳舞會
　　proem　引言

⑱ pubic　陰部的
　　public　公共的

⑲ pule　嗚咽
　　pulse　脈搏

⑳ pump　泵浦
　　plump　豐滿的

㉑ pure　純粹的
purse　錢袋　purge　清除

—（ Q ）—

① quant　用桿撐船
　　quaint　古怪的

② quiet　安靜
　　quit　停止
quilt　quoit　quint
棉被　鐵圈　第五度音程

—（ R ）—

① rage　憤怒
　　range　排列

② raid　侵略
　　rabid　發狂的

③ rant　狂言
　　raint　笑的

④ rase　消除
　　raise　升高
　　rise　站起
　　rinse　洗濯

⑤ realm　王國
　　ream　一令紙
　　rearm　重新武裝

⑥ reap　收割
　　recap　翻新

⑦ reel　紡車
rebel　反叛　repel　逐退

⑧ regal　手風琴
　　real　真實的
　　renal　腎臟的
　　rental　出租的

⑨ renin　蛋白酶
　　rein　韁繩
reign　朝代　resin　松脂

⑩ repay　付過
　　replay　第二次比賽
　　reply　回答
　　rely　依賴

⑪ rest　休息
　　reset　重組
　　resect　外科切除

⑫ rival　競爭者
　　rial　貨幣單位

⑬ roan　雜色的
　　Roman　羅馬人

⑭ robe　外袍
　　roble　白橡樹

role　角色
roe　魚
rode　騎乘

⑮ root　根
roost　雞棚
rooter　啦啦隊
rooster　公雞

⑯ round　圓的
rotund　圓肥的

⑰ rout　敗潰
roust　激動
rust　鏽

⑱ ruder　較無禮貌的
rudder　船舵

⑲ ruing　後悔
ruling　規定

⑳ ruse　策略
reuse　再使用

——（ s ）——

① said　説了
sapid　有味道的

② sail　航行
snail　蝸牛

③ salon　沙龍
saloon　大廳

④ salute　敬禮
saute　炸的
sate　坐
slate 石板　state 國家　skate 溜冰鞋

⑤ scad　參魚
scald　煮熟
scaled　用秤稱

⑥ scale　天秤
sale　賣
sable　黑貂　shale　泥板岩

⑦ scat　税捐
scant　缺乏的

⑧ scent　氣味
sent　送
spent　耗費

⑨ sconce　砲台
scone　麵包
sone
stone 石頭　sonde　測候儀

⑩ score　得分
sore　痛處
snore　鼾聲

⑪ scot　税
scout　斥堠
scut　短尾巴

⑫ scup　赤鯛角
scaup　白胸鴨

⑬ seal　海豹
steal 偷竊　sepal　薯片

⑭ sear　枯萎的
smear　塗抹

⑮ seen　看
seven 七　semen　精液

⑯ sender　送貨人
slender　苗條的

⑰ senor　紳士
senior　年長的

⑱ seine　大魚網
sine 正弦
shine 發亮　since 自從　spine 脊骨
singe　燒焦
single　獨身的

⑲ serve　服務
sere　乾枯的
serge　斜紋嗶嘰

7

⑳　shake　搖動
　　　sake　米酒
spake 說　stake 椿　snake 蛇　slake 消滅

㉑　shed　小屋
　　　shied　怕羞
　　　shield　盾牌

㉒　shoe　鞋
　　　shore　海岸

㉓　shoot　射
　　　shot　射
short 短的　shout 呼叫
　　　　　　shut　關
　　　　　　shunt　閃開

㉔　shut　關
　　　shunt　閃開
　　　sidle　側身而行
　　　side　邊
slide 滑動　snide 假的

㉕　sire　陛下
　　　spire　光頂

㉖　size　尺寸
　　　seize　搶

㉗　sing　唱
sling 投抛　sting 刺
　　　　　　string　線帶

㉘　slash　砍
　　　sash　帶子
smash 打碎　stash 貯藏

㉙　suite　套房
　　　site　場所
　　　smite　打

㉚　slack　寬的
　　　sack　袋
　　　shack　小房子

㉛　slag　渣
　　　slang　俚語

㉜　slat　石片
　　　slant　歪的

㉝　slay　砍死
　　　slaty　石板的

㉞　sleep　睡
　　　seep　滲出
　　　steep　陡峭的
　　　step　步
　　　strep　球菌

㉟　slight　輕微的
　　　sleight　巧妙

㊱　slop　濺潑
　　　sloop　單桅帆船

㊲　slung　投抛
　　　sung　唱
　　　stung　刺
　　　smother　使窒息
　　　smoother　較平滑的

㊳　sneer　嘲笑
　　　seer　看的人
sever 切斷　steer 把舵　sheer 完全

㊴　snath　鐮刀柄
　　　snatch　搶

㊵　soil　土
　　　spoil　腐敗

㊶　solar　太陽的
　　　soar　高飛
　　　sonar　探潛儀

㊷　solid　固體的
　　　sold　賣了
　　　scold　責罵

㊸　sole　唯一的
　　　solve　解決

㊹　soon　即刻

spoon 匙

(45) sped 促進
speed 速度
seed 種子

(46) spore 芽胞
sore 疼痛的
swore 宣誓 snore 打鼾

(47) snort 嘶
sort 種類
sport 運動
spot 污點
spout 噴

(48) sour 酸的
scour 洗

(49) span 片刻
spawn 卵

(50) spay 赤鹿
spacy 寬大的

(51) spirt 生長
spit 唾吐
sprit 斜桅
spirit 精神

(52) spouse 配偶
souse 鹽汁
scouse 馬鈴薯燉肉

(53) spring 春天
sparing 不足的
sparking 發火花
sparkling 閃亮的

(54) stain 染料
strain 拉緊

(55) stanch 止住
staunch 止血

(56) stand 站立
strand 靠岸

(57) star 星
stair 梯
stir 移動

(58) starting 開始
startling 可驚的

(59) steak 牛排
streak 斑紋

(60) stem 幹
steam 蒸汽
stream 河流

(61) stoke 添煤
stroke 打擊

(62) soup 湯
stoup 酒杯
stop 停止
stoop 門廊 strop 磨剃刀皮

(63) stove 火爐
strove 努力

(64) stram 走路
stream 小河

(65) study 學習
sturdy 堅强的

(66) sump 水坑
slump 陷入

(67) sura 章節
supra 在上

(68) swop 交換
swoop 猝然下降

——(T)——

① table 桌子
tale 故事

② tact 機智
tacit 無言的

③ tail 尾

trail　蹤跡
tril　三部曲
trill　顫音　trial　審判
　　　　　trinal　三倍的

④ tank　坦克
　　thank　謝謝

⑤ tape　帶
　　taupe　灰褐色

⑥ tend　照料
　　trend　傾向

⑦ tenon　榫
　　tendon　腱

⑧ tick　滴答聲
　　trick　惡作劇

⑨ ticket　入場券
　　thicket　叢林

⑩ tide　潮
　　tilde　發音符號
　　tile　磚

⑪ though　雖然
　　through　通過
　　thorough　完全的

⑫ tiger　虎
　　tier　行列
tiler 瓦匠　titer 滴量　timer 記時員

⑬ ting　叮呤聲
　　thing　物件

⑭ tingle　刺痛
　　tinge　氣味
　　tine　齒叉
trine　三重的　　twine　二股線
triune　三一體　　twinge　刺痛

⑮ tiny　極小的
　　tinny　錫的

⑯ tole　引誘

toile　薄麻布

⑰ topee　遮陽帽
　　tope　狂飲
　　trope　轉意

⑱ topic　話題
　　tropic　回歸線

⑲ tortuous　彎曲的
　　torturous　痛苦的

⑳ tough　強韌的
　　though　雖然
　　through　通過
　　thorough　完全的

㉑ trap　詭計
　　tramp　踩

㉒ tree　樹
　　three　三

㉓ trot　快步
　　trout　鱒魚

㉔ true　真實的
　　truce　休戰
　　──（ U ）──

① union　聯合
　　unison　調和

② urine　尿
　　ursine　像熊的

③ user　使用者
　　usher　看門人

④ unit　單位
unfit 不合　　unlit　未點燃的
　　──（ V ）──

① venal　能收買的
　　venial　可原諒的

② vial　藥水瓶
　　viral　濾毒的

③ vista 景色
vita 生命
vitta 頭巾

④ vole 野鼠
voile 紗
vile 下賤的

——（ W ）——

① waver 擺動
waiver 棄權 weaver 織工

② weak 弱的
wreak 洩怒

③ wether 閹羊
whether 是否 weather 天氣

④ word 字
world 世界

⑤ wore 穿著
whore 妓女 worse 更壞的

⑥ wort 麥芽汁
worst 最壞的

——（ X ）——

① xanthins 黃花色素
xanthines 氮化物

——（ Y ）——

① yean 生產
yearn 想念

② yeld 不能生育的
yield 生產

③ yore 昔時
you're 你是

——（ Z ）——

① zincy 含鋅的
zincky 鋅的

② zonal 區域的
zoonal 群體動物的

7

Time flies like an arrow.
How time flies. ——English Proverb
光陰似箭（珍惜時間） ——英諺

Good, better, best,
Never let it rest；
Till good is better,
And better, best！ ——English Proverb
由「好」「更好」到「最好」，
永不停息向上跑；
直到很「好」變「更好」，
再由「更好」進「最好」！ ——英諺

附錄(八)　同音異義的字群

> 讀音相同，但字母拼綴不相同、意義也不相同的字，便叫同音
> 異義字（homonyms）。中文裡同音異義字更多，趙元任博士曾
> 用同音異義字戲寫了「施氏食獅史」一百多字的文章（全用詩、
> 時、使、試、實這類字），有趣極了。下面是英文同音字：

〔A〕

- acclamation　歡呼
- acclimation　服水土

- ad　廣告
- add　加

- advice　忠告
- advise　忠告

- ail　痛苦
- ale　麥酒

- air　空氣
- ere　時代
- heir　繼承人

- aisle　過道
- isle　小島
- I'll　我將

- ait　湖中小島
- ate　吃
- eight　八

- all　全部
- awl　鑽子

- aloud　高聲
- allowed　允許

- altar　祭壇
- alter　改變

- amend　修改
- amende　賠償

- annalist　歷史家
- analyst　分析師

- annalize　撰史
- analyze　分析

- ant　螞蟻
- aunt　嬸母

- arc　弧
- ark　方舟

- arrant　極惡的
- errant　漂泊的

- ascent　上升
- assent　同意

- asperate　使粗糙
- aspirate　舒氣發音

- aught　無論何事
- ought　應當

- auger　螺絲鑽
- augur　預言者

- ax　斧
- axe　斧

- axes　斧
- axis　軸

- aye　是
- eye　眼睛
- I　我

〔B〕

- bad　壞的
- bade　吩咐

- bail　桶
- bale　包綑

- bait　誘惑
- bate　減少

- bare　裸的
- bear　熊

- baize　粗呢布
- bays　海灣

- balks　障礙
- box　箱子

- ball　球
- bawl　大叫

bare　赤裸的
bear　負荷

bard　詩人
barred　有橫木的

bark　犬吠
barque　三桅船

base　基礎
bass　男低音

bask　取暖
basque　女用短衣

baton　警棍
batten　長肥

bay　海灣
bey　對顯要的尊稱

beach　海灘
beech　山毛櫸

beat　打
beet　甜菜

be　是
bee　蜜蜂

beer　啤酒
bier　棺材

berth　艙位
birth　出生

bight　彎曲
bite　咬

billed　開帳單
build　建造

blew　打擊
blue　藍色

boar　野豬
bore　穿孔

board　木板
bored　使厭煩

boarder　寄膳者
border　界線

boll　莢殼
bowl　碗，鉢
bole　樹幹

borough　市鎮
burrow　洞穴

bourn　溪流
borne　負擔

bow　鞠躬
bough　大樹枝

boy　男孩
buoy　浮標

brake　煞車
break　打破

breach　破壞
breech　臀部

bread　麵包
bred　瀝麵包屑

brewed　釀造
brood　孵

bridal　新娘的
bridle　馬勒

bruit　謠言
brute　獸

bury　埋葬
berry　漿果

but　但是
butt　煙屁股

buy　買
by　經，由
bye　再會

〔C〕
cache　隱藏食物
cash　現金

caddy　小盒
cadi　法官

calendar　日曆
calender　砑光機

calk　填隙
caulk　尖鐵

call　打電話
caul　小帽

cannon　大砲
canon　教規

canvas　帆布
canvass　細究

carat　克拉
caret　漏字符號
carrot　紅蘿蔔

cask　桶
casque　盔

caudal　近尾部的
caudle　滋補酒
coddle　溺愛

cast　投擲
caste　社會階級

cause　原因
caws　烏鴉叫

cede　放棄
seed　種子

ceiling　天花板
sealing　封口

cell　細胞
sell　賣

cellar　地窖
seller　售賣人

cense　焚香
sense　感覺

censor　檢查員
censer　香爐

cent　一分錢
sent　送
scent　氣味

cerate　蠟膏
serrate　鋸齒狀的

cere　薄膜
sear　枯萎的
seer　預言者

cession　割讓
session　開會

cetaceous　鯨類的
setaceous　有棘毛的

chagrin　懊惱
shagreen　鯊皮革

champaign　大平原
champagne　香檳酒

cheap　便宜的
cheep　吱吱聲

chews　咀嚼
choose　選擇

choir　唱詩班
quire　一刀紙

choler　憤怒
collar　衣領

chord　樂器之弦
cord　細繩
cored　剔去果心

chronical　長期的
chronicle　編年史

chuff　村夫
chough　紅腳烏鴉

cilicious　像矽土的
siliceous　含有矽土的

cit　城裡人
sit　坐

cite　例證
site　地點
sight　視力

clause　子句
claws　爪

climb　攀登
clime　地方

coal　煤
cole　油菜

coaled　燒成炭
cold　寒冷的

coarse　粗糙的
course　經過

coat　外衣
cote　羊欄

coffer　珠寶箱
cougher　咳嗽者

coin　錢幣
quoin　隅石

colonel　上校
kernel　果實之核

color　顏色
culler　剔出者

complacence　滿足
complaisance　殷勤

complacent　滿足的
complaisant　殷勤的

compliment　恭維
complement　補充物

confidant　知己
confident　自信的

| coolly | 涼爽的 |
| coolie | 苦力 |

| coquet | 賣弄風情 |
| coquette | 賣弄風情女 |

| cores | 果實之心 |
| corps | 軍團 |

| council | 會議 |
| counsel | 商量 |

| cousin | 表兄弟 |
| cozen | 欺騙 |

| coward | 懦夫 |
| cowered | 畏縮 |

| creak | 輾軋聲 |
| creek | 小溪 |

| crewel | 絨線 |
| cruel | 殘忍的 |

crews	船員
cruise	海上巡邏
cruse	小瓶

| cue | 髮辮 |
| queue | 行列 |

| currant | 葡萄乾 |
| current | 電流 |

| cygnet | 小天鵝 |
| signet | 圖章 |

| cymbal | 鐃鈸 |
| symbol | 符號 |

〔D〕

| dam | 水壩 |
| damn | 詛咒 |

| days | 天 |
| daze | 使暈眩 |

| dear | 親愛的 |
| deer | 鹿 |

| demean | 舉止 |
| demesne | 領地 |

| depravation | 腐敗 |
| deprivation | 剝奪 |

| descendent | 降下的 |
| descendant | 後裔 |

| descent | 降下 |
| dissent | 不同意 |

| desert | 放棄 |
| dessert | 餐後甜點 |

| deviser | 設計者 |
| divisor | 除數 |

dew	露
do	做
due	到期的

| die | 死亡 |
| dye | 染色 |

| dire | 可怕的 |
| dyer | 染色業者 |

| discreet | 謹慎的 |
| discrete | 各別的 |

| doe | 牝鹿 |
| dough | 麵團 |

| does | 做 |
| doze | 打瞌睡 |

| done | 已做完 |
| dun | 催付 |

| dost | 做 |
| dust | 灰塵 |

| drachm | $\frac{1}{8}$兩 |
| dram | 少量 |

| draft | 草圖 |
| draught | 一網 |

| dual | 成雙的 |
| duel | 決鬥 |

| dyeing | 染色 |
| dying | 垂死的 |

〔E〕

| earn | 賺 |
| urn | 甕缸 |

| east | 東方 |
| yeast | 酵母 |

eight	八
ate	吃
ait	小島

| enactive | 制定法律的 |
| inactive | 不活動的 |

ere	不久
air	空氣
heir	嗣子

| errant | 漂泊的 |
| arrant | 極惡的 |

8

ewe　牡羊
yew　水松樹
you　你

ewes　牡羊
yews　水松樹
use　使用

eye　眼
I　我
aye　好

〔F〕

fain　高興的
fane　寺院
feign　假造

faint　無力的
feint　假裝

fair　博覽會
fare　處境

fate　命運
fete　節日

father　父親
farther　遠

faulter　犯錯者
falter　躊躇

fawn　小鹿
faun　畜牧神

feat　技藝
feet　腳

felloe　輪圈
fellow　同伴

ferrule　金屬環
ferule　戒尺

filter　過濾器
philter　春藥

find　發現
fined　科以罰金

fir　樅
fur　獸皮毛

fissure　裂縫
fisher　漁夫

fizz　嘶嘶聲
phiz　面貌

flea　跳蚤
flee　逃走

flew　飛
flue　煙窗管
flu　感冒

flour　麵粉
flower　花

for　因爲
fore　前面的
four　四個

formally　正式地
formerly　從前

foreword　前言，序
forward　向前

fort　要塞
forte　優點

forth　向前
fourth　第四

foul　污穢的
fowl　鳥

frays　喧吵
phrase　片語

freeze　結冰
frieze　飾帶
frees　使自由

fungus　菌
fungous　菌狀的

furs　毛皮類
furze　金雀花

〔G〕

gage　挑戰
gauge　標準計

gait　步法
gate　大門

gamble　賭博
gambol　歡躍

gantlet　長手套
gauntlet　夾鞭刑

gild　鍍金
guild　互助會

gilt　金箔
guilt　犯罪

glare　光滑亮面
glair　蛋白釉漿

gneiss 片麻岩 nice 佳美的	hay 乾草 hey 嗨	hoes 鋤草 hose 長統襪
gnu 大羚羊 new 新的 knew 知道	heal 治癒 heel 腳後跟	hole 洞穴 whole 全部
gourd 葫蘆瓢 gored 三角形布	hear 聽見 here 這裡	holm 小島 home 家
grate 磨碎 great 偉大的	heard 聽到 herd 一群	holy 神聖的 wholly 完全
grater 擦子 greater 較偉大的	heir 嗣子 air 空氣 ere 不久	hour 鐘點 our 我們
grisly 可怕的 grizzly 灰色的	hew 劈 hue 色彩	〔 I 〕 idol 偶像 idle 懶惰的 idyl 田園詩
groan 嘆氣 grown 長成的	hide 藏匿 hied 疾走	in 在內 inn 小旅館
grocer 雜貨商 grosser 較粗大的	hie 催促 high 高	indict 起訴 indite 撰寫
guise 外貌 guys 傢伙	higher 較高 hire 雇用	indiscreet 輕率的 indiscrete 堅實的
〔 H 〕 hail 歡呼 hale 體壯的	him 他 hymn 讚美詩	intention 意向 intension 緊張
hair 毛髮 hare 野兔	hoa 啊呀 ho 嗬 hoe 鋤	invade 侵略 inveighed 大罵
hall 大廳 haul 拖拉	hoard 積蓄 horde 游牧部落	irruption 侵入 eruption 爆發
hart 牡鹿 heart 心臟	hoarse 沙啞的 horse 馬	isle 島嶼 I'll 我要 aisle 狹長走道

8

〔J〕
jail　監獄
jaol　監獄（英）

jam　果醬
jamb　側柱

〔K〕
kernel　果核
colonel　軍中上校

key　鑰匙
quay　碼頭

knag　木釘
nag　小馬

knap　敲打
nap　小睡

knave　無賴漢
nave　車轂

knead　揉捏
need　需要
kneed　用膝觸擊

knew　知道
gnu　大羚羊
new　新的

knight　騎士
night　夜晚

knit　編結
nit　虱的卵

knot　結
not　不是

know　知道
no　不

knows　知曉
nose　鼻子

〔L〕
lack　缺乏
lac　蟲膠

lacks　不足
lax　鬆弛的

lade　裝載
laid　放置

lane　巷子
lain　躺下

lea　草地
lee　庇護所

leach　過濾
leech　水蛭

lead　鉛
led　塗以鉛

leaf　葉片
lief　願意的

leak　滲漏
leek　韭

lean　傾斜
lien　留置權

leased　出租了
least　最小的

lesson　功課
lessen　減少

levee　防洪堤
levy　徵稅

liar　說謊者
lyre　七弦琴
lier　躺臥者

lie　位置
lye　灰汁

lightning　閃電
lightening　減輕

limb　四肢
limn　繪畫

links　連結物
lynx　山貓

lo　看呀
low　低的

loan　借貸
lone　孤獨的

lock　鎖
loch　內海
lough　湖

〔M〕
made　製造
maid　少女

mail　郵件
male　男性

main　主要的
mane　馬鬃
Maine　緬因州

maize　玉蜀黍
maze　迷路

mall　大木鎚
maul　傷害

manner	態度
manor	封地

mantel	壁爐架
mantle	斗蓬

mark	標記
marque	捕拿

marshal	元帥
martial	軍事的

marten	黃鼠狼類
martin	燕

mead	草地
meed	報酬

mean	意欲
mien	風采

meat	肉
meet	遇見

meddle	摸弄
medal	獎章

meddler	干擾者
medler	枸杞

mettle	氣質
metal	金屬

mewl	低哭聲
mule	騾子

mews	海鷗
muse	沈思

might	可能
mite	小東西

miner	礦工
minor	較小的

missal	教堂書
missel	大鶇
missile	火箭

missed	沒有打中
mist	霧

moan	呻吟聲
mown	割草

moat	壕溝
mote	塵埃

mode	語態
mowed	割草

morning	早晨
mourning	悲傷

mucous	黏液的
mucus	黏液的

muscat	麝香葡萄
musket	毛瑟槍

mustard	芥末
mustered	召集

〔N〕

nag	小馬
knag	木釘

nap	打盹
knap	敲打

naval	海軍的
navel	肚臍

nave	車轂
knave	無賴漢

nay	否
neigh	馬嘶聲

need	需要
knead	揉捏
kneed	用膝觸擊

new	新的
gnu	大羚羊
knew	知曉

night	晚上
knight	騎士

nit	虱的卵
knit	編結

no	不
know	知道

none	毫無
nun	尼姑

nose	鼻子
knows	知道

not	不
knot	結

〔O〕

oar	槳
ore	礦砂

odd	剩餘的
owed	敬畏的
ode	頌歌

8

oh 啊
o 呀
owe 欠

one 一個
won 勝了

oracle 神諭
auricle 外耳

ordinance 法令
ordnance 軍械

ought 應當
aught 無論何事

our 我們的
hour 鐘點

〔P〕

packet 包裝
pact 契約

pail 提桶
pale 蒼白的

pain 苦痛
pane 方格

pair 一雙
pare 剝
pear 梨

palate 上顎
pallette 調色板
pallet 小床

passable 可通過的
passible 可感受的

paste 漿糊
paced 踱步

paw 腳爪
pa 爸爸

peace 和平
piece 一件

peak 山峰
peek 偷看
pique 慍怒

peal 鐘響聲
peel 剝皮

pedal 踏板
peddle 挑賣

peer 匹敵
pier 碼頭

pencil 鉛筆
pensile 懸的

pendant 懸垂物
pendent 未決的

philter 春藥
filter 過濾器

phrase 片語
frays 喧吵

pistil 雌蕊
pistol 手槍

place 場所
plaice 扁魚

plain 平坦的
plane 飛機

pleas 辯詞
please 請

plum 梅樹
plumb 鉛錘

pole 柱子
poll 投票數

pore 毛孔
pour 傾倒

praise 誇獎
prays 禱告
preys 掠奪物

pride 自負
pried 費力求得

prier 探究者
prior 占先的

pries 槓桿
prize 獎品

principal 校長
principle 原理

profit 利潤
prophet 先知

〔Q〕

quarts 夸特
quartz 石英

quay 碼頭
key 鑰匙

queen 皇后
quean 輕佻女人

queue 髮辮
cue 行列

quire　一刀紙
choir　唱詩班

quoin　隅石
coin　錢幣

〔R〕
rabbet　嵌接
rabbit　兔子

radical　急進的
radicle　幼根

rain　雨
reign　朝代
rein　韁繩

raise　舉起
raze　消除
rays　光線

raiser　升舉者
razor　剃刀

rancor　怨恨
ranker　出身行伍

rap　敲擊
wrap　包起

read　閱讀
reed　蘆葦

real　真實的
reel　紡車

receipt　收據
reseat　再行就坐

reck　注意
wreck　失事

red　紅色
read　閱讀

reek　冒煙
wreak　報復

rest　休息
wrest　搏扭

retch　作嘔
wretch　可憐的人

rheum　感冒
room　房間

rhumb　羅盤方位
rum　甜酒

rhyme　押韻語
rime　白霜

rigger　裝索具者
rigor　嚴厲

right　右面
rite　禮儀
wright　工人
write　書寫

ring　戒指
wring　絞扭

road　道路
rode　乘坐
rowed　排列成行

roe　魚卵
row　行列

rood　十字架
rude　無禮貌的

rote　背誦
wrote　書寫

rough　粗糙的
ruff　縐領

root　根
route　道路

rung　梯級
wrung　絞乾

rye　裸麥
wry　Y形物

〔S〕
sail　航行
sale　拍賣

sailer　帆船
sailor　水手

sane　公正的
seine　大魚網

saver　節約者
savor　香味

scene　出事地點
seen　看到

scent　氣味
sent　送
cent　一分錢

scull　輕劃艇
skull　頭蓋骨

sea　海
see　看

8

seal　海豹 seel　使失明	sewer　縫補者 sower　播種者 suer　起訴者	sloe　野梅 slow　緩慢的
sealing　捕海豹 ceiling　天花板	shear　大剪刀 sheer　純粹的	soap　肥皂 soup　湯
seam　接縫 seem　似乎	shoe　鞋 shoo　噓	soar　高飛 sore　傷心的
sear　枯萎的 seer　預言者 cere　薄膜	shone　發光 shown　展覽	sold　賣掉了 soled　上鞋底
sell　賣 cell　細胞	shoot　射 chute　急流	sole　腳掌 soul　靈魂
seller　售賣人 cellar　地窖	side　側邊 sighed　嘆息	some　有些 sum　總數
senior　年長的 seignior　君主	sight　視力 site　地點 cite　例證	son　兒子 sun　太陽
sense　感覺 cense　焚香	sign　記號 sine　正弦	staid　堅定的 stayed　停留
serf　農奴 surf　海浪	signet　印章 cygnet　小天鵝	stair　樓梯 stare　盯著看
serge　斜紋嗶嘰 surge　波濤	slay　砍死 sleigh　雪車	stake　樁 steak　牛排
serrate　鋸齒形的 cerate　蠟膏藥	sleeve　袖子 sleave　絲綿	stationary　固定的 stationery　文具
session　開會 cession　割讓	slew　沼地 slue　斜向 slough　泥坑	steal　偷竊 steel　鋼
setaceous　有棘毛的 cetaceous　鯨類的	slight　輕微的 sleight　狡計	stile　梯磴 style　式樣
sew　縫補 sow　播種 so　如此		straight　一直 strait　狹隘的，海峽

styx 冥河
sticks 棍棒

subtler 敏感者
sutler 隨軍小販

succor 救助
sucker 吸盤

suite 隨員
sweet 甜蜜的

swap 交換
swop 交易

symbol 符號
cymbal 鐃鈸

〔T〕

tact 機智
tacked 釘平頭釘

tale 故事
tail 尾巴

taper 圓錐形
tapir 貘

tare 皮重
tear 撕扯
tier 一層

taught 教
taut 拉緊的

teal 短頸野鴨
teil 菩提樹

team 隊群
teem 充滿

their 他們的
there 那裡
they're 他們是

threw 投擲
through 通過

throne 王位
thrown 投擲

throw 拋投
throe 劇痛

thyme 麝香草
time 時間

tide 潮流
tied 綁紮

toad 蟾蜍
toed 用腳尖踢
towed 拖拉

toe 腳趾
tow 拖拉

told 告知
tolled 收過路費

ton 噸
tun 大桶

too 過於
to 到
two 兩個

tracked 跟蹤
tract 地域

tray 盤碟
trey 三點的牌

〔U〕

urn 甕缸
earn 賺

use 使用
yews 水松樹
ewes 牡羊

〔V〕

vain 没用的
vane 風標
vein 靜脈

vale 谷
vail 脱帽
veil 面紗

Venus 維納斯
venous 靜脈的

vial 玻璃瓶
viol 弦樂器
vile 卑鄙的

vice 邪惡
vise 虎頭鉗

〔W〕

wade 涉過
weighed 稱量

wail 痛哭
wale 鞭痕
whale 鯨魚

waist 腰部
waste 廢物

wait 等候
weight 重量

8

waive　放棄
wave　波浪

wall　牆壁
wawl　號叫

want　願望
wont　習慣於

ware　器物
wear　穿戴

wart　疣腫
wort　麥芽汁

way　路
whey　乳漿
weigh　稱量

weak　虛弱的
week　一星期

weal　福利
wheal　小膿疱
wheel　輪子

ween　相信
wean　使斷奶

wen　瘤疣
when　何時

wether　閹羊
weather　天氣

what　甚麼
wot　知道

whist　肅靜
wist　知道

whole　全部的
hole　洞穴

wholly　完全
holy　神聖的

won　戰勝
one　一個

wood　森林
would　希望

wrap　包起
rap　敲擊

wreak　報復
reek　冒煙

wrest　擰扭
rest　休息

wretch　可憐的人
retch　作嘔

wring　絞扭
ring　戒指

write　書寫
wright　工人
right　右邊
rite　禮儀

wrote　寫下
rote　背誦

wrung　絞乾
rung　梯級

wry　Y形物
rye　裸麥

〔X〕

Xmas　耶誕節
Christmas　耶誕節

〔Y〕

yap　犬吠
yapp　捲邊裝釘

yawp　高聲喊叫
yaup　吵嚷

yew　水松
you　你
ewe　牡羊

yo　唷
yow　母羊

yews　水松
use　使用
ewes　牡羊

yoke　軛
yolk　蛋黃

your　你的
you're　你是

〔Z〕

zacks　硬幣
zax　石工用之斧

zincky　含鋅的
zinky　鋅的

附錄(九)　常易拼錯的字群

英文字拼錯的原因：①是相同的字母重複出現，如 assassin, committee, possess, success, vacuum。②是字中相同的字母卻發不同的音，如 accept, succeed, scarcity。③是夾有不發音的字母，如 aghast, bough, condamn, doubt, ghyll, mnemonics, pneumatic, rhyme, through, yacht。④是 ei 和 ie 順序混亂，如 bier/weir, heint/fient, heir/kier, veil/view, weird/wield。中文裡也有 戊—戍—戌—戎—成—戒、己—巳—已、巨—臣—臣—臣—匡等字（美國 Random House Inc. 出版的「Dictionary of the English Language」字典中也有「Words Commonly Misspelled」專章，列出通常容易拼錯的字）。要細心避免。

abbreviation	across	allottee
abscess	address	although
absorption	adequate	amateur
accessary	adherent	analysis
accessible	adjourn	analytical
accidentally	admittance	analyze
accommodate	adolescence	annual
accordant	adolescent	anonymous
accumulate	advertisement	antarctic
accustom	affidavit	antecedent
achievement	against	anticlockwise
acknowledgment	aggravate	anxiety
acquaintance	aggression	apparent
acquiesce	aisle	appearance
acquirable	alien	appetite
acquittal	allegiance	appreciate

9

appropriate	bronchial	cinnamon
approximate	brutality	circuit
arguing	bulletin	clothes
argument	buoyant	codeine
arrangement	bureau	collateral
assassin	bureaucracy	colloquial
assess	burglary	colonel
assistant	cafeteria	colossal
asthma	caffeine	column
athletic	calisthenics	coming
attorney	camaraderie	commemorate
authoritative	camouflage	commission
auxiliary	campaign	commitment
bankruptcy	cancel	committed
barrette	cancellation	committee
beggar	cantaloupe	comparison
believable	capapie	concede
beneficiary	carriage	conceivable
benefited	casserole	conceive
blizzard	cavalry	condemn
bludgeon	census	condescend
bologna	chagrined	conferred
bouillon	challenge	conscience
boundaries	chandelier	conscientious
breathe	changeable	conscious
brilliant	changing	consensus
broccoli	characteristic	consequently

consummate	diaphragm	environment
continuous	dining	equipped
controversy	diocese	erroneous
convalesce	disappear	esteemed
convenience	disappearance	exacerbate
cornucopia	disappoint	exaggerate
corollary	disastrous	excellent
correlate	disease	excessive
counselor	dissatisfied	exhilarate
courageous	dissident	experience
courteous	dissipate	experiment
criticism	drunkenness	exquisite
criticize	dumbbell	extemporaneous
culinary	ecstasy	extraordinary
curiosity	effervescent	extremely
curriculum	efficacy	familiar
debt	effciency	fascinate
debtor	efficient	fascism
deceive	eighth	feasible
decision	eightieth	fiend
decisive	electrician	fierce
descend	eligibility	fiftieth
descendant	ellipsis	finagle
desiccate	embarrass	foliage
desirable	endurance	forcible
desperate	energetic	foreign
diabetes	enthusiasm	forfeit

9

fortieth	hygiene	inveigle
forty	hygienist	irrelevant
fourth	hypocrisy	irresistible
fricassee	icicle	jealous
frieze	idiosyncrasy	jeopardize
fundamental	imaginary	journal
furniture	immediately	kindergarten
galoshes	immense	laboratory
gauge	impresario	larynx
genealogy	inalienable	leery
gnash	inconvenience	leisure
government	indestructible	liable
governor	indictment	liaison
graffiti	indigestible	lieutenant
grievance	indispensable	liquefy
grievous	inevitable	liqueur
guarantee	influential	lovable
guidance	initiative	manageable
haphazard	innocuous	maneuver
harebrained	innuendo	manufacturer
hemorrhage	inoculation	maraschino
hemorrhoid	inscrutable	marijuana
hereditary	instantaneous	marriageable
heroes	intellectual	mathematics
hierarchy	intelligence	mayonnaise
humorous	intercede	medicine
hydraulic	intermittent	medieval

millennium	occurred	persuade
minute	occurrence	persuasion
miscellaneous	offense	persuasive
mischievous	omission	physician
mistletoe	ophtalmology	piccolo
moccasin	opportunity	pinochle
molasses	outrageous	plaited
molecule	pageant	plateau
monotonous	pamphlet	plausible
muscle	paraffin	plebeian
mysterious	parakeet	pneumonia
naive	parallel	poinsettia
naturally	paralysis	pomegranate
necessarily	paralyze	possess
necessary	paraphernalia	possession
necessity	parimutuel	possessive
neighbor	parliament	possibility
niece	pasteurize	predecessor
ninetieth	peaceable	preferred
ninety	peculiar	prejudice
ninth	penicillin	preparatory
noticeable	perceive	prevalent
notoriety	permanent	primitive
nuptial	permissible	privilege
obbligato	perpendicular	professor
occasion	perseverance	proffer
occasionally	personnel	pronounce

9

pronunciation	rhyme	simultaneous
propagate	rhythm	sixtieth
psychiatry	rhythmic	skiing
psychology	riddance	socially
pursuant	sacrilegious	solemn
pursuit	sarsaparilla	soliloquy
putresce	sassafras	sorority
questionnaire	scarcity	sovereign
queue	scene	spaghetti
quizzes	scenery	spatial
receipt	scenic	spontaneous
receivable	schedule	statute
receive	scheme	stevedore
recommend	scissors	stiletto
referred	seize	studying
reign	seizure	submitted
relevant	sergeant	subtle
relieve	serviceable	subtly
religious	seventieth	succeed
reminisce	sheik	successful
remittance	shepherd	succession
rendezvous	sheriff	successive
representative	shrapnel	sufficient
restaurant	siege	supplement
restaurateur	sieve	surveillance
resuscitate	silhouette	susceptible
reveille	simultaneity	suspicion

sustenance	transferred	veil
syllable	transient	vengeance
symmetrical	tries	vermilion
sympathize	truly	veterinarian
synchronous	twelfth	viceroy
synonym	twentieth	villain
syphilis	tyranny	warrant
systematically	unanimous	Wednesday
tariff	undoubtedly	weird
terrestrial	unmanageable	wield
thirtieth	unnecessary	writing
thorough	unsuccessful	written
through	upholsterer	wrought
titillate	vacuum	xylophone
tournament	valuable	yacht
tourniquet	variety	zealous
tragically	vase	zebra

9

When there is life, there is hope.

——Chinese Proverb

留得青山在，不怕沒柴燒。　　　　——中國諺語

Don't idle away your time.　　　——Emerson

不要虛度光陰。　　　　　　　　　——愛默生

附錄㈩　常易弄混的字群

讀音相近的字，「聽」的時候，容易弄混（如 emigration/immigration, adapt/adept, dairy/diary）。形狀相似的字，「看」的時候，也易弄混（如 trail/trial, calendar/calender, prescrible/proscrible）。中文裡如壺—壼，搏—摶，茶—茶，育—肓—盲都是。（美國 The Dictionary of the English Langauge, by Random House Inc. New York N.Y. 1987, 書中也有「Words Commonly Confused」常易弄混的字之專章）。

accept—to take
except—to exclude

ad—advertisement
add—to increase

adapt—to make fit
adopt—to take（sb）into one's family as a relation

adverse—unfavorable
averse—disinclined

advice—recommendation（noun）
advise—to recommend（verb）

affect—to influence
effect—to accomplish；result

aid—help
aide—assistant

alley—narrow back street, narrow passage between houses
ally—confederate

all ready—completely ready
already—previously；so soon

altar—platform in a church
alter—to change

ambiguous—having serveral meanings ; not clear
ambivalent—uncertain, of two minds

amend—to modify
emend—to edit or correct

ante—before
anti—against

appraise—to estimate the value of something ; to set a price
appise—to notify

assay—to evaluate
essay—composition ; to try, attempt

auger—tool for boring holes
augur—to predict

avoid—to keep away from
evade—to dodge

bazaar—marketplace, fair
bizarre—strange

bloc—political grouping
block—obstruction

born—given birth
borne—carried, supported, produced, etc. (P.P. of bear)

bough—tree branch
bow—to bend or yield

brake—to slow and stop
break—to fracture, damage ; to stop work temporarily

breach—a break
breech—the buttocks

breadth—expanse
breath—air inhaled and exhaled (noun)
breathe—to inhale and exhale (verb)

calendar—chart for reckoning time
calender—machine for processing paper, fabric, cloth, etc.
colander—device for draining food

callous—unfeeling
callus—hardened skin

Calvary—site of Jesus' crucifixion
cavalry—mounted soldiers

cannon—gun
canon—law

canvas—cloth
canvass—to solicit opinions, votes, etc.

capital—economic resources ; government seat
capitol—legislature building

censer—container for incense
censor—one who checks for objectionable material

cession—act of ceding
session—meeting

chafe—to rub
chaff—worthless matter

chord—musical tones
cord—thin rope

cite—to quote
sight—power of seeing
site—place

climactic—referring to a climax
climatic—referring to a climate

complement—something that completes or balances
compliment—praise

compose—to make up
comprise—to include or consist of（ ＝comprize ）

consul—diplomat
council—assembly
counsel—advice ; a lawyer

corporal—of the body
corporeal—material, tangible, having the nature of

corps—group of people
corpse—dead body

credible—believable
creditable—praiseworthy, deserving commendation

cue—hint ; rod used in billiards
queue—line (the same sound with cue)

dairy—milk farm
diary—daily record book

delusion—false belief
illusion—false impression

desert—arid region ; to leave or abandon
dessert—final course of a meal

diagnosis—medical analysis
prognosis—medical prediction

dialectal—of a dialect
dialectic—of logical argumentation

10

discomfit—to confuse, frustrate
discomfort—to make uncomfortable

discreet—circumspect, prudent
discrete—separate

dispute—to argue
refute—to disprove

dual—of two, double
duel—fight

emigrate—to leave a country
immigrate—to enter and settle into another country

eminent—renowned
immanent—inherent
imminent—about to happen

energize—to give energy to
enervate—to deprive of strength or force

equable—uniform
equitable—fair, just

faze—to disconcert
phase—stage or aspect

flair—aptitude, style
flare—to burn, burst out

flaunt—to make boastful display
flout—to treat with contempt

flounder—to struggle awkwardly
founder—to sink, fail ; a person who establishes

forceful—powerful
forcible—done by force

foreword—introduction to written word
forward—onward, ahead

fortuitous—happening by chance
fortunate—lucky

full—filled
fulsome—offensive because excessive or insincerity

gamble—to bet
gambol—to frolic

hangar—shed for airplanes
hanger—frame for hanging clothes, a hangman

hyper—excessive, above
hypo—insufficient, under

idle—inactive
idol—image of a god

incredible—extraordinary, unbelievable, not credible
incredulous—skeptical

indict—to charge with an offense
indite—to compose or write, to prompt

inter—between, among
intra—within

its—belonging to it
it's—it is

jibe—to agree
jive—to fool

kneel—go down on the knees, to bend on knees
knell—sound of a bell
knoll—small hill

lay—to place or put ; past tense of lie
lie—to recline

lead—a metal ; to guide
led—past tense of lead

lesser—comparative of little
lessor—one who grants a lease

loath—reluctant
loathe—to hate

loose—not tight or bound ; to make loose
lose—to experience loss

luxuriant—abundant, lush
luxurious—sumptuous

material—substance
materiel—equipment, arms

mean—intermediate value of number sequence (adj)
median—middle number in number sequence

meddle—to interfere
metal—a substance
mettle—spirit

militate—to have an effect
mitigate—to moderate, soften

miner—one who mines
minor—underage person

moral—ethical ; lesson
morale—spirit

mucous—of a viscous substance (adjective)
mucus—a viscous substance (noun)

naval—of the navy
navel—umbilicus

ordinance—law
ordnance—military supply

palate—roof of mouth；sense of taste；intellectual taste
palette—artist's board
pallet—crude bed；platform

passed—past tense of pass
past—former time

peace—calmness；lack of hostility；freedom from war
piece—a part

pedal—foot lever
peddle—to sell

persecute—to hound
prosecute—to institute legal proceedings against

perspective—vision, view
prospective—future

plain—simple
plane—airplane；to smooth

practicable—feasible
practical—suited to actual conditions；sensible

precede—to go before
proceed—to continue

prescribe—to recommend
proscribe—to prohibit

principal—chief, head person；capital sum
principle—rule

10

prophecy—prediction (noun)
prophesy—to predict (verb)

prostate—gland
prostrate—lying flat

quiet—still
quite—very

role—a part
roll—to turn ; a small bread

seasonable—appropriate to the season ; timely
seasonal—depending on the season

shear—to clip
sheer—transparent ; utter

stationary—fixed
stationery—paper supplies

than—as in " greater than " (conjunction)
then—at that time

their—belonging to them
there—at that place

to—toward
too—also ; excessivetwo—number
two—the cardinal between one and three

trail—path
trial—judicial proceedings

trooper—soldier or police officer
trouper—actor, dependable person

upmost—highest , predominant
utmost—most extreme

umpire—a person selected to rule on the plays in a game

empire—a government under an emperor

venal—corrupt

venial—pardonable

weather—state of atmosphere

whether—if

who's—who is

whose—belonging to whom (possessive case of who)

xanthein—water soluble

xanthine—a nitrogenous compound

your—belonging to you

you're—you are

zoom—rose sharply, sudden upward flight

zoon—an animal

Some books are to be tasted, others to be swallowed, and some few to be chewed and digested

——Francis Bacon

有些書只須淺嚐，另一些書可供吞嚥，還有較少的一些書則是需要去咀嚼和消化的。

——佛蘭西斯·培根

10

附錄（十一）　選擇對錯的字群

> 下面有80個字（從 a 到 z），你能選出左邊或右邊的英文單字哪一個是正確的嗎？

1	absence	缺席	abscence
2	accidently	意外地	accidentally
3	accomodate	供應	accommodate
4	acheive	成就	achieve
5	acidety	酸味	acidity
6	acquaintance	相識	aquaintance
7	allotted	分配	alloted
8	analize	分析	analyze
9	anoint	塗油	annoint
10	arguement	辯論	argument
11	assistant	助手	assisstant
12	bankruptcy	破產	bankrupcy
13	basically	基本地	basicly
14	benefited	利益	benefitted
15	changable	可變的	changeable
16	commission	任命	commision
17	commitee	委員會	committee
18	connoiseur	藝術品鑑賞家	connoisseur
19	conscientious	正大光明的	conscientous
20	defenseless	無防禦的	defenceless
21	dilettante	愛好科文之人	dilletante
22	disappoint	使失望	disapoint
23	disasterous	災難的	disastrous
24	dissatisfied	使不滿	disatisfied

25	dissipate	驅散	disippate
26	drunkenness	酒醉	drunkeness
27	embarrassment	不安	embarassment
28	encouragment	鼓勵	encouragement
29	exhiliration	喜悅	exhilaration
30	familiar	熟知的	familar
31	fascinating	迷人的	facinating
32	Febuary	二月	February
33	genealogy	宗譜學	geneology
34	government	政府	goverment
35	harrass	困擾	harass
36	hypocrisy	僞善	hypocricy
37	incidently	意外的	incidentally
38	innoculate	注射	inoculate
39	iridescent	虹色的	irridescent
40	labortory	實驗室	laboratory
41	leisurely	空閒的	liesurely
42	loneliness	寂寞	lonliness
43	neice	姪女	niece
44	nineth	第九	ninth
45	noticeable	顯著的	noticable
46	occurence	發生	occurrence
47	optomistic	樂觀的	optimistic
48	pamphlet	小冊子	pamflet
49	permissable	可允許的	permissible
50	picnicking	野餐	picnicing
51	practicly	實際上	practically
52	preparation	預備	preperation
53	pronunciation	發音法	pronounciation

11

54	puntuation	標點法	punctuation
55	recommend	推薦	reccommend
56	restaurant	餐館	restarant
57	scarsity	缺乏	scarcity
58	seize	抓	sieze
59	siege	包圍	seige
60	superstision	迷信	superstition
61	supprised	使吃驚	surprised
62	temperament	氣質	temperment
63	trajegy	悲劇	tragety
64	truly	真實地	truely
65	tyrany	殘暴	tyranny
66	uglyly	醜陋地	uglily
67	unforgetable	令人難忘的	unforgettable
68	unnecessary	不必要的	unecessary
69	vacilate	搖動	vacillate
70	villianous	壞人似的	villainous
71	Wednesday	星期三	Wensday
72	weight	重量	wieght
73	weird	怪異的	wierd
74	xenial	主客關係	xeniel
75	xylogragh	木刻，木版畫	xylograf
76	yeild	放棄	yield
77	yolk	蛋黃	youlk
78	zeallous	熱心的	zealous
79	zebra	斑馬	zebla
80	zigzag	鋸齒形的	zigazag

附錄（十二）　形聲相近的字群

> 下列各字，形狀和讀音都很近似（ Look-alike and Sound-alike ），但意義卻不相同，要分別清楚。

12

1.　Accede—To agree or consent.

　　Exceed—To surpass.

2.　Accent—Emphasis in speaking.

　　Ascent—A rising, a going up, upward movement.

　　Assent—Consent, agreement.

3.　Accept—To receive.

　　Except—To omit or exempt.

4.　Access—Admittance, way or approach.

　　Excess—Surpassing limits.

5.　Adapt—To change, make suitable, to make fit.

　　Adept—Skilled, expert.

　　Adopt—To choose, select.

6.　Adverse—Hostile, opposed.

　　Averse—Unwilling, reluctant, opposed, disinclined.

7.　Advice—Counsel (a noun).

　　Advise—To give counsel (a verb).

8.　Affect—To influence.

　　Effect—Result, change.

9.　Air—Mixture of gases.

　　Heir—One who inherits.

10.　Aisle—Passageway, corridor.

　　Isle—Land surrounded by water.

11. Alimentary—Connected with nutrition.

Elementary—Connected with rudiments, fundamentals.

12. Allay—To rest, to relieve.

Alley—Narrow passage.

Alleys—Narrow passages (plural) .

Allies—Partners, comrades (plural) .

Ally—To join with, one who joins.

13. All ready—All are ready.

Already—Earlier, previously.

14. All together—All in company.

Altogether—Wholly, completely.

15. Allude—To make reference to.

Elude—To escape, to evade.

16. Allusion—A reference to (noun.)

Illusion—Deception (noun) .

17. Altar—Place of worship (noun) .

Alter—To change (verb) .

18. Always—Continually, forever, again and again.

All ways—Without exception.

19. Amateur—Nonprofessional.

Armature—Armorlike covering.

20. An—One, each.

And—Also, plus.

21. Angel—Celestial being.

Angle—Geometric figure.

22. Ante—Prefix meaning " before, " " prior. "

Anti—Prefix meaning " opposite, " " against. "

23. Appraise—To judge, to estimate.

Apprise—To inform, notify.

24. Are—Form of the verb " to be. "

Our—Form of the pronous " we " .

25. Assay—A test or to test.

Essay—An attempt or to try.

26. Assure—To convince, to guarantee, say positively.

Insure—To secure.

27. Attendance—An attending, meeting.

Attendants—Persons present.

28. Aught—Any little part, any respect.

Ought—Indicating duty, obligation, or right.

Naught—Nothing, zero.

29. Bail—Deposited credit.

Bale—Package or bundle.

30. Baited—Holding bait.

Bated—Held in.

31. Ball—Round object.

Bole—Tree trunk.

Boll—Pod of a plant.

Bowl—A receptacle (noun) or to roll (verb) .

32. Baring—Uncovering.

Barring—Excepting.

Bearing—Carrying, enduring.

33. Bazaar—Market, shop.

Bizarre—Odd, queer.

34. Beach—Sandy shore, strand.

Beech—Tree.

35. Bear—To carry (verb) or mammal (noun) .

    Bare—Uncovered, empty.

36. Beat—To hit or to strike.

    Beet— A plant.

37. Berry—Fruit.

    Bury—To preserve, conceal.

38. Berth—Place to sleep.

    Birth—Act of being born.

39. Biding—Waiting, expecting.

    Bidding—Command, summons (noun) .

40. Blew—Past tense of ＂blow.＂

    Blue—Color.

41. Bloc—Group of people.

    Block—A solid (noun) or to impede (verb) .

42. Boar—Male hog.

    Bore—To drill or dig.

43. Board—Flat piece of wood.

    Bored—Wearied.

44. Boarder—Lodger.

    Border—Boundary or frontier.

45. Boer—Dutch colonist.

    Boor—Ill-mannered person.

46. Born—Given birth to.

    Borne—Form of ＂to bear.＂

    Bourn (bourne) —Goal or limit.

47. Borough—Governmental unit.

Borrow—To receive with the intention of returning.

Burro—Donkey.

48. Brake—Device for stopping.

Break—To separate, destroy.

49. Bread—Food.

Bred—Hatched, born.

50. Breadth—Distance, width.

Breath—Exhalation. (noun)

Breathe—To inhale or exhale air. (verb)

51. Brewed—Fermented, steeped.

Brood—Offspring.

52. Bridal—Referring to a bride, or of a wedding.

Bridle—Headgear for an animal.

53. Britain—Short for Great Britain.

Briton—An Englishman, native of Britain.

54. Broach—To bring up (verb).

Brooch—Pin with a clasp.

55. Build—To make, establish.

Billed—Past tense of " to bill. "

56. Bullion—Ingots.

Bouillon—Broth.

57. Calendar—Table, register.

Calender—Machine with rollers.

Colander—Pan with perforations.

58. Calvary—Name of a hill outside Jerusalem.

Cavalry—Troops on Horseback.

59. Cannon—Large gun.

12

Canon—Law or rule.

60. Canvas—Cloth.

Canvass—To solicit, request.

61. Capital—For all meanings other than ”a building.”

Capitol—A building.

62. Carat—Weight.

Caret—Proofreading mark.

Carrot—Vegetable.

63. Casual—Not planned, incidental.

Causal—Relating to cause and effect.

64. Ceiling—Overhanging expanse.

Sealing—Fastening, closing.

65. Censer—Incense burner.

Censor—To examine.

Censure—To condemn.

66. Cent—Coin.

Scent—Odor.

67. Charted—Mapped.

Chartered—Hired, engaged.

68. Chased—Pursued, followed.

Chaste—Pure, unsullied.

69. Choir—Group of singers.

Quire—Measurement of paper (24 sheets) .

70. Choose—To pick out, select.

Chose—Past tense of ”to choose.”

71. Chord—Combination of musical tones.

Cord—String or rope.

72. Cite—To summon, quote.

Sight—View, vision.

Site—Location.

73. Claws—Talons, curved nails.

Clause—Group of words.

74. Climactic—Pertaining to climax, forming a climax.

Climatic—Pertaining to climate.

75. Clothes—Body covering.

Cloths—Pieces of cloth.

76. Coarse—Unrefined, common.

Course—Way or passage.

77. Coma—Unconsciousness.

Comma—Mark of punctuation.

78. Complacent—Smug, self-satisfied.

Complaisant—Obliging.

79. Complement—Something that completes or balances.

Compliment—Flattery.

80. Comprehensible—Understandable.

Comprehensive—Inclusive, including much.

81. Confidant—One trusted with secrets.

Confident—Assured, certain.

82. Conscience—Sense of right and wrong.

Conscious—Awake, able to feel and think.

83. Conscientiousness—Uprightness, honesty.

Consciousness—Awareness.

84. Consul—An official.

Council—Assembly, group.

12

Counsel—Advice.

85. Coral—Skeletons of marine animals.

Corral—Pen or enclosure.

86. Core—Center.

Corps—Group of people.

Corpse—Dead body.

87. Corporal—Concerning the body (adjective) ,or a low
　　　　　　ranking officer (noun) .

Corporeal—Material, tangible.

88. Costume—Clothing.

Custom—Established practice.

89. Greak—To make a sound.

Creek—Small stream.

90. Crews—Seamen or groups of persons.

Cruise—Voyage.

91. Currant—Small, seedless raisin.

Current—A stream (noun) or contemporary (adjective) .

92. Cymbal—Musical instrument.

Symbol—Sign or token.

93. Dairy—Milk enterprise.

Diary—Daily record.

94. Days—Plural of ” day. ”

Daze—To dazzle or stupefy.

95. Dear—Beloved, precious, expensive.

Deer—Animal.

96. Decease—Death.

Disease—Sickness.

97. Decent—Respectable, suitable.

Descent—Act of descending.

Dissent—To differ, disagree.

98. Definite—Explicit, clear.

Definitive—Decisive, final, complete.

99. Dependence—Condition of being supported.

Dependents—Those supported by others.

100 Deprecate—To express disapproval.

Depreciate—To become less in value, has little value.

Depredate—To rob.

101 Des'ert—Barren ground.

Desert'—To leave behind.

Dessert—Sweetfood.

102 Detract—To lower the quality of, to reduce the value of.

Distract—To divert.

103 Device—Contrivance (noun).

Devise—To make, invent (verb).

104 Die—to cease to live.

Dye—To color.

105 Dining—Eating.

Dinning—Pertaining to noise, uproar, loud voices.

106 Discomfit—To frustrate, thwart.

Discomfort—Uneasiness, distress.

107 Discreet—Judicious, thoughtful.

Discrete—Separate, distinct.

108 Divers—Several or sundry.

Diverse—Different, varied.

12

109　Dual—Twofold.
　　　Duel—Combat.
110　Due—Payable.
　　　Do—To perform, act.
111　Emigrate—To leave a country as a settler.
　　　Immigrate—To enter another country.
112　Eminent—Noteworthy, outstanding.
　　　Imminent—Near at hand.
113　Envel' op—To cover, wrap up.
　　　En'velope—A covering.
114　Errand—Trip or task.
　　　Errant—Roving, wandering, mistaken.
　　　Arrant—Notorious.
115　Ever—Always.
　　　Every—Without exception.
116　Exalt—To raise, praise.
　　　Exult—To rejoice.
117　Exceptionable—Objectionable.
　　　Exceptional—Out of the ordinary.
118　Extant—Still existing.
　　　Extent—Size, length.
　　　Extinct—No longer existing.
119　Factitious—Artificial.
　　　Fictitious—Imaginary.
120　Fain—Ready, eager (rarely used).
　　　Feign—To invent, fabricate.
121　Faint—To lose consciousness.

Feint—To pretend, deceive.

122 Fair—All uses except those for "fare."

Fare—To travel (verb)；transportation money (noun).

123 Find—To discover.

Fined—Punished.

124 Fir—Tree.

Fur—Animal hair.

125 Flair—Talent, ability, Keen natural discernment.

Flare—To blaze up.

126 Flea—Insect.

Flee—To run away.

127 Flour—Ground grain.

Flower—A blossom.

128 Flout—To mock, to scoff at.

Flaunt—To make a gaudy display, attract attention to.

129 Fondling—Caressing, coddling.

Foundling—Abandoned child.

130 Forbear—To refrain.

Forebear—Ancestor.

131 Foreword—Preface, introduction (to a book).

Forward—Movement onward.

132 Formally—Ceremoniously.

Formerly—Earlier.

133 Fort—Enclosed place, fortified building.

Forte—Special accomplishment.

134 Forth—Onward.

Fourth—Next after third.

12

135   Freeze—To congeal with cold.

Frieze—Architectural term.

136   Funeral—Ceremonies at burial.

Funereal—Sad, dismal.

137   Gait—Manner of moving.

Gate—Door or opening.

138   Gamble—To wager, bet.

Gambol—To skip about.

139   Genius—Great ability.

Genus—Class, kind.

140   Gibe—To scorn or sneer at.

Jibe—Same meaning as ”gibe,”but also ”to change
          direction.”

141   Gild—To overlay with gold.

Guild—Association, union.

142   Gilt—Gold on surface.

Guilt—Wrongdoing, crime.

143   Gorilla—Manlike ape.

Guerrilla—Irregular soldier.

144   Gourmand—Large eater.

Gourmet—Fastidious eater, epicure.

145   Grip—Act of holding firmly.

Gripe—To pinch, to distress.

146   Grisly—Horrible, ghastly.

Gristly—Pertaining to tough, elastic tissue.

Grizzly—Grizzled, gray ; pertaining to the animal.

147   Hail—to greet.

Hale—Healthy, vigorous.

148　Hair—Threadlike outgrowth.

Hare—Rabbit.

149　Hart—Male deer.

Heart—Muscular organ.

150　Heal—To make sound, well.

Heel—Part of the foot.

151　Hear—To become aware of sounds, perceive sounds.

Here—In this place.

152　Hoard—Laid-up store.

Horde—Crowd.

153　Hole—Cavity.

Whole—Intact, complete.

154　Holy—Sacred, consecrated, associated with God.

Wholly—Completely, entirely.

155　Hoping—Wanting, desiring.

Hopping—Leaping, springing.

156　Human—A person.

Humane—Tender, merciful, considerate.

157　Idle—Worthless, useless, pointless.

Idol—Image.

158　Immunity—Exemption from duty.

Impunity—Exemption from punishment.

159　Impassable—Not passable.

Impossible—Incapable of being accomplished.

160　Incidence—Range of occurrence, influence.

Incidents—Events, happenings.

12

161 Indict—To accuse, charge with crime.

Indite—To write.

162 Ingenuous—Innocent, artless.

Ingenious—Clever.

163 Invade—To enter, intrude.

Inveighed—Attacked in words, assailed.

164 Its—Possessive pronoun.

It's— " It is. "

165 Jealous—Resentful, envious.

Zealous—Diligent, devoted.

166 Knave—Unprincipled man or boy.

Nave—Part of a church.

167 Knew—To have fixed in mind or memory.

New—Of recent origin.

168 Know—To understand, perceive.

No—Word used to express denial, dissent.

169 Later—Referring to time.

Latter—Second of two, last mentioned of two.

170 Lead—Conduct, guide.

Lead—A metal.

Led—Past tense of " to lead. "

171 Leaf—Outgrowth of a stem.

Lief—Gladly, willingly.

172 Lean—Scant of fat, flesh.

Lien—Legal right.

173 Least—Smallest, slightest.

Lest—For feat that.

174 Lessen—To become less, diminish.
Lesson—Something to be learned.
175 Levee—Embankment.
Levy—To impose.
176 Lie—Falsehood.
Lye—Alkaline substance.
177 Lifelong—For all one's life, continuing for a long time.
Livelong—Whole, entire.
178 Lightening—Making less heavy.
Lightning—Discharge of natural electricity.
179 Lineament—Feature, characteristic.
Liniment—Medicated liquid.
180 Liqueur—Highly flavored alcoholic drink.
Liquor—Distilled or spirituous beverage.
181 Loan—Act of granting, lending.
Lone—Solitary, standing apart.
182 Loose—Not fastened tightly, to make loose.
Lose—To suffer the loss of.
Loss—A defeat.
183 Mail—Letters, etc.
Male—Masculine.
184 Main—Chief, principal.
Mane—Long hair.
185 Manner—Way of doing.
Manor—Landed estate, area of land, unit of land.
186 Mantel—Shelf.
Mantle—Loose covering.

12

187　Marshal—Officer.

　　　Martial—Warlike.

188　Material—Crude or raw matter, substance.

　　　materiel—Equipment in general.

189　Maybe—Perhaps.

　　　May be—Verb form expressing possibility.

190　Meat—Flesh.

　　　Meet—To come into contact.

191　Medal—Commemorative design.

　　　Meddle—To interfere.

　　　Metal—A hard substance obtained from ores.

　　　Mettle —Disposition, temper.

192　Miner—One who extracts minerals.

　　　Minor—Person under legal age.

193　Moat—Trench.

　　　Mote—Particle, speck.

194　Moors—Mohammedans, Muslim people.

　　　Moors—Open land.

　　　Mores—Folkways, customs.

195　Moral—Good or proper.

　　　Morale—Condition of the spirit, state of being.

196　Morning—Early part of the day.

　　　Mourning—Sorrowing, grieving.

197　Motif—Theme or subject.

　　　Motive—Spur or incentive.

198　Naval—Pertaining to ships.

　　　Navel—Pit or depression on the abdomen.

199 Of—Preposition with many meanings.

Off—Away from.

200 On—Preposition with many meanings.

One—Single unit or thing.

201 Oracle—Place or medium for consulting gods.

Auricle—Anatomical term.

202 Oral—Spoken.

Aural—Pertaining to the sense of hearing.

203 Ordinance—Rule, decree.

Ordnance—Military weapons.

204 Oscillate—To swing, vibrate.

Osculate—To kiss.

205 Pail—Bucket or other container for carring liguid.

Pale—Of whitish appearance.

206 Pain—Suffering, distress.

Pane—Plate of glass.

207 Pair—Two of a kind.

Pare—To peel.

208 Palate—Roof of the mouth, sense of taste.

Palette—Board for painters.

pallet—Small, makeshift bed.

209 Passed—Moved by.

Past—Just gone by.

210 Peace—Freedom from disturbance.

Piece—Portion.

211 Pedal—Lever.

Peddle—To hawk, sell at retail.

12

212 Pendant—An ornament.

Pendent—Hanging or suspended.

213 Persecute—To oppress, harass.

Prosecute—To bring legal proceedings.

214 Personal—Private.

Personnel—Body of persons.

215 Petition—A request.

Partition—Division, separation.

216 Physic—Medicine.

Physique—Body structure.

Psychic—Pertaining to the mind or soul.

217 Pillar—Upright shaft.

Pillow—Support for the head.

218 Pistil—Seed-bearing organ.

Pistol—Small firearm.

219 Plain—Simple, or a level stretch of ground.

Plane—Carpenters' tool, or level of existence.

220 Portion—Part, quantity.

Potion—A drink.

221 Pray—To beseech, entreat.

Prey—Plunder, booty.

222 Precede—To come or go before.

Proceed—To advance.

223 Prescribe—To direct, order.

Proscribe—To banish, to outlaw.

224 Principal—Chief, foremost.

Principle—Rule or truth.

225 Prophecy—Prediction (noun).

Prophesy—To foretell (verb).

226 Propose—To put forth a plan.

Purpose—Intention, aim.

227 Quarts—Measure.

Quartz—Mineral.

228 Quay—Wharf.

Key—Instrument for locking, unlocking; essential.

229 Quiet—Still, calm.

Quit—To stop, desist.

Quite—Positive, entirely.

230 Rabbit—A rodent of the hare family.

Rabid—Extreme, intense, or affected with rabies.

Rarebit—Welsh rabbit.

231 Rain—Precipitation.

Reign—Rule.

Rein—Check, curb.

232 Raise—To lift, elevate.

Raze—To tear down.

Rise—To get up.

233 Rebound—To spring back.

Redound—To have a result or effect, promote.

234 Reck—To have care or concern.

Wreck—Destruction, damage.

235 Reek—Vapor, fume.

Wreak—To give vent to.

236 Respectably—Properly, decently.

Respectfully—With esteem, honor.

Respectively—In order.

237　Retch—To try to vomit.

Wretch—Miserable person.

238　Reverend—Title for clergymen.

Reverent—Characterized by respect, sacredness.

239　Right—Correct, or direction.

Rite—Ceremony.

240　Sail—Material to catch wind.

Sale—Special offering of goods.

241　Satire—Work that expresses ridicule or contempt.

Satyr—Woodland deity, or a lecherous man.

242　Scarce—Not plentiful.

Scare—To startle, frighten.

243　Serf—A slave.

Surf—Waves.

244　Serge—Fabric.

Surge—To swell, to increase suddenly.

245　Shear—To cut, clip.

Sheer—Very thin.

246　Shone—Glowed.

Shown—Appeared, made known.

247　Shudder—To shake or tremble.

Shutter—Screen or cover.

248　Sleight—Deftness.

Slight—Slender, light.

249　Sole—Single, one and only.

Soul—Spiritual entity.

250　Stair—A step.

Stare—To gaze, glare.

251　Stake—Post, pole.

Steak—Slice of meat.

252　Stationary—Fixed in position.

Stationery—Paper for writing, paper supplies.

253　Statue—Sculptured likeness.

Stature—Height.

Statute—Law.

254　Steal—To take without permission.

Steel—Metal.

255　Stile—A step.

Style—Manner of expression.

256　Stimulant—Anything that stimulates.

Stimulus—Something that rouses.

257　Straight—Uncurved.

Strait—Narrow passageway of water to connect two seas.

258　Suit—Clothing.

Suite—Set of rooms, or furniture.

259　Tail—Rear appendage.

Tale—Story.

260　Taught—Trained, instructed.

Taut—Tightly stretched, tense.

261　Than—Particle denoting comparison.

Then—At that time.

262　Their—Possessive pronoun.

12

There—In or at that place.

They're—Shortened form of " They are. "

263　Therefor—For this, for that.

Therefore—Consequently, hence.

264　Thorough—Complete.

Though—Notwithstanding, although.

Threw—Tossed or hurled.

Through—From one end or side to the other.

265　Timber—Building material.

Timbre—Quality of sound.

266　To—Preposition with many meanings.

Too—More than enough, in addition.

Two—Number after " one. "

267　Tortuous—Winding, crooked.

Torturous—Full of, or causing, torture or pain.

268　Treaties—Agreements.

Treatise—Systematic discussion.

269　Troop—An assembled company.

Troupe—Traveling actors.

270　Urban—Characteristic of a city.

Urbane—Suave, smooth.

271　Vain—Worthless, empty.

Vane—Direction pointer.

Vein—Blood vessel.

272　Venal—Corruptible, mercenary.

Venial—Excusable, pardonable.

283　Vial—Small vessel.

Vile—Repulsive, offensive.

Viol—Musical instrument.

274 Vice—Evil practice.

Vise—Device for holding.

275 Waist—Middle section of a body.

Waste—To squander, to employ uselessly, can't be used.

276 Waive—To relinquish, give up.

Wave—Ridge or swell of water.

277 Want—To wish or desire.

Wont—Accustomed, used.

Won't—Contraction of " will not. "

278 Weak—Not strong.

Week—Period of seven days.

279 Weather—State of atmosphere.

Whether—Conjunction implying alternatives.

280 Were—Form of verb " to be. "

We're—Contraction of " we are. "

Where—In or at what place.

281 While—During the time that.

Wile—Trick, stratagem.

282 Whose—Possessive case of " who. ", belong to whom.

Who's—Contraction of " who is. "

283 Wrench—To twist, pull, jerk.

Rinse—To wash.

284 Wring—To squeeze, press.

Ring—Band of metal.

285 Wry—Twisted, distorted.

12

Rye—Cereal grass.

286　Yeller—One who shrieks or screams.

Yellow—A color.

287　Yolk—Part of an egg.

Yoke—Frame or bar.

288　Yore—Time long past.

Your—Belonging to or done by you.

You're—Contraction of "you are."

289　Yowl—Howl, wail.

Yawl—Sailboat.

290　Yule—Christmas.

You'll—Contraction of "you will" or "you shall."

291　Zap—Attack, defect.

Zip—Sound as a bullet going throurh the air.

292　Zee—Name of the letter Z.

Zoo—Zoological gardens.

下面另外提供多組形聲相近的字群，請自行辨識（And here are more look-alikes and sound-alikes to add to your collection）：

(1)anecdote	(4)cede	(7)farther
antidote	seed	further
(2)beside	(5)chafe	(8)foul
besides	chaff	fowl
(3)blond	(6)clench	(9)jest
blonde	clinch	zest

附錄（十三）　巨大數字的字群

> 美國對數目字的寫法，是分節的，每三位數加一「節撇」來分隔。他們沒有「萬」（叫「十千」）。數目字是無窮大，只能說在後面加多少個「0」來表達（但英國計算法不盡相同）。

thousand	數字後面加3個0，千（例如5千是5,000）
million	數字後面加6個0，百萬（例如4百萬是4,000,000）
billion	數字後面加9個0，十億
trillion	數字後面加12個0，萬億，兆
quadrillion	數字後面加15個0，千萬億，千兆
quintillion	數字後面加18個0
sextillion	數字後面加21個0
septillion	數字後面加24個0
octillion	數字後面加27個0
nonillion	數字後面加30個0
decillion	數字後面加33個0
undecillion	數字後面加36個0
duodecillion	數字後面加39個0
tredecillion	數字後面加42個0
quattuordecillion	數字後面加45個0
quindecillion	數字後面加48個0
sexdecillion	數字後面加51個0
septendecillion	數字後面加54個0
octodecillion	數字後面加57個0
novemdecillion	數字後面加60個0
vigintillion	數字後面加63個0（這以上的0，都按3的倍數增加）
googol	數字後面加100個0
centillion	數字後面加303個0
googolplex	數字後面加 googol
jillion	很大的數目，不確定的。
zillion	一個不確定的大數目，無量數。

（末後二字，因未確指，故不在確切數目字之列）

13

附錄（十四）　英美相異的字群

英美語文本是同源，但因地域遠隔，分途發展，時日既久，以
致在拼寫上產生差異，大抵美文尚簡，英文尚古。主要差異字
如下：

拼字相異

美式拼寫	中　譯	英式拼寫
〔1〕 − a −		− au −
balk	櫟木，阻礙	baulk
gage	計量器	gauge
gantlet	鐵手套	gauntlet
stanch	堅固的	staunch
〔2〕 − e −		− ae −或− oe −
anemia	貧血症的	anaemia
edema	浮腫	oedema
eon	極長時期	aeon
estival	夏季的	aestival
maneuver	演習	manoeuvre
〔3〕 − ed −		− t −
burned	燃燒	burnt
dreamed	做夢	dreant
leaned	倚著，靠著	leant
leaped	跳躍	leapt
learned	學習	learnt
smelled	嗅	smelt
spelled	拼字	spelt

spoiled	損壞	spoilt
〔4〕－et－		－ette－
cigaret	香煙	cigarette
epaulet	肩章（軍）	epaulette
omelet	菜肉蛋捲	omelette
pantalets	燈籠褲(乘自行車穿用)	pantalettes
quarter	四重奏	quartette
toiler	洗手間	toilette
〔5〕－g－		－gg－
fagot	一梱，一束	faggot
wagon	四輪運貨馬車	waggon
wagoner	馬車夫	waggoner
〔6〕－i－		－e－
benzine	苯（化）	benzene
dispatch	派遣	despatch
gasoline	汽油	gasolene
jimmy	撬棍	jemmy
simitar	短彎刀	seimetar
〔7〕－i－		－o－
jail	監獄	gaol
jailer	獄吏	gaoler
〔8〕－i－		－y－
cider	蘋果汁，西打	cyder
flier	飛行員	flyer
siphon	虹吸	syphon
siren	警報器	syren
sirup	糖膠	syrup
tire	車胎	tyre
〔9〕－in－		－en－

14

inclose	封入	enclose
inclosure	包圍	enclosure
indorse	簽署	endorse
indorsee	被背書人	endorsee
indorsement	簽註	endorsement
indorser	背書人	endorser
infold	包	enfold
inquire	查問	enquire
insnare	引入圈套	ensnare
insure	保證	ensure
intrust	信任	entrust
〔10〕 − ir −		− ero −
airplane	飛機	aeroplane
〔11〕 − k −		− c −
ankle	踝	ancle
disk	唱片，鐵餅	disc
mollusk	軟體動物	mollusc
skeptic	懷疑的	sceptic
soccer	橄欖球	socker
〔12〕 − k −		− que −
bark	三桅帆船	barque
check	支票	cheque
checkers	棋子	chequers
picket	警戒哨	piquet
racket	喧嚷	racquet
〔13〕 − l −		− ll −
canceled	刪去	cancelled
chiseled	鑿，雕	chiselled
councilor	議員	councillor

counselor	顧問	counsellor
dialed	撥電話號碼	dialled
enameled	漆瓷釉	enamelled
equaled	相等於	equalled
graveled	鋪石子	gravelled
jeweler	珠寶商	jeweller
jewelry	珠寶	jewellry
leveled	使成水平	levelled
leveler	使成水平的人或物	leveller
marvelous	驚奇的	marvellous
modeled	作模型	modelled
paneling	嵌板	panelling
raveled	解開	ravelled
trammeled	束縛	trammelled
traveler	旅行者	traveller
traveling	旅行	travelling
woolen	羊毛的	woollen
unequaled	不一樣的	unequalled
〔14〕 － ll －		－ l －
distill	蒸餾	distil
dullness	遲鈍	dulness
enroll	入伍	enrol
fulfill	實施	fulfil
fulfillment	實施	fulfilment
installment	分期付款	instalment
instill	灌輸	instil
skillful	熟練的	skilful
〔15〕 － m －		－ mme －
centigram	公毫	centigramme

14

decagram	十克	decagramme
decigram	公釐	decigramme
gram	公分，克	gramme
kilogram	公斤	kilogramme
miligram	公絲	miligramme
program	節目	programme
〔16〕－o－		－ ou －
bolt	螺栓	boult
endeavor	努力	endeavour
font	泉源	fount
harbor	海港	harbour
harborage	泊船處，港	harbourage
mold	鑄模	mould
moldy	發了霉的	mouldy
molt	換脫	moult
〔17〕－o－		－ ough －
altho	雖然	although
thoro	完全的，徹底的	thorough
thoroly	完全地，徹底地	thoroughly
tho	雖然	though
thro, thru	通過	through
thruout	整個	throughout
〔18〕－ ow －		－ ough －
plow	耕耘，犁	plough
plowman	農夫	ploughman
〔19〕－ or －		－ our －
ardor	熱情	ardour
behavior	行爲	behaviour
candor	坦率	candour

color	顏色	colour
demeanor	舉止，品行	demeanour
endeavor	努力	endeavour
favor	恩惠	favour
fervor	灼熱，熱情	fervour
flavor	味道	flavour
glamor	魔力	glamour
honor	榮譽	honour
humor	幽默	humour
labor	勞動	labour
neighbor	鄰居者	neighbour
odor	氣味	odour
parlor	客廳	parlour
rigor	嚴格	rigour
savior	救助者，救星	saviour
savor	味，香味	savour
savory	美味可口的	savoury
splendor	光輝，光彩	splendour
vapor	蒸氣	vapour
〔20〕 – se –		– ce –
defense	防衛	defence
license	執照，牌照	licence
offense	犯法	offence
practise	練習	practice
pretense	藉口	pretence
vise	虎頭鉗	vice
〔21〕 – og –		– ogue –
apolog	寓言	apologue
catalog	目錄	catalogue

14

decalog	十誡	decalogue
dialog	對話，問答	dialogue
epilog	結論	epilogue
monolog	獨白	monologue
pedagog	教員	pedagogue
prolog	序，開場白	prologue
〔22〕 − tion −		− xion −
complection	面色，局面	complexion
connection	關係，連接	connexion
inflection	彎曲	inflexion
reflection	反映，反射	reflexion
〔23〕 − y −		− ey −
bogy	沼澤多的	bogey
cony	兔子，兔皮	coney
dicky	驢子	dickey
nosy	大鼻子的	nosey
story	樓（層）	storey
whisky	威士忌酒	whiskey
〔24〕 − y −		− i −
dryly	乾燥地	drily
gayety	快樂，高興	gaiety
gayly	快樂地，輕快地	gaily
gypsy	吉普賽人	gipsy
pygmy	矮人，侏儒	pigmy
〔25〕 − z −		− s −
civilize	使文明	civilise
cozy	舒適的	cosy
czar, tzar	沙皇	tsar
memorize	熟記，背誦	memorise

organize	組織	organise
partizan	黨人	partisan
recognize	承認，認識	recognise
touzle	弄亂	tousle
vizor	帽舌	visor

〔26〕－ er － 　　　　　　　　　　　　　　－ re －

caliber	口徑	calibre
center	中央，中心	centre
centimeter	公分	centimetre
fiber	纖維	fibre
liter	公升	litre
luster	光彩，光澤	lustre
maneuver	演習	maneuvre
meager	不足的，貧弱的	meagre
meter	公尺	metre
niter	硝石	nitre
saber	軍刀，馬刀	sabre
scepter	王位，王權	sceptre
somber	昏暗的	sombre
specter	鬼，幽靈	spectre
theater	戲院	theatre

〔27〕－ □ － 　　　　　　　　　　　　　　－ e －

adz	扁斧，手斧	adze
annex	合併	annexe
ax	斧	axe
ay	常常，永遠	aye
blond	金髮女郎	blonde
cocain	古柯鹼	cocaine
form	形式，形態	forme

14

gelatin	膠	gelatine
good – by	再會	good – bye
jasmin	茉莉	jasmine
peas	豌豆	pease
preterit	過去的	preterite

〔 **28** 〕不規則的變異

alarm	警報	alarum
aluminum	鋁	aluminium
behoove	應該	behove
catsup	茄汁	ketchup
clew	線索	clue
forebear	克制	forbear
foregather	聚會	forgather
forego	摒絕	forgo
gray	灰色的	grey
mustache	鬍子	moustache
naught	零	nought
net	網子	nett
pedler	小販	pedlar
pudgy	矮胖的	podgy
premise	前提	premiss
pajamas	睡衣	pyjamas
rime	節奏，音韻	rhyme
sanitarium	療養院	sanatorium
sleigh	橇，雪車	sledge
slug	猛擊	slog
slush	泥濘	slosh
snicker	竊笑	snigger
taffy	太妃糖	toffy

donuts	油炸圈圈餅	doughnuts
bicentennial	二百週年紀念	bicentenary
centennial	一百週年紀念	centenary

用字相異

美式拼寫	中　　譯	英式拼寫
anyway	無論如何	anyhow
ashman	清道夫	dustman
attorney	律師	lawyer
baggage	行李	luggage
balance	餘數	remainder
ball	廳	saloon
blank	表格	form
basement	地下室	cellar
bedspread	床罩	coverlet
boarding	寄宿	lodging
bucket	桶	pail
candy	糖果	sweets
conductor	車上管理員	guard
congress	國會議員	parliament
corn	玉蜀黍	maize
curtain	帷幔	drape
devenport	長椅，長沙發	settee
elevator	電梯	lift
eraser	橡皮擦	rubber
fair	展覽會	exhibition
fall	秋天	autumn
family name	姓	surname
fan	迷，球迷影迷等	enthusiast

faucet	水龍頭	tap
flu	流行性感冒	influenza
folder	摺疊式印刷品，小冊子	booklet
forehanded	適時的	timely
fresh paint	油漆未乾	wet paint
generator	發電機	dynamo
hire	雇用	employ
huckster	小販	coster
information	詢問處	inquiry
intermission	暫時休息	interval
lightning-bug	螢火蟲	fire-fly
lumber	木材	timber
mail	郵政	post
mail－box	郵箱	post－box
mailman	郵差	postman
motion picture moving picture movie	電影	cinema film
pit	果核	stone
phonograph	留聲機	gramophone
program	時間表，程序表	timetable
railroad	鐵路	railway
rare	半生熟，不太熟的	underdone
realtor	房地產經紀人	estate agent
recess	休會，暫休	break, interval
robe	外衣，袍子	wrap
semester	半學年	half－year
shades	百葉窗	blinds
shoe－horn	鞋拔	shoe－lift
sidewalk	行人道	footpath

soak	典當	pawn
stairway	梯級	staircase
store	商店	shop
storekeeper	店主	shopkeeper
streetcar	電車	tram
suitcase	小提箱	portmanteau
tag	標籤	label
truck	運貨車	lorry
vest	背心	waistcoat
visitor	訪客	caller
washroom	洗室，廁所	lavatory

14

Knowledge makes humble, igrorance makes proud. ——English proverb

知識使人謙卑，無知使人驕傲。 ——英國諺語

It is nice to be important, But it is more important to be nice. ———English proverb

能做個「重要」的人固然很「好」，但做個「好」人卻更「重要」。 ——英國諺語

附錄（十五）　陰陽變化的字群

中文單字少有性別之分。近代才出現有：①他〔指男性，也統指男女兩性〕、她〔指女性〕、牠、或它〔指動物〕、祂〔指神或上帝〕；②你〔統指男女兩性〕、妳〔指女性。但此字實係奶、嬭的異體〕。可算兩例。

第一類　字頭不變，而在字尾加 ess

男著作家	author - - - - -	author - ess	女著作家
男爵	baron - - - - -	baron - ess	女男爵
男巨人	giant - - - - -	giant - ess	女巨人
（男）神	god - - - - -	godd - ess	女神
男繼承人	heir - - - - -	heir - ess	女繼承人
男主人	host - - - - -	host - ess	女主人
公豹	leopard - - - - -	leopard - ess	母豹
雄獅子	lion - - - - -	lion - ess	母獅子
男資助人	patron - - - - -	patron - ess	女資助者
男詩人	poet - - - - -	poet - ess	女詩人
王子	prince - - - - -	prince - ess	公主
牧羊漢	shepherd - - - - -	shepherd - ess	牧羊女

第二類　去掉末一音節的母音字，再加 ess

男演員	actor - - - - -	actr - ess	女演員
男恩人	benefactor - - - - -	benefactr - ess	女恩人
男指導員	conductor - - - - -	conductr - ess	女指導員
男醫生	doctor - - - - -	doctr - ess	女醫生
男指揮官	director - - - - -	directr - ess	女指揮官
男巫	enchanter - - - - -	enchantr - ess	女巫
獵人	hunter - - - - -	huntr - ess	女獵人
教師	instructor - - - - -	instructr - ess	女教師
黑人	negro - - - - -	negr - ess	女黑人
老虎	tiger - - - - -	tigr - ess	母虎

叛徒	traitor－－－－－	traitr－ess	女叛徒

15

第三類　不規則的變化再加 ess

修道院長	abbot－－－－－	abbess	女修道院長
公爵	duke－－－－－	duchess	女公爵
皇帝	emperor－－－－－	empress	皇后
（美）州長	governor－－－－－	governess	女州長
男孩	lad－－－－－－	lass	少女
主人	master－－－－	mistress	女主人
小主人	master（boy）	miss（girl）	小姐
先生	Mr.（Mister）－－	Mrs.（Mistress）	夫人
謀殺犯	murderer－－－－－	murderess	女謀殺犯
男魔法師	sorcerer－－－－－	sorceress	女魔法師

第四類　完全不同的字

未婚男子	bachelor－－－－－	maid	閨女，未婚少女
公豬	boar－－－－－	sow	母豬
男孩	boy－－－－－	girl	女孩
公牛	bull（or ox）	cow	母牛
兄弟	brother－－－－－	sister	姊妹
公兔	buck－－－－－	doe	母兔
公羊	buck,ram,tup	doe	母羊
公鹿	buck－－－－－	doe	母鹿
公雞	cock－－－－－	hen	母雞
小雄馬	colt－－－－－	filly	小雌馬
雄蜂	drone－－－－－	bee	雌蜜蜂
公狗	dog－－－－－	bitch	母狗
伯爵	earl－－－－－	countess	女伯爵
父親	father－－－－－	mother	母親
紳士	gentleman－－－－－	lady	夫人
公鵝	goose－－－－－	gander	雌鵝
丈夫	husband－－－－－	wife	妻子
國王	king－－－－－	queen	王后

貴族主人	lord – – – – –	lady	貴夫人
和尚	monk – – – – –	nun	尼姑
男人	man – – – – –	woman	女人
姪兒	nephew – – – – –	niece	姪女
爸爸	papa – – – – –	mamma	媽媽
公羊	ram – – – – –	ewe	母羊
先生	sir – – – – –	madam	夫人
兒子	son – – – – –	daughter	女兒
叔父	uncle – – – – –	aunt	嬸母

第五類　改變字頭或字尾

公山羊	billy – goat – – – –	nanny – goat	母山羊
雄兔	buck – rabbit – – –	doe – rabbit	雌兔
公驢	jack – ass – – – – –	she – ass	母驢
祖父	grand – father – – –	grand – mother	祖母
叔祖父	great – uncle – –	great – aunt	叔祖母
男地主	land – lord – – –	land – lady	女地主
男僕人	man – servent – –	maid – servent	女僕人
男僕	house – man – – –	house – maid	女僕
家長	house – master – – –	house – mistress	女主人
男售貨員	sales – man – – – –	sales – woman	女售貨員
		sales – girl	女售貨員
		sales – lady	女售貨員
男清潔工	washer – man – – –	washer – woman	女清潔工
男主席	chair – man – – – –	chair – woman	女主席
男主席	mister – chairman –	madame – chairman	女主席
男陸上工作者	lands – man – – –	lands – woman	女陸上工作者
男洗衣匠	laundry – man – – –	laundry – woman	女洗衣匠
男按摩師	masseur – – – – –	massese	女按摩師
男警察	police – man – – – –	police – woman	女警察
男郵差	post – man – – – –	post – woman	女郵差

第六類　例外變體

新郎	bride－groom－－	bride	新娘
男英雄	hero－－－－－－－	heroine	女英雄
男人	male－－－－－－－	female	女性
鰥夫	widower－－－－－	widow	寡婦

第七類　專屬陰陽性的字

下列名詞，專屬陽性：

太陽－－－－	sun	summer－－－	夏天
海洋－－－－	ocean	winter－－－－	冬天
風－－－－	wind	June－－－－	六月
雷－－－－	thunder	death－－－－	死亡
戰爭－－－－－	war		

下列名詞，專屬陰性：

慈善，博愛－	charity	mercy－－－－－－	慈悲，寬恕
地球－－－	earth	moon－－－－	月亮
名譽－－－	fame	peace－－－－	和平
希望－－－	hope	pride－－－－	自尊，自負
謙遜－－－	humility	spring－－－－	春天
正義－－－	justice	truth－－－－	真理
自由－－－	liberty	virtue－－－－	美德

第八類　兩性通用的字

嬰孩－－－	baby	parent－－－－	父母
鳥－－－－	bird	person－－－－	人
貓－－－－	cat	pupil－－－－	學生
孩童－－－	child	rat－－－－	鼠
表兄妹－－	cousin	relation－－－－	親戚
狐－－－－	fox	sheep－－－－	羊
朋友－－－	friend	student－－－－	學生
孤兒－－－	orphan		

附錄（十六）　大小異名的字群

中文裡，對同一種動物，因幼壯生長的時期不同而稱謂相異的
也不少。例如小馬叫駣，馬一歲叫駣，馬二歲叫駒，三歲叫駣，
八歲叫馴。馬高六尺為驕。馬身長到七尺稱騋，身長八尺稱馼，
巨馬曰駿，千里馬曰驥等等。

calf	小牛	美洲野牛	bison
heifer	三歲以下的小母牛	公牛	bull
steer	三歲以下的小公牛	閹牛	bullock
vealer	用奶餵的小牛	閹牛	castrated ox
		牛	cattle
		母牛	cow
		奶用牛	dairy cattle
		公牛	ox
		犀牛	rhinoceros
		水牛	water buffalo
		犛牛	yak

chamois	小羚羊	曲角羚羊	addax
ewe lamb	幼母羊	羚羊	antelop
hogget	小羔羊	山羊	buck
kid	小山羊	母羊	ewe
lamb	羔羊，小羊	瞪羚	gazelle
lambkin	小羊	山羊	goat
		大羚羊	oryx；ibex
		公羊	ram
		綿羊	sheep
		南非羚羊	springbok
		公羊	tup；billy goat
		閹羊	wether

colt	小雄馬	斑花馬	calico
filly	小雌馬	戰馬	charger
foal	小馬	駿馬	courser
pony	小馬	溫順馬	docile horse
		河馬	hippopotamus
		馬	horse
		老馬	jade
		母馬	mare
		馴良馬	palfrey
		公馬，種馬	stallion
		神話中的駿馬	steed
		斑馬	zebra
colt	小驢	驢	ass, dicky, dickie
		驢	dackey, dickey
foal	小驢	驢	donkey
		公驢	jackass, jack
		母驢	mare
		騸驢	geld-ass
		蹇驢	lame-ass
coyote	小狼	土狼	hyena, hyaena
pup	小狼	黃鼠狼	weasel
wolf-cub	小狼	狼	wolf
wolfling	小狼		
hogget	兩歲的公豬	公豬	boar
pig	小豬	長成了的豬	hog
piggie	小豬	豪豬	porcupine
piggy	小豬	母豬	sow
piglet	小豬	文學的豬	swine
pigling	小豬	豬群	hoggery

16

porkerling	小豬	豬群	hoggeries
porker	肥胖的小豬	豬（集合稱）	swinery
shote	斷奶的小豬		

doggie	（兒語）小狗	狼狗	beagle
doggy	（兒語）小狗	母狗	bitch
pup	小狗	偵探狗	bloodhound
puppy	小狗	鬥狗	bullo
whelp	幼犬	狗	canine
		閹狗	castrated dog
		短腿獵狗	cocker spaniel
		牧羊狗	collie
		雜種狗	cur
		獵獾狗	dachshund
		黑白花狗	dalmatian
		狗	dog
		灰狗	greyhound
		獵狗	hound
		短毛導䑁獵狗	pointer
		袖珍犬	pomeranian
		（俚語）狗	pooch
		獅子狗	poodle
		獵狗	retriever
		守衛狗	schipperke
		導盲犬	seeing-eye-dog
		狐狸狗	spitz dog
		小種獵狗	terrier
		狼狗	wolfdog

leveret	小兔	公兔	buck
bunny	（小孩語）兔子	母兔	doe
		野兔	hare

		兔	rabbit, cony, coney
catling	小貓	波斯野貓	caracal
kit	小貓	貓	cat
kitton	小貓	麝貓	civet cat
kitty	小貓	老母貓	grimalkin
puss	小貓	山貓	lynx
pussy	貓貓（小兒對貓的暱稱）	熊貓	panda
		野貓	serval, bobcat
		公貓	tomcat
chicken	小雞	竹雞	bamboo pheasant
cockalorun	小公雞	閹雞	capon
cockerel	未滿一歲的小公雞	交趾雞	cochin rock
poult	雛雞	公雞	cock
pullet	未滿一歲的小母雞	矮腳雞	dumpy
		雞	fowl
		錦雞	golden pheasant
		珠雞	guineafowl
		母雞	hen
		來亨雞	Leghorn
		山雞	pheasant
		雄雞	rooster
		烏骨雞	silk fowl
		火雞	turkey
		紅松雞	moorfowl
		紅松雞	moorbird
		雄紅松雞	moor-cook
		雌紅松雞	moor-hen
duckling	小鴨	公鴨	drake
teal	小水鴨	鴨，母鴨	duck
		野鴨	mallard

16

		紅冠鴨	ruddy duck
		麻鴨	sheldrake
		野鴨	mallard
mouse	小鼠	老鼠	rat
		栗鼠	chinchilla
		田鼠	mole
		山撥鼠	marmot
		地鼠	shrew
		地鼠	gopher
		松鼠	squirrel
		袋鼠	kangaroo
		天竺鼠	guinea pig
		睡鼠	dormouse
		鴿	dove
dovelet	小鴿	鴿	pigeon
squab	小鴿	傳信鴿	carrie pigeon
		野鴿	wood pigeon
		爪哇鴿	paddy bird
killdeer	小水鳥	水鳥	waterfowl
		信天翁	albatross
		蒼鷺鳥	beron
		鸕鶿鳥	cormorant
		麻鳥	curlew
		潛水鳥	grebe
		大嘴海鳥	puffin
		笛鳴水鳥	sandpiper
		沙雕水鳥	snipe
gooseling	小鵝	鵝，母鵝	goose
		公鵝	gander

		企鵝	penguin
		野鵝	wild goose
		塘鵝	pelican
crayfish	小龍蝦	大龍蝦	lobster
crawfish	小龍蝦	對蝦	prawn
		淡水蝦	shrimp
vervet	小猴	猴子	monkey
marmoset	小猴	猴子（古）	jackanapes
		彌猴	macaque
		長臂猴	gibbon
fawn	幼鹿	鹿	deer
		雄鹿	buck
		雄鹿	stag
		雄鹿	hart
		雌鹿	doe
		雌鹿	hind
		長頸鹿	giraffe
		梅花鹿	spotted deer
		馴鹿	reindeer
		北美馴鹿	caribou
		麋鹿	elk
		麋鹿	moose
		麋鹿	prunghorn
		紕角鹿	kudu
		麝香鹿	chevrotain
		麝香鹿	musk deer

16

附錄（十七）　動物叫聲的字群

中文有「鴉鳴雀噪」「燕語鶯啼」「龍吟虎嘯」的話，詩經有
「蕭蕭馬鳴」「呦呦鹿鳴」「鳥鳴嚶嚶」「鶴鳴九皋」之語。
看了此篇。不但廣識字彙，也可增添逸趣。

犬吠汪汪　dog
- bark
- bay
- bowwow
- growl
- howl
- kyoodle
- sharl
- snarl
- whimper
- whine
- yap
- yelp
- yip
- yowl

貓兒咪咪　cat
- mew
- meow
- miaou
- miaul
- moaow
- purr

牛鳴吽吽　cattle ── bellow / bleat / low / moo / roam

羊叫咩咩　sheep ── baa / bleat / mae / troat

鹿鳴呦呦　deer ──→ bell

猿嘯悽悽　gibbon ──→ howl

猴聲囂囂　monkey ── chatter / screech

狼嗥嗥嗥　wolf ──→ howl

馬嘶蕭蕭　horse ── neigh / whicker / whinny

驢聲咻咻　donkey ── bray / whinny

龍吟赫赫　dragon ──→ howl

猛虎嘯嘯　tiger ── roar / growl

獅王吼吼　lion ──→ roar

豹唤嗚嗚　leopard ──→ roar

象威唬唬　elephent ── bellow / trumpet

17

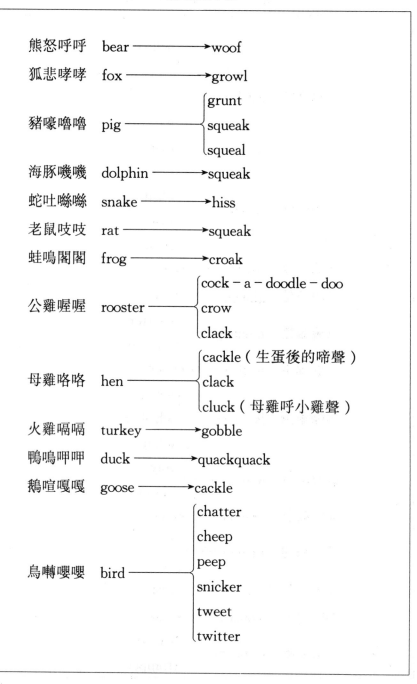

熊怒呼呼	bear	→ woof
狐悲哮哮	fox	→ growl
豬嚎嚕嚕	pig	→ grunt / squeak / squeal
海豚嘰嘰	dolphin	→ squeak
蛇吐嘶嘶	snake	→ hiss
老鼠吱吱	rat	→ squeak
蛙鳴閣閣	frog	→ croak
公雞喔喔	rooster	→ cock－a－doodle－doo / crow / clack
母雞咯咯	hen	→ cackle（生蛋後的啼聲）/ clack / cluck（母雞呼小雞聲）
火雞嗝嗝	turkey	→ gobble
鴨鳴呷呷	duck	→ quackquack
鵝喧嘎嘎	goose	→ cackle
鳥囀嚶嚶	bird	→ chatter / cheep / peep / snicker / tweet / twitter

野雁唵唵	wild goose	yang / quack / squawk
喜鵲噪噪	magpie	→ chirp
燕語喃喃	swallow	→ twitter
夜鶯咿咿	nightinggale	→ jug
鷓鴣可可	partridge	→ coo
樫鳥絮絮	jaybird	→ chatter
鸚鵡喋喋	parrot	→ hollo
烏鴉呱呱	crow	caw / croak
斑鳩嚅嚅	cushat	→ cheep
布穀呵呵	cuckoo	→ cuckoo
雲雀呢呢	lark	→ warble
鶴鳴唳唳	crane	→ cry
山鳥痙痙	rook	→ caw
知更嚦嚦	robin	→ carol
麻雀喳喳	sparrow	chatter / chirp / chirre
鷺鷀喎喎	cormorant	→ bill
八哥嘵嘵	myna	→ chirp
鴿兒咕咕	pigeon	→ coo

17

鴟梟嘿嘿　owl
- hoot
- screech
- scream
- tuwhit
- tuwhoo
- whoop

鷹鷲霍霍　eagle ──→ roar

蟬唱知知　cicada ──→ chirp

蜜蜂嗡嗡　bee
- buzz
- drone
- hum
- murmur

蟲鳴啁啁　insect ──→ chirp

蒼蠅嗯嗯　fly ──→ buzz

蟋蟀唧唧　cricket
- chirp
- chirr
- churr

蚊聲營營　mosquito
- buzz
- whine

After lunch, sit a while; after supper, walk a mile.
——Spanish proverb

午餐後，小坐片刻；晚餐後，散步一哩。 ——西班牙諺語

附錄（十八）　廁所便尿的字群

> 這類的字，書本不教，老師不講，卻是日常生活中所必須用到的，不可不知。

(1)廁所有關的字：

bog	廁所，毛坑（英俚）
bog house	廁所（英俚）
convenience	廁所，盥洗室（英）
gentlemen	男廁所
gents	男廁所
ladies	女廁所
women	女廁所
john	廁所（俚語）（有抽水設備的）
latrine	廁所（軍方用）
lavatory	廁所，盥洗室，便所
privy	舊式廁所
rest room, wash room	廁所，洗手間，公用盥洗室
toilet, toilet room	廁所（化妝室）
water closet（w.c.）	廁所
flush toilet	抽水馬桶
toilet bowl	抽水馬桶
toilet seat	馬桶上的坐墊圈
closestool	有蓋馬桶
necessary stool	有蓋馬桶
toilet training	幼兒的大小便訓練
toilet paper	衛生紙，草紙
potty chair	小孩拉屎的坐椅

18

potty	小孩的便壺（兒語）廁所
tissue	衛生紙，草紙
stool	廁所，便器，大便
nightstool, closestool	室內便器
I need to go to the bathroom.	我需要去上廁所。
I have to go！	我需要去上廁所。
I need to go the little boy's room.	男孩子說我需要去上男廁所。
I need to go the little girl's room.	女孩子說我需要去上女廁所。
Where is the rest room plaese？	請問洗手間在哪裡？

⑵大便有關的字：

to go to stool	去大便，如廁，出恭，拉屎
to ease nature	去大便，如廁，出恭，拉屎
to relieve nature	去大便，如廁，出恭，拉屎
great convenience	去大便的委婉含蓄的說法
dejectas	排泄物，糞，大便
excrement	排泄物，糞，大便
ordure	排泄物，糞，大便
turd	排泄物，糞，大便
stool	排泄物，糞，大便
loose stool	稀的大便
constipation	大便不通，便秘
laxation	通便劑
laxative	通便劑（n.），通便的（adj.）
stool examination	大便檢查
commode	便溺器
cesspit	化糞池
cesspool	化糞池
tumbrel, tumbril	糞車，拖肥車

(3)小便有關的字：

to pass water	解小便，撒尿，小解
to make water	解小便，撒尿，小解
to pass urine	解小便，撒尿，小解
to discharge urine	解小便，撒尿，小解
to relieve natrue	解小便，撒尿，小解
urine	小便，尿（n.）
uric	尿的（adj.）
urinate	排尿，小便（v.i.）
urinative	利尿的（adj.）
urinous	含尿的（adj.）
urinalysis	尿的分析法（n.）
urinal	小便器，小便所（n.）
urinary	小便處（軍方用）
a urine pot	尿壺，尿盆
a chamber pot	尿壺，尿盆
a chamber vessel	尿壺，尿盆
pee	撒尿，解小便（俚）
piss	尿（粗鄙語）
pisspot	尿壺
diabetes	糖尿病
diabetic	糖尿病患者
diaper	（嬰兒用過即丟的）紙尿布
napkin	（嬰兒用）尿布（英俗）
nappy	（嬰兒用）尿布（英俗）
pilch	尿布兜
stale	（牛馬的）尿，（牛馬）放尿
to wet the bed	尿床（睡時遺尿在床上）

18

I wet my bed.	我尿床了。
Do you want to pee？	你要解小便嗎？
I must go for a pee！	我必須要去解小便！

⑷放屁、屁股有關的字：

to break wind	放屁
to break wind from behind	放屁
fart	（俗）放屁（v.），（俗）屁（n.）
nonsense	放屁，胡說
non of your stuff	不要放狗屁
stuff and nonsense	全是狗屁胡說
to flog on the posteriors	打屁股
anus	肛門，屁股眼
arse	屁股（俗）
ass	屁股，臀部，尻（俚）
behind	屁股，臀部，尻（俗）
bottom	屁股，臀部，尻
breech	屁股，臀部，尻
bum	屁股，臀部，尻
butt, buttocks	屁股，臀部，尻（俚）
crupper	屁股，臀部，尻
fanny	屁股，臀部，尻（俚）
hip	屁股，臀部，尻
posteriors	屁股，臀部，尻
rear	屁股，臀部，尻（口語）
rear end	屁股，臀部，尻（俗）
seat	屁股，臀部，尻（或褲子的臀部）
tail end	屁股，臀部，尻（俗）

附錄（十九）　換字接龍的字群

一、規則：

1. 甲方隨意寫出一個英文單字（word），乙方（接龍的對方）要將該字變換其中的一個字母（letter），寫成另外一個新字（只准變動一個字母）。例如將 seed（種子）變爲 need（需要），或將 dive（潛水）變爲 dime（一角錢硬幣）。然後又輪由甲方，將乙方已接的字，變換一個字母，接寫出另一個新字。如此兩方接續下去，好像新年舞龍，第二節（龍身）跟著第一節（龍頭）轉，第三節跟著第二節轉，因稱接龍。（但已用之字，不能再用）。這是第一項規則。

2. 第二項規則：原有的字母可以都不變更，而將字母拼排的次序改換，使成另一新字。例如將 race（賽跑）改變字母順序爲 care（小心），或將 read（讀書）變爲 dear（親愛的），這是聰慧。

3. 第三項規則：將一個字中相同的字母，一齊換爲另外相同的字母。例如將 fully（完全地）換爲 funny（有趣的），這是一舉變換兩個相同字母。又如將 daddy（爹地）換爲 mammy（媽咪），這是同時變換了三個字母，更顯神化。

4. 字母數（letters）不能增減，而且變了的字母仍須放在原處。例如將 rain（下雨）變爲 rail（欄杆），這與規則符合（只將 n 變

爲 l，仍在 n 的原位上）。卻不可將 rain（下雨）變爲 rank（階級），這與規則不合（雖只將 i 變爲 k，但 k 卻移到了末尾而非在 i 的原位上）。這是第四項規則。

二、人數：

1.一人獨樂——同時扮演甲乙兩方，可測試自己知道的和記得的字彙究有多少？

2.二人對抗——分成敵我兩方比賽。

3.多人共賽——可分甲乙兩組，集體對抗（人數若是奇數，則大家認爲實力最強的一組少配一人）。

4.班級比賽——同一班之內，可分許多個甲乙組。如爲班與班賽，宜派代表，採淘汰制爭勝。

三、方法：

1.「有頭不限尾」法：

甲組先寫出起頭的第一字，由乙組照上述規則接續，如此交互連下去，不限字數，直到某一組不能再連便算敗了。然後輪由乙組出題。如下例：

〔例1〕door→（依規則1，將第一字母 d 變爲 p）→poor→（將第3字母 o 變爲 u）→pour→（依規則2，不換字，只改變字母順序，成爲：）→roup→（將 r 變爲 s）→soup→（將末字 p 變爲 r）→sour→（將 s 變 f）→four→（將 f 變 h）→hour→（將 h 變 y）→your→如此連續接下去……

2.「有頭有尾」法：

甲組寫出頭尾兩個字，讓乙組連接其中各字。亦即由第一字連起，設法變成末尾那個字。如下例：

〔例2〕and→（－－－）→but

三個字母都變了，似乎很難，但可以這樣解答：and→aid→bid→bud→but

又可以這樣解答：and→ant→tan（只改變字母順序，沒有換字）→tin→bin→bid→bud→but

還可以這樣解答：and→dan（不換字，只改變字母順序）→ban→pan→nap（不換字，只改變字母順序）→nip→nit→nut→nub→bun（改變字母順序）→but

〔例3〕bank→（－－－）→hide

四個字母全變了，似乎也難。可以這樣解答：

bank→band→bind→bine→wine→wide→hide

3.「頭尾限字」法：

依照第2法，再進一步，限定在頭尾之間，只許連接多少個字，如下例：

〔例4〕head→（　）→（　）→（　）→（　）→book

頭尾之間，限連四個字，可以這樣解答：

head→read→road→rood→rook→book

此法又可改成以連字最少的人獲勝。

四、舉例：

不勝枚舉，以下是提供參考啟發的一部份例子：

〔例5〕aide→side→sire→rise→wise→wine→mine→mind→kind ……

〔例6〕age ─┬─ago→ego→egg→erg→era─┐
　　　　　　└─are───────────────┴─ear→eat→tea→ten ……

〔例7〕base→bale→ball ─┬─call→cell→celt─┐
　　　　　　　　　　　　└─bell→belt─────┴─→felt→gelt→gilt →milt→molt→moot→root……

〔例8〕bake→cake ─┬─came→come→home→hole─┐
　　　　　　　　　　└─coke→cole→cold─────┴─hold→gold

→good……

〔例9〕boob→book→boom→boon→boor→boot→coot→cook→coon→coop→cool→fool→foot→food→good→gook→goon→goop→goof→hoof→hood→hook→hoot→hoop→loop→look→loom→loon→loot→moot→mood→moor→moon→noon→nook→rook→rood→roof→root→room→doom→door→poor→pood→pool→pooh→poop→poon→zoon→zoom→zook→zoot→soot→soon→toon→took→toot→tool→wool→woof→wood……

〔例10〕cock→cook→rook→rood〈 hood→hold ／ food 〉→fold……

〔例11〕cold→cord→word→ward→warm→barm→farm……

〔例12〕deaf〈 dear→hear〈 heat ／ heal 〉meal→meat／ deal 〉beat→seat……

〔例13〕deed→heed→meed→need→reed→seed→weed→feed→feet→beet→meet→meek→keek→leek→peek→seek→week→reek→reef→reel→feel→heel→peel→seel→keel→keen→peen→seen→ween→teen→teem→seem→deem→deep→jeep→keep→peep→weep→seep→seer→deer→jeer→peer→veer→leer……

〔例14〕ease→east→sate→eats→seat→meat→melt→belt→celt→cell→tell→well→fell→feel→feet→foot……

〔例15〕even→ever→over→rove→move〈 love→lore ／ more 〉tore→rote→note……

〔例16〕four → pour → poor / dour → door → moor → mood → food → fond → find →

→ wind → wine → wive / fine → five（接下欄例17 five）

〔例17〕five → live → line / fine → nine → nice → rice → race / dine → mine → mane → mace → face →

→（接下欄例18 face）

〔例18〕face → fact → tact → tart / pace → pact → part → cart → card → hard → ward →

word → lord → load → road……

〔例19〕game → gale → bale → bile → pile → pill → will → well → wall / balk → →

walk → talk……

〔例20〕hair → hail → bail → ball → fall / hall → hill → fill → kill → kilm……

〔例21〕jive → give → gave → gage / game → mage → made → mead……

〔例22〕kite → site → mite → time → tile → till → pill……

〔例23〕lead → head → held → hold / load → goad → gold → golf → flog……

〔例24〕live → hive → hove → dove → done → dine / line → sine → sing……

〔例25〕lose → love → move → mote → mate / dove → dote → date / rove → rote → rate / live → lave → late → hate → hath → path……

〔例26〕many → mane → bane → bone → none / cane → cone → lone → long……

〔例27〕meet→meek→peek—（peel→pool→poop→loop）

seek→week→meek→leek—look→

（peen→poon→noon→nook）

→hook→cook→cool→fool……

〔例28〕name（nape（rape→rope）nope）hope→hole→pole→poll……

mane→mare→more→mole

〔例29〕oar→bar→ear→are→ape→age→ago→ego→egg……

〔例30〕page→cage（sage→save→gave→gate→hate→hare）

cave

cafe

wage→ware——care

→race→rack→tack……

〔例31〕pond→pone（lone→line→kine→king）sing→wing……

pine→ping

〔例32〕rain→rail→bail→ball（call→calk）talk……

balk

〔例33〕root（foot→food→fold）hold→held→head→bead→bear→

hoot→hood

→year……

〔例34〕sick→silk→sill（will→well）bell→belt→felt……

sell

〔例35〕shine→thine→trine→brine→brink→

→drink→drank→crank→clank→

→clang→slang→sling→slink→blink→

→blank→plank→plane→place→glace→

→glade→blade→blare→flare→flame→

→flake→slake→slate→plate……

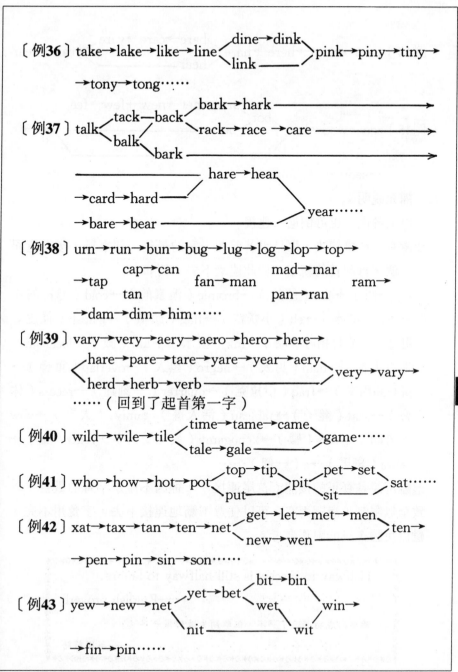

〔例36〕take→lake→like→line─dine→dink─pink→piny→tiny→
→tony→tong……

〔例37〕talk─tack─back─bark→hark─────────→
　　　　　balk─bark────rack→race→care─────→
　　　　　bark──────────────────→
　──────hare→hear
→card→hard─
→bare→bear──────year……

〔例38〕urn→run→bun→bug→lug→log→lop→top→
→tap　cap→can　　fan→man　mad→mar　　ram→
　　　　tan　　　　　　　pan→ran
→dam→dim→him……

〔例39〕vary→very→aery→aero→hero→here→
hare→pare→tare→yare→year→aery
herd→herb→verb──────very→vary→
……（回到了起首第一字）

〔例40〕wild→wile→tile─time→tame→came─game……
　　　　　　　　　　　tale→gale

〔例41〕who→how→hot→pot─top→tip─pit─pet→set─sat……
　　　　　　　　　　　put──　　　　sit──

〔例42〕xat→tax→tan→ten→net─get→let→met→men─ten→
　　　　　　　　　　　　　new→wen─────
→pen→pin→sin→son……

〔例43〕yew→new→net─yet→bet─bit→bin─win→
　　　　　　　　　　　　　wet─
　　　　　　　　　　nit────wit
→fin→pin……

19

〔例44〕zero→hero→here→hare＜bare→care→yare ＞year→dear
hear

……

〔例45〕zoo→woo→boo＜bot＜not→net→new→few→fee ＞bee→
bet
baa

→see……

五、補充説明：

1.以上各例，也可倒過來連接。

2.還有一種接龍法，那是跟著前面一字的最後一個字母，接寫這同
一個字母起首的新字，如此連續下去，例如：

a（一個）→abb（經線）→bromic（溴素的）→cold（寒冷的）
→dive（潛水）→elf（小妖精）→flag（旗幟）→galosh（橡皮套
鞋）→hi（打招呼、嗨）→ink（墨水）→kill（殺）→localism（
地方主義）→man（男人）→negro（黑人）→overlap（重疊）→
pi（圓周率）→Iraq（伊拉克）→quarter（一刻鐘）→recess（休
會）→seat（凳子）→tableau（活人畫）→univ.（大學）→vow
（許願）→wax（臘）→xenogamy（異花受精）→yentz（騙）→
zebra（斑馬）→a（一個）……

這雖可説是真正的接龍（首尾連接），卻因不規定字母的數目，以
致全無限制，海闊天空，可以任意不斷地連接下去，字彙用不完，
難以決勝，只能附作參考。

Halfway to success is still halfway to failure.

——English proverb

雖然向成功邁進了一半，但離開失敗仍僅一半。

——英國諺語

附錄（二十） 其他有助的字群

> 這裡提供一些零星的有關英文字群的知識，希望能小有幫助。

一、注意數字，有些拼寫不相同：

「四」是「four」   但「四十」是「forty」
（不是 fourty）

「五」是「five」 「第五」是「fifth」 「五十」是「fifty」
（不是 fiveth） （不是 fivety）

「八」是「eight」 「第八」是「eighth」 「八十」是「eighty」
（不是 eightth） （不是 eightty）

「九」是「nine」 「第九」是「ninth」 「九十」是「ninty」
（不是 nineth） （不是 ninety）

「十二」是「twelve」 「第十二」是「twelfth」（不是 twelveth）

「二十」是「twenty」 「第二十」是「twentieth」（不是 twentyth）

二、名詞由單數變複數，是末尾加 s，但也有不依這個規則的，如下列諸字：

axis－axes 軸   moose－moose 麋

bison－bison 美洲野牛   mouse－mice 鼠

brother－brothers－brethren 兄弟   Mr.－Messrs. 先生

child－children 兒童   ox－oxen 公牛

deer－deer 鹿   penny－pence 辨士

dozen－dozen 一打   score－score 記分

man－men 男人   series－series 連續

20

foot－feet　腳

sheep－sheep　羊

goose－geese　鵝

swine－swine　豬

gross－gross　十二打

tooth－teeth　牙齒

louse－lice　蝨

woman－women　女人

madam－mesdames　夫人

yoke－yoke　共軛牛

三、不發音的字群（silent letters）

(一)L 不發音：

－alf：　calf　小牛　　half　一半

－alk：　talk　説話　　walk　走

－alm：　calm　平靜的　palm　手掌

－ould：　could　能夠　should　應當　would　將

(二)字尾 t 前的 b，通常不發音（但有例外，不是全部如此）：

debt　債務　　　　indebted　負債的

doubt　懷疑　　　subtle　敏感的

(三)下面這群字，m 後的 b，都不發音：

bomb　炸彈

plumber　鉛匠

comb　梳

plumbery　鉛工業

dumb　啞的

plumbing　鉛管工程

numb　麻木的

rhumb　羅盤方位

tomb　墳墓

thumb　拇指

womb　子宮

thumber　用拇指作手勢搭油

lamb　小羊

乘別人汽車旅行的人

limb　四肢

thumbnail　拇指甲

climb　攀登

thumbprint　拇指紋

crumb　麵包屑

thumbscrew　翼形螺絲

plumb　鉛錘

thumbtack　圖釘

(四)下面的 gh 不發音：

althou gh	雖然	nei gh	馬嘶聲
bli ght	挫折	nei ghbor	鄰居
borou gh	自治城鎮	ou ght	應當
bou gh	大樹枝	pli ght	情狀
bou ght	買	ri ght	正當的
bri ght	光輝的	si gh	歎息
brou ght	拿	si ght	視力
cau ght	抓	slau ghter	殺戮
dau ghter	女兒	slei gh	雪車
dou gh	錢	slei ght	狡計
dou ghnut	圈圈餅	sli ght	輕微的
drou ght	乾旱	sou gh	颼颼
ei ght	八	sou ght	尋覓
ei ghteen	十八	tau ght	教
ei ghty	八十	thi gh	大腿
fli ght	飛行	thorou gh	完全的
fou ght	打	thou gh	雖然
frau ght	充滿的	thou ght	思想
frei ght	運貨	throu gh	經過
gin gham	棉布	ti ght	緊的
handwrou ght	手製的	wei gh	稱量
hei ght	高度	wei ght	重力
hi gh	高的	wrou ght	工作
li ght	光		

(五)其他不發音的字群：

align	排成一行	answer	回答

asth<u>ma</u> 氣喘病	<u>k</u>nave 無賴漢
autum<u>n</u> 秋天	<u>k</u>nee 膝
beni<u>gn</u> 慈祥的	<u>k</u>neel 跪下
cas<u>t</u>le 城堡	<u>k</u>nife 刀
colum<u>n</u> 圓柱	<u>k</u>ni<u>g</u>ht 騎士
condem<u>n</u> 責難	<u>k</u>nit 編織
cor<u>p</u>s 軍團	<u>k</u>nob 門柄
cu<u>p</u>board 食廚	<u>k</u>nock 敲
de<u>a</u>d 死的	<u>k</u>not 結
debri<u>s</u> 殘骸	<u>k</u>now 知道
dei<u>gn</u> 俯允	<u>k</u>nuckle 指關節
dou<u>b</u>t 懷疑	lis<u>t</u>en 聆聽
fam<u>o</u>us 著名	<u>m</u>nemonics 記憶術
fou<u>r</u>th 第四	of<u>f</u> 離去
<u>gn</u>ash 咬牙	of<u>t</u>en 常常
<u>gn</u>at 鈉	<u>p</u>neumatic 空氣的
<u>gn</u>aw 咬	<u>p</u>neumonia 肺炎
<u>gu</u>errilla 游擊隊	<u>p</u>sa<u>l</u>m 聖詩
<u>gu</u>ess 猜測	<u>p</u>sy<u>ch</u>ology 心理學
han<u>d</u>kerchief 手帕	ras<u>p</u>berry 覆盆子
han<u>d</u>sel 賀禮	recei<u>p</u>t 收據
han<u>d</u>some 漂亮的	r<u>h</u>yth<u>m</u> 節奏
<u>h</u>onest 誠實的	sa<u>l</u>mon 鮭魚
<u>h</u>onor 榮譽	s<u>c</u>ene 景色
<u>h</u>our 小時	si<u>gn</u> 簽名
hym<u>n</u> 聖歌	solem<u>n</u> 莊重的
i<u>s</u>land 島嶼	We<u>d</u>nesday 星期三
<u>k</u>nack 妙訣	we<u>i</u>rd 命運的

wrap 包	wretch 可憐的人
wreath 花圈	wring 扭
wreck 失事	write 寫
wrench 扭轉	wrong 錯了

四、各種語言的字群：

1	Afrikaans 南非語	23	Italian 意大利語
2	American English 美語	24	Japanese 日本語
3	Amoyese 閩南（廈門）語	25	Javanese 爪哇語
4	Arabic 阿拉伯語	26	Korean 韓國語
5	Bengali 孟加拉語	27	Latin 拉丁語
6	Burman 緬甸語	28	Malayan 馬來語
7	Cantonese 廣東話	29	Mandarin 中國官話
8	Chinese 華語，中國話	30	Norwegian 挪威語
9	Dutch 荷蘭語	31	Persian 波斯語
10	English 英語	32	Polish 波蘭語
11	Eskimoan 愛斯基摩語	33	Portuguese 葡萄牙語
12	Esperanto 世界語	34	Russian 俄語
13	French 法語	35	Sanskritic 梵語
14	German 德語	36	Singhalese 錫蘭語
15	Greek 希臘語	37	Spanish 西班牙語
16	Hakka 客家話	38	Swedish 瑞典語
17	Hawaiian 夏威夷語	39	Tamil （印度的）坦米爾語
18	Hebrew 希伯來語	40	Taiwanese 台語
19	Hindi 印度語	41	Tatarian 韃靼語
20	Hungarian 匈牙利語	42	Tibetan 西藏語
21	Indian 美國印地安人語	43	Thai 泰國語
22	Indonesian 印尼語	44	Turkish 土耳其語

20

45	Urdu （印度）回教徒通用語	4	dialect　方言
46	Viet－Namese　越南語	5	fib　撒小謊
		6	lie　說謊話
1	brag　自誇之語	7	nag　嘮叨
2	boloney　胡說八道	8	pun　雙關語
3	chat　聊天，瞎聊	9	slang　俚語

五、最長的英文字？

最長的英文字是哪一個字？

甲說：「interchangeability 意爲『可互換性』，有18個字母。」

乙說：「extraterritoriality 意爲『治外法權』，有19個字母。」

丙說：「anti-disestablishmentarianism 意爲『反對廢止國教主義』，有28個字母，夠長了。」

丁說：「floceinaucinihilipilification 字意是『鑑定爲無價值之評估行動』，這個字有29個字母，更長。」

戊說：「supercalifragilisticexpialidocious 是『可驚的、極好的』之意。收在牛津字典（Oxford English Dictionary）中。共有34個字母，長多了。」

巳說：「pneumonoultramicroscopicsilicovolcanoconiosis 意爲『肺塵症』，是肺病的一種，共有45個字母，最長的了！」

庚說：「這不算長，我認爲 smiles 更長。因爲這首尾兩個 s 字母之間，相隔有一英里（mile）之遠呀！」

六、形容詞和副詞的比較級：

㈠形容詞（adjective）的比較級，通常是加－er,－est,例如 hot（熱的）－hotter－hottest.但另有不規則的變化，必須死記。如下：

Positive		Comparative	Superlative
bad	壞的	worse	worst
evil	邪惡的	worse	worst
ill	生病的	worse	worst
far	遙遠的	farther	farthest or farthermost

forth	向前	further	furthest or furthermost
good	好的	better	best
late	遲的	later or latter	latest or last
little	少量的	less or lesser	least
many	很多的	more	most
much	大量的	more	most
old	年老的	older or elder	oldest or eldest

㈡副詞（adverbs）也有比較級，例如 soon（迅速地）－ sooner － soonest.但也有不規則的，要靠死記，如下：

Positive		Comparative	Superlative
badly	惡劣地	worse	worst
well	好的	better	best
late	遲的	later	last or latest
little	少量的	less	least

七、英文字的拼與讀的關係：

美國教授哈利蕭（Prof. Harry Shaw）說：英文字的字母組成與看字讀音，有時是大不相同而困惑的（English spell is a mess）：

㈠以 fish（魚）爲例：

在 enough（足夠）一字中，gh 發音爲 f，

在 women（女人們）一字中，o 發音爲 i，

在 fiction（小說）一字中，ti 發音爲 sh，

由這些旁證看來，fish 一字就可寫成 ghoti 了。

（refer to：「Spell It Right」p.53 by Prof. Harry Shaw, Jr. 1994, Happy Collins Publishers, New York, N.J.10022, and 「Understanding English」p. 100, by Prof. Paul Roberts at San Jose State College, 1958）

㈡又以 cog（齒輪）爲例：

20

在 cry（哭）一字中，c 的發音是 k，

在 son（兒子）、won（勝利）一字中，o 的發音是 u，

在 sage（賢明的）一字中，g 的發音是 j，

若如此推論，則 cog 一字該可寫成 kuj 了吧？

㈢Prof. Harry Shaw 又説：依同樣的理由，也可將 coffee 拼寫成 Kauphy（見「Spell It Right」p.53）。

八、名詞變動詞的字群（限於篇幅，每種只引二、三例）：

　1.名詞的字尾加 en，變成動詞：

　　fright（驚駭）－－－－－　frighten（使受驚）

　　lenth（長度）－－－－－－ lenthen（加長）

　　strength（力量）－－－－ strengthen（加强）

　2.名詞的字頭之前加 en，變成動詞：

　　courage（勇氣）－－－－　encourage（鼓勵）

　　force（力量）－－－－－－ enforce（强迫）

　　joy（快樂）－－－－－－　enjoy（享受）

　3.在名詞的字尾加上 ify，變成動詞：

　　class（類）－－－－－－－ classify（分類）

　　solid（固體）－－－－－　solidify（使……凝固）

　4.在名詞的字尾加上 ize，變成動詞：

　　critic（批評）－－－－－　criticize（給予評論）

　　standard（標準）－－－－ standardize（標準化）

九、動詞變名詞的字群（字例很多，僅引二、三例）：

　1.動詞字尾加 t，就變成名詞：

　　join（接合）－－－－－－－ joint（連接物）

　　weigh（稱重）－－－－－－ weight（重量）

　2.動詞字尾加上 ion，就變成名詞：

　　act（動作）－－－－－－－ action（行爲）

elect（推選）－－－－－－ election（選舉）

suggest（提議）－－－－－ suggestion（意見）

3.動詞字尾加上 ance，就變成名詞：

allow（允許）－－－－－－ allowance（認可所允之物）

assist（幫忙）－－－－－ assistance（幫助的行為）

resist（對抗）－－－－－ resistance（抵抗力）

4.動詞字尾加上 ment，就變成名詞：

agree（同意）－－－－－ agreement（意見一致）

pay（付款）－－－－－－ payment（支付）

punish（處罰）－－－－－ punishment（懲罰）

5.動詞字尾去掉 e，加 ion，變成名詞：

contribute（捐助）－－－－ contribution（捐助的東西）

distribute（分配）－－－－ distribution（事情的分配）

execute（執行）－－－－ execution（執行之事）

6.動詞字尾去掉 e，加 ation，變成名詞：

invite（邀請）－－－－－ invitation（請帖）

repute（認為）－－－－－ reputation（名聲）

salute（致敬）－－－－－ salutation（敬禮）

7.動詞字尾是 er，直接加 y，變成名詞：

deliver（遞送）－－－－ delivery（送的行為）

recover（使復元）－－－ recovery（痊癒）

master（精通）－－－－ mastery（精通的知識）

8.動詞字是 ate，改為 ation 變成名詞：

celebrate（慶祝）－－－－ celebration（慶典）

congratulate（賀）－－－ congratulation（致慶）

educate（受教育）－－－ education（教育程度）

9.動詞字尾去掉 e，加 ance，變成名詞：

20

continue（連續）－ － － － － － continuance（繼續期間）

ignore（忽視）－ － － － － － － ignorance（無知）

resemble（相似）－ － － － － － resemblance（相似之處）

十、單字記憶法

記單字，可用聯想法或分解法，會有幫助（最好是整句讀熟，效果更好）。請由下例舉一反三：

1. anti－作爲字頭是「反對」－－－因此，對這類字，都可分解，如 anticlockwise 是「反時鐘方向的」。anticommunist 是「反共的」。antiwar 是「反對戰爭的」。

2. aqua－的意思是「水」－－－因此，aquaplane 是「水上飛機」。aqualung 是「水肺」。

3. assassin（刺客）－－－不妨聯想爲「兩個驢子」（ass.ass）在裡面（in）」。

4. believe（相信）－－－可聯想到：你不要「相信」「謊言」（lie），記住這中間的三個字母是 lie。記牢了緊要的中段 lie，前面加 be，後面加 ve，就容易。

5. conscience（良心）－－－分爲兩段就容易記住：con（反對），加 science（科學）。

6. disappoint（失望）－－－分解爲 dis（分開），加 appoint（指定）。

7. environment（環境）－－－記住中段是 iron（鐵，或熨斗），然後前段加 env，後段加 ment，就不難了。

8. grammar（文法）－－－開是是 g，不難記。跟著是 ram（公羊），然後倒過來是 mar。

9. hear（聽）－－－用 ear（耳）才可以聽得見。

10. infinite（無限的）－－－in 是「不」，接 filite（有限度的），就是無限。

11.message（通信）－－－分兩段：mess（意爲會餐，不是 mass），加 age（年齡，不是 ege）。

12.nominate（任命）－－－記住每隔一個子音的母音字母次序是倒反過來的 o－i－a（最末有個 e 字不發音）。

13.paragraph（章節）－－－三個母音字母全是 a。

14.represent（代表）－－－字首是 re（再的意思）加 present（出席的、在場的、現在的意思）。而且三個母音字母都是 e。

15.vineyard（葡萄園）－－－記單字另一方法是記其「諧音」。這字可記爲「文雅」。其他例如 sellabus（大意）的諧音可記爲「塞那巴士」。solemnize（莊嚴）的諧音是「所娜門奶姿」。tendency（脾氣）是「天同西」。toboggan（雪車是「他爸幹」。）至於 university（大學）已被戲呼爲「由你玩四年」，也不妨另外唸爲「由你挖習題」。

十一、前面曾經説：名詞改變字母可成動詞，而動詞改變字母也可成名詞。這裡則是説同一個字，既可作名詞，也可作爲動詞。但因字例太多，下面只是代表：

1 average－－－－名詞是「平均數」，動詞是「均分」

2 bed－－－－－－名詞是「床鋪」，動詞是「就寢」

3 contract－－－－名詞是「契約」，動詞是「省略」

4 dog－－－－－名詞是「狗」，動詞是「追蹤」

5 exhibit－－－－名詞是「陳列品」，動詞是「展覽」

6 flesh－－－－－名詞是「肉」，動詞是「使肥胖」

7 garden－－－－名詞是「花園」，動詞是「栽培花木」

8 handle－－－－名詞是「把手」，動詞是「操縱」

9 iron－－－－－名詞是「鐵」，動詞是「熨燙」

10 jam－－－－－名詞是「果醬」，動詞是「擁擠」

11 kite－－－－－名詞是「風箏」，動詞是「輕快的移動」

20

12　lead – – – – – 名詞是「鉛」，動詞是「領導」

13　massage – –　名詞是「按摩術」，動詞是「揉捏」

14　notice – – –　名詞是「通告」，動詞是「述及」

15　orient – – –　名詞是「東方」，動詞是「定位置」

16　paragraph – –　名詞是「章節」，動詞是「分段」

17　question – – –　名詞是「問題」，動詞是「詢問」

18　remedy – – –　名詞是「治療法」，動詞是「修理」

19　scafold – – – –名詞是「鷹架」，動詞是「搭台」

20　thought – – –　名詞是「觀念」，動詞是「想」

21　upgrade – – –　名詞是「向上之斜坡」，動詞是「提高等級」

22　voice – – – –　名詞是「聲音」，動詞是「講出來」

23　wither – – –　名詞是「烘乾」，動詞是「枯萎」

24　x – ray – – – –名詞是「X 光片」，動詞是「用 X 光檢查」

25　yield – – – –　名詞是「生產量」，動詞是「讓渡」

26　zigzag – – – – –名詞是「鋸齒形之物」，動詞是「曲曲折折地前進」

十二、有些英文字，外形差不多，要小心分辨。摘錄一部份如下：

adApt – – –使適用、使配合 You must adapt to customs.

adOpt – – – 收養 They adopt an orphan.

adviCe – – –勸告、忠告（名詞）You should follow doctor's advice.

adviSe – – –勸告、忠告（動詞）What do you advised me to do ?

augEr – – –錐子 a carpenter's tool

augUr – – –預兆 Does this news augur war ?

ARise – – –產生、發生 New questions arise.

RAise – – –舉起、提高 He raised his hand.

Rise – – – –起床、上升 John rises very early.

bLood – – –血液 Blood is thicker than water.

bRood – – –孵卵 The hen broods ten eggs this time.

Blow－－－吹 The wind was blowing hard.

Flow－－－流 The river flows into the Pacific.

complEment－－－補充 Travel is the complement of schooling.

complIment－－－恭維 She paid you a high compliment.

deSERT－－－背棄 He deserted his wife.

DEsert－－－沙漠 the desert of Sahara.

desSERt－－－甜點 A pie will be served as dessert.

envelop－－－－包圍 Fogs enveloped the hill.

envelopE－－－ 信封 He sealed the envelope.

fLight－－－飛行 He made a round-the-wrold flight.

fRight－－－吃驚 to give somebody a fright

INsure－－－保險 He insured his house against fire.

Ensure－－－保證 Hard work ensures success.

ASsure－－－確信 I am assured of your success.

lessEn－－－減少 lessen the noise

lessOn－－－功課 an English lesson

rObber－－－強盜 The robber was arrested on the spot.

rUbber－－－橡皮 This pencil has a rubber.

stationAry－－－定置的 A factory engine is stationary.

stationEry－－－文具 Pens and ink are stationery.

trAIl－－－拖拉 The child was trailing a toy cart.

trIAl－－－受審 He is on trial for murder.

wAIst－－－腰部 Her waist measure is 23 inches.

wRIst－－－手腕 He took me by the wrist.

wREst－－－奪取 Jim wrested a sword out of Lee's hand.

uPmost－－－最高的 This is the upmost peak of the mountain.

uTmost－－－最大的、極端的 That is the utmost I can do.

20

十三、怎樣說「謝謝」(How to say ″Thank you！″)：

　　1　英語　English：　　　　″Thanks！″

　　　　　　　　　　　　　　　″Thank you！″

　　　　　　　　　　　　　　　″Thank you very much！″

　　2　法語　French：　　　　″Merci beaucoup！″

　　3　德語　German：　　　　″Danke vielmals！″

　　4　香港話　Hong Kong：　″Oom goy！（ service，唔該 ）″

　　（與廣東話相同，就是　　″Dough chay！（ gift，多謝 ）″

　　　Cantonese ）

　　5　印尼話　Indonesian：　″Tayree－mah kah－sih！

　　　　　　　　　　　　　　　(sih as in sick)″

　　6　意大利語　Italian：　　″Molte grazie！″

　　7　日本話　Japanese：　　″Domo！（ simple，達摩 ）″

　　　　　　　　　　　　　　　″Domo arigato gozaimasu！(formal)″

　　　　　　　　　　　　　　　（ 達摩，阿利卡多，果紮以麻司 ）

　　　　　　　　　　　　　　　″Taihen arigato gozaimasu！″

　　　　　　　　　　　　　　　（ 泰亨，阿利卡多，果紮以麻司 ）

　　8　韓國話　Korean：　　　″Ko mop soup knee dah！

　　　　　　　　　　　　　　　(emphasize mop, pronounced like

　　　　　　　　　　　　　　　that with which you mop the floor)″

　　9　西班牙語　Spanish：　″Muchisimas gracias！″

　　10　塔加拉語　Tagalog：″Sah lah maht！″

　　　　　　　　　　　　　　　(Tagalog 語是菲律賓群島境內主要語

　　　　　　　　　　　　　　　言之一)

　　11　泰國語　Thai：　　　″Corp coon！（ corp as in corpse ）″

附錄（廿一） 自我測驗的字群

一、下列空白處，填入一個字母：

1　enviro（　）ment　環境

2　Febr（　）ary　二月

3　acquaint（　）nce　相識

4　a（　）ctic　北極的

5　candid（　）te　候選者

6　a（　）kward　笨拙的

7　drunke（　）ness　酒醉

8　eight（　）　第八

9　gover（　）ment　政府

10　（　）nee　膝蓋

11　libr（　）ry　圖書館

12　light（　）ing　閃電

13　quan（　）ity　數量

14　pit（　）ful　慈悲的

15　recogni（　）e　認識

16　surpri（　）ed　使吃驚

17　lis（　）en　傾聽

18　porm（　）t　敏捷的

19　wrest（　）e　摔角家

20　r（　）ythm　節奏

21　We（　）nesday　星期三

22　yearnin（　）　渴望

21

二、下面的字，都拼錯了，請將正確的寫出：

1. 美國人　Americian _____
2. 中文　Chiness _____
3. 歐洲人　Eorupean _____
4. 外國的　foreigen _____
5. 車庫　gararge _____
6. 語文　langeuage _____
7. 高度　heighth _____
8. 十一月　Novenber _____
9. 跑　runing _____
10. 研究　resarech _____
11. 收音機　radeo _____
12. 建議　sugest _____
13. 溫度　tempareture _____
14. 星期三　Wednsday _____

三、將 ei 或 ie 填入下列各題的空白處：

(1) ach ____ve
(2) bel ____f
(3) cash ____r
(4) d ____t
(5) for ____gn
(6) h ____ght
(7) k ____r
(8) l ____sure
(9) misch ____vous
(10) n ____ghbor
(11) or ____ntal
(12) p ____ce

(13)　rec ＿＿＿ve

(14)　sh ＿＿＿ld

(15)　th ＿＿＿f

(16)　v ＿＿＿n

(17)　w ＿＿＿ght

(18)　y ＿＿＿ld

四、下列每一題中，左邊或右邊只有一個字是正確的。在正確的字的括
　　號裡劃 v：

1　（　　）achieve ………　（　　）acheive

2　（　　）bicycleist ……　（　　）bicyclist

3　（　　）convenient ……　（　　）convenent

4　（　　）dependant ……　（　　）dependent

5　（　　）existence ……　（　　）existance

6　（　　）lonliness ………　（　　）loneliness

7　（　　）separate ………　（　　）seperate

8　（　　）woolen ………　（　　）woollen

9　（　　）replacable ……　（　　）replaceable

10　（　　）fortieth ……　（　　）fourtyth

11　（　　）thief …………　（　　）theif

12　（　　）guideance ……　（　　）guidance

五、下列各題中劃線的字，如果錯了，請改正。

(1)　She is an effecient typist. (　　　　　)

(2)　There are many books in that liburary. (　　　　　)

(3)　This house was struck by lightining. (　　　　　)

(4)　He bought a large quanlity of food. (　　　　　)

(5)　John was a geneus. (　　　　　)

(6)　Money is only incidently important. (　　　　　)

(7)　That labratory is large. (　　　　　)

21

(8) Has he past the <u>mathmatics</u> test？（　　　　　）

(9) Ted is a soldier, not a <u>civilan</u>. （　　　　）

(10) This is a <u>convenent</u> room. （　　　　）

(11) The shortest month in the year is <u>february</u>. （　　　　　）

(12) These <u>funiture</u> are beautiful. （　　　　）

六、下面有兩列英文字，左邊是「陽性」，右邊是「陰性」。請將陰陽兩相對應的字，用線條左右連接起來：

actor	sister
host	hen
prince	lady
mister	niece
brother	aunt
cock	nun
uncle	actress
gentleman	mistress
monk	princess
nephew	hostess

七、下列第(I)行英文單字的字義，請從第(II)行中文裡找出，填入括號內。第(III)行的英文字義，則請在第(IV)行中找出填入括號內（中文字義故意多列了幾個）：

(I)	(II)	(III)	(IV)
（　）bell	(1)打碎	（　）bare	(1)玩具
（　）cell	(2)變成冷凍	（　）care	(2)迅速的
（　）dell	(3)地獄	（　）dare	(3)削皮
（　）fell	(4)賣	（　）fare	(4)皮重
（　）hell	(5)告訴	（　）hare	(5)小心
（　）jell	(6)井	（　）mare	(6)搖擺
（　）mell	(7)地圖	（　）pare	(7)赤裸
（　）sell	(8)干預	（　）rare	(8)敢
（　）tell	(9)喊	（　）tare	(9)兔

（ ）well ⑽車費　　　　　　（ ）ware ⑽車費
（ ）yell ⑾推倒　　　　　　（ ）yare ⑾母馬
　　　　⑿鈴　　　　　　　　　　　⑿器物
　　　　⒀細胞　　　　　　　　　　⒀斑點
　　　　⒁小谷　　　　　　　　　　⒁半熟

八、美國流行「方格字謎」（ cross－word puzzle ），甘迺迪總統曾樂此
　　不疲，要每一格填入一個字母，橫直都能適合。下面是一淺例，可
　　測試你的字彙能力。

1		2	3		4	5
	6			7		
8	9		10			
		11			12	
13		14				15
16		17	18			
19		20		21		

直行填入的字：

1	時鐘	9	餅
2	他們（受格）	11	我的
3	窗子	12	狗
4	讀	14	是的
5	門	15	兒子
7	無線電訊之求救訊號		

21

橫行填入的字：

1	貓	8	打開	16	拖、曳的過去式	19	他的
2	二	10	不	17	我們	20	坐
3	字	13	鑰匙	18	自己、自我	21	十
6	這個	14	你				

九、下面是奇異字（wonderword）圖形。請在圖中找出下列各字，包括
　　橫行、直行與斜行，以及由左到右、由右到左、由上往下和由下往
　　上都有可能。

Wonderword

N	W	E	T	S	D	A	Y	T	I	M	E	M	O	H
S	O	M	C	E	T	M	S	W	E	A	T	Y	B	L
L	R	I	R	A	M	H	S	A	R	Y	D	U	R	A
E	K	L	T	A	R	P	G	S	T	A	R	E	R	W
E	S	C	L	A	F	B	E	I	O	N	H	E	E	N
P	K	C	O	D	R	O	D	R	N	T	M	S	L	S
L	G	N	I	L	F	I	T	S	A	M	S	M	B	T
E	E	Z	A	H	M	L	P	E	U	T	C	A	A	M
S	V	O	S	U	M	I	W	S	S	A	U	E	R	O
S	E	F	H	D	R	N	U	I	R	O	H	R	A	R
H	N	F	O	T	I	G	M	S	W	E	L	C	E	N
S	I	I	P	S	P	R	G	S	T	E	P	C	B	I
U	N	C	O	M	F	O	R	T	A	B	L	E	N	N
L	G	E	A	O	D	N	H	O	U	S	E	L	U	G
B	E	D	S	G	N	I	R	I	T	S	R	I	H	T

在上圖中找出下面諸字：

Beds　Blush　Boiling　Brace　Burn

Cars Clammy　Clime　Close　Creams

Damp　Daytime　Dock　Dogs　Evening　Farm

Haze　Heat　Home　House　Humidity

Lawns　Mists　Morning　Nights　Office

Perspiration　Pets　Rash　Road

Shop　Sleepless　Smog　Stifling　Summer　Sweaty　Swim

Temperature　Thirst　Tiring　Torrid　Toss　Trips

Unbearable　Uncomfortable　Weather　Well　Work

十、下面是原形動詞變過去式、或變現在分詞，以及名詞單數變複數。
　　請在正確的字前劃 v：

1	try	（試著去做）	（	） tryed	（	） tried
2	play	（遊戲）	（	） played	（	） plaied
3	leave	（離開）	（	） leaved	（	） left
4	wet	（弄濕）	（	） wet	（	） weted
5	die	（死亡）	（	） dieing	（	） dying
6	plan	（計劃）	（	） planing	（	） planning
7	live	（生存）	（	） living	（	） liveing
8	hit	（打）	（	） hiting	（	） hitting
9	potato	（馬鈴薯）	（	） potatos	（	） potatoes
10	bamboo	（竹）	（	） bamboos	（	） bambooes
11	piano	（鋼琴）	（	） pianos	（	） pianoes
12	half	（一半）	（	） halfs	（	） halves

十一、請將下列各字的字母重組，使成有意義的字：

(1) yawa _____
(2) bedel _____
(3) gace _____
(4) yaddd _____
(5) cohe _____
(6) bifer _____
(7) arsgsy _____
(8) heast _____
(9) mecion _____
(10) daje _____
(11) wonk _____
(12) renal _____
(13) retmat _____
(14) tinney _____
(15) botocer _____
(16) leopep _____
(17) neque _____
(18) deray _____
(19) decons _____
(20) balet _____
(21) seput _____
(22) nevom _____
(23) trawe _____
(24) sxyt _____
(25) welloy _____
(26) gazzig _____
(27) roze _____

21

附錄（廿一）　答　案

一、(1)n，(2)u，(3)a，(4)r，(5)a，(6)w，(7)n，(8)h，(9)n，(10)k，(11)a，
　　(12)n，(13)t，(14)i，(15)z，(16)s，(17)t，(18)p，(19)l，(20)h，(21)d，(22)g

二、改正拼錯的字的答案：

1.American，	6.language，	11.radio，
2.Chinese，	7.height，	12.suggest，
3.European，	8.November，	13.temperature，
4.foreign，	9.running，	14.Wednesday
5.garage，	10.research，	

三、第5,6,8,10,13,16,17各題是 ei；其餘都是 ie。

四、第1,3,5,7,10,11左邊正確；2,4,6,8,9,12右邊正確。

五、(1)efficiency，(2)library，(3)lightning，(4)quantity，(5)genius，
　　(6)incidentally，(7)laboratory，(8)mathematics，(9)civilian，
　　(10)convenient，(11)February，(12)furniture

六、將陰陽相對的字連線的答案：

actor－－－actress	cock－－－hen
host－－－hostess	uncle－－－aunt
prince－－－princess	gentleman－－－lady
mister－－－mistress	monk－－－nun
brother－－－sister	nephew－－－niece

七、(I)bell(12)　cell(13)　dell(14)　fell(11)　hell(3)　jell(2)　sell(4)　tell(5)
　　well(6)　yell(9)

　　(II)bare(7)　care(5)　dare(8)　fare(10)　hare(9)　mare(11)　pare(3)
　　rare(14)　tare(4)　ware(12)　yare(2)

八、九兩題、答案如下：

Wonderword

Cross-word puzzle

¹C	A	²T	³W	O	⁴R	⁵D
L	⁶T	H	I	⁷S	E	O
⁸O	P	E	¹⁰N	O	A	O
C	I	¹¹M	D	S	¹²D	R
¹³K	E	¹⁴Y	O	U	O	¹⁵S
¹⁶D	R	E	¹⁷W	¹⁸E	G	O
¹⁹H	I	²⁰S	I	²¹T	E	N

↑本附錄第八題「方格字謎」之答案

←本附錄第九題「奇異字」之答案

十、選出動詞的時態和名詞的單複數的答案：

(1) tried　　　　(5) dying　　　　(9) potatoes

(2) played　　　(6) planning　　(10) bamboos

(3) left　　　　(7) living　　　(11) pianos

(4) wet　　　　 (8) hitting　　　(12) halves

十一、字母重組的答案：

(1) away　　　(10) jade　　　(19) second

(2) bleed　　 (11) know　　 (20) table

(3) cage　　　(12) learn　　(21) upset

(4) daddy　　(13) matter　 (22) venom

(5) echo　　　(14) ninety　 (23) water

(6) fiber　　 (15) October　(24) xyst

(7) grassy　 (16) people　　(25) yellow

(8) haste　　(17) queen　　(26) zigzag

(9) income　 (18) ready　　(27) zero

（全書完）

21